D1748181

Der kleine Pellaprat

DER KLEINE PELLAPRAT

Die feine Küche nach französischer Art

Deutsche Neufassung von Walter Bickel
Herausgegeben von René Kramer

Gräfe und Unzer

Titel des französischen Originals:

LE NOUVEAU GUIDE CULINAIRE

Les meilleures recettes de cuisine et de pâtisserie

3. Auflage
Nachdruck, auch auszugsweise, ohne Genehmigung des Verlages nicht gestattet
© by René Kramer, Publisher, Lugano-Castagnola (Switzerland)
Druck der Farbtafeln: Presses Centrales, Lausanne
Druck des Textteils und der Schwarzweißbilder,
sowie Bindung: Druckerei Ludwig Auer, Donauwörth
ISBN 3-7742-4207-0

VORWORT

Die vorliegende Neuerscheinung ist die im deutschen Sprachgebiet schon seit geraumer Zeit erwartete Übersetzung und Neufassung des Werkes *LE NOUVEAU GUIDE CULINAIRE* von Henri-Paul Pellaprat, bearbeitet durch den bekannten Meisterkoch und Fachschriftsteller Walter Bickel, Berlin. Dieser Meister der Kochkunst, in engster Zusammenarbeit mit den Verlegern Jacques (†) und René Kramer, hat bereits eine ganze Reihe von Werken herausgegeben, die wegen der souveränen Sichtung und Anordnung der Rezepte überall größtem Interesse begegneten.

Für alle diejenigen Leserinnen und Leser, die dem Namen PELLAPRAT zum ersten Mal begegnen, zitieren wir nachstehend einen Aufsatz des Präsidenten der prominenten Köche Frankreichs und Fürsten der Feinschmecker, CURNONSKY: « Henri-Paul Pellaprat hat in seiner Kochlaufbahn begeistert und mit höchster Auszeichnung die ganze Stufenleiter praktischer Tätigkeit im Reich der Küche erstiegen, angefangen als Chefpatissier, dann als Küchenchef in Paris und in verschiedenen anderen Städten Europas. Wegen seiner Tüchtigkeit, wegen seiner hohen beruflichen Meisterschaft und wegen seiner Aufgeschlossenheit für die neuzeitliche Gestaltung von Mahlzeiten wurde er schon in jungen Jahren als Lehrer an die berühmte Kochschule « Cordon Bleu » in Paris berufen, in der Köche und Hausfrauen ausgebildet wurden, die den Ruhm der feinen französischen Küche begründen halfen. Da er gleichzeitig auch die Redaktion der Fachzeitschrift *Revue culinaire* leitete, veröffentlichte er darin regelmäßig Rezepte aus seiner Praxis in so klarer Sprache, daß man beinahe in der ganzen Welt davon sprach. »

Auf vielseitigen Wunsch, namentlich all jener Haushaltlehrerinnen, Hausfrauen, Köchinnen, Köche und kochfreudigen Herren, die Wert auf gepflegte, einfache und abwechslungsreiche Mahlzeiten legen, welche zu jeder Zeit ohne allzu großen Zeit- und Kostenaufwand bereitet werden können, hat der Verleger R. Kramer diese Auswahl von Rezepten durch WALTER BICKEL herausgegeben. Er ließ sich dabei von dem Gedanken leiten, daß eine Bearbeitung dieser besten Rezepte nach neuzeitlichen gastronomischen und haushälterischen Gesichtspunkten durch den Fachschriftsteller Walter Bickel dem Werk nur von großem Nuzten sein kann. Das geschah aber, ohne daß der Stil, die Eigenart oder die Persönlichkeit des berühmten Verfassers Pellaprat dadurch beeinträchtigt wurden. Bedeutende Fachleute Europas haben in der vorliegenden Neufassung ausländische Spezialitäten veröffentlicht. Der Inhalt dieses reich illustrierten neuen Bandes bietet der Hausfrau eine solche Fülle von Anregungen, daß für die besorgte Frage « Was koche ich heute ? » kein Spielraum mehr vorhanden sein dürfte.

Die seltenen Vorzüge dieses Werkes bestehen hauptsächlich in den vielen nützlichen Ratschlägen der hervorragenden Rezepte und in den zahlreichen Illustrationen als gute, wirkungsvolle Anschauungsmittel. Es ist deshalb zu hoffen, daß *Der kleine Pellaprat* freudige Aufnahme findet.

E. LOEWER
Hotelfachschule, Lausanne

UNSERE MITARBEITER

Die Damen:

Erika Bickel
Madeleine Decure
Anne-Marie Fröhlich
Annie Jackson
Dominique Monod
Alice Rohrer

Die Herren:

François d'Athis
Walter Bickel
Otto Brust
Luisito Clericetti
Claude Desarzens
Wilfred Fance

H.C. Frey
Dagobert Fehlmann
Pierre Gleize
Karl Goetz
Caesar Gosi
Paul Heinz
Xaver Maier
Pierre Mengelatte
Léon Michaud
Flavien Monod
Luigi Morandi
Gilbert Rohrer
Herbert Seidel
Charles Vaucher
Stefano Zaccone

Jeder einzelne der Genannten hat sich entweder durch seine tätige Mitarbeit, seine Vorschläge oder seine Ideen an der Neufassung des Werkes beteiligt.
Der Verleger dankt an dieser Stelle allen, die dazu beigetragen haben, den
KLEINEN PELLAPRAT
zu schaffen.

NÜTZLICHE ANWEISUNGEN ZUM GEBRAUCH DES WERKES

WISSENSWERTES

Jedes Rezept enthält alle notwendigen Angaben über die Zutaten, die Kochzeit und die Art der Zubereitung. Sind Sie im Kochen weniger bewandert, dann sollten Sie zuerst den Abschnitt *Fachausdrücke* (Seite 293) nachschlagen: dort finden Sie die technischen und ausländischen Bezeichnungen erläutert. Angaben über das Kochen, Braten, Dünsten, Grillieren usw. sind im Abschnitt *Die verschiedenen Garmachungsarten* (Seite 33) zu suchen, während man Ratschläge über die wichtigsten küchentechnischen Vorgänge unter *Kulinarische Technik in Bildern* (Seiten 15-32) findet. Vergessen Sie bitte nicht, die *Praktischen Winke* (Seite 39) zu befolgen: der Wegweiser zum Erfolg.

NÜTZLICHES

Um ein Rezept leichter ausführen zu können, ist es zweckmäßig, die Abschnitte *Teige, Farcen, Marinaden* und *Gewürze und Gewürzkräuter* nachzuschlagen (Seiten 41, 44). *Saucen* finden Sie in dem betreffenden Kapitel (Seite 47), *Gemüse* (Seite 187) usw.

INHALTSVERZEICHNISSE

Sobald eine Frage auftaucht, genügt es, in den letzten Seiten des Buches nachzuschlagen. Dort finden Sie:

Seite 297 DAS SACHREGISTER,
in dem die Rezepte nach Kapiteln geordnet sind.

Seite 307 DAS ALPHABETISCHE REGISTER,
in dem die Rezepte nach dem Hauptwort geordnet sind.

Seite 317 REGISTER DER FARBBILDER

Seite 318 REGISTER DER SCHWARZWEISSBILDER
mit Beispielen der einzelnen technischen Vorgänge.

Auf den folgenden Seiten finden Sie:

DEN AUFBAU DES WERKES
NACHSCHLAGEBEISPIEL

AUFBAU DES WERKES

	Seite
DAS MENÜ	11
VOM WEIN	13
KULINARISCHE TECHNIK IN BILDERN	15
GRUNDSÄTZE UND GRUNDZUBEREITUNGEN DER KÜCHE	33
SAUCEN	47
BUTTERMISCHUNGEN	55
SUPPEN	57
KALTE VORSPEISEN	63
KLEINE ZWISCHENGERICHTE ODER WARME VORSPEISEN	75
KÄSESPEISEN	79
EIERSPEISEN	83
FISCHE	95
KRUSTEN-, SCHAL- UND WEICHTIERE	123
SCHLACHTFLEISCH	131
GEFLÜGEL	165
WILD	177
PASTETEN UND TERRINEN	183
GEMÜSE	187
KARTOFFELN	209
PILZE	215
TEIGWAREN UND ZEREALIEN	217
SALATE	221
RESTEVERWENDUNG	225
SANDWICHES	229
KOMPOTTE	231
SÜSSPEISEN UND BACKWAREN	233
EIS UND EISSPEISEN	253
BACKWAREN	257
KONSERVEN	279
KONFITÜREN	283
FRÜCHTE IN BRANNTWEIN	286
GETRÄNKE, SIRUPS UND LIKÖRE	289
FACHAUSDRÜCKE	293
SACHREGISTER	297
ALPHABETISCHES REGISTER	307
REGISTER DER FARBTAFELN	317
REGISTER DER SCHWARZWEISSBILDER	318

NACHSCHLAGEBEISPIEL

SEEZUNGENRÖLLCHEN, ÜBERKRUSTET — Paupiettes de sole au gratin

    6 Personen: *3 Seezungen je 350 g; 250 g Klößchenfarce; 1 dl Weißwein; 4 dl Mornay-Sauce; 25 g Butter; 40 g geriebenen Käse; 12 kleine Krebsschwänze; 12 Trüffelscheiben. Pochierzeit: 12-15 Minuten.*

    Seezungen: siehe Einführung am Anfang des Kapitels FISCHE . . . . Seite 95

    Klößchenfarce: siehe GRUNDSÄTZE UND GRUNDZUBEREITUNGEN DER KÜCHE . . . . Seite 42

    Mornay-Sauce: siehe Herstellung dieser Sauce im Kapitel SAUCEN . . . . . . Seite 52

Die Filets auslösen, leicht plattieren, waschen, abtrocknen und auf der Hautseite *dünn mit Farce bestreichen*. Um sich selbst rollen, wobei man an der Spitze beginnt, und dicht nebeneinander in ein ausgebuttertes Geschirr ordnen. Würzen, mit dem Weißwein aufgießen, mit einem gebutterten Blatt Papier bedecken und im Ofen garmachen. Eine Backplatte mit Butter ausstreichen, die Röllchen darin aufrecht plazieren und jedes mit einem Krebsschwänzchen und einer Trüffelscheibe belegen. Den *Pochierfond* fast völlig einkochen und mit der Mornay-Sauce vermengen. Die Röllchen mit der Sauce bedecken, mit geriebenem Käse bestreuen, leicht mit Butter betropfen und im heißen Ofen überkrusten. *(Siehe Bild auf Seite* 102.) *(Kulinarische Technik auf Seite* 19.)

dünn mit Farce bestreichen: siehe KULINARISCHE TECHNIK IN BILDERN . . . Seite 19

Pochierfond: siehe bei FACHAUSDRÜCKEN: « pochieren » und « Fond » . . . . Seite 293

DAS MENÜ

Wir essen heute viel weniger als früher. Daher hat sich auch die Anzahl der Gerichte, selbst bei einem festlichen Menü, stark vermindert. Man bevorzugt kleine, leicht verdauliche Speisen, die den Magen nicht überlasten, wie Geflügel, Fleisch vom Rost oder kleine Pfannengerichte mit einer reichlichen Gemüsebeilage.

Die tägliche Speisenfolge wird heute wohl kaum mehr als drei Gerichte umfassen, wobei die Lebenshaltung, die Jahreszeit und andere Umstände zu berücksichtigen sind.

Jedes Menü, einerlei ob es kurz oder lang ist, unterliegt bestimmten Regeln:

1. Es dürfen innerhalb eines Menüs nicht zwei gleiche Fisch-, Fleisch-, Geflügel- oder Wildgerichte erscheinen.
2. In den Farben ist Abwechslung zu bringen. Man gibt nicht zwei weiße oder braune Saucen hintereinander.
3. Man muß die Garnituren und Bestandteile der einzelnen Gerichte abwechseln.
4. Abwechslung in der Zubereitungsart. Man gibt nicht einen gekochten Fisch und hinterher gekochtes Fleisch, ebensowenig wie einen gebratenen Fisch und danach gebratenes Geflügel.
5. Dicke, sättigende Suppen und Gerichte serviert man im Winter, der Sommer bleibt den leichten Gerichten, den Salaten und den leichten kalten Suppen vorbehalten.
6. Während der Saison der frischen Gemüse sind Konserven tunlich zu vermeiden. Unbeschadet dessen, daß es heute ausgezeichnete Tiefkühlkonserven gibt, sollte man diese Regel beachten.

Selbst festliche Menüs sehen innerhalb der Familien oder wenn man Gäste empfängt nicht mehr so üppig wie früher aus. Unsere Vorschläge sind:

Mittagessen

1. Eine kalte Vorspeise, eine Eierspeise oder ein Fischgericht.
2. Ein warmes Hauptgericht (Schlachtfleisch, Geflügel oder Wild) mit einer reichlichen Gemüsebeilage oder eine Grillade. Im Sommer ist eine kalte Platte mit mehreren Salaten immer beliebt.
3. Eine Käseplatte.
4. Eine kleine Süßspeise, Torte, Eis oder Kompott.

Abendessen

1. Eine klare oder eine leichte, gebundene Suppe oder ein kleines Vorgericht, z. B. geeiste Melone, Räucherlachs, Vorspeisen-Cocktail usw.
2. Ein warmes Fisch- oder Zwischengericht oder ein garniertes Gemüsegericht.
3. Ein Braten mit passender Gemüsegarnitur und Salat. War das Zwischengericht etwas üppiger, so kann man auch ein kleines kaltes Gericht mit Salat anbieten.
4. Eine warme oder kalte Süßspeise oder Eis, im Sommer nach Möglichkeit in Verbindung mit Obst.

Mit einigem Geschick und etwas Phantasie lassen sich diese Menüvorschläge, je nach der Saison, ins Unendliche variieren.

MENÜS FÜR DEN TÄGLICHEN TISCH

Selleriesuppe
Kalbsnuß Judic
Gebänderte Apfeltorte

*

Käseauflauf
Kaltes Rindfleisch auf Nizzaer Art
Kopfsalat
Erdbeeren

*

Cannelloni
Kalbskoteletts vom Rost
Blattspinat
Obst

*

Nizzaer Teller
Lammkoteletts vom Rost
Gebutterte grüne Bohnen
Strohkartoffeln
Apfelsinen Stella

*

Gefüllte Tomaten auf Piemonteser Art
Seehecht auf englische Art
Salzkartoffeln
Salate der Saison
Kompott

Porree mit Vinaigrette
Kalbsmedaillons Veronese
Verschiedene Salate
Krusten mit Aprikosen

*

Artischocken auf griechische Art
Frikassee von Hecht
Gekochte Kartoffelkugeln
Kirschentorte

*

Kraftbrühe mit Gemüsefäden
Orientalischer Hühnerpilaw
Kopfsalat mit gehacktem Ei
Kaffee-Eis

*

Omelette mit Champignons
Gebackener Kabeljau mit Tatarensauce
Tomaten mit Selleriesalat
Petersilienkartoffeln
Obst

*

Stangenspargel
Kalbsschnitzel auf englische
Art, neue Kartoffeln
Rhabarberkompott

EINIGE FESTLICHE MENÜS

MITTAGS

Garnelen-Cocktail
Tournedos Béarnaise
Gemüseplatte
Schloßkartoffeln
Chicoreesalat
Birnen auf Eis mit Schokoladensauce
Feines Gebäck

*

Schinkenrouladen Primavera
Hähnchen Marengo
Herzoginkartoffeln
Verschiedene Salate
Zitronencreme

*

Königinpastetchen
Forellen auf Müllerinart
Kalbsmilch auf Gärtnerinart
Kopfsalatherzen
Savarin mit Rum

ABENDS

Kraftbrühe mit Portwein
Seezungenfilets mit Champignons
Ente mit Orangen
Salat Margarete
Ananas Ninon

*

Hummer auf russische Art
Spargelrahmsuppe
Hasenrücken mit Champignons
Gedünsteter Kopfsalat
Gemischter Salat mit Ei
Kalter Auflauf mit Grand Marnier

*

Geflügelkraftbrühe mit Engelshaar
Lachs, gesotten, mit holländischer Sauce
Gurkensalat
Rebhuhn auf Weinhändlerart
Waffelkartoffeln
Grillierte Tomaten
Pfirsiche Melba

ZUM GUTEN ESSEN GEHÖRT EIN GUTER WEIN

Ohne Frage gebührt dem Wein der erste Rang unter den Tafelgetränken. Er darf bei keinem guten Essen fehlen, einerlei, ob es sich um die Familientafel oder um ein festliches Essen mit Gästen handelt. Wenn man sich auch für den Alltag mit einem kleinen Landwein begnügen wird, so sollte man doch stets einige Flaschen erlesenen Wein für Feiertage und für besondere Gelegenheiten im Keller haben. Feine Speisen werden in ihrem Geschmack noch erhöht, wenn sie von einem erlesenen Wein begleitet sind.

Der Weinbau aller Länder bietet dem Weinfreund eine geradezu unbeschränkte Auswahl von Weinen, angefangen vom kleinen Landwein bis zu den edelsten Auslesen, so daß jeder nach seinem Geschmack und seinen Mitteln wählen kann.

ALLGEMEINE REGELN

WEIN MUSS RUHEN

Da der Wein lebt, wird er durch das Bewegen beim Transport ermüdet. Man muß ihm daher einige Tage Ruhe gönnen, ehe man ihn konsumiert; bei alten und sehr edlen Weinen sollte diese Ruhepause wenigstens zwei Wochen betragen. Doch selbst wenn man nur eine einzige Flasche beim Händler kauft, sollte man sie zwei Tage ruhen lassen, ehe man sie trinkt.

VON DER TEMPERATUR DES WEINES

Für den Wohlgeschmack des Weines ist die Temperatur von der größten Bedeutung. Weißweine werden frisch, aber nicht stark geeist getrunken; im allgemeinen genügt Kellertemperatur, also 10-12° C. Schaumweine serviert man mit 7-8° C und sehr süße und würzige Weißweine vertragen eine Temperatur zwischen 6 und 7° C. Wird der Wein im Kübel gekühlt, so sollte man ihn nicht in Eis stecken, sondern nur in kaltes Wasser, dem einige Eisstücke zugefügt worden sind. Beim Benutzen des Kühlschrankes muß man vorsichtig sein. Man muß den Wein zeitig genug herausnehmen, denn ein zu kalter Wein kann sein Bukett nicht entfalten.

Rote Landweine, einerlei ob sie deutscher, österreichischer oder Schweizer Herkunft sind, verlangen eine Temperatur von ungefähr 12° C, dagegen müssen französische Rotweine, die jung getrunken werden, wie Beaujolais und die Weine der Loire, frisch serviert werden, so um 14° C. Rote Burgunder und Bordeauxweine müssen « chambriert » sein. Man muß sie zeitig genug aus dem Keller holen, damit sie allmählich die Temperatur des am schwächsten geheizten Raumes annehmen können. Rote Burgunder bringt man mit 15-16° C zu Tisch; ihr volles Bukett entwickeln sie zwischen 17 und 19° C. Roter Bordeaux wird mit 17° C serviert. Sein volles Bukett erreicht er mit 19 bis 21° C, doch muß man sich hüten, ihn bei dieser Temperatur zu servieren.

WELCHER WEIN PASST ZU WELCHER SPEISE?

Bei der Vielfalt der in Betracht kommenden Weine und Speisen erheben die nachstehenden Angaben keinen Anspruch auf Vollständigkeit. Sie dürften jedoch für praktische Zwecke genügen und gute Anhaltspunkte bieten. Im übrigen spielen ja auch hier der persönliche Geschmack und die eigenen Erfahrungen eine wesentliche Rolle.

Im allgemeinen serviert man zu:

Austern, Schal- und kalten Krustentieren, Kaviar: — Trockene Schaumweine, trockenen Champagner, gehaltvollen Mosel- oder Saarwein, Pouilly-Fuissé, Muscadet, Soave, Fendant, Johannisberg, Dézaley.

Leichten, kalten Vorspeisen: — Leichten Saar-, Ruwer-, Mosel- oder Frankenwein, Chablis, Edelzwicker, Sancerre, Zürcher Riesling, Sylvaner, Yvorne, Aigle, Grauen Portugieser.

Gänseleberpastete und -parfait, Räucherlachs, Räucheraal und anderen geräucherten Fischen: — Sehr trockenen deutschen Schaumwein, Champagner brut, gehaltvollen Saar- oder Moselwein, Gewürztraminer, Meursault, weißen Falerno, Lavaux, Johannisberg.

Warmen Vorspeisen und Zwischengerichten, Blätterteigpasteten: — Mittleren Rheingauer oder Rheinpfälzer, Vouvray, Saumur, Anjou, Edelzwicker, Neuenburger, Valpolicella.
Beaujolais, Savigny, Chinon, Rosé d'Anjou.

Suppen: — Keinen Wein, nur bei exotischen Suppen wie Schildkröten-, Trepang-, Schwalbennester- und ähnlichen Suppen, trockenen Sherry, Madeira, Portwein, Malvasier, Tokayer u. ä.

Weißem Fisch in Sauce: — Leichten Rheingauer, Rheinhessen oder Nahewein, Chablais, Fendant, Cinqueterre, Soave, Terlano, Chevalier-Montrachet, Arbois, Chablis, Mezzana.

Dunklem Fisch in Sauce: — Franken-, Nahe- und Pfälzer Weine besserer Lagen, Neuenburger, Vully, Edelzwicker, Capri bianco.

Grillierten Fischen, pochierten und Schaltieren: — Leichten deutschen Rotwein, Côtes-du-Rhône, Tavel, die gleichen Weißweine wir für Schal- und Krustentiere.

Matrosengerichten: — Die gleichen Weine, die man zur Sauce nimmt.

Hellem Schlachtfleisch und weißem Geflügel: — Schwere Rheingauer, Rheinhessen und Rheinpfälzer, Mercurey, Morgon, Fleury, Dôle, Roter Vöslauer, Barbera.

Dunklem Schlachtfleisch, Grilladen, dunklem Geflügel: — Gehaltvolle bis schwerste Rheingauer, Rheinhessen und Rheinpfälzer, Saint-Emilion, Saint-Estèphe, Côte-de-Nuits, Châteauneuf-du-Pape, Dôle, Rotgipfler, Chianti, Barbaresco, Merlot.

Federwild: — Schwere deutsche Rotweine, Chambolle-Musigny, Arbois, Hermitage, Vosne-Romanée, Merlot, Dôle, Gattinara.

Haarwild: — Schweren deutschen Rotwein, Corton, Pommard, Pomerol, Saint-Emilion, Dôle, Inferno.

Käse, Käsespeisen: — Dürkheimer, Aßmannshausener, Côte-de-Beaune, Chinon, Banyuls, Merlot, Pinot noir, Dôle, Chianti, Barolo.

Süßspeisen, Gefrorenem: — Halbtrockene deutsche und Schweizer Schaumweine, halbtrockenen Champagner, feine Spätlesen vom Rhein, Rheinpfalz und Rheinhessen, Asti spumante, Musca flétri, Ermitage, Marsala, Gewürztraminer.

KULINARISCHE TECHNIK
IN BILDERN

WICHTIGE HANDGRIFFE

VORSPEISEN   Seite
        Canapés (Schnittchen) 17
        Eier, gefüllte 20
        Gurken, gefüllte 26

FISCHGERICHTE
        Fische, kleine, das Vorbereiten 18
        Seezungenröllchen, das Füllen von 19

FLEISCHGERICHTE
        Kalbsrolle, gefüllte 21-22
        Rindfleischrouladen 20-21

PASTETEN
        Pâté oder Pastete Pantin 23-25

GEMÜSE
        Spargel 17

SÜSSPEISEN
        Charlotte, russische 27

TORTEN
        Apfeltorte (Apfelkuchen) 28-30
        Biskuitroulade 30-31
        St.-Honoratius-Torte 31-32

CANAPÉS
(belegte Schnittchen)
Rezept auf Seite 72

1. Brot, Butter und die verschiedenen Zutaten für Canapés.

2. Die fertig belegten und dekorierten Canapés.

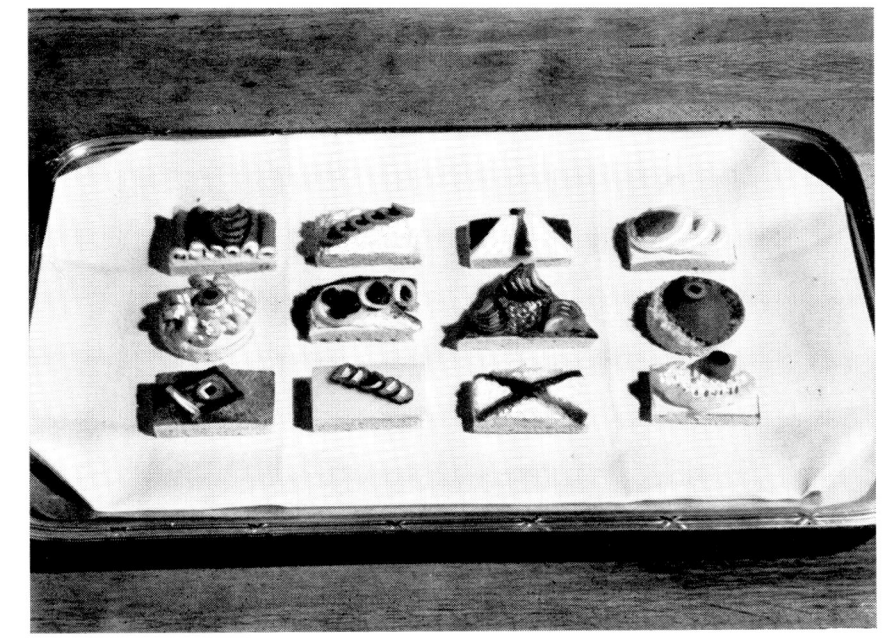

SPARGEL
Rezept auf Seite 205

So wird Spargel geschält und fertig zum Kochen gebündelt.

**DAS VORBEREITEN
KLEINER FISCHE**
Rezept auf Seite 113, 116

1. Kleine Fische, wie Forellen, Wittlinge, Schleie u. a. werden mit einem scharfen Messer leicht eingeschnitten (ziseliert), damit während des Bratens die Hitze schneller eindringen kann und sie ihre Form besser bewahren.

2. Das Binden von Forellen zum Blaukochen und für kalte Gerichte.

3. Der durch den Kopf und den Schwanz gezogene Faden wird zusammengezogen und gebunden.

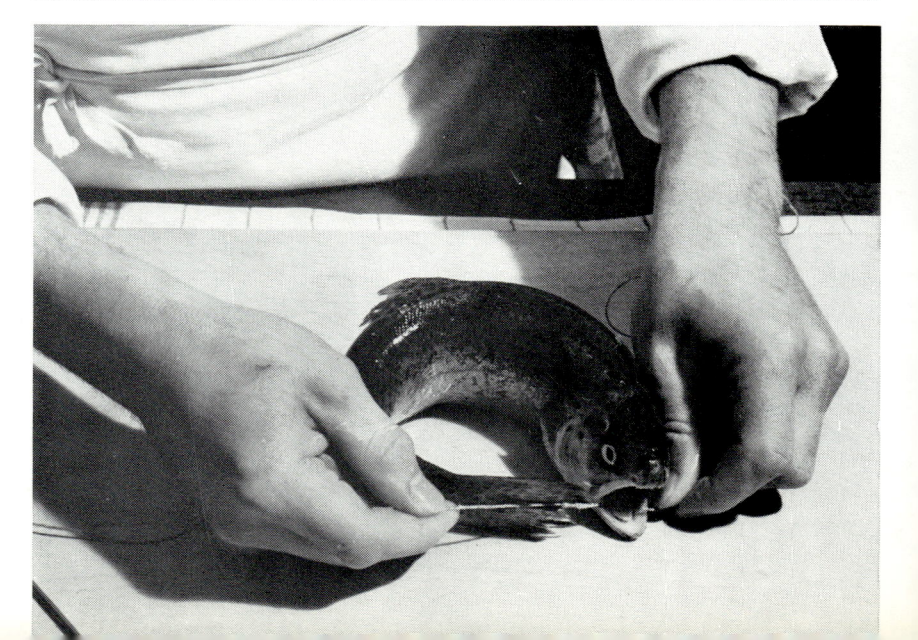

DAS FÜLLEN VON SEEZUNGENRÖLLCHEN
Rezept auf Seite 111

1. Die plattierten und an den Seiten begradigten Filets werden mit Hilfe von Spritzbeutel und grober Lochtülle der Länge nach mit Farce bespritzt.

2. Die Filets werden zusammengerollt und die Seiten mit dem Messer geglättet.

3. Die Röllchen setzt man dicht nebeneinander in eine flache, mit Butter bestrichene Kasserolle ein. Sind es nur wenige, so müssen sie mit Bindfaden umbunden werden, damit sie nicht auseinanderfallen.

GEFÜLLTE EIER
Rezept auf Seite 93

1. Die hartgekochten, waagrecht geteilten und vom Eigelb befreiten Eier füllt man mit Hilfe von Spritzbeutel und Lochtülle mit der gewünschten Farce.

2. Die halben Eier werden mit einer Scheibe gefüllter Olive, Trüffelscheibe, Champignonscheibe u. a. dekoriert.

RINDFLEISCHROULADEN
Rezept auf Seite 141

1. Das Füllen der Rouladen. Sie können mit Senf bestrichen und mit Speckstreifen, Stückchen saurer Gurke und gehackten Zwiebeln oder mit einer Farce gefüllt werden.

2. Das Zusammenrollen der Rouladen.

3. Das Binden der Rouladen.

GEFÜLLTE KALBSROLLE
Rezept auf Seite 150

1. Das gut plattierte Kalbfleisch wird mit der Farce bestrichen.

2. Dann rollt man es fest zusammen.

3. Die beiden Enden werden zusammengenäht.

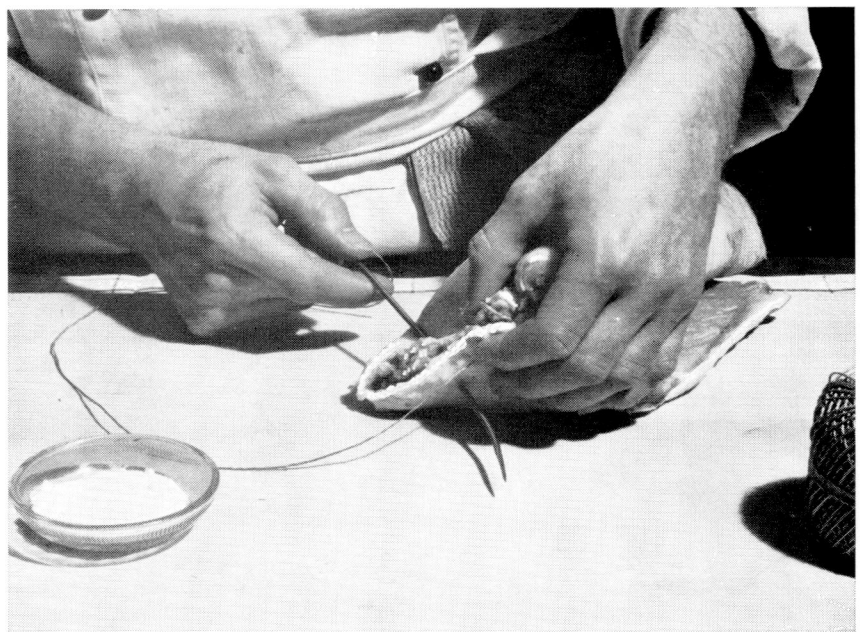

4. So wird die Rolle gebunden.

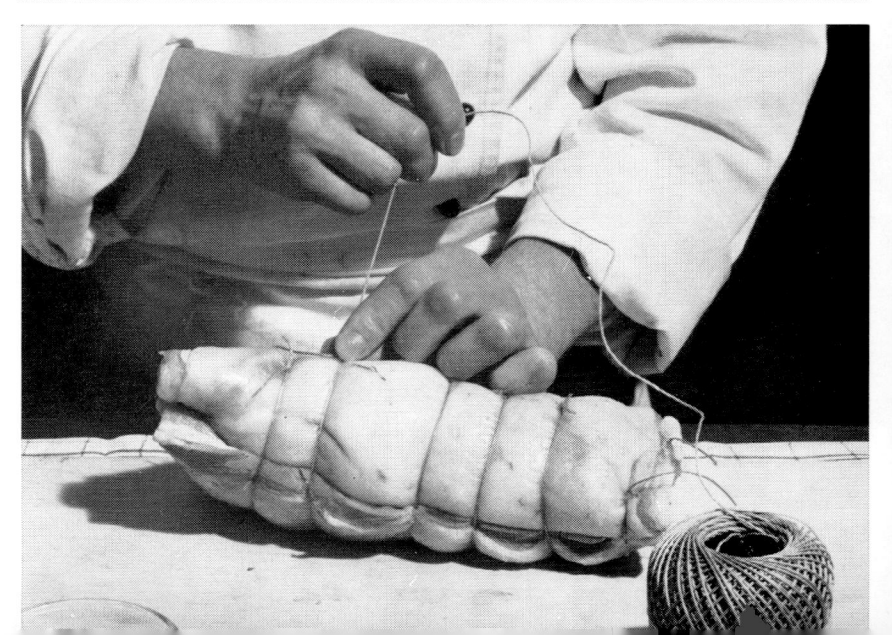

PÂTÉ PANTIN
(Familienpastete)
Rezept auf Seite 184

1. So wird der Teig ausgerollt.

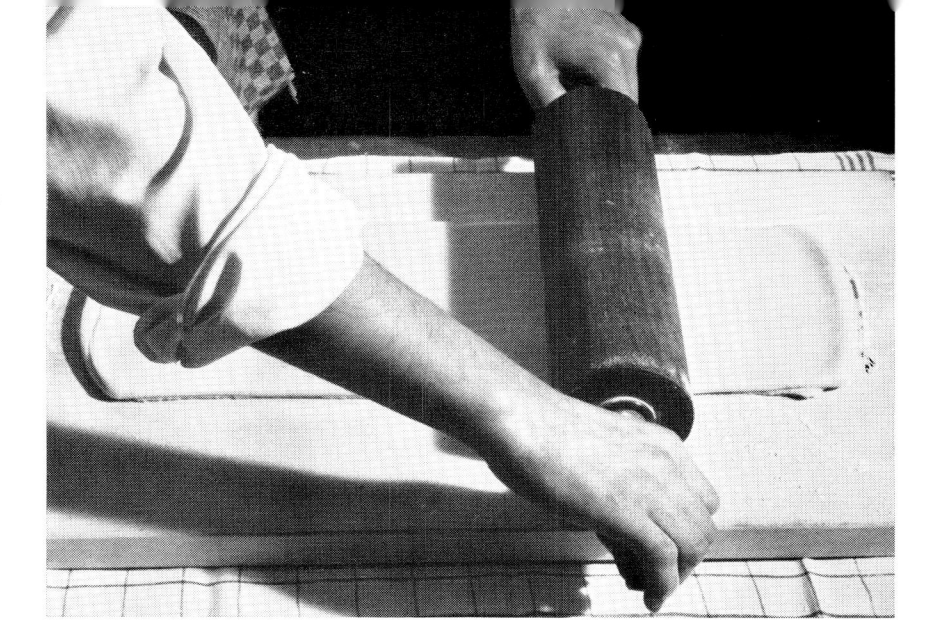

2. Die Füllung kommt in die Mitte des Teiges.

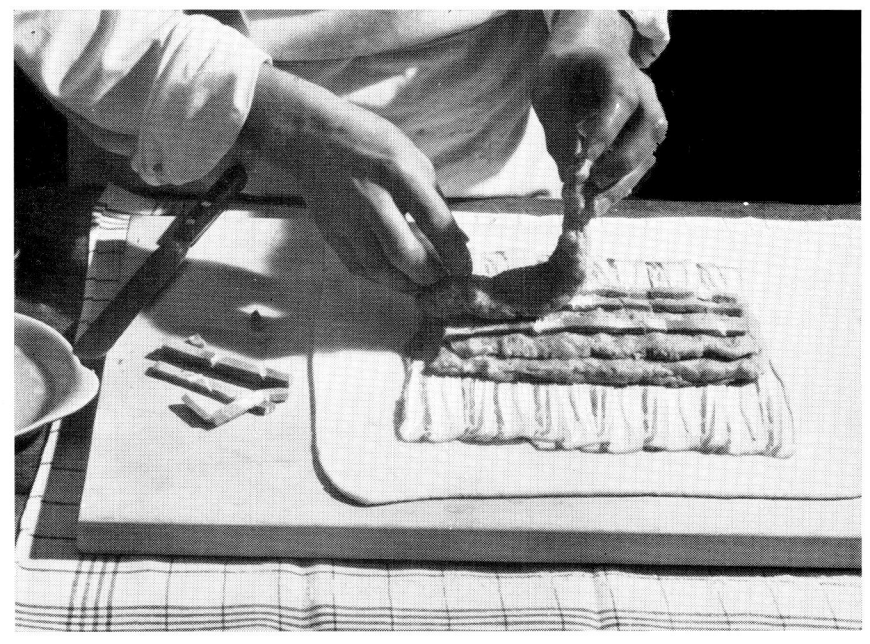

3. Sie wird mit den Speckscheiben eingewickelt.

4. Der Teig wird von einer Seite darübergeschlagen, die andere Seite wird leicht mit Wasser angefeuchtet.

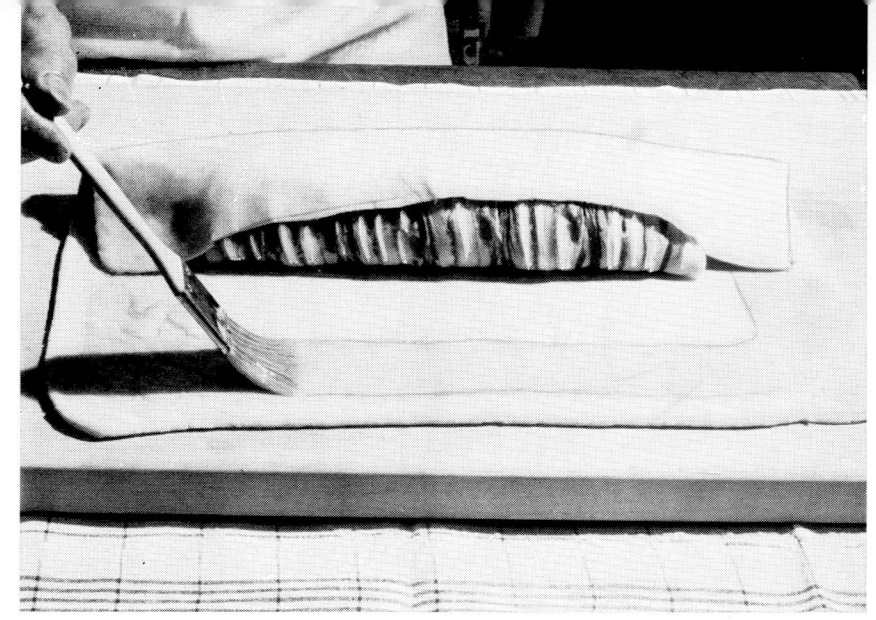

5. Nun wird die Pastete zusammengerollt.

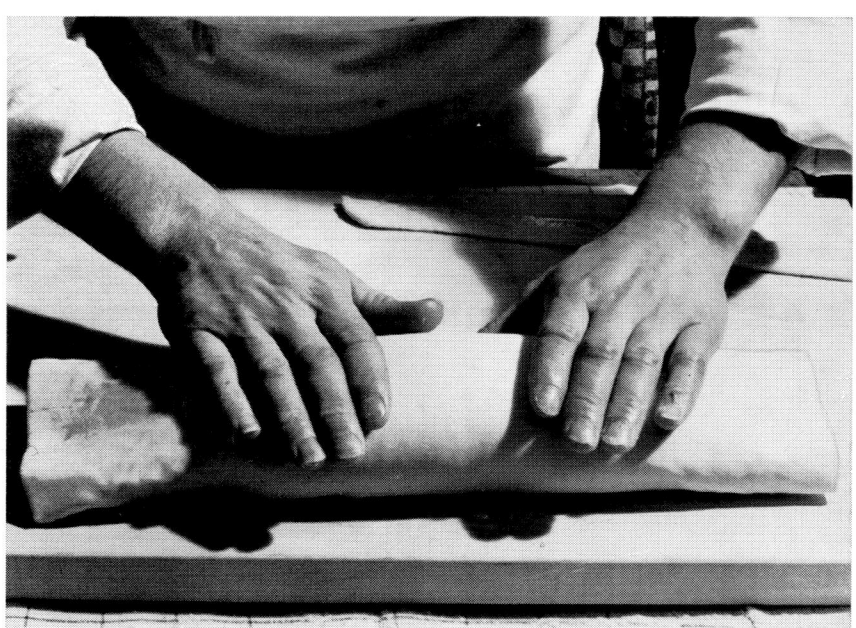

6. Der Teig wird an den Enden glattgeschnitten.

7. Die Enden drückt man fest an oder schlägt sie um. Dann bestreicht man die Oberfläche mit geschlagenem Ei oder nur mit Eigelb.

8. Die Pastete wird mit Teigstreifen oder ausgestochenen Teigblättern dekoriert.

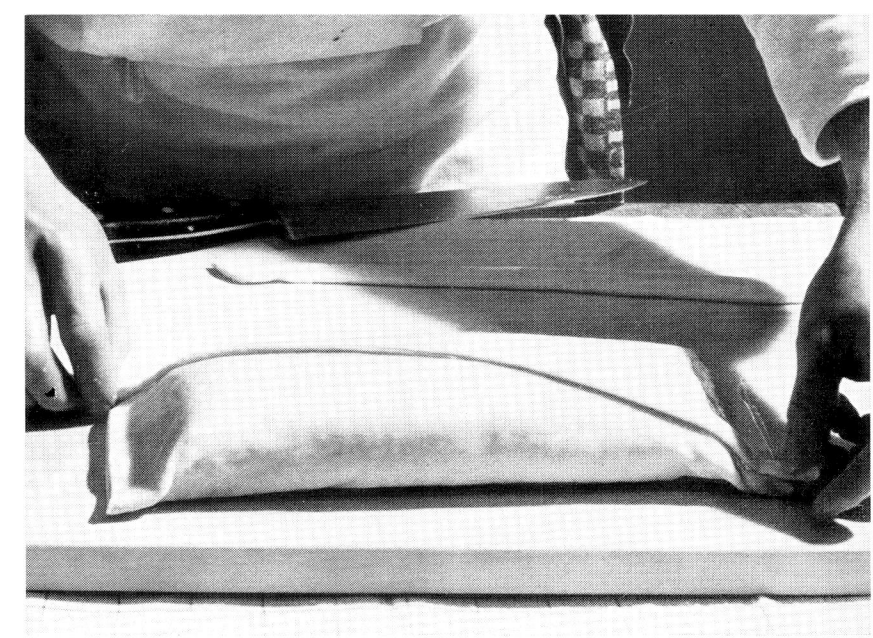

9. Damit die Pastete beim Backen nicht platzt, wird an den Seiten oder in der Mitte ein Loch zum Dampfabzug gemacht.

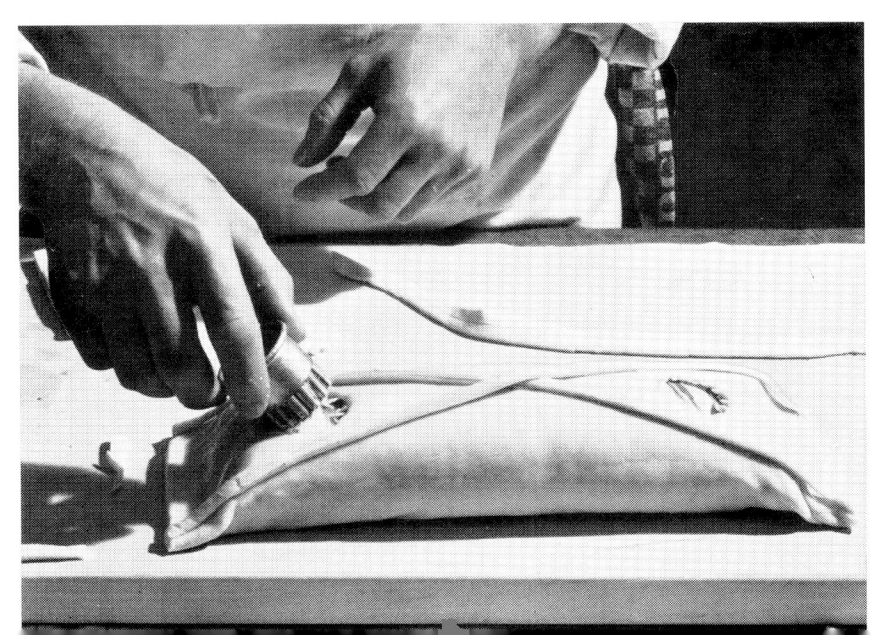

GEFÜLLTE GURKEN

1. Die geschälten oder nur eingerieften Gurken schneidet man in gleichmäßige Stücke.

2. Die Gurkenstücke werden ausgebohrt.

3. Sie werden mit Hilfe von Spritzbeutel und Lochtülle gefüllt.

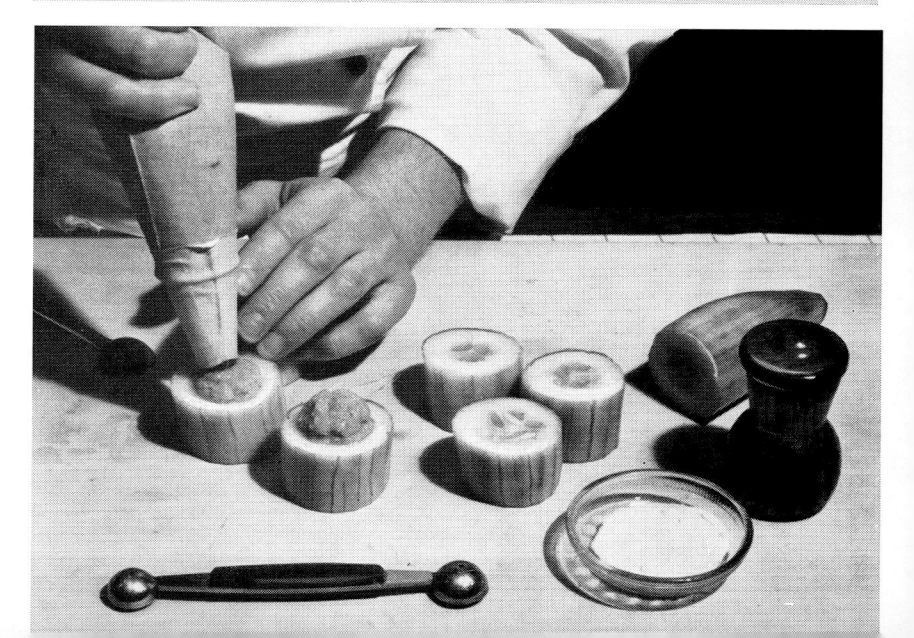

RUSSISCHE CHARLOTTE
Rezept auf Seite 250

1. Zuerst werden die Löffelbiskuits zurechtgeschnitten.

2. Dann legt man den Boden der Form oder einer passenden Kasserolle mit den Löffelbiskuits aus.

3. Die Wandung der Form wird ebenfalls mit Löffelbiskuits dicht nebeneinander ausgelegt, und die Creme eingefüllt.

APFELTORTE (Apfelkuchen)
Rezept auf Seite 258

1. Der Teig wird rund und dünn ausgerollt.

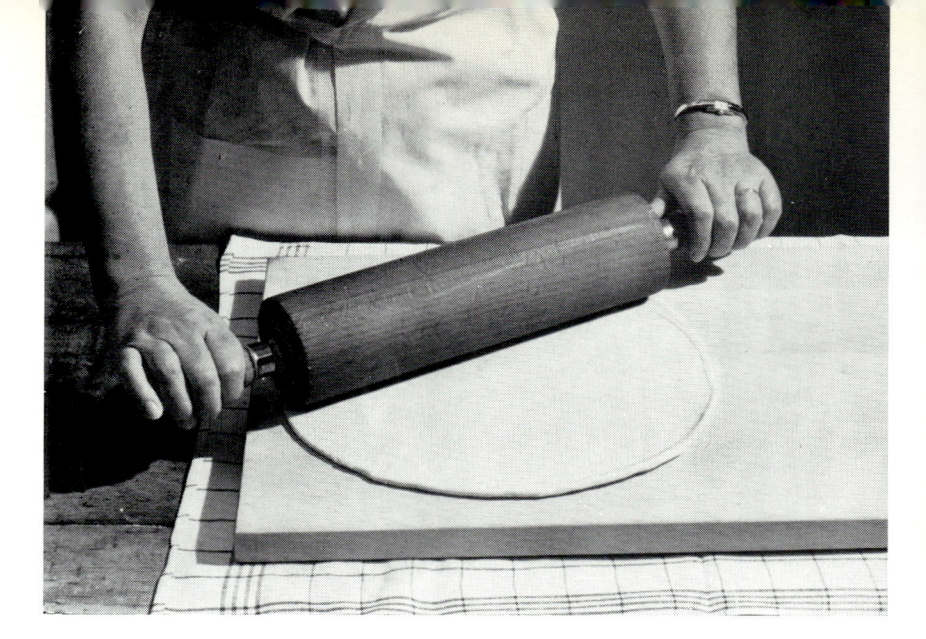

2. Die Form oder ein Tortenring wird mit dem Teig belegt.

3. Den Teig drückt man am Boden und an den Seiten gut an.

4. Überflüssiger Teig wird am Rand abgeschnitten.

5. Den Boden sticht man mit einer Gabel mehrmals ein.

6. Mit dem Teigzwicker wird der Rand dekoriert, d. h. eingekniffen.

7. Das Füllen der Torte mit Apfelstücken oder -scheiben.

BISKUITROULADE
Rezept auf Seite 266

1. Die Biskuitmasse stürzt man auf ein Backblech mit Pergamentpapier belegt.

2. Dann wird sie dünn und gleichmäßig aufgestrichen.

3. Nach dem Backen bestreicht man die Rolle mit Marmelade oder Creme.

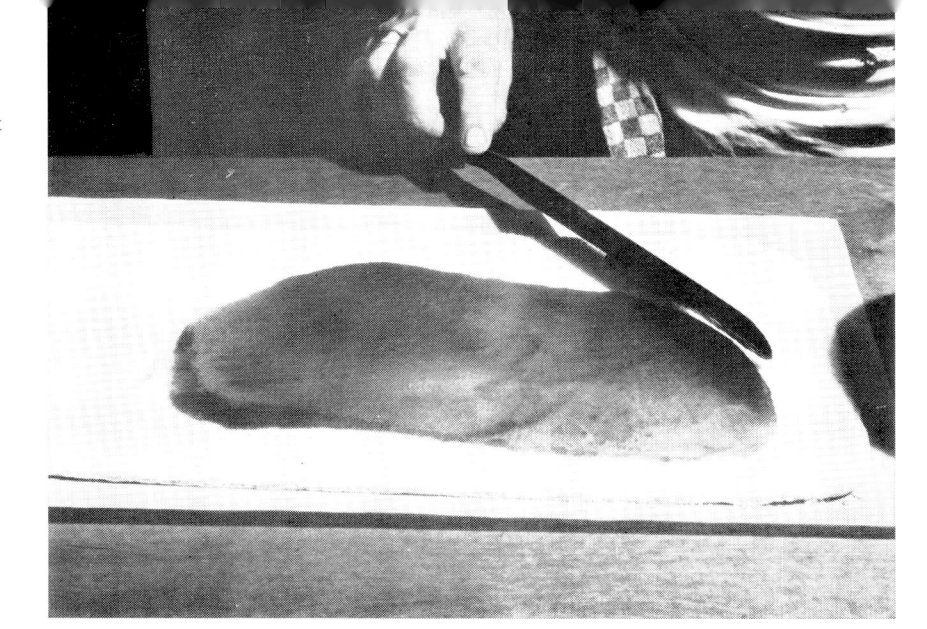

4. Dann rollt man sie zusammen, wobei man sie gleich vom Papier ablöst.

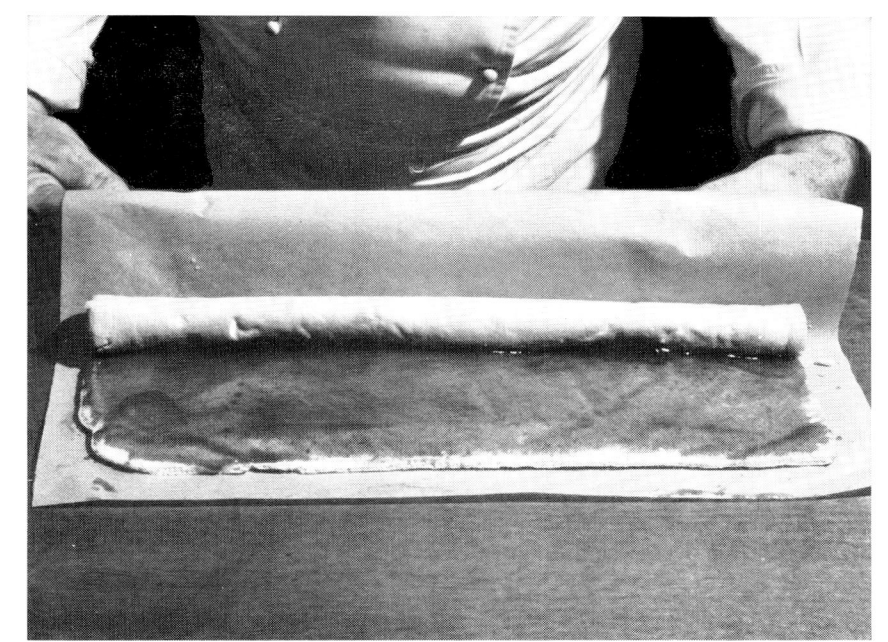

ST. HONORATIUS TORTE
(Gâteau Saint-Honoré)
Rezept auf Seite 270)

1. Ein runder Mürbteigboden wird mit einem Rand von Brandteig umspritzt.

2. Auf ein Backblech setzt man ganz kleine Kugeln von Brandteig.

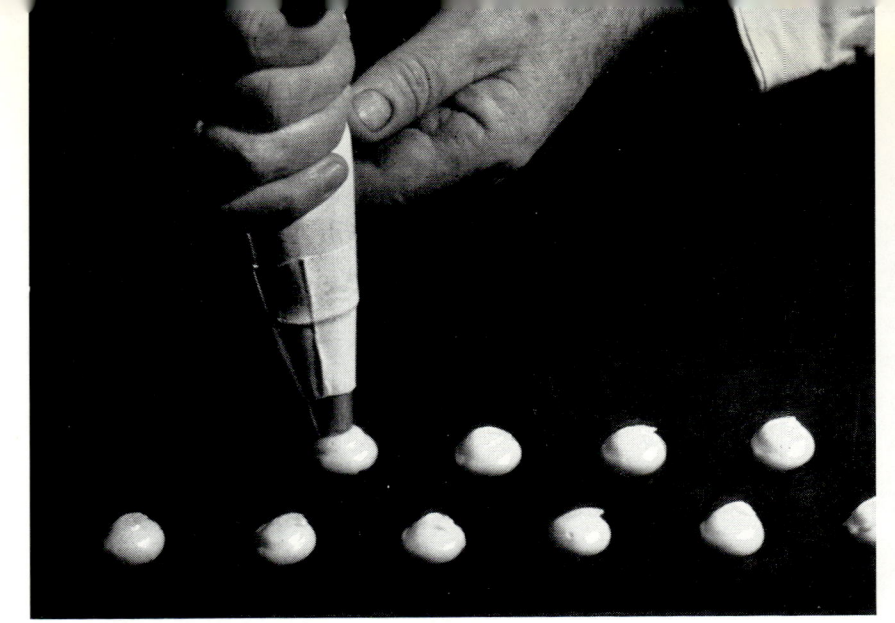

3. Die gebackene und zusammengesetzte Torte bespritzt man mit der Creme.

4. Die Torte wird garniert.

GRUNDSÄTZE UND GRUNDZUBEREITUNGEN

DIE VERSCHIEDENEN GARMACHUNGSARTEN

Unter Kochen versteht man das Garmachen roher tierischer und pflanzlicher Nahrungsmittel; sie werden dadurch leichter verdaulich und auch schmackhafter. Wir unterscheiden verschiedene Garmachungsarten, und zwar:

DAS KOCHEN

Beim Kochen im engeren Sinne, also beim Sieden, ist nur Wasser der Wärmeüberträger. Wenn wir beispielsweise Fleisch in Wasser garmachen wollen, dann spielen sich dabei verschiedene Vorgänge ab:

Das Eiweiß gerinnt in der Zelle. Wenn wir das Fleisch in kaltem oder lauwarmem Wasser ansetzen, so wird vor dem Gerinnen ein Teil des Eiweißes in das Kochwasser übergehen und sich als grauer Schaum auf der Oberfläche der Fleischbrühe bilden. Sobald jedoch das Eiweiß der äußeren Fleischschichten unter dem Einfluß der Hitze geronnen ist, werden die inneren Schichten vor weiterem Auslaugen geschützt. Will man also eine kräftige Fleischbrühe haben, so muß das Fleisch in kaltem Wasser angesetzt werden. Soll jedoch das Fleisch saftig und wohlschmeckend sein, so wird es sogleich in siedendes Wasser gelegt.

Fett geht zum Teil, jedoch nicht restlos, in das kochende Wasser über und schwimmt in flüssiger Form obenauf. Es ist jedoch selten, daß das gesamte Fett gelöst wird, denn bei durchwachsenem Fleisch bleiben die Fettschichten erhalten. Die Stärke quillt durch die Wasseraufnahme in den Zellen auf, sie verkleistert und wird dadurch leichter verdaulich. Zuckerstoffe lösen sich in kochendem Wasser genau so auf, wie wir es vom Gebrauchszucker her kennen, je nachdem, ob der Zelleninhalt durch das geronnene Eiweiß geschützt ist, oder das Wasser in die Zellen eindringen kann. Je mehr Zellen mit geronnenem Eiweiß vorhanden sind, desto weniger Zucker wird gelöst. Mineralsalze wie Kalk und Eisen werden unter ähnlichen Bedingungen wie Zucker gelöst, Duft und Farbstoffe gehen gleichfalls in das Kochwasser über. Die Fleischbrühe ist daher stets leicht gefärbt und enthält den charakteristischen Geschmack und Geruch des verwendeten Fleisches und denjenigen der Gemüse und Aromate. Zellwände und Fasern werden entsprechend der Dauer der Einwirkung durch die Hitze weich. Sobald sie einen bestimmten Punkt des Weichseins erreicht haben, bezeichnen wir das als gar.

Hitzeempfindliche Vitamine wie B^1 und C, und wasserlösliche wie B^1, B^2 und C werden je nach Art der Einwirkung der Hitze vernichtet oder in ihrer Wirksamkeit beeinträchtigt; sie verhalten sich nicht gleichmäßig. Ein kurzes Einwirken bei hohen Temperaturen ist im allgemeinen weniger schädlich als das längere Einwirken von mäßigerer Hitze.

DAS DÄMPFEN

Hier ist nicht Wasser, sondern Wasserdampf der Wärmeüberträger. Gedämpft werden vorwiegend nicht fetthaltige Nahrungsmittel wie Fische, gewisse Fleischarten, Gemüse, Kartoffeln, Getreideprodukte u.a.m. Beim Dämpfen spielen sich andere Vorgänge ab wie beim Kochen, der heiße Wasserdampf beeinflußt den Inhalt der Zellen grundsätzlich anders als kochendes Wasser. Das Nahrungsmittel wird ebenfalls gar, doch wird mit Ausnahme des Fettes nichts aus der Zelle herausgelöst. Die Einwirkung auf die Nährstoffe ist folgende: Zellwände und Fasern werden weich, die Eiweißstoffe gerinnen, ohne jedoch, wie beim Kochen, herausgelöst zu werden, Stärke quillt und verkleistert, die Zucker- und Mineralstoffe bleiben unverändert erhalten. Das Fett schmilzt unter dem Einfluß der Hitze, so daß es bei sehr fetthaltigen Lebensmitteln abtropfen würde. Diese Frage braucht jedoch nicht ausführlich behandelt zu werden, da man im allgemeinen stark fetthaltiges Fleisch oder fette Fische nicht zu dämpfen pflegt. Farbstoffe werden vom Wasserdampf nicht gelöst und auch der Verlust an Duftstoffen ist nur gering. Die Vitamine werden genau so wie beim Kochen geschädigt, d.h., daß hitzeempfindliche und wasserlösliche Vitamine vernichtet oder beeinträchtigt werden, je nach Stärke und Dauer der Hitzeeinwirkung. Mineralsalze bleiben fast vollständig unverändert.

Das Dämpfen ist eine ideale Garmachungsmethode. Da sich jedoch nicht alle Nahrungsmittel gleichartig verhalten, muß überlegt werden, was am besten zu dämpfen, kochen oder zu dünsten ist. Für Kartoffeln mit oder ohne Schale, zartes Gemüse, auch Maiskolben, magere Fische, leichte und englische Puddings, Getreideprodukte wie Reis und Graupen, jedoch kein holziges Gemüse, ist das Dämpfen sehr zu empfehlen. Obst wird niemals gedämpft, denn einerseits würde der Dampf einen gewissen Verlust an Duftstoffen verursachen, andererseits würden die saftreichen Zellen unter dem Einfluß der Erhitzung platzen und ihr Inhalt, der Saft, würde auslaufen.

DAS DÜNSTEN

Diese Methode wird oft mit dem Dämpfen verwechselt. Der Unterschied besteht darin, daß beim Dünsten sowohl Dampf als auch wenig Flüssigkeit (Wasser, Fond, Wein, u. a.), mitunter auch Fettstoffe als Wärmeüberträger verwendet werden, und daß sich der ganze Vorgang in einem geschlossenen Geschirr abspielt. Dabei wirken der sich durch die Flüssigkeit bildende Dampf und die Flüssigkeit selbst gleichzeitig auf das Nahrungsmittel ein. Der Vorteil des Dünstens gegenüber dem Dämpfen besteht darin, daß der Geschmack recht gut erhalten bleibt und auch etwas festere Gewebe gar werden.

Von wesentlicher Bedeutung beim Dünsten ist der Umstand, ob außer der Flüssigkeit noch Fettstoffe als Wärmeüberträger hinzugefügt werden. Es ist bekannt, daß Nahrungsmittel auch in Fettstoffen gargemacht werden können, daß dabei die Zellwände und Fasern weich werden, Eiweißstoffe gerinnen, ohne auszutreten, und Stärke verkleistert. Um das zu erreichen, muß die Stärke das Zellwasser zur Hilfe nehmen, da ihr von außen keine Flüssigkeit zugeführt wird. Vitamine werden je nach ihrer Art wie bei den anderen Methoden in ihrer Wirksamkeit beeinträchtigt. Fette werden zum Schmelzen gebracht und gehen zum Teil in das Kochfett über. Zuckerstoffe und Mineralsalze werden dabei nicht gelöst, das Fett nimmt weder Duft noch Farbstoff auf. Mit wenigen Ausnahmen können die verschiedensten Lebensmittel nacheinander in Fett gargemacht werden, ohne daß neue Geschmacksstoffe übertragen werden. Es werden aber neue Stoffe gebildet, die Röst- und Aromastoffe der wohlschmeckenden Kruste. Beim Garmachen mit Fett werden demnach die Lebensmittel mit einem anderen nährwerthaltigen Stoff, der gleichzeitig die Wärme überträgt, angereichert und neue Geschmacksnuancen gebildet. Das ist wichtig zu wissen, sofern beim Dünsten Fett als Wärmeträger hinzugesetzt wird.

Beim Dünsten mit Fett geht vom Zellinhalt nichts verloren, weil die austretenden Stoffe in die Flüssigkeit übergehen, jedoch mit Fett gleichzeitig angereichert werden. Nicht immer werden beim Dünsten Röst- oder Aromastoffe gebildet, weil die Flüssigkeit im allgemeinen eine Krustenbildung verhindert. Sie kann zwar eintreten, ist aber nicht unerläßlich. Das sogenannte Glacieren von Gemüsen beruht auf dem Prinzip des Dünstens, d. h. das betreffende Gemüse oder andere Nahrungsmittel werden mit Fettstoff und Flüssigkeit so lange gedünstet, bis die Flüssigkeit fast vollständig verdampft ist. Durch Schwenken des Geschirrs überzieht sich das Nahrungsmittel dann mit einer glänzenden Schicht, die durch die mit dem Fett eingekochte Flüssigkeit entsteht. Dehnt man das Überglänzen zu weit aus, dann beginnt der Röstvorgang, der dem Dünsten ein Ende macht. Von wesentlicher Bedeutung ist die Menge der Nahrungsmittel, die man zu dünsten beabsichtigt. Handelt es sich um kleinere Mengen, so genügt dafür im allgemeinen eine Sauteuse oder ein entsprechender Deckeltopf.

DAS BRATEN

A. BRATEN IN DER OFENRÖHRE

Beim Braten in der Röhre sind Fett und heiße Luft die Wärmeüberträger. Es spielen sich dabei ähnliche Vorgänge wie beim Dämpfen ab, denn außer dem schmelzenden Fett gehen keine Stoffe in das Bratfett über. Die beiden Wärmeüberträger, Fett und heiße Luft, wirken fast gleichartig auf die Zellen ein, wobei gleichzeitig das Nahrungsmittel mit Fett angereichert wird. Auch bei dieser Methode werden die zu bratenden Gegenstände gar, Eiweißstoffe gerinnen, Stärke verkleistert, Mineralsalze, Zuckerstoffe bleiben erhalten und bis auf einen geringen Anteil auch die Duftstoffe. Beim Erhitzen von rotem Fleisch verliert dieses allmählich die Farbe. Der Fleischsaft erhält die Farbe durch die Blutkörperchen, die einen besonders eingebauten Blutfarbstoff, das Hämoglobin, enthalten. Beim Erhitzen von größeren Stücken wird zunächst nur der äußeren Fleischschicht der Farbstoff entzogen, im Inneren bleibt das Fleisch zartrot. Wird das Erhitzen weitergetrieben, dann verliert auch das Innere den Farbstoff. Vitamine verhalten sich beim Braten genau so wie bei den anderen Garmachungsmethoden. Dagegen werden durch das Braten neue Stoffe, das Röstbitter oder Assamar, gebildet, das der äußeren Fläche des Bratens die braune Kruste und den würzigen Geschmack gibt. Hiervon geht allerdings ein kleiner Teil zusammen mit dem austretenden Saft in das Fett über. Wird das Braten bei zu starker Hitze zu lange ausgedehnt, so verbrennen diese Stoffe und beeinflussen den Geschmack ungünstig. Um einen schnellen Eiweißabschluß und das Bräunen der äußeren Kruste zu erreichen, wird das Nahrungsmittel, besonders aber Fleisch, in eine Pfanne mit heißem Fett gelegt und vorerst starker Hitze ausgesetzt. Um ein Sprödewerden der Kruste zu verhindern, wird der Braten oft mit Fett übergossen. Würde man den Braten zu lange der starken Hitze, besonders der Unterhitze aussetzen, so würde er rasch verbrennen. Daher wird nach der Krustenbildung die Hitze abgedrosselt und das Fleisch bei 130° bis 145° C gargemacht. Beim Fertigbraten mit höheren Temperaturen ist der Verlust durch Einschrumpfen des Bratgutes sehr hoch. In der geschlossenen Ofenröhre wirkt sich der angesammelt Dampf als feuchte Hitze aus. Soll daher ein Braten knusprig werden, so muß für gute Oberhitze und Abzug der Dämpfe gesorgt werden. Fettreiche Braten, die eine krustige Schwarte erhalten sollen, wie Schweinerücken oder -karree, Schweineschinken usw., werden zuvor durch Einschnitte in der Haut eingeritzt. Die Vorgänge, die sich beim Braten mit Fett abspielen, wurden bereits beim Dünsten geschildert.

B. DAS BRATEN AM SPIESS

Obwohl das Braten am Spieß zu den ältesten Garmachungsmethoden gehört, kann kein Zweifel darüber bestehen, daß sie für größere Fleischstücke oder Geflügel immer noch allen anderen Methoden vorzuziehen ist.

Beim Braten am Spieß kommt trockene Hitze zur Anwendung, wobei das Übergießen mit einem Fettstoff eine spröde Krustenbildung verhindern soll. Das Bratgut wird zuerst starker Hitze ausgesetzt, die nach dem Bräunen der äußeren Kruste abgeschwächt werden muß; je nach Art des Spießbratapparates wird die Hitzeregulierung verschieden sein. Vor dem Braten wird das Bratgut leicht gewürzt und mit Fett oder Butter bestrichen. Im übrigen trifft alles, was beim Braten in der Röhre gesagt wurde, auch für das Spießbraten zu.

Die Zubereitung von Fleisch durch direkte Hitzebestrahlung ist uralt. Der Bratenwender gehört zu den ältesten Geräten. Da sie die einfachste und zugleich schmackhafteste Zubereitungsart ist, verdient sie es, wieder häufiger angewendet zu werden. Es sei jedoch darauf hingewiesen, daß es moderne Spießapparate gibt, die vorne mit Glastüren verschlossen werden können. Hier wirken sich die angesammelten Dämpfe genau so wie in der Ofenröhre als feuchte Hitze aus, wodurch der Sinn des Bratens am Spieß in trockener Luft gefälscht wird.

C. DAS BRATEN AUF DEM ROST

Beim Braten auf dem Rost (grillen, grillieren) haben wir es ebenfalls mit heißer Luft als Wärmeüberträger zu tun, und es spielen sich die gleichen Vorgänge ab wie beim Braten in der Röhre. Von dem Zellinhalt geht nichts verloren, es werden aber durch das Rösten neue Aromastoffe gebildet, die dem Röstgut ihren typischen Geschmack geben. Im allgemeinen werden nur kleinere Fleischstücke, wie Koteletts, Tournedos, Steaks und ähnliches, kleinere Fische, Forellen, Weißlinge, Fischfilets usw., kleines Geflügel und Wild, das je nach der Größe halbiert oder in Stücke geteilt wird, auf dem Rost gebraten. Dabei werden die einzelnen Stücke vor dem Auflegen auf den Rost leicht mit Öl oder geklärter Butter bestrichen. Es ist ratsam, sie erst nachträglich zu würzen. Um das Eiweiß schnell zum Gerinnen zu bringen, muß der Rost vor dem Auflegen heiß sein. Fische, besonders Plattfische, sollten vor dem Bestreichen mit Öl gemehlt werden; dadurch erhalten sie schneller eine schützende Kruste und die Gefahr des Zerbrechens wird verringert. Fisch und Geflügel werden zuweilen vorher paniert, ehe man sie durch Öl oder geklärte Butter zieht. In allen Fällen, wo das Röstgut gemehlt oder paniert wird, empfiehlt sich der Gebrauch eines Scheren-Drahtrostes, der zuvor recht heißgemacht und geölt werden muß. Das Wenden des Röstgutes wird erleichtert und die Gefahr der Beschädigung verringert.

Bei dünnen Fleischstücken wird nach dem Braunwerden der äußeren Kruste ein einmaliges Wenden im allgemeinen genügen. Bei dickeren Stücken von rotem Fleisch muß nach der Krustenbildung auf beiden Seiten die Hitze durch Höherstellung oder sonstwie reguliert werden, damit eine zu scharfe Krustenbildung oder ein Verbrennen verhindert wird. Während des Röstvorgangs ist das jeweilige Stück ab und zu mit Öl zu bestreichen. Bei hellem Fleisch, wie Kalb oder Lamm, sowie bei Geflügel vollzieht sich das Bräunen und Garwerden meistens gleichzeitig, so daß die Hitze nicht zu scharf sein sollte; das gleiche gilt für Fischfilets und Fische von mäßigem Umfange.

Das abtropfende Fett sammelt sich bei den meisten Apparaten in einer Rinne und wird in einer vorne angebrachten Fettpfanne aufgefangen. Zum Braten auf dem Rost kann man sich sowohl des Holzkohlengrills als auch eines Apparates bedienen, der elektrisch- oder gasbeheizt ist. Das Regulieren der Höhenlage ist verschiedenartig, sie ist im allgemeinen durch Hebelgriff verstellbar.

D. DAS BRATEN IM OFFENEN GESCHIRR (SAUTIEREN)

Kleine Fisch-, Fleisch-, Wild- oder Geflügelstückchen werden in einem offenen Geschirr (Sauteuse oder Stielpfanne) in heißem Fett direkt auf dem Herd gebraten (sautiert). Dabei kann jedoch die Hitze nur die untere Schicht des betreffenden Nahrungsmittels erfassen, so daß es nach einer gewissen Zeit gewendet oder durchgeschwenkt werden muß. Durch das heiße Fett wird auch hier ein schneller Eiweißabschluß und das Bräunen der äußeren Schicht erreicht, wobei sich die geschmackgebenden Röststoffe entwickeln. Dabei tritt stets ein geringer Saftverlust ein, der sich auf dem Boden des Geschirrs ansetzt und leicht karamelisiert. Nachdem beide Seiten gebräunt sind, muß die Hitze vermindert werden, um ein Verbrennen zu verhüten. Beim Sautieren muß das Fleisch usw. stets in heißes Fett gelegt werden. Ist es nicht genügend erhitzt, so würde das Eiweiß heraustreten, das Fleisch auslaugen und kraft- und geschmacklos sein. Es ist auch darauf zu achten, daß die Säfte, die sich auf dem Boden des Geschirrs angesetzt haben, nur karamelisieren und nicht zu dunkel werden. Dieser Satz wird nach dem Herausnehmen des Nahrungsmittels und Abgießen des Fettes stets mit irgendeiner Flüssigkeit — Wein, Fond, u. a. — abgelöscht, eingekocht und mit zur Sauce verwendet. Ist er zu dunkel geworden, so ist er unbrauchbar und macht die Sauce bitter. Hat man nur geringe Mengen zu sautieren, so genügt im allgemeinen eine Sauteuse oder eine Stielbratpfanne, wobei die Sauteuse ein gleichmäßigeres Braten gewährleistet.

DAS SCHMOREN (BRAISIEREN)

Von allen Garmachungsarten ist das Schmoren eine der gebräuchlichsten, aber von den wenigsten richtig angewendete Methode. Das wesentlichste Merkmal beim Schmoren ist die richtige Krustenbildung. Um diese zu erreichen, gibt man das zu schmorende Stück in sehr heißes Fett und läßt es an allen Seiten, also auch an den Enden gleichmäßig gut bräunen. Durch die hohen Hitzegrade des Fettes soll erreicht werden, daß das Eiweiß der Außenschichten rasch zum Gerinnen gebracht wird und sich eine schützende Kruste bildet, die das Austreten der Säfte verhindert. Beim Rösten entwickeln sich wohlriechende Duft- und Geschmacksstoffe, die sich mit dem Fett vereinen und vom Boden des Geschirres abgelöst und verteilt werden, wenn Flüssigkeit aufgegossen wird. Diese Flüssigkeit (Wasser, Fond, Wein, Sauce usw.), füllt man bis ungefähr ein Viertel der Höhe des Schmorgutes auf, deckt das Geschirr zu, und läßt bei gleichmäßiger Hitze langsam gar werden. Beim Schmoren haben wir drei Wärmeüberträger: Flüssigkeit, Fett und Dampf. Die Hitze dringt erst allmählich in das Schmorgut ein, daher kann ein Teil des Fleischsaftes die Zellen durchdringen und in die Flüssigkeit übertreten. Nach dem Gesetz des osmotischen Druckes dringt dafür die Schmorflüssigkeit in die Zellschläuche ein und mit ihr auch nach und nach höhere Hitzegrade, die das Eiweiß zum Gerinnen bringen und das Durchdringen der Zellwände behindern. Das Schmorgut muß einige Male gewendet werden, am besten läßt man dabei die Flüssigkeit so weit einkochen, bis sie Fett zieht, wendet das Stück darin einige Male und füllt frische Flüssigkeit nach. Ein längeres Öffnen des Schmortopfes und ein zu starkes Wallen der Flüssigkeit ist zu vermeiden.

Ein wirklich guter Schmorbraten ist nur in einem gut schließbaren Geschirr bei nicht zu starker Hitze in der Ofenröhre zu erreichen, weil hier die Außenhitze von allen Seiten eindringen kann. Dabei sollen die einzelnen Fleischstücke nicht schwerer als $2^1/_2$ kg sein.

DAS BACKEN

Unter Backen sind zwei gänzlich verschiedenartige Vorgänge zu verstehen: einmal das Garmachen in der Backröhre, zum anderen Male das Garmachen im schwimmenden Fett.

A. BACKEN

Im Ofen werden feine warme Süßspeisen, Puddinge, Aufläufe, feine Gebäcke, Brot und Brötchen gebacken, wobei die heiße Luft als Wärmeüberträger dient. Hierbei bildet sich die Kruste nur an denjenigen Teilen, die unmittelbar der heißen Luft ausgesetzt sind, z. B. die Oberseite von Aufläufen und Puddingen, es sei denn, daß die Unterhitze so intensiv ist, daß sie die Wandungen der Formen übermäßig stark durchdringt. Da trockene Hitze den Teig stark austrocknet, wird beim Backen von Brot und Brötchen in den Bäckereiöfen zeitweilig Dampf zugeführt, damit die Oberfläche des Gebäcks glatt bleibt und Glanz erhält.

B. BACKEN ODER AUSBACKEN IM SCHWIMMENDEN FETT

Vorausgesetzt, daß das Fett heiß genug ist, wird dieses beim Backen nur bis zu einem geringen Teil von den Nahrungsmitteln aufgenommen, es können aber unter Umständen auch Fettstoffe in das Backfett übergehen. Bei vorschriftsmäßiger Behandlung des Backgutes ist die Krustenbildung meistens vollkommen, weil sie sich auf allen Seiten vollzieht. Je nach der Art des zu backenden Gegenstandes muß die Hitze reguliert werden. Im allgemeinen werden nur kleinere Stücke, einerlei, ob es sich um Fisch, Fleisch, Kartoffeln, Gemüse oder andere Nahrungsmittel handelt, im schwimmenden Fett gebacken. Panierte Gegenstände mit weicher Füllung, besonders aber Kroketts, müssen so heiß gebacken werden, daß sich sofort eine schützende Kruste bildet, die das Auslaufen der Füllung verhindert, bei anderen wiederum muß das Bräunen und Garwerden sich gleichzeitig vollziehen. Kartoffelstäbchen (pommes frites) werden erst vorgebacken (blanchiert) und dann fertiggebacken. Es ist ratsam, immer eine Extrafriture für Fisch zu reservieren. Die modernen elektrischen Friteusen haben meistens einen thermostatischen Hitzeregler und erleichtern die Arbeit.

DAS POCHIEREN (GARZIEHEN)

Die beste Definition für das Pochieren ist ein Garziehen bei Siedehitze, wobei die Flüssigkeit jedoch nicht wallen darf; es genügt vollkommen, wenn sie ständig einige Grade unter dem Siedepunkt gehalten wird. Da sich beim Pochieren fast die gleichen physiologischen Vorgänge wie beim Kochen abspielen, braucht nicht noch einmal darauf eingegangen zu werden.

Pochiert werden große Fische, großes Geflügel, Schinken und ähnliches, aber auch kleine Fische und Fischfilets, kleine Fleisch- und Geflügelstücke. Große Fische, wie Lachs, Karpfen oder Steinbutt, werden in Fischkesseln von entsprechender Form in kaltem Wasser oder einem gewürzten Sud angesetzt, langsam zum Kochen gebracht und müssen dann garziehen. Kleine Fische, Fischfilets, Hühnerbrüstchen und ähnliches gibt man in ein flaches, gebuttertes Geschirr, sie werden gewürzt, mit wenig Flüssigkeit (Wein, Fond usw.) leicht angegossen, mit einem gebutterten Papier bedeckt und in der Ofenröhre gargemacht. Für Poularden oder Hühner, die pochiert werden sollen, nimmt man ein ziemlich genau passendes Geschirr und übergießt sie mit gutgewürzter heller Bouillon oder Wasser, das sie zwar bedeckt, aber nicht mehr Flüssigkeit umfaßt, als zum Pochieren notwendig ist, da der Fond später zur Sauce dienen soll. Nachdem der Siedepunkt erreicht ist, läßt man sie in der Bouillon langsam garziehen. Ähnlich verfährt man beim Schinken, der jedoch stets mit kaltem Wasser angesetzt und dann erst auf den Siedepunkt gebracht wird. Die Pochierzeit der einzelnen Lebensmittel ist äußerst verschieden. Während man für Fischfilets, Hühnerbrüstchen und andere kleine Stücke nur wenige Minuten benötigt, braucht man für eine Poularde von 2 kg schon 50-60 Minuten und für einen Schinken von 4 kg je nach Art 30-40 Minuten je Kilogramm. Beim Pochieren ist stets darauf zu achten, daß nur die unbedingt nötige Flüssigkeit genommen wird; kleine Stücke werden nur mit wenig Flüssigkeit angegossen, große Stücke nur so weit aufgefüllt, daß sie gerade bedeckt sind.

DAS GRATINIEREN

Unter Gratinieren ist ein Überkrusten von Speisen zu verstehen. Es gibt drei Arten des Gratinierens: ein vollständiges, ein schnelles und ein leichtes. Bei der ersten Art wird das meist in Stücke geschnittene Nahrungsmittel roh in ein ausgebuttertes, feuerfestes, leicht am Boden mit Sauce bedecktes Backgeschirr gelegt, mit Sauce bedeckt, mit Reibbrot bestreut, mit flüssiger Butter oder Öl beträufelt und in der Ofenröhre gargemacht. Das wichtigste dabei ist die Sauce. Sie muß so reichlich vorhanden sein, daß das betreffende Nahrungsmittel darin gar werden kann, die Sauce beim Einkochen nur bindet und deckt, aber nicht suppig wird. Das Garwerden und Überkrusten muß sich gleichzeitig vollziehen. Daraus ergibt sich, daß ein vollkommenes Gratinieren nur in der Ofenröhre möglich ist.

Beim schnellen Gratinieren ist der Vorgang der gleiche, nur mit dem Unterschied, daß hier das betreffende Lebensmittel zuvor gar sein muß. Diese Gerichte können sowohl in der heißen Ofenröhre als auch unter dem Salamander überkrustet werden.

Das leichte Gratinieren wird am häufigsten angewendet. Hier handelt es sich meistenteils um Teigwaren, die mit einer Sauce gebunden oder mit geriebenem Käse oder Reibbrot oder einer Mischung von beiden bestreut und mit Butter beträufelt worden sind. Damit der Käse langsam schmelzen und sich mit der Butter verbinden kann, darf die Hitze nicht zu stark sein. Man stellt diese Gerichte in eine nicht zu heiße Ofenröhre, deren Hitze etwas abgedrosselt wurde, um ein gleichmäßiges Bräunen der Oberfläche zu erreichen.

MASSE

BEQUEMLICHKEITSMASSE

Obwohl eine Waagschale in keiner Küche fehlen dürfte, kann man kleinere Mengen von Trockensubstanzen einigermaßen genau mit dem Löffel messen. So wiegen beispielsweise:

1 Kaffeelöffel Zucker, gehäuft	5 g
1 Eßlöffel Zucker, gestrichen	10 g
1 Eßlöffel Mehl, gestrichen	10 g
1 Eßlöffel Stärkemehl, gestrichen	10 g
1 Eßlöffel Grieß, gestrichen	10 g
1 Eßlöffel Reis, gestrichen	10 g
1 Eßlöffel Tapioka, gestrichen	10 g
1 Eßlöffel Kakaopulver, gestrichen	5 g

Diese Maße genügen für allgemeine Zwecke. Beim Messen der Zutaten für Kuchen und Torten kommt es auf Genauigkeit an und hier sollte man unbedingt die Waagschale zur Hilfe ziehen. Im übrigen gibt es Meßgläser, mit deren Hilfe man nicht nur Flüssigkeiten, sondern auch Trockensubstanzen bequem und genau messen kann.

FLÜSSIGKEITSMASSE

Die nachstehenden Maße sind Bequemlichkeitsmaße und dürften für praktische Zwecke ausreichen, obwohl nicht alle Flüssigkeiten gleich schwer sind.

1 Liter (l) = 10 Deziliter = 100 Zentiliter = 1 kg = 1000 g
1 Deziliter (dl) = 10 Zentiliter = 100 g
1 Zentiliter (cl) = 10 g

PRAKTISCHE WINKE

ABZIEHEN VON MANDELN, HASELNÜSSEN ODER PISTAZIEN
Die Mandeln oder Nüsse eine Minute lang in kochendes Wasser legen, dann abtropfen lassen und, solange sie noch warm sind, die Haut zwischen den Fingern oder zwischen einem Tuch abstreifen.

AUFLÄUFE
Damit ein Auflauf gut steigen kann, muß das Eiweiß sehr festgeschlagen und locker unter die nur noch lauwarme Grundmasse gezogen werden. Dabei darf die Masse nicht zu stark bearbeitet werden.
Der Auflauf fällt zusammen, wenn der Ofen zu heiß, das Eiweiß ungleichmäßig unterzogen oder der Auflauf innen noch nicht gar war.

SCHLAGEN VON EIWEISS
Die Schüssel, in der das Eiweiß geschlagen werden soll, muß peinlich sauber sein und vor allem keine Spur von Fett aufweisen. Das Weiße von frischen Eiern neigt leicht dazu, körnig zu werden und zu gerinnen. Um das Gerinnen bei frischem Eiweiß zu vermeiden, setzt man ihm eine Prise Salz hinzu oder, wenn das Eiweiß für Gebäck bestimmt ist, eine kräftige Prise Zucker.

FISCHE ABSCHUPPEN
Um Fische sauber von den Schuppen zu befreien, ohne die Haut zu verletzen, streift man die Schuppen mit einem scharfen Messer oder mit einem Fischschupper (Kratzer) ab, wobei man stets am Schwanzende beginnt und gegen den Kopf zu kratzt. Forellen werden nicht abgeschuppt.

FORMEN AUSSTREICHEN
Förmchen oder Formen streicht man ganz dünn mit zerlassener oder weicher Butter mit einem Pinsel aus, damit sich die fertige Speise oder das Gebäck nach dem Garwerden leicht stürzen läßt. Für Süßspeisen und Gebäcke streut man die Formen oft auch noch gleichmäßig mit Zucker aus oder bestäubt sie mit Mehl.

FRISCHE EIER
Frische Eier bleiben in einer Schüssel mit kaltem Wasser am Boden liegen, während ältere Eier immer weiter nach oben steigen. Ältere Eier sollte man niemals als Trinkeier oder zu Eierspeisen verwenden, sondern höchstens verbacken oder verkochen.

FRISCHE FISCHE
Man erkennt sie daran, daß die Augen noch frisch aussehen und die Kiemen rot sind. Bei nicht mehr frischen Fischen sind die Kiemen blaßrot und das Fleisch gibt bei Druck mit dem Finger leicht nach.

GEFLÜGEL, GARPUNKT DES
Um feststellen zu können, ob Geflügel gar ist, wird das betreffende Stück umgedreht mit der Öffnung nach unten. Fließt der Saft klar und farblos heraus, dann ist das Stück gar, zeigt der Saft noch Blutspuren, dann muß es noch weiter gebraten werden.

HOLLÄNDISCHE SAUCE, GERONNENE
Wenn holländische Sauce zu heiß steht oder wenn sie zu schnell aufgeschlagen worden ist, kann sie leicht gerinnen. In den meisten Fällen genügt es, wenn man einige Tropfen sehr kaltes Wasser an eine Seite gießt und von dieser Seite aus die Sauce allmählich wieder aufschlägt.

KASTANIEN (MARONEN) SCHÄLEN
Wenn man die äußere Schale mit einem scharfen Messer leicht einritzt und die Kastanien kurze Zeit in kochendes Wasser legt, lassen sich die äußere Schale und die Haut bequem entfernen.

KLÄREN VON TRÜBER BOUILLON

Ist Bouillon beim Kochen trüb geworden, so kann man sie nach gründlichem Entfetten wieder klar kriegen, indem man ein Eiweiß mit etwas kaltem Wasser schlägt, die warme, nicht heiße, Bouillon unter fortwährendem Schlagen mit der Schneerute darübergießt und weiter schlägt, bis sie zum Sieden kommt. Dann zieht man sie beiseite, deckt sie zu und läßt sie abseits der Hitze stehen, bis sich das Eiweiß an der Oberfläche zusammengezogen hat. Die Bouillon ist dann ganz klar und muß durch ein Tuch sorgfältig abgegossen werden.

KLÄREN VON GELEE

Gelee wird genau so wie Bouillon geklärt. Soll das Gelee mit Wein abgeschmeckt werden, so wird dieser erst hinzugegeben, wenn das Gelee kalt, aber noch flüssig ist.

LEERBACKEN, BLINDBACKEN

Um Törtchen (Tarteletts) oder Böden für gewisse Torten aus Mürbe- oder Blätterteig leer zu backen, legt man die Formen mit passend geschnittenem Papier aus und füllt sie mit Trockenerbsen. Nach dem Backen hebt man das Papier mit den Erbsen aus den Formen, da sie nur dazu dienen, die Form zu erhalten. Diese Backerbsen kann man aufheben und immer wieder verwenden.

MAYONNAISE, GERONNENE

Mayonnaise kann gerinnen, wenn das Öl zu kalt war oder zu schnell nachgegossen wurde. In diesem Falle gibt man einen Löffel kochend heißes Wasser in eine andere Schüssel und schlägt die Mayonnaise langsam wieder von neuem auf.

MAZERIEREN

Hierunter versteht man das Ziehenlassen in einem zugedeckten Geschirr von kleingeschnittenen frischen oder kandierten Früchten mit Spirituosen oder Likör und eventuell auch etwas Zucker.

PETERSILIE AUFFRISCHEN

Um abgewelkte Petersilie wieder aufzufrischen, legt man sie kurze Zeit in warmes Wasser.

SCHWITZEN DES TEIGES

Ein Teig, der zu viel Butter enthält, mit zu wenig Flüssigkeit angemacht worden ist oder zu viel mit der warmen Hand bearbeitet wurde, schwitzt, wird bröckelig und läßt sich nur schwer noch ausrollen.

STÜRZEN VON KALTEN CREMES, GELEES U. Ä.

Um Speisen dieser Art leicht stürzen zu können, taucht man die Form bis zum Rand einige Sekunden in warmes Wasser. Dann wischt man sie ab, fährt mit der Spitze eines kleinen Messers zwischen Form und Masse, hält die Form mit der rechten Hand senkrecht, so daß Luft eintreten kann. Mit der linken Hand hält man die Platte halb senkrecht und läßt den Inhalt der Form darauf gleiten.

TOMATEN ABZIEHEN

Um die Haut von Tomaten leicht abziehen zu können, taucht man sie für einige Sekunden in kochendes Wasser.

VERBRANNTE, BZW. ANGESETZTE SPEISEN

Dicke Suppen oder Speisen wie Reis, Grieß u. a., die unten nur leicht angebrannt oder angesetzt sind, kann man meistens noch retten, wenn man sie sofort in eine saubere Kasserolle umschüttet, ohne sie umzurühren oder den Boden und die Seiten anzukratzen.

WEIN IN SPEISEN

Wein, der für eine Sauce bestimmt ist, sollte man erst zur Hälfte einkochen und dann der Sauce zufügen. Etwas anderes ist es, wenn ein Stück Fleisch in Rot- oder Weißwein geschmort oder gedünstet oder Fisch u. a. in Wein pochiert wird.

ZWIEBELN

Das Tränen der Augen beim Zwiebelschneiden oder -hacken kann bei vielen Menschen verhindert werden, wenn man die Zwiebeln dabei mit etwas Essig beträufelt.

TEIGE, FARCEN UND MARINADEN

APOSTELKUCHEN- ODER BRIOCHETEIG — Pâte à brioche

8 Personen. *250 g Mehl; 150 g Butter; 15 g Zucker; 8 g Hefe; 4 g Salz; 3 Eier; etwa 1 dl lauwarmes Wasser.*

Von einem Viertel des Mehles und der Hefe, die man in etwa 5 cl lauwarmem Wasser aufgelöst hat, einen etwas weichen Teig bereiten. Den Teig zu einer Kugel rollen, oben kreuzweise einschneiden und in eine Schüssel oder einen Topf geben, mit etwas lauwarmem Wasser umgießen, zudecken und stehen lassen, bis er sein Volumen verdoppelt hat. In der Zwischenzeit das restliche Mehl auf dem Backbrett mit den Eiern gut durchkneten, bis der Teig elastisch ist und sich von selbst von den Händen löst. Dann die Butter, die etwas weich sein muß, das Salz und den Zucker darunterwirken und noch einige Minuten durcharbeiten. Den Vorteig, der sich inzwischen verdoppelt haben muß, abtropfen, behutsam und ohne weiteres Schlagen daruntermengen, die Masse in eine gemehlte Schüssel füllen, mit einem gemehlten Tuch bedecken und bis zum Gebrauch kalt aufbewahren.

Im Prinzip wird der Teig gegen 18 Uhr am Vorabend bereitet und kalt gestellt, so daß er gegen 8 Uhr am nächsten Morgen sein Volumen wiederum verdoppelt hat. Ehe man ihn über Nacht ruhen läßt, wird er noch einmal durchgeschlagen. Dadurch wird der Teig fester und man kann ihm bequem die gewünschte Form geben.

BRAND- ODER BRÜHTEIG — Pâte à choux

4 Personen. *125 g Mehl; 100 g Butter; 15 g Salz; 15 g Zucker; $^1/_4$ l Wasser; 4 Eier.*

Das Wasser kalt oder warm mit der Butter, dem Salz und dem Zucker ansetzen und zum Kochen bringen. Das gesiebte Mehl auf einmal hineinschütten und die Masse mit dem Holzspatel auf dem Feuer so lange abrühren, bis sie sich von den Wandungen der Kasserolle ablöst. Von der Hitze fortnehmen, etwas abkühlen lassen und die Eier, eins nach dem anderen, daruntermengen; der Teig soll mittelfest und spritzfähig sein, die Eiermenge richtet sich nach der Größe des einzelnen Eis. Für Vorspeisen und Käsegebäck läßt man den Zucker weg.

BRAND- ODER BRÜHTEIG FÜR AUFLAUFKRAPFEN — Pâte à choux pour beignets soufflés

Den Teig genau so wie oben bereiten, aber anstelle von 15 g nimmt man 20 g Zucker.

BLÄTTERTEIG — Pâte feuilletée

4 Personen. *250 g Mehl; 225-250 g Butter; 5 g Salz; ungefähr 15 cl Wasser.*

Das gesiebte Mehl auf ein Backbrett oder auf eine Marmorplatte schütten und in der Mitte eine Grube machen. Das Salz und das Wasser in die Grube geben und, mit den Fingerspitzen beginnend, den Teig rasch anrühren, damit er nicht elastisch wird, und zu einer glatten Kugel rollen. Der Teig muß die gleiche Konsistenz wie die Butter haben, die zwar etwas fest sein soll, doch nicht aus dem Kühlschrank oder vom Eis kommen darf. Die Flüssigkeitsmenge hängt von der Beschaffenheit, bzw. der Saugkraft des Mehles ab. Den Teig wenigstens 15 Minuten ruhen lassen und dann zu einem Viereck ausrollen, die Seiten etwas auszuziehen und dünner als die Mitte halten. Die Butter in die Mitte legen, die vier Enden darüberschlagen und den Teig dreimal so lang wie breit in einer Dicke von 1-1$^1/_2$ cm ausrollen. Das Ausrollen muß gleichmäßig und behutsam vonstatten gehen, damit die Butter nicht aus dem Teig heraustritt. Jetzt das eine Ende des Teiges zur Mitte und das andere darüberschlagen; das ist die erste Tour. Zum Unter- und Bestreuen soll so wenig Mehl wie nur möglich genommen und danach gleich wieder abgefegt werden. Die zweite Tour beginnt, indem man den Teig in die entgegengesetzte Richtung ausrollt und danach kühl, aber nicht auf Eis 15-20 Minuten ruhen läßt. Danach 4 weitere Touren geben mit jeweils 15 Minuten Ruhepause zwischen 2 Touren, also insgesamt 6 Touren mit 2 Ruhepausen dazwischen. Wird der Teig nicht gleich verarbeitet, dann wickelt man ihn in ein bemehltes Tuch und bewahrt ihn kühl, aber nicht auf Eis, bis zum Gebrauch auf.

Für kleines Blätterteiggebäck kann man die Buttermenge etwas verringern, nicht aber für Pastetchen, große Pasteten oder Blätterteig-Mandeltorten usw. Man soll sich auch nicht entmutigen lassen, wenn der Blätterteig nicht gleich auf den ersten Anhieb so gut gelingt.

BACKTEIG — Pâte à frire

4 Personen. 200 g Mehl; 5 g Salz; 2 Eßlöffel Olivenöl; 3 dl lauwarmes Wasser; 5 g Hefe; 2 Eiweiß.

Das Mehl in eine angewärmte Schüssel geben und in der Mitte eine Grube machen. Das Öl, das Salz und das lauwarme Wasser, in dem man zuvor die Hefe aufgelöst hat, hinzufügen und schnell, aber leicht mit der Hand mischen, damit der Teig nicht elastisch wird. Je nach der Qualität des Mehles mehr oder weniger Wasser nehmen. Die Schüssel zudecken und 2 bis 3 Stunden gären lassen. Erst unmittelbar vor dem Gebrauch das festgeschlagene Eiweiß locker unterziehen.

PASTETENTEIG — Pâte à pâté

4 Personen. 250 g Mehl; 75 g Schweineschmalz; 1 Eigelb; 7 g Salz; ungefähr 1 dl Wasser.

Das Mehl auf das Backbrett schütten, in der Mitte eine Grube machen und das weiche Schweineschmalz, das knapp lauwarme Wasser, Salz und Eigelb hineingeben. Alle Zutaten gut durchmischen, kneten und mit dem Handballen immer wieder nach vorne durchdrücken und zusammenschlagen, damit der Teig genügend Festigkeit erhält. Danach in ein Tuch wickeln und vor dem Gebrauch 3-4 Stunden ruhen lassen; man kann den Teig auch am Abend zuvor machen und kühl aufbewahren.

PIZZATEIG — Pâte à pizza

6 Portionen. 400 g Mehl; 20 g Hefe; 20 g Salz; halb Milch, halb Wasser ungefähr $1^1/_2$-2 dl; 15 g Schweineschmalz oder Butter; Pfeffer; ungefähr 2 dl Olivenöl zum Beträufeln.

Die Hefe in einem Teil der lauwarmen Milch- und Wassermischung auflösen und das Salz gleich hinzugeben. Das Mehl auf den Backtisch schütten, eine Grube in der Mitte machen, das Schmalz oder die Butter, die aufgelöste Hefe und so viel Milch und Wasser hinzugeben, um einen etwas weichen Teig machen zu können. Den Teig recht gut durcharbeiten, in eine Schüssel geben, mit einem Tuch bedecken und wenigstens 1 Stunde ruhen lassen. Sobald der Teig gut gegangen ist, davon 6 Kugeln von gleichem Gewicht formen und mindestens 15 Minuten ruhen lassen. Die Kugeln ausrollen und dann mit den Fingern zu einem runden Fladen von $1/_2$ bis 1 cm Dicke ausziehen. Das Ausziehen mit den Fingern ist notwendig, damit der Teig leicht und geschmeidig bleibt. Die Fladen auf ein geöltes Blech legen, mit den Zutaten bedecken, wie sie im Rezept angegeben worden sind, und dann mit Olivenöl beträufeln. Bei 180° C 8-10 Minuten backen.

FARCEN FÜR KLÖSSCHEN, PASTETEN UND GALANTINEN

Um Farcen herstellen zu können, benötigt man einen Fleischwolf mit einer feinen Scheibe oder ein Mixgerät sowie ein Drahtsieb; Mörser zum Stoßen der Masse wird man bei uns wohl kaum noch antreffen. Es gibt auch im Handel fertige Klößchen, frisch und als Konserve, die von ausgezeichneter Güte sind. Klößchen können sowohl aus Fisch, Fleisch als auch von Geflügel in verschiedenen Größen hergestellt werden. Man verwendet sie in der Hauptsache als Füllung für Pastetchen, große Blätterteigpasteten, als Garnitur für Geflügel u. a. m.

KLÖSSCHENFARCE — Farce à quenelles

300 g schieres Kalbfleisch ohne Sehnen oder schieres Geflügel oder Hechtfleisch; 150 g Mehlpanade; 150 g Butter; 2 Eier; 2 Eigelb; Salz; Pfeffer; geriebene Muskatnuß (nicht zum Fisch).

Das Fleisch mehrmals durch die feinste Scheibe des Fleischwolfs treiben und in eine Schüssel geben und nach Möglichkeit auf Eis stellen. Die Panade und die zerlassene, aber kalte Butter mit einer Kelle daruntermischen. Gut durcharbeiten und nach und nach die Eier, das Eigelb und die Gewürze hinzugeben. Alles durch ein Sieb streichen, noch einmal gut durchmischen und kräftig abschmecken. Die Festigkeit und den Geschmack nachprüfen, indem man in siedendheißem Wasser eine Probe macht. Ist die Farce zu weich und das Klößchen gibt beim leichten Andrücken nicht nach, sondern geht entzwei, noch ein bis zwei Eigelb hinzunehmen. Die Klößchen kann man formen, indem man sie mit zwei Mokkalöffeln in ovaler Form absticht, wobei man die Löffel immer wieder in das heiße Wasser taucht, oder man rollt die Masse zu länglicher Form auf dem bemehlten Tisch aus, schneidet davon kleine Stücke, die man mit der bemehlten Hand formt. Die Klößchen gibt man in leicht gesalzenes, siedendheißes Wasser zum Garwerden. Sie dürfen aber nur garziehen und nicht kochen.

Mehlpanade: 75 g Mehl; 25 g Butter; 15 cl Wasser; 1 Prise Salz.

Das Wasser mit der Butter und dem Salz zum Kochen bringen. Von der Hitze nehmen, das Mehl auf einmal hineinschütten, gut durchrühren und dann auf dem Feuer mit dem Spatel abrühren, bis sich die Masse von den Wandungen der Kasserolle ablöst. Ausbreiten, mit einem gefetteten Blatt Papier bedecken und völlig auskühlen lassen.
Vor dem Gebrauch die Farce gut kühlen.

SCHWEINEFLEISCHFARCE FÜR PASTETEN UND GALANTINEN — Farce de porc pour pâtés et galantines

Für Pasteten stellt man die Farce aus magerem und fettem Schweinefleisch her, für Geflügel- und Wildgalantinen aus Schweinefleisch, Kalbfleisch und fettem, ungeräuchertem Speck (grünem Speck).

1. Für Pasteten: 500 g schieres Schweinefleisch (Schulter oder Hals) und 500 g frischen, ungeräucherten, fetten Speck zwei bis drei Mal durch die feinste Scheibe der Fleischmaschine treiben, mit 8–10 g Gewürzsalz je 500 g würzen und gut durcharbeiten.
2. Für Geflügelgalantinen: 300 g mageres, schieres Schweinefleisch, 300 g schieres Kalbfleisch und 750 g frischen, ungeräucherten, fetten Speck zwei bis drei Mal durch die Fleischmaschine treiben. Hierzu kann man noch das Fleisch der enthäuteten und entknöchelten Geflügelkeulen geben, die als Einlage für Galantinen nicht in Betracht kommen. Gewürzt wird mit 8–10 g Gewürzsalz je 500 g Farce.
3. Für Wildgalantinen: Hierfür wird ein Teil des Kalbfleischs durch Wildfleisch ersetzt und auch die von der Galle befreiten Lebern können hinzugenommen werden. Gewürzt wird so wie bei allen andern Galantinen, etwas Cognac verfeinert den Geschmack.

GRATINFARCE — Farce à gratin

Diese Farce dient zum Bestreichen von Canapés und Croutons für Wildgeflügel. Zutaten: 250 g Geflügel-, Wild- oder Kalbsleber; 150 g frischen, fetten Speck (grünen Speck); 1 Teelöffel gehackte Schalotten, gehackte Petersilie, je eine Prise Thymian und Lorbeerblatt (pulverisiert). Den Speck in Würfelchen schneiden und in einer Pfanne auslassen, bis er zu rösten beginnt. Die Lebern in kleine Stücke schneiden, in dem heißen Fett bei lebhafter Hitze ganz kurz anrösten, so daß sie innen noch rot sind und nicht die Zeit hatten, ihren Saft austreten zu lassen. Die gehackten Schalotten mit den anderen Gewürzen beifügen, noch kurz anlaufen lassen und sogleich vom Feuer nehmen. Durch ein feines Sieb streichen, gut durchrühren, mit dem nötigen Salz und Pfeffer abschmecken und in einer kleinen Schüssel abräumen und mit einem geölten Blatt Papier bis zum Gebrauch kühl aufbewahren. Diese ausgezeichnete Farce wird, so wie sie ist, verwendet. Geflügel- und Wildlebern sind bei der Zubereitung der Kalbsleber vorzuziehen.

MARINADEN

ROHE MARINADE — Marinade crue

3 kleinere Mohrrüben; 2 Zwiebeln; 3 Schalotten; 10 weiße Pfefferkörner; 2 Gewürznelken; 4–5 zerdrückte Wacholderbeeren; 6–8 Petersilienstiele; 1 Zweig Thymian; 2 kleine Lorbeerblätter; 1½ dl Weinessig; 1 Flasche trockenen Weißwein; ungefähr 4 Eßlöffel Öl.

Das Fleisch in ein geeignetes Geschirr legen, die Hälfte der in Scheiben geschnittenen Mohrrüben, Zwiebeln und Schalotten darunter und die andere Hälfte darüber. Nur leicht salzen, die zerdrückten Pfefferkörner und die anderen Gewürze und Aromaten hinzugeben und mit dem Essig und dem Weißwein aufgießen. Zum Schluß mit dem Öl abdecken, damit die obere Seite des Fleisches nicht dunkel wird. An einem kühlen Ort aufbewahren und ab und zu in der Marinade wenden. Größere Stücke, wie Schmorbraten, Wildschwein usw., 2–3 Tage, kleine Stücke 24 Stunden in der Marinade liegen lassen.

GEKOCHTE MARINADE — Marinade cuite

Die gleichen Zutaten wie für die rohe Marinade, doch sollte der Anteil an Essig und Weißwein um 20 % erhöht werden, um dem Verlust beim Kochen Rechnung zu tragen. Alle Zutaten langsam 45–60 Minuten kochen lassen. Die Marinade mit sämtlichen Bestandteilen erst nach völligem Erkalten über das Fleisch gießen.

GEWÜRZE UND GEWÜRZKRÄUTER

Verwendung

Anis
(Körner)
als Küchengewürz, in der Konditorei und in der Likörfabrikation.

Basilikum
(Gewürzkraut)
zum Würzen von Saucen, Suppen, Fischgerichten, Pasteten, Wild, Wurstwaren, Fleischgerichten, besonders in der italienischen Küche.

Beifuß
(Blätter, meistens getrocknet)
zum Würzen von Fleisch- und Geflügelgerichten, besonders Schweinefleisch, Gans und Ente.

Bibernelle, auch Pimpinelle
(Blätter)
für Suppen, Saucen und Fleischgerichte, ganz junge Blätter auch als Salat.

Bohnenkraut
als Würze für grüne Bohnen, Suppen, gekochtes Hammelfleisch und für einige Pilzarten.

Borretsch
(Blätter, Blüten)
hauptsächlich als Salatwürze, vornehmlich für Gurkensalat.

Dill
(Doldengewächs)
für Kräutersuppen, für Krebsgerichte, für Marinaden, zum Einlegen von Gurken sowie zum Dekorieren von kalten Platten.

Estragon
(Blätter)
zum Würzen von Suppen, Saucen, kalten und warmen Gerichten, Einlegen von Gurken, Estragon- und Kräuteressig sowie Kräutersenf, zum Dekorieren von kalten Platten.

Fenchel
(Körner)
zum Einlegen von Gurken, als Brotgewürz, in der Likörfabrikation.

Gelbwurz, Kurkuma
(Wurzelstöcke)
als Bestandteil des Currypulvers, für exotische Gerichte.

Ingwer
(Wurzeln)
als Bestandteil des Currypulvers, für exotische Gerichte, in der Konditorei, zum Kandieren, zur Likörfabrikation.

Kardamom
(Samen)
für Wurstwaren, exotische Gerichte, als Bestandteil des Currypulvers, für Backwaren und in der Likörfabrikation.

Kerbel
(Blätter)
für Suppen, Saucen, Salat, zum Dekorieren kalter Platten.

Knoblauch
(Zwiebelgewächs)
für Suppen, Saucen, Fisch-, Fleisch- und Geflügelgerichte, zum Salat, für Marinaden, in der Wurstfabrikation u. a. m.

Kümmel *(Frucht)*	für Saucen, Hammelfleisch, Sauerkraut, in der Bäckerei, Likör- und Käsefabrikation.
Liebstöckel *(Blätter)*	frisch und getrocknet als Suppenwürze, zu Hammel- und Rindfleischgerichten, zur Wurstfabrikation.
Lorbeerblätter *(getrocknete)*	als Würze für fast alle Speisen. Mit Umsicht zu benutzen, da ein Zuviel den Geschmack der Speisen übertönt.
Majoran *(Gewürzkraut, meist getrocknet)*	für Suppen, Saucen, Farcen, Wurstwaren, italienische Gerichte.
Mohn *(Samenkörner)*	hauptsächlich für Backware.
Meerrettich *(Wurzeln)*	für Marinaden, kalte und warme Saucen, zum Einlegen von Gurken, Pickles u. a.
Muskatnüsse *(getrocknete Samenkörner)*	gerieben zum Würzen von Suppen, Saucen, Gemüsen, Kartoffelpüree.
Muskatblüte, Macis *(Samenmantel der Muskatnuß)*	hauptsächlich für Backwaren und in der Likörfabrikation.
Nelken, Gewürznelken *(getrocknete Blütenknospen)*	zum Würzen von Suppen, Kompotten, für Marinaden, Lebkuchen, zum Spicken von Zwiebeln, zur Likörfabrikation.
Oregano *(Blätter)*	als Gewürz für viele italienische Gerichte, unersetzlich bei Pizza.
Paprika *(getrockene Fruchtkapseln)*	für Gulasch, für viele Fleisch-, Fisch- und Geflügelgerichte und für Saucen, für Paprikaspeck, Wurstwaren u. a. m.
Petersilie *(Zweige mit Blättern)*	Universalgewürz für fast alle Speisen, für Suppen, Saucen, zum Kräuterbündel, für Kräuterbutter, zur Garnitur u. a. m.
Pfeffer *(Fruchtkörner)*	Universalgewürz sowohl in Körnern als auch zu Pulver gemahlen.
Pfefferminze, Minze *(Blätter, frisch und getrocknet)*	für Suppen, Saucen, zum Kochen von neuen Kartoffeln und grünen Erbsen, zum Hammelfleisch, zur Bowle, Likörfabrikation, für kalte und warme Getränke.
Piment, Neugewürz, Jamaikapfeffer *(Fruchtkugeln)*	als Gewürz für Marinaden, Fischkonserven, Backwaren und bei der Wurstfabrikation.
Raute, Weinraute *(Blätter)*	als Würze für Marinaden, Omeletts und Salat.
Rosmarin *(Blätter)*	für Lamm- und Hammelfleisch, für Fischsuppen, Geflügel, Wild, Kartoffeln, Wurstwaren u. a.
Safran *(getrocknete Blütennarben)*	zur Bereitung der Bouillabaisse, für Risotto, Pilaw, exotische Gerichte, Backwerk, u. a.
Salbei *(Blätter)*	für Fischgerichte, besonders Schleie, Schweinefleisch, Farcen, für fette Braten, italienische Gerichte, Gewürzmischungen und Marinaden. Nur in geringen Mengen zu verwenden.
Schalotten *(Zwiebelart)*	für Marinaden, feine Saucen und vielerlei Speisen.

Schnittlauch *(Lauchgewächs)*	für Suppen, Saucen, Salat, Rohkost und Fleischgerichte.
Senf *(Samenkörner)*	getrocknet und gerieben für Speisesenf, ganze Körner für Marinaden, Konserven, Pickles und zum Würzen von Wurst- und Fleischerzeugnissen.
Thymian *(Gewürzkraut)*	zum Kräuterbündel, für Suppen, Saucen, Fleisch und Gemüse und als Wurstwürze.
Vanille *(Fruchtschoten)*	für Süßspeisen, Kuchen und Torten, Eis, Schokolade und in der Likörfabrikation.
Wacholderbeeren *(getrocknete Beeren)*	für Haar- und Federwild, Sauerkraut, zum Aromatisieren von Branntweinen.
Zimt *(getrocknete Rinde)*	in Pulverform für Süßspeisen, Kuchen und Schokoladenfabrikation, in Stangenform für Kompott, Punsch, Würzwein und Likör.
Zitronenmelisse *(Gewürzkraut)*	zum Würzen von Salaten und Aromatisieren von Bowlen und Likören.

GEWÜRZMISCHUNGEN

ZUM WÜRZEN VON BRATEN

10 g Majoran
10 g Thymian
10 g Petersilie (getrocknet)
10 g Rosmarin

5 g Nelkenpulver
5 g weißen Pfeffer
5 g Lorbeerblatt (pulverisiert)
5 g Basilikum

ZUM WÜRZEN VON PASTETEN

25 g Koriander
25 g Majoran
25 g Thymian
25 g Muskatnuß
25 g Nelken
25 g Pfeffer
10 g Ingwer

10 g Basilikum
10 g Lorbeerblatt
10 g Muskatblüte
5 g Zimt
5 g Salbei
5 g Bohnenkraut
5 g Rosmarin

Die getrockneten Gewürze sollten nicht zu fein gerieben sein und werden nur in minimalen Mengen verwendet. Man hebt sie in einem gut verschließbaren Gefäß auf. Gewürzmischungen für Braten können noch gröber gemahlen sein und man kann sie gleich mit dem Salz vermischen.

DIE SAUCEN

Saucen spielen in der Küche eine bedeutsame Rolle. Durch eine gute Sauce kann selbst ein mittelmäßiges Gericht noch wesentlich verbessert werden. Bei der Zubereitung hat die Mehlschwitze (Einbrenne) eine wichtige Aufgabe zu erfüllen, einerlei ob es sich um eine braune oder weiße Sauce handelt.

MEHLSCHWITZE (Einbrenne)

1. Das Abrösten des Mehls in der Fettsubstanz darf niemals zu schnell vonstatten gehen, auch dann nicht, wenn es sich um braune Mehlschwitze handelt. Das Mehl muß unter mehrfachem Rühren sehr langsam rösten, damit es nicht zu dunkel wird, weil sonst die damit angefertigte Sauce bitter schmecken würde.
2. Mehlschwitzen dürfen nicht zu trocken sein, d. h. daß sie nicht zu viel Mehl im Verhältnis zur Fettsubstanz enthalten. Um glatte, geschmeidige Saucen herstellen zu können, muß die Mehlschwitze stets noch etwas flüssig sein.
3. Heiße Mehlschwitze gießt man nicht mit heißer Flüssigkeit auf, da sie sonst bereits zu kochen beginnt, ehe sich die Mehlschwitze aufgelöst hat. Dadurch würde die Sauce klumpig, das Mehl unaufgelöst und nicht richtig gar.
4. Die Benutzung eines Schneebesens ist bei der Zubereitung von Saucen unentbehrlich.

BRAUNE SAUCEN

Die Demi-glace oder braune Grundsauce ist die Grundlage für alle braunen Saucen. Sie wird niemals für sich alleine verwendet, sondern stets mit Wein abgeschmeckt, mit Champignons, Estragon u. a. ergänzt oder sonstwie weiterbehandelt.

DAS BINDEN VON SAUCEN MIT STÄRKEMEHL

Zuweilen nimmt man anstelle der Mehlschwitze auch Stärkemehl (Kartoffelmehl, Mondamin, Maizena u. a.), um Saucen zu binden. In diesem Falle rührt man das Stärkemehl erst mit Wasser, Madeira u. a. an, ehe man es in die kochende Flüssigkeit gibt.

BRAUNE GRUNDSAUCE

Für die braune Grundsauce, allgemein Demi-glace genannt, geben wir eine vereinfachte und sparsame Formel, die schneller und leichter auszuführen ist als die in der Hotelküche übliche braune Sauce.

DEMI-GLACE AUF HAUSFRAUENART, BRAUNE GRUNDSAUCE — Demi-glace ménagère ou sauce brune de base

2 Eßlöffel Fett (Schmalz oder Bratenfett, keine Butter, da sie zu schnell verbrennt); 1 Eßlöffel Mehl; $1/4$ l Bouillon oder Brühe aus Brühwürfeln; 1 Eßlöffel Tomatenmark oder 2 frische, geschälte, entkernte, zerdrückte Tomaten. Kochzeit: 30 Minuten.

Das Fett erhitzen und das Mehl darin unter ständigem Rühren anrösten, bis es eine satte, braune Farbe hat. Die kalte Bouillon mit dem Schneebesen darunterrühren, das Tomatenmark oder die Tomaten beifügen und langsam kochen lassen. Während des Kochens das aufsteigende Fett ständig mit dem Löffel abnehmen. Die fertige Sauce durch ein Spitzsieb passieren und, wenn man will, noch nußgroß Butter darunterrühren und gut abschmecken.

ZUSAMMENGESETZTE BRAUNE SAUCEN

BERCYSAUCE (braune) — Sauce Bercy

1 dl Demi-glace; $^1/_2$ Glas trockenen Weißwein; 1 gehackte Schalotte; Saft $^1/_2$ Zitrone; 1 Teelöffel gehackte Petersilie; 20 g Butter.

Die Schalotten in der Butter anschwitzen, aber nicht verfärben lassen. Mit dem Weißwein aufgießen und fast völlig einkochen. Zur Seite ziehen und abseits der Hitze die heiße Demi-glace und die Butter unterrühren und mit dem Zitronensaft und der gehackten Petersilie vervollständigen.

BORDELAISER SAUCE — Sauce bordelaise

$^1/_4$ l Demi-glace; 50 g Rindermark; 1 Eßlöffel gehackte Schalotten; 1 dl Rotwein; 6 zerdrückte, weiße Pfefferkörner; 1 kleinen Zweig Thymian; nußgroß Butter.

Die Schalotten in der Butter anschwitzen, mit dem Rotwein aufgießen, die Pfefferkörner und den Thymian beifügen und den Wein fast gänzlich einkochen lassen. Mit der Demi-glace auffüllen, langsam 15 Minuten kochen lassen, abfetten und passieren. Das in kleine Würfelchen geschnittene Rindermark beifügen und in der heißen Sauce 10 Minuten ziehen lassen. Danach das Fett des Rindermarks mit einem Löffel unter die Sauce mengen und gut abschmecken. Diese Sauce serviert man zu grilliertem Fleisch.

COLBERTSAUCE — Sauce Colbert

Für $1^1/_2$ dl: 100 g frische Butter; 5 cl Fleischextrakt; Saft einer Zitrone; 1 knappen Eßlöffel gehackte Petersilie mit etwas Estragon.

Die Butter weichrühren und nach und nach den Fleischextrakt, den Zitronensaft und die Petersilie unterrühren und mit Salz und Pfeffer abschmecken. Diese Sauce serviert man zu grilliertem Fisch und Fleisch.

CURRYSAUCE — Sauce curry

Für $1^1/_4$ l: 75 g feingehackte Zwiebel; 1 mittelgroßen, geschälten, entkernten, geriebenen Apfel; 50 g Butter; 60 g Mehl; 2 Teelöffel Currypulver; 1 kleines Stück getrocknete, gehackte Orangenschale; 1 kleine, zerdrückte Knoblauchzehe; 1 l braunen Fond oder Bouillon; 2 Eßlöffel Tomatenpüree; 1 dl Kokosnußmilch. Kochzeit: 40 Minuten.

Die gehackte Zwiebel in der Butter hellgelb anrösten, das Mehl hinzugeben und anlaufen lassen. Das Currypulver daruntermischen, den Apfel und das Tomatenpüree unterrühren, mit der Bouillon aufgießen, gut durchmischen und zum Kochen bringen. Knoblauch und Orangenschale beifügen, mäßig salzen und langsam 40 Minuten kochen lassen. Zuletzt die Kokosnußmilch zugießen und noch kurz durchkochen. Nicht passieren und für anglo-indische Gerichte von Hammel, Rind, Geflügel oder Fisch verwenden.

Kokosnußmilch: 150 g geraspelte Kokosnuß mit ungefähr 2 dl heißem Wasser übergießen, zugedeckt 20 Minuten ziehen lassen und dann durch ein Tuch drücken, um den gesamten Saft auszupressen.

ESTRAGONSAUCE — Sauce à l'estragon

In $^1/_4$ l Demi-glace läßt man eine starke Prise gehackten Estragon, ungefähr $^1/_4$ Mokkalöffel voll, ausziehen. Nach 5-6 Minuten ist die Sauce fertig; sie wird nicht passiert. Man verwendet sie für Eierspeise, Fisch, Geflügel und Fleisch. Beim Servieren streut man etwas frischen, gehackten Estragon über das betreffende Gericht.

GRATINIERSAUCE — Sauce gratin

1/4 l Demi-glace; 60 g feingehackte Champignons; 2 gehackte Schalotten; 1 dl Weißwein; 20 g Butter; 1 Teelöffel Tomatenmark; 1 Teelöffel gehackte Petersilie.

Die gehackten Schalotten in der Butter kurz anschwitzen, die Champignons beifügen, kurz anlaufen lassen und den Weißwein hinzugießen. Den Wein bis zur Hälfte einkochen, die Demi-glace und das Tomatenmark dazugeben, alles zusammen 3-4 Minuten langsam kochen lassen, abschmekken und mit der gehackten Petersilie vervollständigen.

ITALIENISCHE SAUCE — Sauce italienne

60 g rohe, gehackte Champignons; 50 g ganz fein gehackten, gekochten Schinken; 1 gehackte Schalotte; 1 dl Weißwein; 2 dl Demi-glace; 1 Teelöffel Tomatenmark; 1 Eßlöffel Olivenöl; etwas gehackte Petersilie.

Die Schalotte und die Champignons in dem Öl leicht anrösten lassen, den Schinken hinzugeben und noch kurz anschwitzen. Den Weißwein aufgießen, zur Hälfte einkochen, die Demi-glace, das Tomatenmark und die Petersilie beifügen, würzen und noch langsam 5-6 Minuten kochen lassen.

JÄGERSAUCE — Sauce chasseur

1/4 l Demi-glace; 5 cl Weißwein; 125 g Champignons; 1 gehackte Schalotte; 2 Eßlöffel Olivenöl; 1 Teelöffel Tomatenmark; 1/4 Teelöffel gehackten Kerbel und Estragon.

Die in Scheiben geschnittenen Champignons zusammen mit der Schalotte leicht in dem Öl anrösten. Den Weißwein hinzufügen, zur Hälfte einkochen lassen und dann die mit dem Tomatenmark verrührte Demi-glace und die gehackten Kräuter hinzugeben und nur kurz aufkochen. Diese Sauce serviert man zu Geflügel, Wild und Fleisch vom Rost.

LYONER SAUCE — Sauce lyonnaise

1/4 l Demi-glace; 1 dl Weißwein; 75 g feingehackte Zwiebel; 20 g Butter.

Die Zwiebeln in der Butter gut anschwitzen, doch nicht verfärben lassen. Den Weißwein aufgießen, zur Hälfte einkochen, mit der Demi-glace auffüllen und langsam 10 Minuten kochen. Nach Wunsch passiert oder unpassiert zu Fleisch und Gemüsen servieren.

PFEFFERSAUCE FÜR HAARWILD — Sauce poivrade pour gibier à poil

Für 4 dl fertige Sauce: *250 g kleingehackte Knochen und Abgänge von Haarwild; 1 kleine Mohrrübe, 1 Zwiebel, beide gewürfelt; 5 cl Weinessig; 6 zerdrückte Pfefferkörner; 1 Zweig Thymian; 1 kleines Lorbeerblatt; einige Petersilienstiele; 1/2 l Demi-glace; 1 dl Marinade. Kochzeit: 1 1/2 Stunden.*

Die Knochen und Abgänge in etwas Öl anrösten, Mohrrüben und Zwiebel beifügen und mit anrösten. Thymian, Lorbeerblatt, Petersilienstiele und den Essig hinzugeben und den Essig gänzlich einkochen. Mit der Demi-glace und der Marinade aufgießen, die Pfefferkörner beigeben und alles langsam 1 Stunde kochen. Abfetten, passieren und kräftig abschmecken.

PIKANTE SAUCE — Sauce piquante

1/4 l Demi-glace; 4 Eßlöffel Weinessig; 1 Eßlöffel gehackte Schalotten, notfalls Zwiebeln; 30 g Pfeffergürkchen, in dünne Scheiben geschnitten; 20 g Butter; 1/2 Teelöffel gehackte Petersilie.

Die gehackten Schalotten in der Butter hellgelb anrösten, den Essig hinzugießen und bis auf ein Viertel einkochen. Die Demi-glace hinzugeben, langsam 15 Minuten kochen lassen und abseits des Feuers die Pfeffergürkchen und die Petersilie beifügen.

REHSAUCE — Sauce chevreuil

Genau so wie Pfeffersauce für Haarwild bereiten, aber anstelle des Essigs Rotwein nehmen und die Sauce mit einer Spitze Cayennepfeffer schärfen.

ROBERTSAUCE — Sauce Robert

¹/₄ dl Demi-glace; 1 dl Weißwein; 50 g gehackte Zwiebeln; 1 Eßlöffel Tomatenmark; 1 knappen Eßlöffel scharfen Mostrich; 20 g Butter.

Den Weißwein mit den gehackten Zwiebeln zur Hälfte einkochen. Die Demi-glace und das Tomatenmark beifügen, langsam 15 Minuten kochen lassen und abschäumen. Vom Feuer nehmen und den Mostrich und die Butter darunterrühren. Besonders für unpanierte, gebratene Schweinekoteletts geeignet.

TEUFELSSAUCE — Sauce diable

Für 4 dl: 2 gehackte Schalotten; 2 dl Weißwein; 2 dl Demi-glace; 20 g Butter; Worcestershire Sauce; Cayennepfeffer. Kochzeit: 15 Minuten.

Die Schalotten in der Butter hellgelb anrösten, den Weißwein beifügen und bis zur Hälfte einkochen. Mit der dickgehaltenen Demi-glace aufgießen und langsam auskochen. Abschäumen und mit einem Schuß Worcestershire Sauce und einer Spitze Cayennepfeffer schärfen. Spezialsauce für Hähnchen, Tauben u. a. vom Grill.

TRÜFFELSAUCE — Sauce Périgueux

5 cl Madeira; ¹/₄ l Demi-glace; 20 g gehackte Trüffel; 15 g Butter.

Den Madeira um die Hälfte einkochen, die Demi-glace beifügen und ganz langsam 10 Minuten kochen lassen. Vom Feuer nehmen und die gehackte Trüffel und die Butter unterziehen.

WEISSE SAUCEN

Weiße Saucen stellt man aus Mehlschwitze und heller Bouillon, der Brühe, in der weißes Fleisch oder Geflügel gekocht worden ist, Wasser, Milch oder Fischfond her.

Die bekannteste dieser Saucen ist die Samtsauce. Sie spielt unter den weißen Saucen die gleiche Rolle wie die Demi-glace unter den braunen.

FISCHFOND — Fumet de poisson

Um schmackhafte Fischsaucen bereiten zu können, muß zuerst Fischfond hergestellt werden. Dazu nimmt man die kleingehackten Gräten und Abgänge von mageren Fischen, am besten von Edelfischen, und setzt sie mit 1-2 in Scheiben geschnittenen Zwiebeln, einigen Champignonabfällen (Schalen oder Stiele), einigen Petersilienstielen, wenigen Pfefferkörnern und einem Drittel Weißwein und zwei Dritteln Wasser an. Man läßt alles zusammen 25 Minuten kochen und passiert den Fond durch ein Spitzsieb.

DAS BINDEN VON WEISSEN SAUCEN — La liaison des sauces blanches

Das Binden von weißen Saucen mit Eigelb ist schlecht bekannt. Im allgemeinen ist die Ansicht weit verbreitet, daß das Kochen des Eigelbes in der Sauce zum unweigerlichen Gerinnen führen muß. Diese Ansicht ist irrig. Wenn eine Sauce mit einer Legierung von mit Sahne oder anderer Flüssigkeit angerührtem Eigelb direkt in die wallende Sauce unter ständigem Rühren mit dem Schneebesen gegeben wird, so verteilt sich das Eigelb und bindet so rasch, daß ein Gerinnen ausgeschlossen ist. Solche Saucen können sogar wieder aufgekocht werden, ohne Schaden zu nehmen.

Dieses Prinzip gilt natürlich nicht für feine Saucen, die vorwiegend aus Eigelb und Butter bestehen, wie z. B. holländische Sauce.

WEISSE GRUNDSAUCEN

BÉCHAMELSAUCE — Sauce béchamel

30 g Butter; 25 g Mehl; ¹/₄ l Milch. Kochzeit: 15-20 Minuten.

Von der Butter und dem Mehl helle Mehlschwitze bereiten, die keinerlei Färbung annehmen darf. Die Milch mit dem Schneebesen bis zum Aufkochen darunter rühren und dann bei schwacher Hitze langsam kochen lassen und mit Salz und Pfeffer würzen. Diese Sauce muß etwas dick und sehr

geschmeidig sein. Sie gewinnt an Geschmack, wenn man darin eine kleine Zwiebel, mit einem halben Lorbeerblatt und 2 Nelken gespickt, mitkochen läßt und sie dann passiert.
Im allgemeinen wird Béchamelsauce nicht im voraus bereitet.

SAMTSAUCE — Sauce veloutée
30 g Butter; 30 g Mehl; 3 dl helle Brühe. Kochzeit: 25 Minuten.

Von der Butter und dem Mehl Schwitze bereiten und 2 Minuten schwitzen lassen, ohne daß sie sich verfärbt. Sobald sie zu schäumen beginnt, die Bouillon mit dem Schneebesen darunterrühren, aufkochen und langsam auskochen. Diese Sauce muß etwas dicker als die braune Grundsauce sein. Die weitere Verarbeitung richtet sich nach dem jeweiligen Rezept. Samtsaucen kann man mit Fisch-, Kalbfleisch- und Geflügelbrühe herstellen.

WEISSE HAUSFRAUEN- ODER BASTARDSAUCE — Sauce blanche ménagère ou bâtarde
In der täglichen Küche ersetzt diese Sauce die zu üppige holländische Sauce für Fisch-, Eier- und Gemüsegerichte. Sie ist schon in 5 Minuten fertig.
In einer Kasserolle 30 g zerlassene Butter mit 25 g Mehl gut vermengen und abseits des Feuers $1/4$ l heißes, aber nicht kochendes Wasser mit dem Schneebesen darunterrühren. Ein Eigelb hinzufügen, mit Salz und Pfeffer würzen und auf dem Feuer bis zum Aufkochen mit dem Schneebesen rühren, aber nicht weiterkochen lassen. Sogleich vom Feuer nehmen und die gewünschte Buttermenge daruntermischen. Es gibt kein bestimmtes Maß, man kann von 50-150 g Butter nehmen. Zuletzt die Sauce mit etwas Zitronensaft oder einem Schuß Weinessig abschmecken.

ZUSAMMENGESETZTE WEISSE SAUCEN

BERCYSAUCE (weiße) — Sauce Bercy
$1/4$ l Samtsauce; 5 cl Weißwein; 5 cl Fischfond; 2 gehackte Schalotten; 45 g Butter; $1/2$ Teelöffel gehackte Petersilie. Kochzeit: 15 Minuten.

Die Schalotten in 20 g Butter anschwitzen, ohne daß sie sich verfärben. Mit dem Weißwein und dem Fischfond aufgießen, bis zur Hälfte einkochen und die Samtsauce beifügen. Langsam auskochen lassen und dann abseits des Feuers die restliche Butter und die gehackte Petersilie unterziehen. Spezialsauce für gekochte Fischgerichte.

ESTRAGONSAUCE (weiße) — Sauce blanche à l'estragon
Eine Samtsauce, mit Hühnerbrühe bereitet, mit einem Eigelb und etwas Sahne legieren und eine starke Prise frisch gehackten Estragon beifügen. Ist die Sauce für gekochtes Geflügel bestimmt, so fügt man diesem beim Kochen einen kleinen Zweig Estragon bei.

EIERSAUCE — Egg sauce
Einem Viertelliter nicht zu dicker Béchamelsauce 2 hartgekochte, grob gehackte Eier beifügen, die Sauce mit Salz und Pfeffer würzen und mit etwas gehackter Petersilie vervollständigen. Spezialsauce für gekochten Kabeljau und Schellfisch.

GARNELEN- ODER JOINVILLESAUCE — Sauce crevette ou Joinville
$1/4$ l Béchamelsauce; 60 g rote oder graue Garnelenschwänzchen; 5 cl süße Sahne; 1 Spitze Cayennepfeffer; 25 g Garnelenbutter.

Die Sauce mit der Sahne aufkochen und mit Salz und einer Spitze Cayennepfeffer würzen. Abseits des Feuers die Garnelenbutter und die Garnelenschwänzchen unterziehen.

GEFLÜGELRAHMSAUCE — Sauce suprême
4 dl Samtsauce; $1^1/2$ dl süße Sahne; Saft $1/2$ Zitrone; 20 g Butter.

Samtsauce mit Hühnerbrühe herstellen. Die Sahne beifügen und unter ständigem Rühren mit dem Spatel einkochen, bis die Sauce den Spatel bedeckt. Zur Seite ziehen, mit Salz, Pfeffer und Zitronensaft würzen und die Butter unterziehen.

KAPERNSAUCE — Sauce aux câpres
Einer weißen Hausfrauensauce die gewünschte Menge Kapern beifügen. Es ist unnötig, Essig oder Zitronensaft hinzuzugeben, man kann auch das Eigelb fortlassen.

MORGENROTSAUCE — Sauce aurore
$^1/_4$ l Béchamelsauce; 1 Eßlöffel dickes Püree von frischen Tomaten, notfalls Tomatenmark; 20 g Butter.

Das Tomatenpüree unter die heiße Sauce mischen, um ihr die nötige Tönung zu geben, und abseits des Feuers die Butter unterziehen. Man gibt diese Sauce zu Eierspeisen, gekochten Geflügelgerichten u. a.

MORNAYSAUCE — Sauce Mornay
$^1/_4$ l Béchamelsauce; 1 Eigelb; 40 g geriebenen Käse.

Das Eigelb und den geriebenen Käse abseits des Feuers unter die heiße Sauce rühren. Dient zum Bedecken von Fisch- und Gemüsegerichten sowie Eierspeisen, die überbacken werden sollen. Geriebener Käse muß sorgfältig unter Saucen und Massen gezogen werden, damit es nicht zu einer elastischen Masse kommt, die Fäden zieht. Die Sauce darf auch nicht kochen, sie muß unmittelbar verwendet werden.

POULETTESAUCE — Sauce poulette
$^1/_4$ l Samtsauce; 50 g frische Champignons; 1 dl süße Sahne; 1 Eigelb; Saft $^1/_2$ Zitrone.

Die Champignons in dünne Scheiben schneiden, in die Sauce geben und 10 Minuten langsam kochen lassen. Dann durch ein Spitzsieb in eine saubere Kasserolle passieren und gut drücken, damit der Champignongeschmack zum Ausdruck kommt. Aufkochen, mit dem Eigelb, mit der Sahne verrührt, binden und mit Zitronensaft abschmecken.

RAHMSAUCE — Sauce crème
$^1/_4$ l Béchamelsauce; 1 dl süße Sahne.

Die dickgehaltene Béchamelsauce mit der Sahne kurz durchkochen und gut abschmecken.

SENFSAUCE — Sauce moutarde
Eine weiße Hausfrauensauce bereiten und abseits des Feuers kräftig mit Senf abschmecken. Das Eigelb kann hier fortfallen.

WEISSE BUTTERSAUCE — Sauce au beurre blanc
1 große, grob gehackte Schalotte; 5 cl milden Weinessig oder 1 dl Weißwein; 150 g Butter.

Die Schalotte in einer flachen Kasserolle mit dem Essig oder Weißwein so weit einkochen, daß nur noch am Boden ein Schimmer übrigbleibt. Die Butter auswaschen und mit Salz und Pfeffer weich machen. Die Schalotte mit einer Gabel herausnehmen, die Kasserolle leicht abkühlen lassen und die Butter unter ständigem Rühren mit dem Schneebesen nach und nach hineingeben, doch nicht gänzlich schmelzen lassen. Spezialität der Nanteser Küche für Hecht und andere gekochte Fische.

WEISSWEINSAUCE — Sauce au vin blanc
$^1/_4$ l Fischfond; 40 g Butter; 25 g Mehl; 1 dl süße Sahne; 2 Eigelb; Saft $^1/_2$ Zitrone.

Von der Butter und dem Mehl helle Mehlschwitze bereiten. Mit dem Fischfond aufgießen, langsam 10 Minuten kochen lassen und dann abseits des Feuers mit der Sahne legieren, die mit dem Eigelb vermischt worden ist. Zuletzt mit dem Zitronensaft abschmecken.
Diese Sauce enthält keinen weiteren Weißwein, da der Fischfond mit Weißwein angesetzt wird.

ZWIEBELSAUCE, Soubise-Sauce — Sauce Soubise
$^1/_4$ l Béchamelsauce; 100 g Zwiebeln; 50 g Butter.

Die Zwiebeln in Scheiben schneiden, sehr stark in Salzwasser blanchieren und abtropfen. In der Butter gardünsten, dabei aber nicht verfärben lassen. Die Béchamelsauce hinzugeben, noch kurze Zeit langsam kochen lassen, passieren und eventuell mit etwas süßer Sahne vervollständigen. Dient für Eierspeisen, Kalbsmilch, geschmortes Hammelfleisch u. a.

FEINE BUTTERSAUCEN

BÉARNER SAUCE, Béarnaisesauce — Sauce béarnaise
150 g Butter; 2 Eigelb; 5 cl Weinessig; 3 zerdrückte, weiße Pfefferkörner; 1 Eßlöffel gehackten Kerbel und Estragon; 1 gehackte Schalotte.

Die Schalotte mit den Pfefferkörnern und einem Drittel der Kräuter in eine kleine Kasserolle geben, mit dem Essig übergießen und einkochen, bis nur noch ein Teelöffel Flüssigkeit übrigbleibt. Diese Flüssigkeit durch ein feines Spitzsieb in eine saubere Kasserolle passieren, das Eigelb, nußgroß weiche Butter und eine Prise Salz hinzugeben. In ein nicht zu heißes Wasserbad stellen und ununterbrochen mit dem Schneebesen rühren, bis das Eigelb anfängt cremig zu werden. Aus dem Wasserbad nehmen und unter ständigem Rühren die zuvor erweichte Butter langsam flockenweise unter das Eigelb ziehen; die Sauce muß nun dick und homogen sein. Warm, aber nicht heiß stellen, da die Sauce sonst gerinnen würde, und vor dem Gebrauch den Rest der gehackten Kräuter unterziehen.

CHORONSAUCE — Sauce Choron
Eine Béarnaisesauce bereiten und einen gehäuften Eßlöffel dick eingekochtes Tomatenpüree untermengen.

HOLLÄNDISCHE SAUCE — Sauce hollandaise
2 Eigelb; 2 Eßlöffel kaltes Wasser; 150 g weiche Butter; 1 Teelöffel Zitronensaft; Salz; Pfeffer.

Das Eigelb, das Wasser, nußgroß Butter und je eine Prise Salz und Pfeffer in eine kleine Kasserolle geben, in ein nicht zu heißes Wasserbad stellen und zu einer cremigen Masse mit dem Schneebesen aufschlagen, wie es bei der Béarnaisesauce beschrieben wurde. Die Butter flockenweise unterziehen und die Sauce zuletzt mit dem Zitronensaft abschmecken. Die Sauce nur lauwarm stellen, da sie bei stärkerer Hitze leicht gerinnt.

SCHAUM- ODER SCHAUMIGE SAUCE — Sauce mousseline
Holländische Sauce bereiten und ziemlich dick halten. Unmittelbar vor dem Gebrauch ebensoviel Eßlöffel festgeschlagene Sahne locker unterziehen, wie Eigelbe zur Herstellung verwendet wurden.

DIE TOMATENSAUCE UND IHRE ABARTEN

TOMATENSAUCE — Sauce tomate
Für 1 l: 1/2 l Tomatenpüree oder 1/4 l Tomatenmark; 50 g Rauchspeck oder blanchierte Speckschwarte; 1 kleine Mohrrübe; 1 kleine Zwiebel; 1 kleines Stück Sellerieknolle; 1 kleines Stück Porree, nur das Weiße; 1 kleines Lorbeerblatt; 1 kleinen Zweig Thymian; 1 Knoblauchzehe; 2 Eßlöffel Öl; 25 g Mehl; 2 Stückchen Zucker; 3/4 l Bouillon oder Wasser; Salz. Kochzeit: 1 1/2 Stunden.

Speck oder Schwarte, Mohrrübe, Zwiebel, Porree und Sellerie würfeln und in dem Öl anschwitzen. Das Mehl hinzugeben und unter ständigem Rühren weiterschwitzen, bis es hellgelb ist. Mit dem Tomatenpüree und der Bouillon oder Wasser auffüllen, gut umrühren, Knoblauch, Thymian, Lorbeerblatt, Zucker, Salz und Pfeffer beifügen und aufkochen lassen. Langsam, am besten zugedeckt im Ofen, kochen lassen und dann passieren. Abschmecken und auf Wunsch mit nußgroß Butter vervollständigen.

SAUCE VON FRISCHEN TOMATEN AUF ITALIENISCHE ART — Sauce aux tomates fraîches à l'italienne
Für 1 l: 500 g frische Tomaten; 75 g Zwiebeln; 50 g Mohrrüben; 50 g mageren Rauchspeck; 1 Kräuterbündel; 20 g Butter; 25 g Mehl; 3/4 l Bouillon oder Wasser. Kochzeit: 1 1/2 Stunden.

Mohrrüben, Zwiebeln und Speck in grobe Würfel schneiden und in der Butter anschwitzen. Das Mehl hinzugeben und hellgelb anrösten. Die kleingeschnittenen Tomaten beifügen, gut umrühren,

die Bouillon oder Wasser aufgießen, würzen und das Kräuterbündel zutun. Langsam 1 Stunde kochen und dann passieren. Abschmecken und mit einer Prise Zucker und nußgroß Butter vervollständigen.
Die Sauce schmeckt noch besser, wenn man die Tomaten zuvor für sich dünsten läßt, bis die gesamte Flüssigkeit verdunstet ist.

BOLOGNAISER SAUCE — Sauce bolognaise

50 g rohen Schinken oder mageren Rauchspeck, gehackt; 250 g rohes Rindfleisch, gehackt; 1 mittelgroße Zwiebel; 2 kleine Mohrrüben; 1 Stückchen Sellerie; 2 Eßlöffel Olivenöl; 20 g Champignons (wahlfrei); 1 dl Rotwein; 200 g Tomatenpüree oder 2 große Eßlöffel Tomatenmark; 2 dl Bouillon; 10 g Mehl; je eine Prise geriebenen Thymian, Majoran und geriebene Muskatnuß. Kochzeit: ungefähr 1 1/2 Stunden.

Zwiebel, Mohrrüben und Sellerie in ganz feine Streifen schneiden und in dem Öl hellgelb anrösten. Das Fleisch und den Schinken hinzugeben, anschwitzen, salzen und pfeffern. Mit dem Rotwein aufgießen, bis zum Verdunsten kochen und abseits des Feuers das Mehl unterrühren. Das Tomatenpüree und die Bouillon beifügen, gut vermengen, mit Majoran, Thymian und Muskatnuß würzen und so lange langsam kochen lassen, bis eine dickliche, geschmeidige Sauce entsteht, die püreeartig sein muß. Notfalls beim Kochen noch etwas Flüssigkeit hinzugeben. Gut abschmecken.

(italienisch)

PROVENZALISCHE SAUCE — Sauce provençale

Für 3/4 l: 15 große, vollreife Tomaten; 2 dl Olivenöl; 2 kleine, zerdrückte Knoblauchzehen; 1 knappen Eßlöffel gehackte Petersilie. Kochzeit: 20 Minuten.

Die Tomaten schälen, halbieren, die Kerne ausdrücken und grob hacken. Das Olivenöl sehr heiß werden lassen, die gehackten Tomaten hinzufügen, salzen, pfeffern und den Knoblauch daruntermischen. Langsam 20 Minuten dünsten und zum Schluß die Petersilie unterrühren.
Diese Zubereitung ist auch unter dem Namen « geschmolzene Tomaten » bekannt.

KALTE SAUCEN

COCKTAILSAUCE — Sauce cocktail

1 dl dicke Mayonnaise; 2 Eßlöffel süße Sahne; 4 Eßlöffel Tomatenketchup; 1 Teelöffel Cognac; 1 Teelöffel trockenen Sherry oder Banyuls.

Die Mayonnaise mit der Sahne und dem Ketchup vermischen und zuletzt den Cognac und den Sherry mit dem Schneebesen unterrühren. Gut abschmecken. Diese Sauce dient zum Bereiten von Cocktails von Krusten- und Schaltieren, Fischen, Geflügel u. a.

MAYONNAISENSAUCE — Sauce mayonnaise

2 Eigelb; 1/4 l Olivenöl; 1 Teelöffel Weinessig oder Zitronensaft; Salz; Pfeffer.

Das Eigelb in eine Schüssel geben und sehr gut mit dem Essig oder Zitronensaft, Salz und Pfeffer verrühren. Das Öl mit dem Schneebesen erst tropfenweise und sobald die Mischung anfängt dicker zu werden in einem dünnen Faden unter ständigem Rühren unter das Eigelb mengen. Dabei muß das Öl Küchentemperatur haben, da die Mayonnaise sogleich gerinnt, wenn das Öl zu kalt ist. Diese Grundsauce kann mit Senf, Kräutern u. a. vervollständigt werden.
Schnell und leicht läßt sich diese Sauce im Mixaufsatz der Haushaltsmaschine bereiten.
Es kann vorkommen, daß die Mayonnaise gerinnt. In diesem Falle ist es unnötig und auch zwecklos, neues Eigelb hinzuzufügen. Wenn man in eine saubere Schüssel einen Löffel kochendheißes Wasser gibt und mit dem Schneebesen die geronnene Masse tropfenweise aufschlägt, dann wird sie ohne weiteres wieder binden.

GRÜNE SAUCE — Sauce verte

$1/4$ l Mayonnaise; 6 Blätter Spinat; 6 Estragonblätter; 1 kleines Büschel Kerbel; 1 kleinen Bund Brunnenkresse.

Kerbel und Estragon 2 Minuten, Spinat und Kresse 5 Minuten in siedendem Salzwasser kochen, alle Kräuter abtropfen und fest ausdrücken. Durch ein feines Sieb streichen und unter die dickgehaltene Mayonnaise rühren.

RAVIGOTESAUCE — Sauce ravigote

Die Ravigotesauce ist nichts anderes als eine Vinaigrettesauce, der man einige Kapern, Schnittlauch, Petersilie, Estragon, Kerbel und eine kleine Zwiebel, alles feingehackt, beigefügt hat. Es ist üblich und empfehlenswert, diese Sauce mit einigen Löffeln Mayonnaise zu binden. Man serviert sie in der Hauptsache zum Kalbskopf.

REMOULADENSAUCE — Sauce rémoulade

$1/4$ l Mayonnaise; 1 Eßlöffel ausgedrückte Kapern, Pfeffergurke und feine Kräuter, alles zusammen gehackt; $1/4$ Teelöffel Senf.

Die Mayonnaise mit dem Senf würzen und Kapern, Pfeffergurke und Kräuter darunterrühren.

TATARENSAUCE — Sauce tartare

Man bereitet diese wie Mayonnaise, jedoch mit einem rohen und einem hartgekochten, durch ein Sieb gestrichenen Eigelb. Zuletzt rührt man einen knappen Eßlöffel feingehackten Schnittlauch darunter.

TIROLER SAUCE — Sauce tyrolienne

4 Personen. 3 dl dicke Mayonnaise; 1 dl Tomatenpüree.

Die Mayonnaise mit dem Tomatenpüree vermischen und pikant abschmecken. Eventuell noch 2 Eßlöffel gehackte Kräuter (Petersilie, Kerbel, wenig Estragon und Schnittlauch) beifügen.

VINAIGRETTESAUCE — Sauce vinaigrette

1 Teil Weinessig und 4 Teile Olivenöl mit Salz und Pfeffer würzen und reichlich feingehackte Kräuter daruntermischen. Vor dem Servieren noch einmal mit dem Schneebesen gut durchrühren.

BUTTERMISCHUNGEN

BERCYBUTTER — Beurre Bercy

1 dl Weißwein; 2 gehackte Schalotten; 50 g blanchiertes, gewürfeltes Rindermark; 100 g Butter; Saft $1/2$ Zitrone; Salz, Pfeffer.

Den Weißwein mit den Schalotten um die Hälfte einkochen. Unter die weichgerührte Butter mischen, das gewürfelte Rindermark hinzugeben und mit Salz, Pfeffer und Zitronensaft würzen. Gut kühlen. Dient als Zugabe für Fleisch vom Rost.

ESTRAGONBUTTER — Beurre d'estragon

50 g Estragonblätter 1 Minute lang blanchieren, abtropfen, gut ausdrücken und unter 125 g weichgerührte Butter mengen. Durch ein feines Sieb streichen und würzen.

GARNELENBUTTER — Beurre de crevettes

60 g rote Garnelen oder auch nur Köpfe und Schalen nehmen und im Mixgerät pürieren. Mit 100 g weichgerührter Butter vermischen und durch ein Sieb streichen.

KNOBLAUCHBUTTER — Beurre d'ail

100 g geschälte Knoblauchzehen; 125 g Butter.

Die Knoblauchzehen fein pürieren, mit der weichgerührten Butter vermischen, würzen und durch ein Sieb streichen.

KRÄUTERBUTTER, HAUSHOFMEISTERBUTTER — Beurre maître d'hôtel

100 g Butter weichrühren, mit Salz, Pfeffer und Zitronensaft würzen und einen Eßlöffel gehackte Kräuter oder auch nur Petersilie daruntermengen. Dient als Beigabe für Fisch, Fleisch und Geflügel vom Rost.

KRESSEBUTTER — Beurre de cresson

Von einem Bündelchen Brunnenkresse die Blätter ablesen, in kochendes Salzwasser werfen, einmal aufkochen lassen, abgießen und abkühlen. In einem Tuch gut ausdrücken und durch ein feines Sieb streichen. Dieses Püree unter 100 g weichgerührte Butter mischen und mit Salz und Pfeffer abschmecken.

MEERRETTICHBUTTER — Beurre de raifort

2 Eßlöffel feingeriebenen Meerrettich unter 100 g weichgerührte Butter mengen und pfeffern, aber nicht salzen.

ROTWEINBUTTER — Beurre marchand de vin

1 dl Rotwein; 20 g gehackte Schalotten; 20 g gehackte Petersilie; 20 g zerlassene Fleischglace; 100 g Butter; Salz, Pfeffer.

Den Rotwein mit den Schalotten um die Hälfte einkochen und auskühlen. Mit der weichgerührten Butter vermischen, Petersilie und Glace beifügen und mit Salz und Pfeffer würzen. Dient als Beigabe für Rindfleisch vom Rost.

SARDELLENBUTTER — Beurre d'anchois

Die kurz gewässerten Filets von 4-5 Sardellen in Öl durch ein Sieb streichen und mit 100 g weichgerührter Butter vermischen. Nicht salzen, da die Filets genügend Salz enthalten.

SARDINENBUTTER — Beurre de sardines

Zwei Ölsardinen ohne Haut und Gräten durch ein Sieb streichen und mit 100 g weichgerührter Butter vermischen. Nur leicht salzen und pfeffern.

SENFBUTTER — Beurre de moutarde

100 g Butter zu Pomade rühren und mit einem halben Teelöffel Senf, am besten englisches Senfpulver, vermischen und nur wenig salzen.

DIE SUPPEN

Man serviert die Suppe zu Beginn der Mahlzeit, meistens zur Hauptmahlzeit. Alle warmen Suppen, welcher Art sie auch sein mögen, müssen heiß aufgetragen und auf vorgewärmten Tellern serviert werden. Suppen teilt man in drei Kategorien ein:
1. Klare Suppen oder Kraftbrühen.
2. Suppen auf Mehlbasis, mit Sahne und Püreesuppen.
3. Bürgerliche Suppen sowie unpassierte Gemüsesuppen.

KLARE SUPPEN
1 Liter Suppe ist ausreichend für 4-5 Personen

SUPPENTOPF — Pot-au-feu
Man rechnet 250 g für jede Person, einschließlich der Knochen, und kann dabei die Wahl zwischen magerem und fettem Rindfleisch treffen. Will man aber eine kräftige Bouillon haben, so ist mageres Fleisch vorzuziehen; am besten nimmt man halb Hüfte und halb Rippenfleisch. Das Fleisch wird mit $1^1/_2$ l kaltem Wasser für je 500 g Fleisch angesetzt, mit nur 5 g Salz je Liter gewürzt und nach dem Aufkochen gut abgeschäumt. Erst dann gibt man das Suppengemüse hinzu, und zwar für 3 l eine große Mohrrübe, 1 große Zwiebel, 100 g Sellerie und 300 g Porree. Man läßt die Bouillon ganz langsam kochen, ohne sie zuzudecken, entfettet sie und passiert sie durch ein Tuch. Kochzeit: 3 Stunden. Wir empfehlen ein restloses Abfetten, da, falls ein Rest übrigbleibt und aufgehoben wird, die Gefahr des Säuerns in der warmen Jahreszeit groß ist.
Die Bouillon, auf obige Art bereitet, ist kräftig und wohlschmeckend. Der Nachteil dabei ist, daß das Fleisch ausgekocht und strähnig ist und höchstens noch zum Fleischsalat zu gebrauchen wäre. Wir empfehlen daher, den Suppentopf nach folgender Art zu bereiten:

Für 2 l Bouillon: *2 kg kleingehackte Rinderknochen; 600 g mageres Suppenfleisch; 100 g Mohrrüben; 100 g Sellerie; 200 g Porree (nur das Weiße); 1 große Zwiebel mit einem sehr kleinen Lorbeerblatt und 2 Nelken gespickt; 20 g Salz; $3^1/_2$ l Wasser. Kochzeit: $2^1/_2$-3 Stunden.*

Die Knochen mit kaltem Wasser ansetzen und 30 Minuten kochen lassen, dabei gut abschäumen. Das zusammengebundene Fleisch und das Gemüse hinzugeben, würzen und ganz langsam, ohne zuzudecken, kochen. Wenn das Gemüse und das Fleisch gar sind, herausnehmen und mit etwas Bouillon warm halten. Die Bouillon passieren, abfetten und gut abschmecken. Man kann zuerst die Bouillon mit einer beliebigen Einlage und danach das Fleisch mit dem Suppengemüse servieren.

KRAFTBRÜHE — Consommé
Für 2 l: *300 g mageres, gehacktes Rindfleisch; 2 Eiweiß; 1 große Mohrrübe; 200 g Porree (nur das Weiße); $2^1/_2$ l kalte, einfache Bouillon. Kochzeit: 40-50 Minuten.*

Die Kraftbrühe ist eine verstärkte, geklärte Bouillon. Das völlig fettfreie, gehackte oder durch den Wolf gedrehte Rindfleisch zusammen mit dem Eiweiß, den in Scheiben geschnittenen Gemüsen und nach Möglichkeit etwas Kerbel in eine Kasserolle geben und tüchtig durchmischen. Unter ständi-

gem Rühren die kalte Bouillon daruntermengen und langsam zum Kochen bringen. Bei ganz gelinder Hitze langsam kochen lassen, wobei sich das Eiweiß mit dem Fleisch auf der Oberfläche zusammenbindet und die Klärung bewirkt. Sorgfältig durch ein Tuch gießen, gut abfetten und abschmecken.
Will man Geflügelkraftbrühe bereiten, so gibt man beim Klären 2 gebündelte Geflügelklein oder das noch etwas angeröstete Gerippe von 2 Brathühnern hinzu.
Die nachstehenden Suppen können sowohl mit einer Kraftbrühe als auch mit einer guten, klaren Bouillon bereitet werden; im letzteren Falle sind sie aber nicht als Kraftbrühe zu bezeichnen, sondern als das, was sie sind: Bouillon.

KRAFTBRÜHE MIT EIERSTICH — Consommé à la royale

Für 4-5 Personen. 1 Ei; 1 kleines Eiweiß; 1 dl einfache Bouillon; Salz, Pfeffer. Pochierzeit: ungefähr 30 Minuten bei mäßiger Hitze, etwa 130° C.

Der Eierstich ist eine Einlage, die für alle Suppen verwendet werden kann. Die Herstellung ist einfach. Ei und Eiweiß gut, aber nicht schaumig schlagen, mit Salz und Pfeffer würzen und die nicht zu heiße Bouillon darunterrühren und durch ein Spitzsieb gießen. In eine mit Butter dünn ausgestrichene Becher- oder flachere Form füllen und den Schaum, der sich an der Oberfläche gebildet hat, mit einem Löffel abnehmen. In ein Wasserbad stellen und im Ofen wie eine Creme garziehen lassen. Der Eierstich ist gar, wenn eine hineingestochene Nadel völlig trocken herauskommt. Völlig erkalten lassen, am besten im Kühlschrank, dann die Form einen Moment in heißes Wasser tauchen und stürzen. In Würfel oder Rauten schneiden oder mit einem kleinen Ausstecher in beliebiger Form ausstechen. In die Suppe geben und obenauf einige Kerbelblättchen streuen.

■ MIT GEMÜSESTREIFEN — Consommé Julienne

100 g Mohrrübe, nur den roten Teil; 50 g weiße Rüben; 200 g Porree, nur das Weiße; 100 g Weißkraut, ohne dicke Rippen, oder Kopfsalat; 2 l Bouillon. Kochzeit: ungefähr 30 Minuten.

Das Gemüse in kurze, ganz dünne Streifen schneiden und in einer kleinen Kasserolle in Butter oder mit abgeschöpftem Bouillonfett ganz langsam 20-25 Minuten zugedeckt dünsten, dabei mit einer Prise Salz und Zucker würzen. In die Suppe geben, noch kurz durchkochen und gut abfetten. Mit gehacktem Kerbel bestreut servieren.

■ MIT GEMÜSEWÜRFELCHEN — Consommé Brunoise

2 Mohrrüben; 2 weiße Rüben; 1 Stange Porree, nur das Weiße; 1 Stengel Bleichsellerie; 1 l Kraftbrühe. Kochzeit: 30 Minuten.

Das Gemüse in kleinste Würfelchen schneiden, mit Salz und einer Prise Zucker würzen und in Butter ungefähr 25 Minuten dünsten. Mit der Kraftbrühe aufgießen, noch einige Minuten langsam kochen lassen und abfetten.

NIZZAER KRAFTBRÜHE — Consommé niçoise

50 g geschälte, entkernte, in Würfelchen geschnittene Tomaten; 75 g recht grün gekochte, in Rauten geschnittene grüne Bohnen; 50 g gekochte, in kleine Würfelchen geschnittene Kartoffeln; 1 l Kraftbrühe.

Die Tomatenwürfel und die anderen Bestandteile in die kochendheiße Kraftbrühe, am besten Geflügelkraftbrühe, geben und etwas gezupften Kerbel obenaufstreuen.

KRAFTBRÜHE MIT TAPIOKA — Consommé au tapioca

1 l Kraftbrühe; 50 g Tapioka. Kochzeit: 10 Minuten.

Den Tapioka regenartig in die kochende Suppe fallen lassen und langsam kochen. Wird die Suppe einige Zeit zuvor bereitet, dann muß die Kasserolle zugedeckt werden, weil sich sonst oben eine leimartige Schicht bildet.

■ MIT ITALIENISCHER TEIGWARE — Consommé aux pâtes d'Italie

Die Teigwaren regenartig in die kochende Suppe fallen lassen und je nach Art, Fadennudeln, Hörnchen usw., 10-15 Minuten kochen lassen. Je Liter Suppe 40-50 g Teigwaren rechnen. Man kann sie auch in Salzwasser kochen, abspülen, abtropfen und in die heiße Brühe geben.

KRAFTBRÜHE XAVIER — Consommé Xavier

60 g Mehl; 2 Eier; 3 Eßlöffel kalte Milch.

Von den Eiern, dem Mehl, der Milch, einer Prise Salz und gehacktem Kerbel einen dickflüssigen Teig bereiten. Diesen Teig durch einen Durchschlag mit groben Löchern direkt in die kochende Kraftbrühe drücken, aufkochen lassen und sogleich servieren.

MEHL- UND RAHMSUPPEN
Proportionen für 8 Personen

CLAMARTSUPPE — Crème Clamart

750 g frische grüne Erbsen; 50 g Reismehl; $^1/_2$ l Milch; 1 l Bouillon; 6 cl süße Sahne; 2 Eigelb; 75 g Kopfsalatblätter; 20 g Butter. Kochzeit: 45 Minuten.

Die Erbsen rasch in Salzwasser abkochen, abtropfen und durch ein Haarsieb streichen. Das Püree mit der Bouillon oder dem Kochwasser der Erbsen und Milch verrühren und zum Kochen bringen. Mit dem mit kalter Milch verrührten Reismehl binden, mit Salz und einer Prise Zucker würzen und kurz durchkochen. Zuletzt mit dem Eigelb, mit der Sahne verrührt, legieren und mit dem Kopfsalat garnieren, den man nudlig geschnitten und in Butter gedünstet hat.

DUBARRY-RAHMSUPPE — Crème Dubarry

500 g Blumenkohl; 70 g Mehl; 60 g Butter; $1^1/_2$ l Bouillon; $^1/_4$ l Milch; 6 cl süße Sahne; 2 Eigelb (wahlfrei). Kochzeit: ungefähr 40 Minuten.

Den Blumenkohl 8-10 Minuten kochen, abgießen und einige kleine Röschen zur Garnitur zurückhalten und diese garkochen. Von dem Mehl und der Butter helle Mehlschwitze bereiten, mit der Bouillon aufgießen, den Blumenkohl beifügen, würzen, und bei gelinder Hitze langsam kochen, bis der Blumenkohl ganz weich ist. Die Suppe durch ein feines Sieb streichen, mit der Milch aufkochen und mit der Sahne und eventuell dem Eigelb legieren. Die reservierten Röschen als Einlage hineingeben.

GRAUPENSUPPE — Crème d'orge

Genau wie Reissuppe bereiten und mit 3 Eßlöffeln Perlgraupen garnieren. Die Perlgraupen stark in Salzwasser blanchieren, abspülen und 45 Minuten in Bouillon kochen. Anstelle der Perlgraupen können auch in Butter geröstete Weißbrotwürfelchen nebenbei serviert werden.

HAFERMEHLSUPPE — Crème d'avoine

$^3/_4$ l Milch; $^1/_2$ l Bouillon; 60 g Hafermehl; 5 cl süße Sahne. Kochzeit: ungefähr 30 Minuten.

Die Bouillon mit $^1/_4$ l aufgekochter Milch vermischen und aufkochen. Das Hafermehl mit der restlichen Milch anrühren, in die kochende Flüssigkeit gießen und langsam 30 Minuten kochen. Abschmecken und mit der Sahne vervollständigen. Mit einer Einlage von kleinen, gerösteten Weißbrotwürfelchen, Gemüsejulienne oder auch gedünsteten Streifen von Sauerampfer wahlweise garnieren.

KOPFSALATSUPPE — Crème de laitue

500 g Kopfsalat; 60 g Butter; 70 g Mehl; $1^1/_2$ l Bouillon; $^1/_4$ l Milch; 6 cl süße Sahne; 20 g Butter. Kochzeit: 45 Minuten.

Den Kopfsalat säubern, gut waschen, einige der schönsten Blätter ablösen, in Streifen schneiden, in Butter dünsten und als Garnitur zurücklassen. Den restlichen Kopfsalat entblättern, in reichlichem Salzwasser 5 Minuten kochen, abtropfen und gut ausdrücken. Von der Butter und dem Mehl weiße Mehlschwitze bereiten, mit der Bouillon aufgießen, gut verrühren, den Kopfsalat hineingeben, würzen und langsam 40 Minuten kochen. Durch ein feines Sieb streichen, aufkochen, mit der Milch zur richtigen Konsistenz bringen, abschmecken und mit der Sahne und den Kopfsalatstreifen vervollständigen. Anstelle der Streifen kann man auch gekochten Reis nehmen oder in Butter geröstete Weißbrotwürfelchen nebenbei servieren.

REISSUPPE — Crème de riz

50 g Butter; 60 g Reismehl; 1 l Kalbsbrühe oder helle Rinderbrühe; 1 dl Milch; 1 Eigelb; 50 cl süße Sahne. Kochzeit: 40 Minuten.

Von der Butter und dem Reismehl helle Mehlschwitze bereiten, mit der Kalbsbrühe aufgießen, würzen und langsam auskochen. Ausschäumen und die heiße Milch hinzugießen. Das Eigelb mit der Sahne verrühren, die Suppe abseits des Feuers damit legieren und gut abschmecken. Man kann geröstete Weißbrotwürfelchen dazu servieren.

SPARGELSUPPE — Crème d'asperges

60 g Butter; 40 g Reismehl; 500 g grünen Spargel; $1^1/_2$ l helle Bouillon; 2 Eigelb; 60 cl süße Sahne. Kochzeit: ungefähr 1 Stunde.

Den Spargel putzen, die Köpfe kurz abschneiden, in Salzwasser abkochen und abtropfen; den restlichen Spargel in kleine Stücke schneiden. Von der Butter und dem Reismehl helle Mehlschwitze bereiten, mit der Bouillon aufgießen, gut verrühren, den Spargel hinzugeben und langsam auskochen. Durch ein feines Sieb streichen, mit etwas Milch aufkochen, gut abschmecken und mit dem Eigelb, mit der Sahne verrührt, legieren. Die Spargelköpfe als Einlage hineingeben.

SELLERIESUPPE — Crème de céleri

300 g Knollensellerie; $1^1/_2$ l Reissuppe; 30 g Butter; 2 dl Sahne; 2 Eigelb. Kochzeit: 40 Minuten.

Den Sellerie schälen, in Scheiben schneiden und in der Butter andünsten, aber nicht verfärben lassen. Mit der Reissuppe und der Hälfte der Sahne aufgießen und bei gelinder Hitze auskochen. Durch ein feines Sieb streichen, abschmecken und mit der restlichen Sahne, vermischt mit dem Eigelb, legieren. Mit nebenher gekochten Selleriewürfelchen garnieren oder dazu geröstete Weißbrotwürfel servieren.

PORTUGIESISCHE TOMATENSUPPE — Crème de tomates à la portugaise

1 mittelgroße Zwiebel; 1 kleine Mohrrübe; 50 g Butter; 70 g Mehl; 750 g vollreife Tomaten; 75 g Reis; $1^1/_2$ l Bouillon; 1 Kräuterbündel; 1 dl süße Sahne. Kochzeit: 40 Minuten.

Die Mohrrübe und Zwiebel in Würfel schneiden, in Butter anschwitzen, mit dem Mehl bestäuben und leicht anrösten. Die in Stücke geschnittenen Tomaten hinzugeben, mit der Bouillon aufgießen und gut umrühren. Mit Salz und einer Prise Zucker würzen, das Kräuterbündel beifügen und langsam kochen, bis die Tomaten zerfallen sind. Durch ein Sieb streichen, noch einmal aufkochen, abschmecken, mit der Sahne vervollständigen und mit dem separat gekochten Reis garnieren.

SUPPEN, MIT GEMÜSE GEBUNDEN

CRÉCYSUPPE MIT REIS — Potage Crécy au riz

100 g mageren Speck; 50 g Zwiebeln; 750 g Mohrrüben; $1^1/_2$ l Bouillon; 75 g Reis; 50 g Butter; 5 cl süße Sahne. Kochzeit: $1^1/_4$ Stunden.

Den Speck kleinwürfeln, die Zwiebel in Scheiben schneiden und beides in der Butter hellgelb anschwitzen. Die recht roten, geschälten und in dünne Scheiben geschnittenen Mohrrüben hinzugeben und zugedeckt bei gelinder Hitze dünsten lassen. Mit der Bouillon aufgießen, würzen und zugedeckt 1 Stunde langsam kochen. Die Bouillon abgießen, die Mohrrüben mit den anderen Bestandteilen durch ein feines Sieb streichen und mit der Bouillon zur nötigen Konsistenz bringen. Wieder aufkochen, gut abschmecken, mit der Sahne vervollständigen und mit dem gesondert gekochten Reis garnieren.

PARMENTIERSUPPE, KARTOFFELSUPPE — Potage Parmentier

3 Stangen Porree, nur das Weiße; 1 kg Kartoffeln; 50 g Butter; 1 Kräuterbündel; etwas süße Sahne. Kochzeit: 1 Stunde.

Den Porree in Scheibchen schneiden und in der Butter anschwitzen. Die geschälten, geviertelten Kartoffeln und das Kräuterbündel beifügen, völlig mit Wasser bedecken, leicht salzen und 1 Stunde kochen. Durch ein Sieb streichen und mit dem Kochwasser oder heller Bouillon zur gewünschten

Konsistenz bringen. Aufkochen lassen, den Geschmack prüfen, mit etwas süßer Sahne vervollständigen und mit in Butter gerösteten Weißbrotwürfelchen servieren. Man kann diese Suppe durch verschiedene Einlagen beliebig abwandeln.

SAINT-GERMAINSUPPE, grüne Erbsensuppe — Potage Saint-Germain

800 g grüne Schälerbsen; das Grüne einer Porreestange; 1 kleine Mohrrübe; 100 g Zwiebeln; 150 g Rauchspeck; 1 Kräuterbündel; $1^1/_2$ l Bouillon; 50 g Butter; 5 cl süße Sahne. Kochzeit: 1-$1^1/_2$ Stunden.

Grüne Trockenerbsen erster Güte waschen und 1 Stunde in Wasser einweichen. Ist das Wasser sehr kalkreich, nicht einweichen, sondern länger kochen. Die Erbsen nur gerade mit Wasser bedeckt ansetzen, aufkochen lassen, abschäumen, mäßig salzen und den Speck und das Gemüse, alles gewürfelt und zuvor in der Butter angeschwitzt, sowie das Kräuterbündel beifügen. Zudecken und ganz langsam garkochen lassen, am besten in der Ofenröhre. Danach durch ein feines Sieb streichen, mit der Bouillon zu notwendigen Konsistenz bringen, abschmecken, mit der Sahne vervollständigen und mit gerösteten Weißbrotwürfelchen servieren.

SOISSONER ODER WEISSE BOHNENSUPPE — Potage soissonnais

1 l frische weiße Bohnen oder 300 g getrocknete; 1 kleine Mohrrübe; 1 mittelgroße Zwiebel; $^1/_4$ l Milch; $1^1/_4$ l Bouillon; 5 cl süße Sahne. Kochzeit: 1-$1^1/_2$ Stunden.

Die Bohnen waschen, wenn sie getrocknet sind, zuvor wenigstens 1 Stunde einweichen. Mit nur so viel Wasser, daß sie gerade bedeckt sind, mit der Mohrrübe, der Zwiebel und etwas Salz ganz weich kochen und durch ein feines Sieb streichen. Mit der Bouillon und der heißen Milch verrühren, aufkochen, abschmecken und mit der Sahne vervollständigen. Mit in Butter gerösteten Weißbrotwürfelchen servieren.

BÜRGERLICHE UND REGIONALE SUPPEN

BROTSUPPE — Panade

500 g altbackenes Weißbrot; 2 Eier; 50 g Butter; $^1/_4$ l Milch; 1 l Wasser. Kochzeit: 15-20 Minuten.

Trockene Weißbrotscheiben in eine Kasserolle geben, mit dem Wasser bedecken, salzen und pfeffern und bei mäßiger Hitze ansetzen, bis das Brot die gesamte Flüssigkeit aufgenommen hat. Sobald es zu kochen beginnt, mit dem Schneebesen zu einem glatten Brei verrühren. Die Eier mit der Milch gut durchschlagen und unter ständigem Rühren unter die heiße Suppe mischen. Einmal aufkochen lassen, mit der Butter vervollständigen und gut abschmecken. Notfalls noch etwas heiße Milch hinzufügen.

KOHLSUPPE — Soupe aux choux

1 kg Pökelfleisch; 250 g Rauchspeck; 1 Kochwurst; 300 g Mohrrüben; 150 g weiße Rüben; 200 g Porree; 750 g Kartoffeln; $1^1/_2$ kg Weißkohl. Kochzeit: 2 Stunden.

Pökelfleisch und Speck waschen, falls stark salzhaltig zuerst blanchieren, mit reichlich Wasser ansetzen, aufkochen, das Gemüse hinzugeben und abschäumen. 1 Stunde langsam kochen lassen und den gevierteilten, vom Strunk befreiten Kohl hinzugeben und nach 30 Minuten die gevierteilten Kartoffeln und die Kochwurst. Noch weitere 25-30 Minuten kochen und servieren. Man kann die Suppe zuerst und das Fleisch mit sämtlichen Gemüsen garniert danach auftragen.

KÜRBISSUPPE — Soupe au potiron

500 g Kürbis; $^1/_2$ l Milch; 30 g Butter. Kochzeit: ungefähr 45 Minuten.

Den geschälten Kürbis in Stücke schneiden und in Salzwasser kochen. Mitsamt dem Wasser durch ein Sieb streichen. Die Milch hinzufügen, salzen und sehr leicht zuckern, einige dicke Scheiben Stangenbrot in die Suppe geben und 6 Minuten ganz langsam kochen. Abseits des Feuers die Butter unterziehen und die Suppe in eine Terrine gießen.

MAILÄNDER GEMÜSESUPPE — Minestrone alla Milanese

10 Personen. 300 g Kartoffeln; 200 g Weißkohl; 200 g Mohrrüben; 200 g grüne Bohnenkerne; 50 g Zwiebeln; 100 g Sellerie; 30 g Öl; 30 g Butter; 50 g mageren Rauchspeck; 10 Blättchen Basilikum; 1 Eßlöffel gehackte Petersilie; 1 große, zerdrückte Knoblauchzehe; 3 l Bouillon oder Wasser; 300 g Reis; 100 g geriebenen Parmesan. Kochzeit: $1^{1}/_{2}$ Stunden.

In einer großen Kasserolle die in Scheiben geschnittene Zwiebel in Öl und Butter hellgelb anschwitzen. Alle Gemüse, blätterig geschnitten, hinzugeben und langsam 10 Minuten dünsten. (Wenn es sich um getrocknete Bohnenkerne handelt, müssen sie zuvor gekocht werden.) Bouillon oder Wasser aufgießen und langsam 1 Stunde kochen. Den Reis hineinwerfen und nach 7 Minuten den feingehackten Speck, Basilikum, Petersilie und Knoblauch beifügen. Den Reis in der Suppe garkochen und im letzten Moment den geriebenen Käse unterrühren. Man kann diese Suppe heiß oder kalt essen.   *(Italien)*

SAVOYER SUPPE — Soupe savoyarde

200 g fetten Speck; $^{1}/_{2}$ Sellerieknolle; 2 Stangen Porree; 2 weiße Rüben; 2 Mohrrüben; 3 große Kartoffeln; $^{1}/_{2}$ l Milch; 50 g Butter; 50 g geriebenen Käse; Stangenbrot. Kochzeit: 1 Stunde.

Den Speck hacken und anschwitzen. Das Gemüse, mit Ausnahme der Kartoffeln, blätterig schneiden, hinzufügen und andünsten. Mit $1^{1}/_{2}$ l Wasser aufgießen, würzen und 25 Minuten kochen. Die in runde, dünne Scheiben geschnittenen Kartoffeln hineintun und alles garkochen. Mit der kochenden Milch und der Butter vervollständigen. Abschmecken und über Scheiben von Stangenbrot gießen, die mit dem Käse bestreut worden sind.

ZWIEBELSUPPE MIT KÄSE ODER ÜBERKRUSTET — Soupe à l'oignon au fromage ou gratinée

200 g Zwiebeln; 50 g Butter; 50 g Mehl; 75 g geriebenen Schweizer Käse.

Die in dünne Scheiben geschnittenen Zwiebeln in der Butter langsam hellgelb anrösten. Mit dem Mehl bestäuben und es gleichfalls anrösten. $1^{1}/_{2}$ l Wasser aufgießen, salzen, pfeffern und 10 Minuten kochen. Dünne Scheiben Stangenbrot mit Käsescheibchen und einigen Butterflocken bedecken und in die Suppenterrine geben. Die kochende Suppe darübergießen, die erst passiert werden kann, wenn man sie ohne Zwiebelscheiben haben möchte.

Zum Überkrusten die Suppe etwas dicker halten, in eine feuerfeste Terrine füllen, mit dem geriebenen Käse bestreuen und in die heiße Ofenröhre zum Überkrusten stellen, dabei reichlich pfeffern.

DIE KALTEN VORSPEISEN

ARTISCHOCKEN, GEFÜLLTE — Artichauts farcis
1. Den oberen Teil der Blätter mit einem scharfen Messer abschneiden, die Blätterspitzen mit der Schere glattschneiden und den Boden parieren. Binden, in Salzwasser kochen, abkühlen und die inneren Blättchen mit dem « Heu » entfernen. *(Siehe Seite 187)*
2. Die entstandene becherartige Öffnung mit einem kombinierten Salat füllen, z. B. Artischockensalat mit Pfifferlingen auf griechische Art oder Reissalat Manuela. *(Siehe Abbildung Seite 66.)*

ARTISCHOCKEN AUF GRIECHISCHE ART — Artichauts à la grecque
8 sehr kleine, zarte Artischocken; 2 dl Weißwein; 2 dl Wasser; 1 dl Olivenöl; Saft einer Zitrone; 1 kleines Lorbeerblatt; 6 Pfefferkörner; 1 Zweig Thymian. Kochzeit: 40-45 Minuten.

Das Wasser mit dem Weißwein, Öl, Zitronensaft, den Gewürzen und wenig Salz zum Kochen bringen. Die Artischocken in diesem Fond langsam garkochen und darin auskühlen. Recht kalt mit ein wenig passiertem Fond anrichten.
Man kann die Artischocken auch vierteln oder nur den Boden nehmen und auf gleiche Weise bereiten.

AUSTERN — Huîtres
Diese Schaltiere müssen lebendfrisch sein. Sie werden im letzten Moment geöffnet, auf gestoßenem Eis angerichtet und mit Zitronenvierteln und kleinen Scheibchen Graubrot, mit Butter bestrichen, serviert.

CANAPÉS *(Siehe Schnittchen, Seite 72)*

CERVELATWURST VINAIGRETTE — Cervelas en vinaigrette
Die Wurst enthäuten und in dünne Scheiben schneiden. In Schälchen anordnen und mit Vinaigrettesauce übergießen, der man gehackte Pfeffergurken beigefügt hat.

CHAMPIGNONS ODER STEINPILZE, MARINIERT — Champignons ou cèpes marinés
Kleine, feste, recht frische Pilze wählen, putzen und je nach Art vierteln oder in dicke Scheiben schneiden. Nur mit einer Prise Salz, einigen Tropfen Zitronensaft und ganz wenig Wasser 5 Minuten kochen und auskühlen. Abtropfen, darüber eine mit Senf abgeschmeckte und mit etwas Mayonnaise verlängerte Vinaigrettesauce gießen und vor dem Gebrauch 24 Stunden marinieren. *(Siehe Bild auf Seite 65.)*

COCKTAIL VON HUMMER ODER GARNELEN — Cocktail de homard ou de crevettes
4 Personen. 200 g ausgebrochene Garnelenschwänzchen oder gewürfeltes Hummerfleisch. Cocktailsauce: 1 dl dicke Mayonnaise; 4 Eßlöffel Tomatenketchup; 2 Eßlöffel Sahne; je 1 Teelöffel Cognac und trockenen Sherry. Garnitur: 1 Kopfsalatherz; 4 gefüllte Oliven.

Die Mayonnaise mit dem Ketchup und der Sahne zu einer dickflüssigen Sauce anrühren und mit dem Cognac, Sherry und einer Prise Paprika würzen. Hummer oder Garnelen mit der Hälfte der Sauce binden. Den Kopfsalat nudlig schneiden und auf die gekühlten Cocktailgläser oder Sektschalen verteilen. Hummer oder Garnelen darauf dressieren und mit dem Rest der Sauce bedecken. In die Mitte je eine gefüllte Olive stecken.

DÄNISCHE SCHÄLCHEN — Ravier à la danoise
Den Boden eines rechteckigen Glas- oder Porzellanschälchens mit etwas Salat von kleinwürflig geschnittenen Kartoffeln bedecken. Darüber eine Schicht von frischem, kaltem oder auch konserviertem Lachs geben und mit recht pikant gewürzter Mayonnaise bedecken. Abwechselnd, halb übereinandergelegt, mit Scheiben von hartgekochtem Ei und Tomate dekorieren und die Mayonnaise mit gehackten Kräutern bekränzen.

EIER, KALTE — Œufs froids
Siehe Eierspeisen Seite 93.

FENCHEL AUF GRIECHISCHE ART — Fenouil à la grecque
4 Personen. 600-750 g Fenchelknollen; Fond wie für Artischocken auf griechische Art. Kochzeit: 35-40 Minuten.

Die geputzten und von ihrem Grün befreiten Fenchelknollen der Länge nach vierteln. Den Fond vorbereiten, aufkochen, über die Knollen gießen und sie darin garkochen. Stark kühlen und in dem passierten Fond servieren.

FISCH IN MUSCHELN ODER SCHÄLCHEN — Poisson en coquille ou en ravier
4 Personen. 200 g kalten, schieren Fisch; $1^{1}/_{2}$ dl tomatierte Mayonnaise; 4 große, weiße Salatblätter; Oliven, Tomaten, hartgekochtes Ei.

Den Boden der Muscheln oder Schalen mit nudlig geschnittenem Kopfsalat anfüllen. Reste von gekochtem Fisch, auch Lachs oder Thunfisch, auseinanderzupfen, mit der Mayonnaise binden und auf den Salat dressieren. Nach Belieben mit Scheiben von hartgekochtem Ei, Tomatenscheiben, Scheibchen von gefüllten Oliven usw. garnieren.

HERINGE, MARINIERTE — Harengs frais marinés
4 Personen. 4 ausgenommene, geköpfte, frische Heringe je 150 g netto; 1 dl Weinessig; 1 dl Weißwein; 1 Kräuterbündel; 1 mittelgroße Zwiebel; 2 kleine Mohrrüben; 8 Pfefferkörner; 2 Eßlöffel Öl; Salz, Pfeffer.

Die Heringe 1 Stunde zuvor salzen und pfeffern und stehen lassen. Von dem Essig, Weißwein, Kräuterbündel, in Scheiben geschnittenen Mohrrüben und Zwiebeln sowie den Pfefferkörnern und wenig Wasser Marinade bereiten und 20 Minuten kochen lassen. Eine feuerfeste Backplatte mit Öl ausstreichen, die Heringe darin ordnen und die heiße Marinade mit sämtlichen Bestandteilen darübergießen. Obenauf etwas Öl gießen, mit einem geölten Blatt Papier bedecken und 12 Minuten in den heißen Ofen stellen.

FILETS VON BÜCKLINGEN — Filets de harengs saurs
Die im Handel erhältlichen Filets enthäuten und, wenn sie groß sind, in breite Streifen schneiden. Gitterartig in einer flachen Glas- oder Porzellanschale anrichten, mit dünnen Zwiebelringen garnieren und mit je einigen Tropfen Olivenöl und Weißwein beträufeln.

HERINGSFILETS AUF RUSSISCHE ART — Filets de hareng à la russe
Zwei geschälte, entkernte Renetten in Würfelchen schneiden und zusammen mit etwas gehackter Zwiebel auf den Boden einer Glasplatte geben. Enthäutete, in Streifen geschnittene Bücklingsfilets darüberordnen und mit etwas Olivenöl und Weißwein beträufeln.
Man kann die Filets auch würfeln und mit gewürfelten Kartoffeln, roten Rüben, Sellerie u. a. vermischen und mit Remouladensauce binden.

HUMMERKRABBEN — Crevettes roses
Ganze: Man serviert sie am besten auf gestoßenem Eis oder mit dem Schwanz über den Rand eines Glases gehängt mit einem Bündelchen Petersilie in der Mitte.
Ausgebrochen: Sie werden mit tomatierter Mayonnaise gebunden oder als Cocktail mit Cocktailsauce angerichtet.

▲ Hartgekochte Eier Mistral, S. 94
Rindfleischsalat, S. 70, Reissalat Derby S. 223, Marinierte Steinpilze, S. 63, Melonenperlen, S. 69, Marinierte Makrelen, S. 114, Eier mit Mayonnaise S. 93 ▼

65

66 ▲ Margeritensalat S. 222, Orlowsalat, S. 222, Nizzaer Teller, S. 69   Gefüllte Artischocken, S. 63 ▼

▲ Schinkenschaumbrötchen, S. 71   Vorspeisen von Meeresfischen, S. 114 ▼

68 ▲ Argenteuilsalat, S. 69

Tomaten auf andalusische Art, S. 73 ▼

MELONE — Melon
Eine gute Melone muß schwer sein, ihre Schale muß unter dem Druck des Fingers leicht nachgeben und ihren vollen Duft entwickeln. Man serviert sie meistens in Spalten geschnitten und von Kernen und Fasern befreit und gut gekühlt, aber auch zu Kugeln ausgestochen und mit Sherry, Portwein, Madeira usw. aromatisiert. Man kann zu gekühlten Melonenspalten auch Katen- oder Parmaschinken servieren. *(Siehe Bild auf Seite 65.)*

NIZZAER TELLER — Assiette niçoise
2 Personen. 2 Sardinen, ohne Haut oder Gräten; 2 Tomaten, in Scheiben geschnitten; 30 g Thunfisch in Öl; 1 hartgekochtes Ei; 4 Sardellenfilets; 8 schwarze Oliven; 4 grüne Oliven; einige Salatblätter.

Den zerdrückten Thunfisch, die Sardinen und die Tomatenscheiben auf Salatblättern anrichten. Mit in Streifen geschnittenen Sardellenfilets, Scheiben von hartgekochtem Ei und Oliven garnieren und mit gehackter Petersilie bestreuen. *(Siehe Bild auf Seite 66.)*

PORREEVINAIGRETTE — Poireaux à la vinaigrette
4 Personen. 1 kg Porree; 3 dl Vinaigrettesauce. Kochzeit: 1 Stunde.

Das Weiße der Stauden putzen, in 8 cm lange Stücke schneiden, bündeln und 30 Minuten in heißes Wasser legen. Danach in Salzwasser 30 Minuten kochen, abkühlen, gründlich abtropfen und anrichten. Mit der Vinaigrettesauce übergießen und kalt servieren.

RÄUCHERAAL — Anguille fumée
Den Fisch enthäuten und in Stücke von ungefähr 6 cm Länge schneiden. Von den Gräten befreien und die Filets mit krauser Petersilie garniert anrichten. Dazu Toast und Butter servieren.

ROULADEN VON RÄUCHERLACHS — Saumon fumé en roulades
4 Personen. 8 dünne Scheibchen Räucherlachs; 200 g Thunfisch in Öl; 100 g Butter; 300 g feines Mischgemüse; 15 cl dicke Mayonnaise.

Den Thunfisch pürieren, mit der Butter zu einer Creme verarbeiten und pikant abschmecken. Den Räucherlachs mit der Creme dünn bestreichen und zusammenrollen. Das Mischgemüse mit der Mayonnaise binden, gut abschmecken und auf einer langen Platte zu einem Rechteck formen. Die Rouladen daraufordnen und eventuell jede mit einer runden, dünn ausgestochenen Trüffelscheibe dekorieren.

RETTICHE — Radis noir
Rettiche, besonders die schwarzhäutigen, haben einen strengen Geschmack und sind recht fest. Folgendermaßen bereitet, sind sie angenehm zu essen: Die Rettiche schälen, in dünne Scheiben hobeln und 2 Stunden vor dem Gebrauch mit Essig, Öl, Salz und Pfeffer wie einen Salat anmachen. Man kann die dünnen Scheiben auch einfach mit Salz und frischer Butter servieren.

SALATE — Salades
Salate gehören zu den beliebtesten Vorspeisen, einerlei ob sie von Gemüsen, Fisch, Fleisch oder Geflügel bereitet werden. Hier hat man die Gelegenheit, seinen persönlichen Geschmack zu beweisen und seiner Phantasie freien Lauf nehmen zu lassen. *(Siehe auch Rezepte auf Seiten 221-223.)*

ARGENTEUILSALAT — Salade Argenteuil
Gemüsesalat wird in einer Glasschüssel kuppelförmig dressiert. Er wird mit weißen, gekochten Spargelköpfen garniert, die Köpfe müssen nach oben zeigen. Rundherum plaziert man geviertelte, hartgekochte Eier. Man kann den Gemüsesalat mit einigen Würfelchen von gekochtem Schinken vermischen. *(Siehe Bild auf Seite 68.)*

GEFLÜGELSALAT — Salade de volaille
Reste von gekochtem oder gebratenem Geflügel enthäuten, parieren und in Scheiben oder Streifen schneiden. Mit einigen Schinkenstreifen und dünnen Scheibchen von Pfeffergurken vermischen, mit Salz, Pfeffer, Essig und Öl anmachen, etwas gehackten Estragon beifügen und gut mischen. Anrichten und mit Scheiben von hartgekochtem Ei garnieren. Man kann das Geflügel auch mit Streifen von Ananas, Orangenfilets oder Würfelchen von gekochtem Knollensellerie vermischen, mit leichter Mayonnaise, mit Tomatenketchup gewürzt, anmachen und beliebig garnieren.

GURKENSALAT — Salade de concombres
Grüne Salatgurken schälen, der Länge nach spalten, die Kerne entfernen und das Fleisch in dünne Scheiben schneiden oder hobeln. Nicht einsalzen, da sonst die wertvollen Mineralien mit dem Wasser verlorengehen und die Gurken unverdaulich sind. Erst unmittelbar vor dem Servieren mit feingehackten Kräutern, Olivenöl, Weinessig, Salz und Pfeffer anmachen.

KARTOFFELSALAT — Salade de pommes de terre
Salatkartoffeln kochen, sogleich pellen, in Scheiben schneiden und noch warm mit Salz, Pfeffer, gehackten Kräutern, Weinessig und Öl anmachen. Da die Kartoffeln viel Flüssigkeit absorbieren und zum Trockenwerden neigen, der Marinade gleich etwas heiße Bouillon oder Wasser beifügen. Nach Möglichkeit noch warm servieren, da er so besser schmeckt. So zubereitet ist er weitaus besser, als wenn man ihn von kalten Kartoffeln bereitet. Die Bouillon oder Wasser kann man vorteilhaft durch Weißwein ersetzen.

ROTKOHLSALAT — Salade de chou rouge
Einen festen Rotkohlkopf wählen, entblättern, den Strunk und die starken Rippen entfernen und die Blätter in dünne Streifen schneiden. Leicht salzen, mit etwas Weinessig übergießen, zudecken und 1 Stunde lang in die warme Ofenröhre stellen, damit die Streifen zarter werden. Abtropfen, mit mildem Essig und Salz anmachen, dabei dem bereits verwendeten Salz Rechnung tragen. Man kann den angerichteten Salat mit feinen Streifen roter Paprikaschote umranden.

WEISSKOHLSALAT — Salade de chou blanc
Einen festen Kopf wählen, den Strunk und die starken Rippen entfernen und die Blätter in kurze, feine Streifen oder in Würfel schneiden. Mit Essig, Öl, Salz, Pfeffer und etwas feingehackter Zwiebel anmachen.

RINDFLEISCHSALAT — Salade de bœuf
Man kann hierfür Reste von gekochtem Rindfleisch verwenden, die etwas durchwachsen oder sehnig und zum Warmmessen weniger geeignet sind. Das Fleisch in kleine, dünne Scheibchen schneiden, einige dünne Scheiben Pfeffergurke, feingehackte Zwiebel und gehackte Kräuter beifügen und mit der üblichen Salatmarinade anmachen. Anstelle der Pfeffergurke können auch gewürfelte Tomaten, Streifen von Paprikaschote, gekochte Selleriewürfel u. a. unter das Rindfleisch gemischt werden. *(Siehe Bild auf Seite 65)*

SALAT VON ROTEN RÜBEN (Randen) — Salade de betterave
Gekochte, noch besser im Ofen gebackene, nicht strähnige rote Rüben schälen und in dünne Scheiben schneiden. Wie üblich, doch mit etwas mehr Essig als sonst anmachen und anrichten. Man kann den Salat im letzten Moment mit Kartoffelsalat umkränzen, doch nicht früher, da die roten Rüben ihn sonst rot färben würden.

■ VON KNOLLENSELLERIE IN REMOULADE — Salade de céleri-rave en rémoulade
Eine geschälte Sellerieknolle in kurze, sehr feine Streifen schneiden, mit kaltem Wasser ansetzen, einmal aufkochen lassen, sofort abgießen und auskühlen. Mit leichter Mayonnaise binden, die kräftig mit Senf abgeschmeckt und mit gehackten Kräutern vermischt worden ist, und 2 Stunden vor dem Gebrauch durchziehen lassen.
Der Sellerie braucht nur blanchiert zu werden, wenn er nicht so fein wie Zigarettentabak geschnitten wurde.

SALAT VON STAUDENSELLERIE — Salade de céleri blanc
Die Stengel von einer Selleriestaude (englischen Sellerie) ablösen, das Grüne entfernen und die Stengel sauber waschen und abbürsten. In Stücke von 4 cm Länge schneiden und diese, der Länge nach, in feine Streifen. 1-2 Stunden mit Essig, Öl, wenig Salz und Pfeffer marinieren, abtropfen und mit leichter Senfmayonnaise und gehackten Kräutern anmachen.

SARDELLEN — Anchois
Sardellenfilets findet man fertig in Öl eingelegt im Handel. In Salz eingelegte Sardellen müssen erst gewaschen, dann sehr gut gewässert, filiert und einige Stunden vor dem Gebrauch in Öl eingelegt werden.

■ MIREILLE — Anchois Mireille
Die in Öl eingelegten Filets rollen, auf Scheiben von hartgekochtem Ei setzen und in jedes Röllchen eine entkernte, grüne Olive stecken.

SARDINEN IN ÖL — Sardines à l'huile
Die Sardinen fächerartig auf einer Platte anrichten und die Platte mit gehacktem Eiweiß, gehacktem Eigelb und gehackter Petersilie, klar abgetrennt, umranden.
Man kann enthäutete und entgrätete Sardinen nehmen, die es fertig im Handel gibt.

■ IN TOMATENSAUCE — Sardines à la tomate
4 Personen. *12 Ölsardinen; $^1/_4$ l kalte Tomatensauce.*

Die Sardinen auf der kalten Tomatensauce anrichten, die vorzugsweise von frischen Tomaten bereitet sein sollte und mit gehackten Kräutern (Estragon, Salbei, Kerbel usw.) aromatisiert wird.

SCHINKENROULADEN PRIMAVERA — Roulades de jambon Primavera
4 Personen. *4 dünne Scheiben gekochten Schinken ohne Fettrand; 125 g Champignons; 3 Tomaten; 2 hartgekochte Eier; 1 dl dicke Mayonnaise; Senf.*

Die Champignons in sehr dünne Scheibchen schneiden und mit der Mayonnaise binden und scharf mit Senf würzen. Die Schinkenscheiben mit der Mischung bestreichen, zusammenrollen und kreuzartig auf einer runden Platte anrichten. Die Zwischenräume abwechselnd mit in Scheiben geschnittenen Tomaten und hartgekochten Eiern garnieren.

■ LUCULLUS — Roulades de jambon Lucullus
4 Personen. *8 sehr kleine Schinkenscheiben ohne Fettrand; 100 g Püree von Gänseleber oder von Geflügellebern; 2 cl Sherry oder Madeira; 30 g Butter; 1 dl Gelee.*

Die weichgerührte Butter mit dem Gänseleberpüree und dem Sherry verrühren und gut abschmecken. Die Schinkenscheiben mit dieser Creme bestreichen, zusammenrollen und jedes Röllchen mit flüssigem, aber gerade stockendem Gelee überglänzen.

SCHINKENSCHAUMBROT ODER -SCHAUMBRÖTCHEN — Mousse ou mousselines de jambon
6-8 Personen. *500 g gekochten, mageren Schinken; 40 g Tomatenmark; $^1/_4$ l kalte Béchamelsauce; 125 g Butter; 15 cl süße Sahne; $^1/_2$ l Portweingelee; Paprika.*

Den Schinken kleinschneiden und pürieren (Mixgerät). Mit der weichgerührten Butter, der Béchamel, dem Tomatenpüree und der Sahne verrühren, mit Paprika würzen und 2-3 Löffel von dem Gelee unterziehen. Eine Becherform in Eis stellen, mit Gelee ganz dünn ausgießen und sobald es angezogen hat mit der Masse füllen und etwas Gelee zugießen. Kalt stellen und nach dem Festwerden auf eine runde Platte stürzen und mit Gelee garnieren.
Für Schaumbrötchen füllt man die Masse in kleine, mit Gelee ausgegossene Förmchen oder man sticht davon mit einem Suppenlöffel, der jedes Mal in heißes Wasser getaucht wird, ovale Brötchen ab, die mit Gelee überglänzt und mit Gelee garniert angerichtet werden. *(Siehe Bild auf Seite 67.)*

SCHNITTCHEN, CANAPÉS — Canapés

Schnittchen oder Canapés sind kleine Weißbrotscheibchen von verschiedenen Formen, rund, viereckig, rechteckig oder oval, die entweder geröstet oder naturell gelassen werden. Je nach Art und persönlichem Geschmack und unter Berücksichtigung der Garnitur können sie mit Senf-, Sardellen-, Meerrettich- oder anderen Buttermischungen bestrichen werden. *(Kulinarische Technik in Bildern, Seite 17.)*

ADMIRALSSCHNITTCHEN — Canapés à l'amiral
Rund ausgestochene Scheibchen mit Garnelenbutter bestreichen und symmetrisch mit Garnelenschwänzchen belegen und leicht mit Gelee überglänzen.

BAGRATIONSSCHNITTCHEN — Canapés Bagration
Gebutterte Scheibchen, erst mit Streifchen von Kopfsalat, dann mit feingeschnittenem Hummerfleisch bedecken, leicht mit Mayonnaise überziehen und mit hartgekochtem Ei, Olivenscheibchen oder beliebig garnieren.

CANNER SCHNITTCHEN — Canapés de Cannes
Enthäutete und entgrätete Sardinen zerdrücken, mit Butter vermischen, würzen, auf rechteckige Brotscheibchen auftragen und mit Tomatenscheibe und kleinem Zwiebelring garnieren.

GÄNSELEBERSCHNITTCHEN — Canapés de foie gras
Röstbrot mit Gänselebermus oder -creme bestreichen und mit dem Messerrücken, in heißes Wasser getaucht, wellenförmig einriefen. Mit einem Trüffelscheibchen oder gehackter Trüffel garnieren und eventuell mit Gelee überglänzen, oder ein Scheibchen Gänseleberpastete von 3 mm Dicke auf gebuttertes Weißbrot legen, mit einem Trüffelscheibchen garnieren und mit Gelee überglänzen.

FRÜHLINGSSCHNITTCHEN — Canapés printaniers
Rechteckige Scheibchen mit Butter bestreichen und mit feinnudlig geschnittenem Kopfsalat, leicht mit Mayonnaise angemacht, bedecken, mit einer Eierscheibe garnieren und mit gehacktem Schnittlauch bestreuen, oder das Brot mit Kräuterbutter bestreichen, mit Blättchen von Brunnenkresse belegen und mit einer Eierscheibe garnieren.

HAUSHALTSSCHNITTCHEN — Canapés à la ménagère
Einen Rest gekochtes Rindfleisch, ein hartgekochtes Ei und einige Pfeffergurken hacken, mit dicker Mayonnaise binden und mit gehackten Kräutern vermischen. Auf runde geröstete Weißbrotschnittchen erhaben aufstreichen und mit einem kleinen, runden Tomatenscheibchen garnieren.

JOINVILLESCHNITTCHEN — Canapés Joinville
Runde Schnittchen in Butter rösten, mit Garnelenbutter bestreichen und mit gehacktem, hartgekochtem Eigelb bestreuen. Obenauf 6 rosa Garnelenschwänzchen symmetrisch auflegen und eine winzige Butterkugel in die Mitte plazieren.

NIZZAER SCHNITTCHEN — Canapés à la niçoise
Runde Weißbrotschnittchen von 4 cm Durchmesser und 1 cm Dicke in Öl goldgelb rösten und innen weich halten. Mit Sardellenbutter bestreichen, obenauf ein Löffelchen gut abgetropften Salat von geschälten, entkernten und gewürfelten Tomaten dressieren und in die Mitte eine entkernte Olive setzen.

RÄUCHERLACHSSCHNITTCHEN — Canapés au saumon fumé
Rechteckige Schnittchen mit Meerrettichbutter bestreichen, eine dünne Räucherlachsscheibe auflegen und mit Scheibchen von Pfeffergurke oder hartgekochtem Ei garnieren.

SCHNITTCHEN MIT RAHMKÄSE — Canapés au petit-suisse
Feinen Rahmkäse (petit-suisse) mit Butter verrühren und rechteckige Schnittchen damit bestreichen. Eine Hälfte mit Paprika bestäuben, wobei man die andere Hälfte mit etwas Butterbrotpapier schützt.

THUNFISCHCREME — Crème de thon
Thunfisch zerdrücken und mit frischer Butter und wenig Olivenöl pürieren. Diese Creme gut würzen, in einer Glasschale anrichten und mit Scheiben von hartgekochtem Ei und schönen Kartoffelscheiben garnieren.

■ MIRABEAU — Crème de thon Mirabeau
Die Creme wie oben bereiten und kuppelförmig in einer Glasschale anrichten. Mit schönen Tomatenscheiben umkränzen und entkernte Oliven in die Creme stecken.

THUNFISCHSCHIFFCHEN — Barquettes de thon
6 Personen. 250 g Teig; 250 g Thunfischcreme; 18 Sardellenfilets.

Schiffchenformen mit Halbblätter- oder gesalzenem Mürbeteig ausfüttern und blind backen. Nach dem Auskühlen mit Thunfischcreme füllen und parallel mit Streifen von Sardellenfilets garnieren, dabei die überhängenden Enden glatt abschneiden.

TOMATEN AUF ANDALUSISCHE ART — Tomates à l'andalouse
Für alle gefüllten Tomaten feste Früchte von regelmäßiger Form nehmen, in zwei Drittel der Höhe abschneiden und den Stielansatz ausschneiden. Sauber aushöhlen, innen mit Salz und Pfeffer würzen und umgekehrt auf ein Gitter zum Abtropfen setzen.
Reis weich, aber körnig kochen, mit etwas gewürfelter grüner Paprikaschote und gehackter Zwiebel, beides in Öl gedünstet, vermengen und mit Senfmayonnaise binden. Den Salat in die ausgehöhlten Tomaten füllen, mit einigen Streifen grüner Paprikaschote und einem Stückchen schwarzer Olive garnieren und auf Salatblätter setzen. *(Siehe Bild auf Seite 68.)*

■ ARGENTEUIL — Tomates Argenteuil
Kleingeschnittenen, gekochten Spargel mit der gleichen Menge gewürfeltem, magerem Schinken vermischen und mit pikanter Mayonnaise binden. In die Tomaten füllen, jede mit drei kurzgeschnittenen Spargelköpfen garnieren und ganz kurz mit leichter Mayonnaise überziehen.

■ BEAULIEU — Tomates Beaulieu
Thunfischcreme (siehe diese) bereiten, mit wenig Mayonnaise vermischen und mit Zitronensaft würzen. Hoch in die Tomaten füllen, jede zur Hälfte mit gehacktem Eiweiß und gebacktem Eigelb bestreuen und eine halbe, grüne Olive in die Mitte setzen.

■ DUBARRY — Tomates Dubarry
4 Personen. 4 Tomaten; 1 sehr kleinen Blumenkohl; 1 dl tomatierte Mayonnaise; Kerbelblättchen oder Petersilie.

Den Blumenkohl kochen und abkühlen. Den Boden der ausgehöhlten Tomaten mit einem Teelöffel Mayonnaise bedecken und mit einem schönen Blumenkohlröschen füllen. Mit gut gewürzter Mayonnaise überziehen und mit Kerbel- oder Petersilienblättchen garnieren.

■ AUF RUSSISCHE ART — Tomates à la russe
Die Tomaten mit sehr feinem Gemüsesalat, mit pikanter Mayonnaise gebunden, füllen und obenauf eine Scheibe von hartgekochtem Ei legen.

■ SÉVIGNÉ — Tomates Sévigné
Gleiche Mengen kleingewürfeltes Hühnerfleisch und Champignons mit gut abgeschmeckter Mayonnaise binden und die Tomaten damit füllen. Mit einem Motiv von grüner Paprikaschote dekorieren.

KLEINE ZWISCHENGERICHTE ODER WARME VORSPEISEN

Diese kleinen Gerichte kann man als ersten Gang zum Mittagessen oder anstelle eines Fischgerichtes nach der Suppe zum Abendessen servieren.

BLÄTTERTEIGHOHLPASTETE AUF HAUSFRAUENART — Vol-au-vent maison

4 Personen. 200 g Kalbsmilch; 200 g gekochtes, weißes Hühnerfleisch; 150 g gegarte Champignonköpfe; 1 kleine Mohrrübe; 1 kleine Zwiebel; 1 Kräuterbündel; $^1/_4$ l Geflügelrahmsauce; 1 kleine Blätterteighohlpastete.

Die Kalbsmilch gut wässern, damit sie weiß bleibt, blanchieren, abkühlen und Knorpel und Sehnen entfernen. Zusammen mit der Mohrrübe, der Zwiebel und dem Kräuterbündel in $^1/_2$ l heller Bouillon oder Wasser pochieren. Nach dem Garwerden in grobe Würfel schneiden und zusammen mit dem gewürfelten Hühnerfleisch und kleinen Champignonköpfen mit etwas von dem Champignonsaft 6-7 Minuten langsam dünsten und dann mit der Geflügelrahmsauce binden und gut abschmecken. Die im Ofen erwärmte Hohlpastete mit der Mischung füllen, darauf achten, daß keine Sauce über den Rand fließt, und sogleich servieren.

CROQUE-MONSIEUR

Kleine Scheiben von Toastbrot von $^1/_2$ cm Dicke entrinden, durch zerlassene Butter ziehen und im Ofen goldgelb rösten. Etwas gewürfelten Schweizer Käse mit einem Löffel Weißwein zum Schmelzen bringen, die gerösteten Brotscheiben damit bestreichen, jeweils zwei Scheiben mit einem kleinen Schinkenscheibchen dazwischen zusammensetzen und sehr heiß servieren.

EIERTÄSCHCHEN — Chaussons d'œufs

4 Personen. 4 hartgekochte Eier; 125 g Champignons; 20 g Butter; 1 dl leicht tomatierte Béchamelsauce; ungefähr 200 g Blätterteigreste; 1 Eigelb. Backzeit: 15 Minuten.

Die Champignons grob hacken, in der Butter trocken dünsten, mit den grobgehackten Eiern vermischen, mit der dick gehaltenen Sauce binden, kräftig abschmecken und auskühlen. Den Teig 3 mm dick ausrollen, ungefähr 8 cm im Durchmesser rund ausstechen und den Rand leicht mit kaltem Wasser anfeuchten. Einen Löffel der Eiermischung in die Mitte geben, den Teig zu einer Tasche zusammenfalten und den Rand gut andrücken. Mit der Messerspitze dreimal einstechen, mit Eigelb bestreichen und im heißen Ofen backen.

FISCHAUFLAUF — Soufflé de poisson

4 Personen. 250 g schieren, gekochten Fisch; 2 Eier; 150 g dicke Béchamelsauce. Backzeit: 20 Minuten.

Den Fisch durch den Fleischwolf treiben oder sonstwie fein pürieren. Mit der Béchamelsauce vermengen, gut würzen, erhitzen und abseits des Feuers erst das Eigelb und dann das zu festem Schnee geschlagene Eiweiß locker unterziehen. In eine ausgebutterte Auflaufform füllen und bei mäßiger Hitze in der Röhre backen. Sofort nach dem Herausnehmen aus dem Ofen wie alle Aufläufe servieren.
Auf gleiche Weise kann man Aufläufe von Geflügel-, Schinken-, Wild- oder anderen Resten bereiten.

FISCHKRAPFEN — Beignets de poisson

Um Fischreste, Kabeljau, Schellfisch, Seehecht, Lachs, Hecht usw., vorteilhaft und angenehm servieren zu können, kann man aus ihnen Krapfen bereiten. Den Fisch von Haut und Gräten befreien, kleinhacken oder durch den Fleischwolf treiben, und mit der gleichen Menge frisch gekochter, gut abgedämpfter und durch ein Sieb gedrückter Kartoffeln vermengen. Für 500 g der Masse 2 ganze Eier und 1 Eßlöffel gehackte, in Butter gedünstete Zwiebeln nehmen, daruntermischen, gut würzen und davon kleine, runde abgeflachte Bouletten formen. In Mehl wenden und im letzten Moment in Butter auf beiden Seiten goldgelb braten. Dazu entweder zerlassene Butter oder eine Rahmsauce reichen.

Man kann die Krapfen auch etwas kleiner formen, durch Backteig ziehen, in tiefem Fett backen und mit Tomatensauce servieren.

GEFLÜGELKROKETTEN — Croquettes de volaille

4 Personen. *300 g schiere, gebratene oder gekochte Geflügelreste; 125 g Champignons; 50 g gekochten Schinken; 1 Ei; 1 Eigelb; 30 g gehackte, in Butter gedünstete Zwiebeln; $^1/_4$ l dicke Béchamel- oder Samtsauce; etwas Zitronensaft. Backzeit: 4-5 Minuten.*

Das Geflügelfleisch enthäuten und zusammen mit den Champignons und dem Schinken in ganz kleine Würfelchen schneiden, die Zwiebeln daruntermengen, mit der Sauce binden, erhitzen und das Ei und das Eigelb daruntermischen. Auf dem Feuer abrühren, bis sich die Masse von den Wandungen der Kasserolle ablöst, gut würzen und mit Zitronensaft abschmecken. In ein gefettetes Geschirr füllen und erkalten lassen. Die Masse auf dem bemehlten Tisch zu einer langen, daumendicken Rolle formen, zu Korken von etwa 6 cm Länge teilen, durch geschlagenes Ei ziehen und mit Reibbrot panieren. In sehr heißem, tiefem Fett backen, trocken anrichten, mit Zitronenvierteln und Petersilie garnieren und, eventuell, Tomatensauce dazu servieren.

KRUSTEN ODER KRÜSTCHEN MIT CHAMPIGNONS — Croûtes aux champignons

4 Personen. *500 g Champignons; 25 g Butter; Saft $^1/_2$ Zitrone; 2 dl dicke Béchamelsauce; Weißbrot oder ungezuckerten Mürbeteig.*

Sehr kleine, recht weiße Champignons wählen, nur mit Butter, einer Prise Salz und Zitronensaft garmachen, die recht rahmige Sauce hinzugeben, mit Pfeffer aus der Mühle und einer Spitze Cayennepfeffer würzen und kurz durchdünsten. Heiß in einen flachen Boden mit Rand aus recht trocken gebackenem Mürbeteig oder in kleine, individuelle Krüstchen füllen, die man rund aus Weißbrot aussticht, leicht aushöhlt und goldgelb in Butter brät.

MAISSCHNITTEN AUF TESSINER ART — Galettes de maïs à la tessinoise

4 Personen. *4 dl Bouillon; 80 g feinen Maisgrieß; 2 Tomaten; 4 dünne Scheiben fetten Käse. Kochzeit: 20 Minuten.*

Die Bouillon zum Kochen bringen, den Grieß regenartig hineinfallen und unter mehrfachem Umrühren gar werden lassen. Die Masse auf ein gefettetes Blech 2 cm dick aufstreichen und erkalten lassen. Die Tomaten schälen, in Scheiben schneiden und die Kerne entfernen. Den Maisbrei in Vierecke oder rund ausstechen, auf ein gefettetes Backblech setzen, mit einer Tomatenscheibe belegen, salzen und pfeffern, mit einer Käsescheibe abdecken und im heißen Ofen überkrusten lassen.

MUNDBISSEN AUF KÖNIGINART — Bouchées à la reine

Kleine Blätterteigpastetchen fertig beim Konditor kaufen oder folgendermaßen herstellen: Blätterteig gleichmäßig 1 cm dick ausrollen, mit einem runden oder gezackten Ausstecher von maximal 6 cm Durchmesser ausstechen und mit einem kleineren, runden Ausstecher, zuvor in heißes Wasser getaucht, den Deckel markieren. Die Böden auf ein leicht mit Wasser betropftes Backblech ordnen, die Oberseite leicht mit Eigelb bestreichen und die Pastetchen im heißen Ofen ungefähr 15 Minuten backen. Nach dem Backen mit der Spitze eines kleinen Messers den Deckel abheben. Mit $^2/_3$ gekochtem Hühnerfleisch und $^1/_3$ Champignons, beides kleingewürfelt, mit Geflügelrahm- oder anderer weißer Sauce gebunden, füllen, den Deckel aufsetzen und recht heiß servieren.

Man kann Mundbissen auch mit Resten von Fisch, Krustentieren, Wild oder Gemüse, mit einer passenden Sauce gebunden, füllen. Für 8 Mundbissen von 6 cm Durchmesser braucht man knapp 200 g der Hauptsubstanz und 1 dl dickgehaltene Sauce.

MUNDBISSEN JOINVILLE — Bouchées aux crevettes ou Joinville

Runde oder ovale Blätterteigpastetchen mit einer Mischung von $2/3$ Garnelenschwänzchen und $1/3$ gewürfelten Champignons, mit einer gut gebutterten Garnelensauce, pikant abgeschmeckt, füllen. *(Siehe Bild auf Seite 87.)*

KLEINE, WARME PASTETCHEN — Petits pâtés chauds

Den Blätterteig wie für Mundbissen ausrollen, aber nur 4 mm dick. Davon runde Böden von 6 cm Durchmesser ausstechen; für jedes Pastetchen braucht man 2 Böden. Einen Teil der Böden auf ein leicht mit kaltem Wasser besprenkeltes Backblech legen und die Ränder mit Wasser leicht anfeuchten. Die Mitte mit gut gewürzter Farce füllen, der man gehackte Champignons, Kräuter, Schinken u. a. beifügen kann, mit dem zweiten Boden bedecken und die Ränder gut andrücken. Mit der Spitze eines kleinen Messers einige Male einstechen, mit Eigelb bestreichen, im heißen Ofen 10-12 Minuten backen und heiß servieren.
Die Pastetchen füllt man mit Klößchen-, Fisch-, Schweinefleisch-, Geflügel-, Quark- und anderen Farcen.

PISSALADIÈRE ODER NIZZAER TORTE — Pissaladière ou tarte niçoise

4 Personen. 200 g ungesüßten Mürbeteig; 2 Eßlöffel Olivenöl; 6 große Zwiebeln; 50 g schwarze Oliven; 2 große Tomaten; 12 Sardellenfilets in Öl. Backzeit: 20-25 Minuten.

Die Zwiebeln halbieren, in dünne Scheiben schneiden und in Öl dünsten, doch nicht verfärben lassen. Die Tomaten schälen, halbieren, entkernen, würfeln und gleichfalls in Öl dünsten. Tomaten und Zwiebeln vermischen und auskühlen lassen. Eine flache Tortenform oder einen Tortenring mit dem Mürbeteig ausfüttern und die obige Mischung darauf gleichmäßig verteilen. Mit den entsteinten, halbierten Oliven bestreuen und die Sardellenfilets überkreuz daraufordnen. Bei mittlerer Hitze backen und sogleich servieren.

RISOTTOBECHER — Timbales de risotto

Risotto auf Mailänder Art (siehe Seite 220); gewürfelte, gedünstete Tomaten; Schinkenscheiben; Butter.

Becherförmchen oder kleine Tassen mit Butter ausstreichen. Den gekochten Schinken in der Größe der Öffnung rund ausstechen und in Butter anwärmen. Den Risotto in die Förmchen drücken. Die Schinkenscheiben auf einer runden Platte anrichten und auf jedes Scheibchen ein Förmchen mit Risotto stürzen. Obenauf mit einem Löffelchen gedünsteten Tomatenwürfeln garnieren und heiß servieren. *(Siehe Bild auf Seite 85.)*

RISSOLEN — Rissoles

Rissolen sind Täschchen, die aus Blätterteig oder Blätterteigabfällen mit einer Füllung von Fisch-, Fleisch-, Gänseleber-, Champignon- oder anderen Resten, leicht mit Sauce gebunden, bestehen. Den Blätterteig 3-4 mm dick ausrollen, aber größer als für kleine Pastetchen ausstechen (ungefähr 8 cm im Durchmesser), am besten mit einem runden, gezackten Ausstecher. Den Rand mit einem Pinsel mit kaltem Wasser leicht anfeuchten und in die Mitte ein Löffelchen der kalten Füllung geben, die in winzige Würfelchen geschnitten und mit einer dicken, passenden Sauce gebunden wird. Wie ein Täschchen zusammenfalten, die Enden gut andrücken und in sehr heißem, tiefem Fett ungefähr 4-5 Minuten backen. Gut abtropfen, auf einer Serviette mit gebackener Petersilie und Zitronenspalten anrichten und ohne Sauce servieren. *(Siehe Bild auf Seite 87.)*

SARDELLENSTÄBCHEN — Allumettes aux anchois

Blätterteig 4 mm dick ausrollen und davon Streifen von 7-8 cm Breite schneiden. Sardellenfilets in Öl abtropfen und in gehacktem Ei und gehackter Petersilie wenden. Ein Filet auf den Teig legen, völlig in Teig einrollen, das Ende anfeuchten, andrücken und glatt abschneiden. Ein Ende in Form eines Fischschwanzes und das andere schräg schneiden, mit Eigelb bestreichen, die Oberseite leicht einritzen, auf ein Backblech ordnen und bei guter Hitze ungefähr 10 Minuten backen.

SPAGHETTI ALL'AMATRICIANA

4 Personen. 600 g Spaghetti; 200 g mageren Speck; 250 g Tomaten; 50 g gehackte Zwiebel; 60 g Butter; 75 g geriebenen Käse. Kochzeit: 15-18 Minuten.

Den Speck in kleine Streifchen schneiden und zusammen mit der gehackten Zwiebel in wenig Butter anrösten. Die geschälten, entkernten und gewürfelten Tomaten hinzugeben, mit Salz und Pfeffer würzen und ziemlich dick einkochen. Die Spaghetti in Salzwasser kochen, abgießen, in Butter schwenken und in einer Schüssel anrichten. Mit den Tomaten bedecken und mit dem Käse bestreuen oder ihn nebenbei servieren.

SPAGHETTI ALLA BOLOGNESE

Rezept: *Siehe Nudeln auf Bologneser Art, Seite 218.*

SPAGHETTI ALLA NAPOLETANA

4 Personen. 600 g Spaghetti; 3 dl Tomatensauce (siehe Seite 53); 50 g Butter; 50 g geriebenen Käse, wenn möglich Parmesan (fakultativ). Kochzeit: 15-18 Minuten.

Die Spaghetti in Salzwasser kochen, abgießen, in Butter schwenken, in vorgewärmter Schüssel anrichten. Die Tomatensauce nebenbei servieren.   *(Italien)*

SPAGHETTI ALLA NIZZARDA

4 Personen. 600 g Spaghetti; 300 g Tomaten; 12 Sardellenfilets; 50 g geriebenen Käse, wenn möglich Parmesan; 50 g Butter; 1 Knoblauchzehe. Kochzeit: 15-18 Minuten.

Die Knoblauchzehe vierteln, in der Butter leicht anrösten und dann herausnehmen. Die geschälten und geviertelten Tomaten (auch in Dosen erhältlich) zugeben und langsam kochen lassen. Die Sardellenfilets fein hacken und den Tomaten hinzugeben, wenn nötig würzen und ziemlich dick einkochen. Die Spaghetti in Salzwasser kochen, abgießen, in einer vorgewärmten Schüssel anrichten, mit den Tomaten bedecken und mit dem Käse bestreuen. Vor dem Servieren mischen.   *(Italien)*

Nota: Falls diese Spaghetti-Spezialitäten als Hauptgerichte serviert werden, müssen die Proportionen dem Menü entsprechend erhöht werden.

ZWIEBELTORTE (Zwiebelkuchen) — Tarte aux oignons

6 große Zwiebeln; 200 g ungesüßten Mürbeteig; 2 dl süße Sahne; 1 Ei und 2 Eigelb; 20 g Butter; Salz, Pfeffer, Muskatnuß. Backzeit: 25-30 Minuten.

Die Zwiebeln halbieren, in dünne Scheibchen schneiden, in der Butter dünsten, ohne daß sie sich verfärben dürfen, und auskühlen. Eine flache Tortenform oder einen Tortenring auf ein Backblech setzen und mit dem Mürbeteig ausfüttern. Die Zwiebeln auf den Boden verteilen, Ei und Eigelb schlagen, mit Salz, Pfeffer und einer Spitze geriebener Muskatnuß würzen, mit der Sahne vermischen und durch ein Spitzsieb über die Zwiebeln gießen. Im Ofen bei guter Mittelhitze backen, dabei den Teig recht knusperig halten.

KÄSESPEISEN

KÄSEAUFLAUF — Soufflé au fromage

4 Personen. 50 g Butter; 50 g Mehl; ¹/₄ l Milch; 100 g geriebenen Emmentaler Käse; 4 Eigelb; 3 Eiweiß; Salz, Paprika, Muskatnuß. Backzeit: 20 Minuten.

40 g Butter schmelzen lassen, das Mehl darunterrühren, mit der Milch aufgießen und unter ständigem Rühren zum Kochen bringen. Diese dicke Masse sogleich vom Feuer nehmen, mit Salz, Paprika und einer Prise Muskatnuß würzen, die restliche Butter und das Eigelb daruntermengen. Das zu festem Schnee geschlagene Eiweiß und gleichzeitig den geriebenen Käse ganz locker unterziehen und die Masse in eine ausgebutterte und mit geriebenem Käse ausgestreute Auflaufschale füllen. Bei guter Unterhitze backen und sogleich servieren. Man kann die Masse auch in kleinen, individuellen Eiernäpfchen (Porzellankokotten) backen. In diesem Falle genügen ungefähr 8 Minuten Backzeit.

AUFLAUFOMELETTE MIT KÄSE — Omelette soufflé au fromage

4 Personen. 3 Eigelb; 5 Eiweiß; 40 g Butter; 35 g Mehl; 2 dl Milch; 80 g geriebenen Parmesan; Salz, Pfeffer, Muskatnuß. Backzeit: 12-15 Minuten.

Die zerlassene Butter mit dem Mehl vermischen, mit der Milch anrühren, zum Kochen bringen und mit Salz, Pfeffer und einer Prise geriebener Muskatnuß würzen. Abseits des Feuers das Eigelb untermengen, leicht auskühlen lassen und das zu festem Schnee geschlagene Eiweiß und gleichzeitig den geriebenen Käse locker unterziehen. Die Masse hoch in eine leicht gebutterte, flache, ovale Backplatte füllen, die Seiten glattstreichen und oben, in der Mitte, eine Höhlung lassen (sie füllt sich beim Backen aus). Im mittelheißen Ofen backen.

KÄSEFONDUE — Fondue au fromage

4 Personen. 600 g Käse; 2 dl Weißwein; 2 Knoblauchzehen; 2-3 cl Kirschwasser; Pfeffer.

Um ein gutes Fondue bereiten zu können, bedarf es eines sehr guten Käses, vorzugsweise Emmentaler oder fetten Greyerzer Käses. Den Käse in kleine, dünne Scheibchen schneiden und in einen Fonduetopf, vorzugsweise aus Erdgut, der zuvor mit Knoblauch ausgerieben worden ist, füllen. Den Weißwein hinzugießen und bei mäßiger Hitze, am besten auf einem Rechaud, so lange rühren, bis der Käse vollständig geschmolzen ist. Nach Geschmack pfeffern und das Kirschwasser unterrühren. Man erhält somit eine kompakte Art Creme, die auf dem Rechaud serviert wird. Das Fondue wird gegessen, indem man kleine Brotstückchen, auf einer Gabel aufgespießt, hineintaucht und zu Munde führt.

KÄSEGOUGÈRE — Gougère au fromage

4 Personen. gleicher Teig wie für Käsenocken; 50 g Käse, gewürfelt; 50 g Käse in kleine, dünne Scheibchen geschnitten. Backzeit: 15-18 Minuten.

Den Teig genau so wie für Käsenocken bereiten, aber anstelle des geriebenen Käses, kleinwürfelig geschnittenen Käse daruntermengen. Die Masse kranzartig auf ein schwach gefettetes Backblech ordnen, mit den Käsescheibchen belegen, im heißen Ofen backen und sogleich servieren.

KÄSEKRAPFEN — Beignets au fromage

4 Personen. *40 g Butter; 140 g Mehl; ¹/₄ l Milch; 60 g Schweizer Käse; 5 cl Bier; 1 Eiweiß; Salz, Pfeffer, Muskatnuß. Backzeit: 3-4 Minuten.*

Zuerst Backteig herstellen, indem man 100 g Mehl mit dem hellen Bier, einer Prise Salz und ungefähr 5 cl Wasser anrührt, 1 Stunde stehen läßt und dann das festgeschlagene Eiweiß locker unterzieht. Von der Butter, dem Mehl und der Milch dicke Béchamelsauce kochen, mit Salz, Pfeffer und Muskatnuß würzen, abkühlen und den geriebenen Käse untermengen. Nach dem Erkalten hiervon mit dem Kaffeelöffel kleine ovale Krapfen abstechen, durch den Backteig ziehen und in heißem Fett goldgelb backen. Gut abtropfen und sogleich auf einer Serviette angerichtet servieren. Man kann die Krapfen auch auf dem gemehlten Tisch zu kleinen Kugeln formen, ehe man sie durch den Backteig zieht.

KÄSEKROKETTEN — Croquettes de fromage

4 Personen. *4 große, geschälte Kartoffeln; 100 g Schweizer Käse; 2 Eigelb; 4 Eßlöffel Milch; Salz, Pfeffer, Muskatnuß; 1 Ei; Reibbrot. Backzeit: 3-4 Minuten.*

Die Kartoffeln vierteln, in leichtem Salzwasser kochen, abgießen, gut abdämpfen und sogleich durch ein Sieb drücken. Mit dem Eigelb und der Milch zu einem dicken Püree anrühren, mit Salz, Pfeffer und einer Prise Muskatnuß würzen und mit dem kleingewürfelten Käse vermischen. Auskühlen, auf dem gemehlten Tisch zu kleinen Kugeln oder Korken formen, durch geschlagenes Ei ziehen und mit Reibbrot panieren. Im sehr heißen Ölbad goldgelb backen, auf einem Tuch abfetten und sogleich servieren.

KÄSEKRÜSTCHEN — Croûtes au fromage

4 Personen. *8 Scheiben Kastenbrot von 1 cm Dicke; 80 g Butter; 1 dl Weißwein; 200 g Käse (Schweizer, Edamer usw.); in Scheiben von 2 mm Dicke.*

Das Brot entrinden, in der Butter auf beiden Seiten anrösten, mit Weißwein beträufeln und jede Scheibe mit einer Scheibe Käse belegen. Auf eine feuerfeste Platte legen und in den heißen Ofen stellen, bis der Käse zu schmelzen beginnt.

KRUSTADEN MIT NOCKEN — Croustades de gnocchi

Käsenocken (siehe diese) in Form von kleinen Kugeln bereiten, in blindgebackene Tarteletts aus ungezuckertem Mürbeteig füllen, mit geriebenem Käse bestreuen, mit zerlassener Butter beträufeln und im heißen Ofen überkrusten.

KÄSENOCKEN — Gnocchi au fromage

4 Personen. *75 g Butter; 125 g Mehl; 100 g geriebenen Emmentaler, Gruyère oder anderen Fettkäse; 4 Eier; ¹/₄ l Wasser; ¹/₂ l Béchamelsauce; Salz, Pfeffer, Muskatnuß. Zubereitung: ungefähr 30 Minuten.*

Das Wasser mit der Butter, gewürzt mit Salz, Pfeffer und einer Prise geriebener Muskatnuß, aufkochen, das gesiebte Mehl auf einmal hineinschütten und gut mit der Holzkelle verrühren. So lange auf dem Feuer abrühren, bis sich die Masse von den Wandungen der Kasserolle leicht ablöst und 6-7 Minuten abkühlen lassen. Die Eier, eins nach dem anderen, und die Hälfte des Käses unter die Masse rühren. Hiervon kleine Kugeln in der Größe einer Mirabelle in siedendes Salzwasser fallen lassen und ganz langsam 10 Minuten kochen. Sehr gut abtropfen, mit der dünngehaltenen Béchamelsauce binden und 15 Minuten langsam brutzeln lassen. Sehr gut abschmecken, in eine ausgebutterte Backplatte füllen, mit dem Rest des Käses bestreuen, mit zerlassener Butter beträufeln und bei mäßiger Hitze im Ofen gratinieren, wobei die Nocken gut aufgehen müssen. Sofort servieren, ehe sie wieder zusammenfallen.

RÖMISCHE KÄSENOCKEN — Gnocchi à la romaine

4 Personen. *100 g feinen Grieß; ¹/₂ l Milch; 100 g geriebenen Schweizer Käse; 30 g Butter; 1 dl Bouillon; Reibbrot; Salz, Pfeffer. Kochzeit: ungefähr 15 Minuten.*

Den Grieß regenartig in die heiße Milch einlaufen lassen, mit Salz und Pfeffer würzen und ausquellen. Wenn der Grieß gar ist, 75 g Käse daruntermengen. Die Masse 2 cm dick auf ein gebuttertes und gemehltes Blech streichen und erkalten. Hiervon mit einem Ausstecher kleine Halbmonde ausstechen und in eine ausgebutterte, flache Backplatte ordnen. Mit der Bouillon übergießen, mit dem restlichen Käse und etwas Reibbrot bestreuen, mit zerlassener Butter beträufeln und bei lebhafter Hitze im Ofen überkrusten.

PIZZA

6 Personen. 6 Portionen Pizzateig; 200 g geschälte, halbierte, entkernte Tomaten; 200 g Mozzarellakäse; 50 g geriebenen Parmesan; 6 gewässerte Sardellen, filiert; 6 Knoblauchzehen; Majoran. Backzeit: etwa 20 Minuten.

Den Pizzateig wie beschrieben formen und auf ein Backblech legen. Die Tomaten daraufordnen und den zu runden Scheibchen geschnittenen Mozzarella drauflegen. Mit den Sardellenfilets gitterartig bedecken, dazwischen die Knoblauchzehen (fakultativ) stecken, mit geriebenem Parmesan und Majoran bestreuen, mit Olivenöl beträufeln und bei mittlerer Hitze backen. *(Siehe Bild auf Seite 87. Rezept für Pizzateig auf Seite 42)*

RAMEQUINS

4 Personen. 125 g Mehl; 60 g Butter; 3 Eier; $^1/_4$ l Wasser; 100 g geriebenen Schweizer Käse; 50 g Schweizer Käse in winzige Würfelchen geschnitten. Backzeit: 10-12 Minuten.

Von sämtlichen Zutaten, mit Ausnahme des Käses, Brandteig bereiten und den geriebenen Käse daruntermengen. Mit Spritzbeutel und grober Lochtülle Windbeutel in der Größe einer kleinen Aprikose auf ein Backblech spritzen, mit Eigelb bestreichen und mit den Käsewürfeln bestreuen. Im heißen Ofen backen und sehr heiß servieren. Man kann die Ramequins auch aufschneiden und mit einer Creme aus dicker Béchamel, geriebenem Käse, etwas Eigelb und Butter, recht herzhaft abgeschmeckt, füllen. *(Siehe Bild auf Seite 87.)*

SCHWEIZER TÖRTCHEN — Tartelettes suisses

6 Personen. 2 dl sehr dicke Béchamelsauce; 2 Gervais; 50 g geriebenen Schweizer Käse; 2 ganze Eier; ungefähr 200 g Blätterteig oder Blätterteigreste. Backzeit: 10 Minuten.

Unter die heiße Béchamel, aber abseits des Feuers, erst den Gervais, dann die Eier und zuletzt den geriebenen Schweizer Käse untermengen und mit Salz und einer Spitze Cayennepfeffer kräftig abschmecken. Tartelettförmchen mit Blätterteig ausfüttern, einige Male mit der Messerspitze einstechen, mit der ausgekühlten Masse füllen, mit etwas geriebenem Käse bestreuen, im heißen Ofen backen und sogleich servieren.

KÄSETORTE (Käsekuchen) — Tarte au fromage

4 Personen. 300 g Blätterteig oder leicht gesalzenen Mürbeteig; 3 Eier; $^1/_4$ l Milch; 1 Eßlöffel Mehl; 200 g fetten, geriebenen Käse (Schweizer, Fontine usw.). Backzeit: 30-35 Minuten.

Einen Tortenring mit dem Blätterteig ausfüttern und den Boden mit der Messerspitze einige Male einstechen. Die Eier schlagen, das Mehl und die Milch darunterrühren, würzen, durch ein Spitzsieb passieren und mit dem Käse vermischen. In die ausgelegte Form füllen und bei mittlerer Hitze backen.

■ (Lothringer) — Quiche à la lorraine

4 Personen. 300 g ungezuckerten Mürbeteig; 2 Eier; 3 dl Milch; 60 g Schweizer Käse; 80 g Räucherspeck; Salz, Milch, Muskatnuß. Backzeit: 25-30 Minuten.

Einen Tortenring mit dem Mürbeteig ausfüttern und den Boden mit Scheibchen von Schweizer Käse und gewürfeltem, geröstetem und ausgekühltem Speck bedecken. Die Eier schlagen, mit der Milch verrühren, gut würzen und in die Torte füllen. Bei mittlerer Hitze backen und sehr heiß servieren. *(Siehe Bild auf Seite 87)*

ÜBERRASCHUNGSKRAPFEN — Beignets en surprise

6 Personen. 75 g Butter; 125 g Mehl; 3 Eier; $^1/_4$ l Wasser; 90 g rohen Schinken; 90 g Schweizer Käse; 2 Eßlöffel gut getrocknete Mandelsplitter. Backzeit: 4-5 Minuten.

Von dem Wasser, der Butter, Mehl und Eiern wie üblich Brandteig bereiten. Den gewürfelten, gebratenen Schinken, den kleingewürfelten Käse und die Mandelsplitter daruntermengen. Von dieser Masse auf dem gemehlten Tisch Kügelchen in der Größe einer kleinen Aprikose formen und im heißen Fettbad knusprig backen. Gut abtropfen und recht heiß auf einer Serviette angerichtet servieren. Auf gleiche Weise können Krapfen mit gewürfelten Herings- oder Sardellenfilets bereitet werden.

EIERSPEISEN

Für Eierspeisen können nur ganz frische Eier verwendet werden. Um erkennen zu können, ob ein Ei wirklich frisch oder alt ist, legt man es vor dem Gebrauch in eine Schüssel mit kaltem Wasser. Frische Eier sinken sogleich auf den Grund der Schüssel und neigen sich leicht zur Seite, während man die älteren Eier daran erkennt, daß sie zwischen dem Boden und der Oberfläche des Wassers hin und her pendeln. Schwimmt das Ei aber auf der Oberfläche des Wassers, dann ist es verdorben und muß entfernt werden.

Die hauptsächlichsten Zubereitungsarten für Eier sind folgende:

RÜHREIER — Œufs brouillés
Eine kleine, möglichst flache Kasserolle mit dickem Boden gut ausbuttern, die Eier hineinschlagen, mit Salz und Pfeffer würzen und für je 3 Eier 1 Eßlöffel dicken Rahm hinzufügen. Die Kasserolle in das heiße Wasserbad stellen und die Eier mit einem kleinen Schneebesen lebhaft zu einer lockeren, gebundenen Masse abrühren und gut darauf achten, daß die Masse nicht zu fest wird. Man muß berücksichtigen, daß die Eier durch die Hitze der Kasserolle immer noch etwas nachziehen. Sind sie zu fest geworden, so kann man noch ein Ei oder etwas Butter unterziehen, um sie wieder aufzulockern.

EIER IN NÄPFCHEN — Œufs en cocotte
Man schlägt die Eier in kleine feuerfeste Porzellannäpfchen oder -töpfchen (Kokotten) und läßt sie in einem Wasserbad im Ofen garziehen. Kochzeit: 6-7 Minuten.

■ IN DER SCHALE — Œufs à la coque
Die Eier sorgfältig in kochendes Wasser legen und 3 Minuten kochen lassen.

GEBACKENE EIER — Œufs frits
In einer kleinen Stielpfanne 1 dl Öl erhitzen. Sobald es zu rauchen beginnt, ein Ei in einem Teller aufschlagen, leicht salzen und in die etwas schräg gehaltene Pfanne gleiten lassen. Sogleich mit einer kleinen Holzkelle das Eiweiß um das Gelb so drehen, daß es das Eigelb ganz umschließt und ohne daß es die ovale Form verliert. Auf einer Seite bräunen lassen und dann wenden, damit auch die andere Seite bräunt, dabei nur so lange backen, daß das Eiweiß geronnen, das Eigelb aber noch weich bleibt. Das fertige Ei gleich herausnehmen und auf ein Tuch zum Abfetten legen. Nicht mehr als ein Ei auf einmal in dem Fett backen, da die Eier sonst aneinanderkleben würden. Diese Eier werden hauptsächlich auf Scheiben gebratenem Speck oder Schinken, oder auf halben gebratenen Tomaten oder mit Tomatensauce nebenbei serviert.

WACHSWEICHE EIER — Œufs mollets
Frische Eier in siedendes Wasser tauchen und je nach Größe 5-6 Minuten kochen lassen. Herausnehmen, sofort in kaltes Wasser legen, damit sie nicht härter werden, und sorgfältig, am besten im kalten Wasser, schälen. In heißes, aber nicht kochendes, stark gesalzenes Wasser bis zum Gebrauch legen.

SETZEIER, SPIEGELEIER — Œufs sur le plat

Den Boden einer feuerfesten Porzellan- oder Glas-Eierplatte mit Butter gut ausstreichen und heißwerden lassen. Die Eier sorgfältig hineinschlagen, einen Moment bei schwacher Hitze anziehen lassen, dann in den nicht zu heißen Ofen stellen, um das Eiweiß garzu machen. Erst dann das Eiweiß mit Salz und weißem Pfeffer leicht würzen.

VERLORENE ODER POCHIERTE EIER — Œufs pochés

In einer flachen Kasserolle Wasser mit einem starken Schuß Essig zum Kochen bringen. Ein Ei sorgfältig auf einem Teller aufschlagen und in das Wasser gleiten lassen. Nicht zu viele Eier auf einmal ins Wasser geben, damit sie nicht aneinanderkleben und ihre ovale Form beibehalten können. Nach dem Aufkochen, beiseiteziehen und die Eier in dem siedendheißen Wasser 2-3 Minuten ziehen lassen, je nachdem wie sie später serviert werden sollen. Eier, die überbacken werden, können weicher gehalten bleiben, da sie noch nachziehen, für kalte Gerichte müssen die Eier etwas fester sein. Nach dem Pochieren sofort herausnehmen und in kaltes Wasser, am besten mit etwas Eis, zum Abkühlen geben. Notfalls etwas parieren und zum Gebrauch in heißes, stark gesalzenes Wasser legen, das aber nicht kochen oder Siedehitze erreichen darf.
Ganz frische Eier kann man in leichtem Salzwasser, ohne Essig pochieren, sonst werden die Eier mit Essig, aber ohne Salz zubereitet.

OMELETTES

Die Eier in einer Schüssel mit einem Schneebesen oder einer Gabel gut, doch nicht übertrieben schlagen, da sie sonst an Festigkeit verlieren, und mit Salz und Pfeffer würzen. In einer Stielpfanne (die nur für diesen Zweck verwendet werden sollte) nur so viel Butter erhitzen, als zum Einfetten der Pfanne notwendig ist. Die Eier hineingießen und mit einer Gabel umrühren, vor allem an den Rändern, die schneller als die Mitte backen. Sobald die Masse beginnt fester zu werden, aber immer noch locker und flüssig ist, nicht mehr rühren, sondern durch Schütteln und Hin- und Hergleiten der Masse die Pfanne bewegen. Sobald sie genügend angezogen hat, einen Moment unbewegt stehen lassen, damit die Omelette am Boden Farbe erhält. Sogleich vom Feuer nehmen, auf der Seite des Pfannengriffes mit der Gabel lockern und zur Mitte zu rollen lassen. Dann auf den Pfannengriff einige Schläge geben, damit das äußere Ende der Omelette nach der Mitte zu rollt. Mit der linken Hand die Anrichteplatte etwas schräg halten und mit der rechten Hand die Omelettepfanne, damit die Omelette direkt auf die Mitte der Platte gleiten kann.

KALTE EIER — Œufs froids

Hierfür kommen im wesentlichen hartgekochte, wachsweiche und verlorene Eier in Betracht.
(Kulinarische Technik in Bildern, Seite 20.)

WARME EIERSPEISEN

RÜHREIER MIT BROTKRÜSTCHEN — Œufs brouillés aux croûtons

4 Personen. 8 Eier; 20 kleine, in Butter geröstete Weißbrotwürfelchen; 1 dl süße Sahne; 10 g Butter.

Das Rührei mit der Sahne bereiten und im letzten Moment die Brotwürfelchen daruntermengen und sogleich servieren.

■ MIT CHAMPIGNONS — Œufs brouillés aux champignons

4 Personen. 8 Eier; 1 dl süße Sahne; 100-125 g Champignons; 40 g Butter. Zubereitung: 8-10 Minuten.

Die rohen Champignons in dünne Scheibchen schneiden und in Butter anrösten. Das Rührei mit der Sahne bereiten und die Champignons daruntermengen.

▲ Risottobecher, S. 77   Gefüllte Cannelloni, S. 217 ▼   85

86 ▲ Rühreier auf katalonische Art, S. 89

Nudeln auf Bologneser Art, S. 218 ▼

▲ Rissolen, S. 77, Lothringer Käsekuchen, S. 81
Mundbissen Joinville, S. 77, Ramequins, S. 81

Pizza, S. 81 ▼

▲ Nudeln auf Berner Art, S. 218

Risotto mit Steinpilzen, S. 220 ▼

RÜHREIER MIT GARNELENSCHWÄNZCHEN — Œufs brouillés aux crevettes

4 Personen. 8 Eier; 125 g ausgeschälte Garnelenschwänzchen; 30 g Butter.

Die Garnelenschwänzchen in der Butter sautieren und unter die Rühreier mischen.

■ MIT KÄSE — Œufs brouillés au fromage

4 Personen. 8 Eier; 5 cl süße Sahne; 80 g Schweizer Käse.

Das Rührei mit der Sahne bereiten und 60 g geriebenen Käse darunterziehen. Den restlichen Käse in ganz kleine, dünne Scheibchen schneiden und die Rühreier damit garnieren.

■ AUF KATALONISCHE ART — Œufs brouillés à la catalane

4 Personen. 8 Eier ; 150 g Tomaten ; 100 g grüne Paprikaschoten ; 5 cl süße Sahne ; 30 g Butter.

Die enthäuteten Tomaten in Würfel und die Paprikaschoten in feine Streifen schneiden, in der Butter sautieren und unter die Rühreier mischen. *(Siehe Bild auf Seite 86).*

EIER IN NÄPFCHEN AUF FLORENTINER ART — Œufs en cocotte à la florentine

4 Personen. 4 Eier; 250 g Blattspinat, gekocht; 25 g Butter; 4 Löffel süße Sahne; 20 g geriebenen Käse. Zubereitung: 10 Minuten.

Den von den Stielen befreiten Blattspinat in Butter schwenken, mit Salz, Pfeffer und einer Prise Muskatnuß würzen und die Näpfchen damit ausfüttern. In jedes Näpfchen ein Ei schlagen, würzen und im Wasserbad anziehen lassen. Sobald das Ei anfängt festzuwerden, einen Löffel Sahne darübergießen, mit geriebenem Käse bestreuen und 1 Minute in den sehr heißen Ofen zum Überbacken stellen.

■ IN NÄPFCHEN MIT RAHM — Œufs en cocotte à la crème

4 Personen. 4 oder 8 Eier; 1 Eßlöffel süße Sahne für jedes Ei.

Die Näpfchen leicht anwärmen und in jedes einen Löffel heiße Sahne gießen. Die Eier hineinschlagen, das Eiweiß würzen, die Näpfchen in ein Wasserbad setzen und an der Seite des Herdes 2 Minuten anziehen lassen. Danach etwa 3 Minuten in den Ofen stellen und die Näpfchen auf einer Serviette anrichten.

■ IN NÄPFCHEN AUF SCHÄFERART — Œufs en cocotte à la bergère

4 Personen. 4 Eier; 40 g Butter; 60 g Champignons; 1 Eßlöffel gehackte Kräuter.

Die gargemachten Champignons hacken, mit weicher Butter vermengen, mit Salz und Pfeffer würzen und den Boden der Näpfchen damit ausfüttern. Ein Ei in jedes Näpfchen schlagen und wie Eier mit Rahm fertigmachen.

MORGENROTEIER — Œufs durs à l'aurore

4 Personen. 6 hartgekochte Eier; $^1/_4$ l Béchamelsauce; 2 Eßlöffel Tomatensauce; 40 g geriebenen Käse.

Die Eier so wie Béchameleier bereiten, jedoch 2 Eigelbe reservieren und hacken. Die mit der Béchamelsauce gebundenen Eier in eine Backplatte füllen, mit dem gehackten Eigelb und dem geriebenen Käse bestreuen und im heißen Ofen überbacken. Beim Servieren mit der Tomatensauce umkränzen.

HARTGEKOCHTE EIER MORNAY — Œufs durs Mornay

4 Personen. 6 hartgekochte Eier; 3 dl Béchamelsauce; 40 g geriebenen Schweizer Käse; 1 Löffel Reibbrot; 20 g Butter; 1 Eigelb.

Die Eier in Scheiben schneiden. Die Béchamelsauce mit dem Eigelb binden und abseits des Feuers die Hälfte des Käses unterziehen. Eine Backplatte mit einem Löffel Sauce bedecken, mit den Eierscheiben füllen, gänzlich mit der restlichen Sauce abdecken, mit dem Rest des Käses und dem Reibbrot bestreuen, mit zerlassener Butter beträufeln und im heißen Ofen überbacken.

SETZEIER BERCY — Œufs sur le plat Bercy

4 Personen. 4 Eier; 4 Chipolatas (kleinste Bratwürstchen); 20 g Butter; 2 Eßlöffel Tomatensauce. Bratzeit der Würstchen: 4-5 Minuten, der Eier: 2-3 Minuten.

Eine feuerfeste Eierplatte gut ausbuttern, die Eier hineinschlagen, nur das Weiße würzen und die Eier auf dem Herd kurz anziehen lassen. Im Ofen fertigbacken, zwischen jedes Ei ein grilliertes oder gebratenes Würstchen legen und einen Streifen Tomatensauce um den Rand der Platte gießen.

■ MIT DUNKLER BUTTER — Œufs sur le plat au beurre noir

4 Personen. 8 Eier; 40 g Butter; 1 Eßlöffel Essig. Bratzeit der Eier: 2-3 Minuten.

Die Eier in einer leicht gebutterten Eierplatte garmachen, erst dann würzen. In einer Stielpfanne Butter erhitzen, bis sie ganz dunkel ist, den Essig hinzugeben und alles über die Eier gießen.

■ MIT CHAMPIGNONS — Œufs sur le plat aux champignons

4 Personen. 4 Eier; 200 g Champignons; 30 g Butter; Saft $^1/_2$ Zitrone; 1 dl Béchamelsauce; 1 dl süße Sahne. Zubereitung: 15 Minuten.

Sehr kleine, rohe Champignonköpfe waschen, mit nußgroß Butter, einer Prise Salz und etwas Zitronensaft kurz dünsten, die Béchamelsauce und die Sahne hinzugeben und die Pilze darin 8 Minuten brutzeln lassen. Die Pilze in eine ausgebutterte Eierplatte geben, rundherum an den Rand schieben, die Eier in die Mitte schlagen, leicht würzen und wie üblich im Ofen fertigmachen.

■ MIT PARMESAN — Œufs sur le plat au parmesan

4 Personen. 8 Eier; 80 g geriebenen Parmesan; 40 g Butter. Bratzeit: 3-4 Minuten.

Den Boden der Backplatte mit Butter bestreichen und mit geriebenem Käse bestreuen. Die Eier hineinschlagen, das Weiße würzen, kurz auf dem Herd anziehen lassen, mit dem Rest des Käses bestreuen, mit zerlassener Butter beträufeln und im Ofen überbacken, ohne daß die Eier zu fest werden.

■ MIT SPECK — Œufs sur le plat au lard

4 Personen. 8 Eier; 4 Scheiben durchwachsenen Speck; 25 g Butter.

Die Speckscheiben braten und auf den Boden der ausgebutterten Backplatte legen. Die Eier darüberschlagen und wie üblich fertigmachen.

VERLORENE EIER AURORA — Œufs pochés à l'aurore

4 Personen. 6-8 Eier; 8 Croutons; 1 hartgekochtes Eigelb; $^1/_4$ l Aurorasauce (siehe Saucen). Pochierzeit der Eier: 4 Minuten.

Die gut abgetropften Eier auf Croutons (runde, in Butter geröstete Weißbrotscheibchen) setzen, mit der Sauce bedecken und mit hartgekochtem Eigelb bestreuen, das durch ein grobes Sieb gedrückt worden ist.

■ MIT ESTRAGON — Œufs pochés à l'estragon

4 Personen. 4-6 Eier; $^1/_4$ l Samtsauce (siehe Saucen); frischen, gehackten Estragon.

Die Eier auf Croutons setzen oder auch nur auf einer Eierplatte anrichten. Mit der Sauce, vermischt mit gehacktem Estragon bedecken. Man kann sie noch mit zwei überbrühten Estragonblätter, überkreuzgelegt, garnieren.

■ AUF FLORENTINER ART — Œufs pochés à la florentine

4 Personen. 4 Eier; 500 g Blattspinat; $^1/_4$ l Mornay-Sauce; 40 g Butter; 30 g geriebenen Käse; Reibbrot.

Den abgekochten Blattspinat von den Stielen befreien, gut ausdrücken, in Butter schwenken, mit Salz, Pfeffer und geriebener Muskatnuß würzen und auf den Boden einer Backplatte dressieren. Die gut abgetropften Eier obenauflegen und mit der Sauce überziehen. Mit dem Käse und etwas Reibbrot bestreuen, mit zerlassener Butter beträufeln und bei starker Hitze im Ofen überkrusten.

VERLORENE EIER JOINVILLE — Œufs pochés Joinville

4 Personen. 4-6 Eier; $^1/_4$ l Garnelensauce; 12-15 Garnelenschwänzchen; 4-6 Croutons.

Die Garnelenschwänzchen in die heiße Sauce geben. Die gut abgetropften Eier auf Croutons setzen und mit der Sauce überziehen.

■ AUF KARDINALSART — Œufs pochés à la cardinal

4 Personen. 4-6 Eier; $^1/_4$ l Béchamelsauce; 5 cl süße Sahne; 50 g Hummerbutter.

Die Béchamelsauce mit der Sahne vervollständigen und mit der Hummerbutter aufschlagen. Die Eier auf einer runden Platte anrichten und mit der Sauce überziehen.

■ IN KRUSTADEN AUF KÖNIGINART — Croustades d'œufs pochés à la reine

4 Personen. 4 Eier; 4 blindgebackene Tarteletts aus ungesüßtem Mürbeteig; 150 g Hühnerpüree; 2 dl dicke Madeirasauce; 4 Trüffelscheiben oder 4 kleine Champignonköpfe.

Das Hühnerpüree mit wenig Madeirasauce binden und in die Tarteletts füllen. Obenauf ein verlorenes Ei setzen, knapp mit Sauce bedecken und jedes Ei mit einer Trüffelscheibe oder einem Champignonkopf garnieren.

■ AUF MATROSENART — Œufs pochés en matelote

4 Personen. 6 Eier; $^1/_2$ l Rotwein; 40 g Butter; 25 g Mehl; 125 g Champignons; 6 Croutons.

Den Rotwein aufkochen und die Eier darin pochieren und herausnehmen. Den Rotwein mit einer Prise Thymian und Lorbeerblatt, Salz und Pfeffer würzen, zur Hälfte einkochen und passieren. Die Butter mit dem Mehl vermischen und den heißen Rotwein damit binden, abschmecken und die kleingewürfelten Champignons daruntermengen. Die gut abgetropften Eier auf Croutons setzen und mit der Sauce bedecken.

■ AUF PORTUGIESISCHE ART — Œufs pochés à la portugaise

4 Personen. 6 Eier; 80 g Reis; $^1/_4$ l Bouillon; 2 Eßlöffel Tomatensauce; 2 dl Mornay-Sauce; 30 g geriebenen Käse; 20 g Butter.

Von dem Reis, der Bouillon und gehackter Zwiebel Risotto bereiten und die Tomatensauce daruntermengen. Den Reis auf den Boden einer Backplatte füllen und die Eier daraufsetzen. Jedes Ei mit Mornaysauce bedecken, mit geriebenem Käse bestreuen, mit zerlassener Butter beträufeln und bei starker Hitze im Ofen überkrusten.

■ MIT SCHINKEN ODER SPECK — Œufs pochés au jambon ou lard

4 Personen. 6-8 Eier; 6-8 Scheibchen Schinken oder durchwachsenen Speck; 30 g Butter.

Den Schinken oder Speck in Butter in einer Stielpfanne braten und anrichten. Auf jede Scheibe ein verlorenes Ei setzen und mit dem Bratfett übergießen.

■ SIGURD — Œufs pochés Sigurd

4 Personen. 4 Eier; 4 blindgebackene Tarteletts; 50 g gehackte Zwiebel; 100 g Champignons; 2 dl Béchamelsauce; Paprika; 30 g Butter.

Die gehackte Zwiebel in der Butter weichdünsten, die Champignons hacken, hinzufügen, andünsten und mit einem Löffel Béchamelsauce binden und gut abschmecken. Das Püree in die Tarteletts füllen, ein verlorenes Ei obenaufsetzen und mit kräftig mit Paprika gewürzter Béchamelsauce überziehen. Man kann auf jedes Ei einen kleinen Champignonkopf setzen.

BAUERNOMELETTE — Omelette à la paysanne

4 Personen. 6-8 Eier; 75 g gewürfelten Rauchspeck; 60 g gewürfelte Kartoffeln; 1 Teelöffel gehackte Kräuter; 20 g Butter. Backzeit: 3-4 Minuten.

Die Kartoffeln in Butter anrösten, den Speck hinzugeben und beides zusammen garmachen. Die Eier, mit den Kräutern vermischt, darübergießen und die Omelette wie üblich bereiten.

OMELETTE MIT CHAMPIGNONS — Omelette aux champignons

4 Personen. *6-8 Eier; 125 g Champignons; 40 g Butter; 2 Eßlöffel braune Grundsauce. Kochzeit der Champignons: 5-6 Minuten; Backzeit der Omelette: 3-4 Minuten.*

Die rohen Champignons in Scheiben schneiden, in der Hälfte der Butter anrösten, würzen und mit der Sauce binden. Vor dem Zusammenrollen der Omelette, die Hälfte der Champignons zur Füllung in die Mitte geben, und nach dem Anrichten in die Mitte der Omelette einen kleinen Einschnitt machen und die restlichen Champignons einfüllen.

■ MIT GARNELEN — Omelette aux crevettes

4 Personen. *6-8 Eier; 125 g Garnelenschwänzchen; 40 g Butter; 2 Eßlöffel Garnelensauce.*

Die Garnelen in der Hälfte der Butter erhitzen und mit der Sauce binden. Wie für Omelette mit Champignons, die Hälfte zur Füllung nehmen und den Rest für den Einschnitt.

■ MIT KÄSE — Omelette au fromage

4 Personen. *6-8 Eier; 60 g geriebenen Schweizer oder Parmesankäse; 30 g Butter.*

Den geriebenen Käse unter die geschlagenen Eier mengen und die Omelette wie üblich bereiten, aber recht locker halten.

KRÄUTEROMELETTE — Omelette aux fines herbes

4 Personen. *6-8 Eier; 1 gehäuften Eßlöffel gehackte Kräuter (Petersilie, Kerbel, Schnittlauch, Estragon); 30 g Butter.*

Die Kräuter und die geschlagenen Eier mengen und die Omelette wie üblich bereiten.

LYONER OMELETTE — Omelette à la lyonnaise

4 Personen. *6-8 Eier; 60-75 g Zwiebeln; 40 g Butter; 1 Teelöffel gehackte Petersilie.*

Die geschälten Zwiebeln halbieren, in dünne Scheiben schneiden und in der Hälfte der Butter gardünsten. Auskühlen, zusammen mit der gehackten Petersilie unter die geschlagenen Eier mengen und die Omelette wie üblich bereiten.

MEHLOMELETTE — Omelette à la farine

4 Personen. *6 Eier; 60 g Mehl; ungefähr 3 dl Milch; 30 g Butter. Backzeit: 4-5 Minuten.*

Das Mehl mit den Eiern und der Milch vermischen, würzen und durch ein Sieb passieren. Die Omelette wie einen Eierkuchen bereiten. Man kann der Masse gehackte Kräuter, Speck- oder Schinkenwürfel usw. beifügen.

OMELETTE MIT NIEREN — Omelette aux rognons

4 Personen. *6-8 Eier; 150 g Kalbs- oder Hammelnieren; 40 g Butter; 2 Eßlöffel Madeirasauce; gehackte Petersilie.*

Die Nieren in Würfelchen schneiden und bei scharfer Hitze in der heißen Butter innen noch etwas blutig braten. Mit der sehr heißen Sauce binden, aber nicht darin kochen lassen, und die Omelette so wie mit Champignons füllen. Obenauf etwas gehackte Petersilie streuen.

■ PARMENTIER — Omelette Parmentier

4 Personen. *6-8 Eier; 60 g geschälte Kartoffeln; 40 g Butter.*

Die Kartoffeln in kleine Würfelchen schneiden, kurz blanchieren, abspülen, abtropfen und in der Butter hellgelb braten. Die geschlagenen Eier darübergießen und die Omelette wie üblich bereiten.

■ MIT SAUERAMPFER — Omelette à l'oseille

4 Personen. *6-8 Eier; 40 g Butter; 50-60 g Sauerampfer ohne Stiele.*

Den Sauerampfer in sehr feine Streifen schneiden und in der Hälfte der Butter dünsten. Unter die geschlagenen Eier mengen und die Omelette wie üblich bereiten.

SCHAUMIGE OMELETTE — Omelette mousseline

4 Personen. 6 Eier; 2 Eßlöffel Sahne; 40 g Butter. Backzeit: 6-8 Minuten.

Das Gelbe vom Weiß trennen, mit der Sahne vermengen und gut würzen. Das zu festem Schnee geschlagene Eiweiß locker unterziehen, die Butter in einer großen Stielpfanne heißwerden, die Masse hineinfüllen und auf dem Herd anziehen lassen. Im Ofen fertigbacken und wie üblich anrichten und sogleich servieren.

OMELETTE MIT SCHINKEN ODER SPECK — Omelette au jambon ou au lard

4 Personen. 6-8 Eier; 100 g mageren Speck oder gekochten Schinken; 20 g Butter.

Den Speck oder Schinken in kleine Würfel schneiden und in der Butter leicht anrösten. Die geschlagenen Eier darübergießen, um die Omelette wie üblich zu bereiten.
Speckwürfel sollten vorher blanchiert werden, um sie zu entsalzen.

KALTE EIERSPEISEN

Im allgemeinen nimmt man verlorene, wachsweiche oder hartgekochte Eier für kalte Eierspeisen. Ein wesentlicher Teil wird entweder in Gelee eingesetzt oder mit Gelee serviert. Da man nur sehr wenig Gelee benötigt, lohnt es sich in vielen Fällen nicht, es selbst herzustellen, zumal es fertiges Gelee im Feinkosthandel gibt. Da es jedoch völlig neutral ist, sollte man es auflösen, ohne zu stark zu erhitzen, und mit Estragon, Madeira, Sherry oder sehr gutem Weißwein aromatisieren.

VERLORENE EIER IN NÄPFCHEN MIT ESTRAGON — Œufs pochés en cocotte à l'estragon

4 Personen. 4 verlorene Eier; 200 g Gelee; Estragon.

Eiernäpfchen am Boden mit wenig Gelee, stark mit Estragon aromatisiert, bedecken, zwei blanchierte Estragonblättchen überkreuz einsetzen und mit Gelee befestigen. Nach dem Anziehen, in jedes Näpfchen ein verlorenes Ei setzen und mit gerade stockendem Estragongelee vollgießen. Im Kühlschrank festwerden lassen und dann auf eine runde Platte stürzen.

■ MIT GÄNSELEBER — Œufs pochés en cocotte au foie gras

4 Personen. 4 verlorene Eier; 4 Trüffelscheiben; Gänseleber; Butter; Madeira; 150 g Gelee.

Einen kleinen Rest Gänseleber mit der doppelten Buttermenge pürieren, mit einigen Tropfen Madeira abschmecken und gut würzen. Die verlorenen Eier in Näpfchen füllen und mit Hilfe von Spritzbeutel und Sterntülle mit Gänseleberpüree umkränzen. Eine Trüffelscheibe in flüssiges Gelee tauchen und auf die Mitte des Eis setzen. Die Näpfchen kalt stellen, um das Püree zu festigen, und dann mit gerade stockendem Gelee vollfüllen und in den Kühlschrank zum Festwerden stellen. Das Gelee sollte mit einigen Tropfen Madeira abgeschmeckt sein.

HARTGEKOCHTE EIER MIT MAYONNAISE — Œufs durs à la mayonnaise

Hartgekochte Eier in dicke Scheiben schneiden, in einer Glas- oder Porzellanschüssel anrichten, mit leichter Mayonnaise bedecken und mit Kerbelblättchen, blanchierten Estragonblättchen oder nach Belieben dekorieren. *(Siehe Bild auf Seite 65.)*

■ AUF MENTONER ART — Œufs durs à la mentonnaise

4 Personen. 6 hartgekochte Eier; 150 g gekochten Fisch; 2 Eßlöffel Mayonnaise; 12 Sardellenfilets; 12 schwarze Oliven.

Die Eier der Länge nach halbieren und das Gelbe sorgfältig herausnehmen. Das Eigelb zusammen mit dem Fisch (ohne Haut oder Gräten) pürieren, mit der Mayonnaise binden und kräftig abschmecken. Mit Hilfe von Spritzbeutel und Lochtülle in die Eierhälften spritzen und mit einer entsteinten Olive, mit einem Sardellenfilet umwickelt, garnieren. Variante: statt Fisch und Sardellen kann das Eigelb auch mit Tomaten- oder Schinkenmus oder etwas Kräuterbutter püriert werden.
(Kulinarische Technik in Bildern, Seite 20).

HARTGEKOCHTE EIER MISTRAL — Œufs durs Mistral
Die Eier der Länge nach halbieren und jede Hälfte auf eine schöne, marinierte Tomatenscheibe setzen und mit Mayonnaise überziehen. Mit gefüllten grünen Oliven garnieren, mit Tomatenscheiben umranden und die Scheiben mit gehackter Petersilie bestreuen. *(Siehe Bild auf Seite 65.)*

VERLORENE EIER AUF RUSSISCHE ART — Œufs pochés à la russe
4 Personen. 4 verlorene Eier; 4 Trüffelscheiben; 300 g russischen Salat; 200 g Gelee.

Den Boden von Eiernäpfchen mit einer dünnen Schicht Gelee ausgießen, mit einer Trüffelscheibe dekorieren und festwerden lassen. In jedes Näpfchen ein verlorenes Ei setzen, mit gerade stockendem Gelee vollgießen und zum Festwerden kalt stellen. Den russischen Salat kuppelförmig auf eine runde Platte dressieren, die Eier stürzen, rundherum setzen und die Zwischenräume mit gewürfeltem Gelee ausfüllen.

■ MIT SCHINKEN — Œufs pochés au jambon
4 Personen. 4 verlorene Eier; 100 g gekochten Schinken; 200 g Gelee.

Eiernäpfchen mit einer dünnen Schicht Gelee ausgießen und darauf eine runde Scheibe Schinken legen. In jedes Näpfchen ein verlorenes Ei setzen, mit einer runden Schinkenscheibe abdecken und mit Gelee vollgießen. Nach dem Festwerden entweder stürzen oder im Näpfchen servieren.

HARTGEKOCHTE EIER AUF SCHWEDISCHE ART — Œufs durs à la suédoise
Hartgekochte Eier in nicht zu dünne Scheiben schneiden und abwechselnd mit Scheiben von kleinen, vollreifen, aber festen Tomaten in eine flache Glas- oder Porzellanschale dressieren. Mit Vinaigrettesauce, der etwas Senf zugesetzt wurde, bedecken und mit Zwiebelringen garnieren.

■ VINAIGRETTE — Œufs durs à la vinaigrette
4 Personen. 8 hartgekochte Eier; $^1/_4$ l Vinaigrettesauce.

Die Eier in Scheiben schneiden und mit der Vinaigrettesauce übergießen.

WACHSWEICHE EIER VIRGINIA CLUB — Œufs mollets Virginia Club
1-2 Personen. 2 wachsweiche Eier; $^1/_2$ kleine Dose sweet corn (Mais); 1 Tomate; 40 g Brunnenkresse; 150 g Mayonnaise; 1 schwarze Olive.

Den Mais gut abtropfen, mit einem Drittel der Mayonnaise binden und kräftig würzen. Die Eier auf den Mais setzen, mit dem Rest der Mayonnaise überziehen und jedes mit einer halben schwarzen Olive dekorieren. Die Tomate schälen, halbieren und beide Hälften auf zwei Sträußchen Kresse setzen, die mit Essig und Öl angemacht worden ist, und die Eier damit garnieren.

DIE FISCHE

Der Nährwert des Fisches, besonders des Seefisches, kommt dem des Schlachtfleisches beinahe gleich, obwohl der Sättigungswert nicht ganz so hoch ist. Fisch ist leicht verdaulich, hat einen hohen Phosphorgehalt, der für die Knochenbildung, besonders bei Kindern, von hohem Wert ist, und ist reich an Jod und anderen Mineralsalzen.

VOM EINKAUF DER FISCHE

Frischen Fisch erkennt man sogleich am Glanz der Haut und der Schuppen. Die Haut ist leicht klebrig und feucht, die Kiemen sind von lebhafter roter oder rosaroter Farbe, die Augen treten hervor und haben noch Glanz, im Gegensatz zu nicht mehr frischen Fischen, deren Augen tief in den Höhlen liegen und glanzlos sind. Übt man mit dem Daumen einen leichten Druck auf das Fleisch aus, so muß es gespannt sein und es darf keine Vertiefung zurückbleiben. Daß Fisch, der einen üblen Duft verbreitet, nicht verwendet werden darf, ist selbstverständlich.

VOM PUTZEN DER FISCHE

Mit wenigen Ausnahmen werden alle Fische geschuppt, ausgenommen, die Flossen werden mit einer Schere abgeschnitten, die Kiemen und die Eingeweide werden entfernt. Man kann die Fische, besonders die größeren, ausnehmen, indem man dem Bauch entlang einen Schlitz macht, oder die Eingeweide durch die Kiemen mit dem hakenförmigen Ende einer Suppenkelle oder eines Schaumlöffels herauszieht. Vor der weiteren Verwendung sind alle Fische innen und außen gut zu waschen.

VOM FISCHSUD

Die üblichste Art, große Fische, im ganzen oder portionsweise, sowie kleinere Fische, besonders Süßwasserfische, zu bereiten, ist das Kochen im Fischsud.

Der Fischsud besteht aus einer Mischung von aromatischen Kräutern und Gemüsen, Gewürzen, Wasser und mildem Essig. Zuweilen wird der Essig durch eine vergrößerte Menge von Weißwein ersetzt. Die Zutaten zum einfachen Fischsud bestehen aus einigen in Scheiben geschnittenen Zwiebeln und Schalotten, einem Bündelchen Petersilie, Thymian und Lorbeerblatt, Salz und einigen Pfefferkörnern. Die Menge des Suds sowie der einzelnen Bestandteile richtet sich nach der Menge oder der Größe der Fische, die man darin kochen will und die stets reichlich mit Flüssigkeit bedeckt sein müssen. Man rechnet $1/8$ l Essig auf 4 l Wasser.

Fischsud wird kalt und warm verwendet. Große Fische, wie Lachs, Lachsforelle, Karpfen, Steinbutt, Glattbutt, große Hechte und Zander, die längere Zeit zum Garwerden benötigen, setzt man direkt mit dem kalten Sud an. Infolge der längeren Garmachungszeit, haben die Aromaten auch hinreichend Zeit, ihren Geschmack dem Wasser zu übermitteln. Anders verhält es sich bei kleinen Fischen und dicken Fischschnitten. Hierfür muß der Fischsud zuvor fertiggekocht sein, damit der Geschmack der Aromaten bereits in das Wasser übergegangen ist.

Große Fische setzt man stets in einem geeigneten Fischkessel mit Siebeinsatz in kaltem Fischsud an, den man schnell zum Kochen bringt, dann beiseitezieht und den Sud nur noch auf dem

Siedepunkt hält, ohne ihn wallen zu lassen; der Fisch darf nur garziehen. Bei sprudelndem Wasser würde der Fisch Risse bekommen und unappetitlich aussehen. Kleine Fische und Fischschnitten legt man direkt in den siedendheißen Fischsud, bringt ihn zum Kochen und zieht ihn gleichfalls beiseite, um den Fisch garziehen zu lassen. Nur Krustentiere müssen im Fischsud am Kochen gehalten werden.

DAS BRAISIEREN DER FISCHE

Braisiert werden größere, ganze Fische, wie Karpfen, Lachse, Lachsforellen, Steinbutt oder Hecht, aber auch große Mittelstücke und zuweilen sehr dicke Fischschnitten. Hierfür wird der Boden eines Fischkessels, einer Bratpfanne oder eines großen feuerfesten Steingut- oder Porzellangeschirrs mit Scheiben von Mohrrüben, Zwiebeln, Schalotten, alles zuvor leicht in Butter angeröstet, und einigen Petersilienstielen ausgelegt, der Fisch daraufgesetzt und mit Scheiben von fettem Speck abgedeckt. Man übergießt den Fisch bis zur Hälfte der Höhe mit Weiß- oder Rotwein, oft auch mit halb Wein und halb Fischfond, würzt mit Salz, gibt einige Pfefferkörner hinzu und läßt ihn auf dem Herd ankochen. Dann stellt man ihn in den mittelheißen Ofen, um ihn bei mehrfachem Begießen mit der Flüssigkeit garzumachen. Die Garzeit hängt von der Art und Größe des Fisches ab. Aus Sparsamkeitsgründen kann man ohne weiteres die Speckscheiben durch ein stark geöltes Blatt Pergamentpapier ersetzen, auch Alufolie ist hierfür geeignet.

DAS BACKEN DER FISCHE IN TIEFEM FETT

Zum Backen von Fischen eignet sich Öl am besten. Je kleiner der Fisch ist, desto heißer muß das Fettbad sein. Fische, die das Gewicht von 100 g überschreiten, müssen an den Seiten kleine Einschnitte erhalten — sie werden ziseliert —, um das Eindringen der Hitze zu beschleunigen. Fische, Fischfilets und Fischschnitten werden oft vor dem Backen gemehlt, kleine Fische und Fischfilets paniert oder durch Backteig gezogen. Im übrigen verweisen wir auf das, was im Abschnitt « Das Backen in schwimmendem Fett » in « Die verschiedenen Garmachungsarten » gesagt worden ist.

DAS GRILLIEREN UND BRATEN VOM FISCH IM OFEN

Zum Grillieren verwendet man in der Regel entweder kleinere Fische oder dicke Schnitten von größeren Fischen. Auf dem Rost gebratene Seezungen sind besonders schmackhaft, ebenso frische Sardinen und kleine Steinbutte im Gewicht von nicht mehr als 1 kg. Diese Zubereitungsart eignet sich besonders gut für Heringe, Makrelen, kleine Barben und Rotbarben. Kleine Alsen sowie dicke Lachs- und Thunfischschnitten sind zum Braten auf dem Rost geradezu prädestiniert. Wir möchten jedoch vom Grillieren kleiner Weißlinge abraten, da das Fleisch zwar wohlschmeckend, jedoch sehr zart ist und zu rasch zerfällt. Alle Fische, die grilliert werden sollen, sind zuvor zu würzen, in Mehl zu wenden, durch Öl zu ziehen oder damit zu bestreichen und auf den sehr heißen Rost zu legen, damit sie nicht ankleben. Wir empfehlen zum Grillieren von Fischen sich eines Scherenrostes zu bedienen, der selbstverständlich geölt und sehr heiß sein muß, ehe man den Fisch einlegt. Der Fisch läßt sich dadurch leicht wenden und man entgeht der Gefahr, daß er hierbei beschädigt wird. Fische, die mehr als 150 g wiegen, müssen, wie zum Backen, zuvor ziseliert werden.

Bei größeren Seezungen, kleinen Stein- oder Glattbutten empfiehlt es sich, auf einer Seite (der dunklen Seite) nicht zu tiefe Einschnitte in Kreuzform anzubringen, damit die Hitze schneller eindringen kann. Zu grillierten Fischen serviert man Kräuterbutter, Sardellenbutter oder Béarnaisesauce, zum Aal vom Rost eignet sich Tatarensauce besonders gut.

Hat man keinen Grill, so kann man Fisch auch im Ofen braten, wobei er des öfteren mit der Butter übergossen werden muß. Der Ofen muß recht heiß sein, damit der Fisch eine schöne braune Kruste erhält.

DAS BRATEN VON FISCHEN AUF MÜLLERINART

Diese Zubereitungsart eignet sich im wesentlichen für Fische von 150-350 g, doch werden zuweilen auch dicke Fischschnitten auf diese Art gebraten. Es ist eine der besten Zubereitungsarten für Bachforellen und für Seezungen. Auch in diesem Falle sollten torpedoförmige Fische im Gewicht von mehr als 150 g zuvor zieliert werden. Zunächst zieht man die Fische durch mit Salz und Pfeffer gewürzte Milch, wendet sie in Mehl, schüttelt das überflüssige Mehl gut ab und legt die Fische in eine Stielpfanne, in der man Butter leicht bräunen ließ. Sie werden auf beiden Seiten goldgelb gebraten, angerichtet, mit Zitronensaft beträufelt und mit der Bratbutter, der man noch etwas frische Butter hinzugefügt hat, übergossen und mit frisch gehackter Petersilie bestreut.

DAS POCHIEREN DER FISCHE

Diese Zubereitungsart eignet sich vornehmlich für kleine Fische und Fischfilets, die in einer Sauce serviert werden sollen. Man ordnet die Fische in eine Backplatte oder ein sonstiges, geeignetes Geschirr, das mit Butter ausgestrichen und mit feingehackter Zwiebel oder Schalotte ausgestreut worden ist. Nachdem sie gewürzt wurden, gießt man sie mit Weißwein, Rotwein, Fischfond usw., je nach Rezept, auf, bedeckt sie mit einem Blatt mit Butter oder Öl bestrichenem Papier und läßt sie im Ofen garziehen; sie dürfen niemals richtig kochen, weil das Fleisch sonst zähe wird und Filets sich krümmen würden. Der Kochfond wird nach dem Einkochen stets für die Zubereitung der Sauce genommen.

Das Pochieren sollte erst unmittelbar vor dem Gebrauch erfolgen, damit der Fisch nicht zu lange heißsteht, da er, je nach Beschaffenheit, zähe werden oder zerfallen könnte.

DIE SEEFISCHE

ALSE, MAIFISCH, GRILLIERT — Alose grillée

6 Personen. *1 kg-1 kg 200 Alse; Öl; 60 g Kräuterbutter; Salz. Röstzeit: 40 Minuten.*

Den Fisch leicht zielieren, mit Öl bestreichen und auf dem Grill oder im heißen Ofen rösten. Dabei leicht salzen und dann und wann mit Öl wieder bestreichen. Erst wenn er halb gar ist, wenden. Mit Kräuterbutter servieren.

■ MIT SAUERAMPFER — Alose à l'oseille

6 Personen. *1 kg-1 kg 200 Alse; 500-600 g Sauerampfer; 50 g Butter; 1 dl süße Sahne. Kochzeit: 45 Minuten.*

Die Alse auf dem Rost braten und dazu Sauerampferpüree servieren. Er schmeckt noch besser, wenn man ihn 10-15 Minuten im Ofen anröstet und dann zwischen zwei Lagen von geschmolzenem Sauerampfer zugedeckt noch 40 Minuten dünstet und beim Servieren mit süßer Sahne umgießt.

N. B. Man kann die Alse auch in dicke Scheiben schneiden und grillieren oder in Fischsud garmachen.

BACKFISCHE — Buisson ou friture de poissons

4 Personen. *600 g ganz kleine Fische; Mehl; Milch; 1 Zitrone; Petersilie. Backzeit: ungefähr 3 Minuten.*

Hierfür nimmt man kleine Stinte, Sandaale oder kleine Flußfischlein, Gründlinge usw. Die Fische ausnehmen, waschen, gut abtrocknen, durch Milch ziehen, in Mehl wenden und in sehr heißem, schwimmendem Fett, nicht zu viel auf einmal, knusprig ausbacken. Abtropfen, leicht salzen, buschförmig anrichten und mit gebackener Petersilie und Zitronenvierteln garnieren und sogleich servieren.

BUTT, GLATTBUTT, RAUTENSCHOLLE — Barbue

Dieser vorzügliche Fisch wird wie Steinbutt behandelt, dem er auch ähnelt. Das Fleisch ist zarter und weicher als das des Steinbutts, obwohl dieser beliebter ist. Man pochiert ihn im Ganzen in Fischsud und richtet ihn auf einer Serviette mit krauser Petersilie und Zitronenspalten an. Dazu serviert man eine holländische Sauce. Die Filets vom Glattbutt können wie Seezungenfilets verarbeitet werden. Kleine Exemplare, deren Gewicht 1 kg nicht überschreitet, werden grilliert und mit einer Béarnaise- oder holländischen Sauce oder mit zerlassener Butter serviert.

FISCHBITOKS — Bitoks de poisson

6 Personen. *600 g schieres Fleisch von gekochtem Fisch; 2 dl dicke Béchamelsauce; 2-3 Eigelb; 1 Ei; Panierbrot; Tomaten oder rote Paprikaschoten.*

Das auseinandergezupfte Fischfleisch zusammen mit der Béchamelsauce, dem Eigelb sowie dem notwendigen Salz und Pfeffer in eine Kasserolle geben und gut vermischen. So lange auf dem Feuer abrühren, bis sich die Masse glatt von den Wandungen der Kasserolle abhebt, in eine Schüssel füllen und auskühlen lassen. Hiervon mit einem Eßlöffel ovale Bitoks abstechen, etwas abflachen, durch geschlagenes Ei ziehen und panieren. In Butter auf beiden Seiten goldgelb braten oder in schwimmendem Fett backen, anrichten und mit Streifen geschälter Tomate oder Paprikaschote belegen. Man kann Tomaten- oder Samtsauce nebenbei servieren. *(Siehe Bild auf Seite 101.)*

GOLDBRASSEN BERCY — Daurade Bercy

Wird wie Seehechtfilets Bercy zubereitet.

■ GRILLIERT — Daurade grillée

4 Personen. *1 Goldbrassen von ungefähr 700 g; 60 g Kräuterbutter; Zitrone; Petersilie; Öl. Röstzeit: ungefähr 30 Minuten.*

Den Fisch waschen, abschuppen und an beiden Seiten ziemlich tiefe Einschnitte machen, da der Fisch dick ist. Würzen, mehlen, ölen und bei mäßiger Hitze auf dem Rost oder bei starker Hitze im Ofen braten, dabei wiederholt mit Öl bestreichen. Mit Zitronenspalten und Petersilie anrichten und dazu Kräuterbutter servieren.

■ GEBRATEN — Daurade rôtie

4 Personen. *1 Goldbrassen von ungefähr 700 g; fetten Speck; 1 dl Weißwein; 50 g Butter; 5 cl süße Sahne. Bratzeit: 25-30 Minuten.*

Den Fisch mit einer sehr dünnen Scheibe von fettem Speck umhüllen und im Ofen braten, wobei man ihn wiederholt mit Butter begießt. Wenn er gar ist, muß der Speck geschmolzen und der Fisch von schöner, goldgelber Farbe sein. Man nimmt ihn heraus, löscht den Bratsatz mit dem Weißwein ab, gibt etwas gehackte Schalotte hinzu und läßt ihn auf die Hälfte einkochen. Danach die Sahne und die Butter hinzugeben, mit etwas frischgemahlenem Pfeffer würzen, aufkochen und über den Fisch gießen.

HERING — Hareng

Heringe kommen frisch, als sogenannte grüne Heringe, eingesalzen und geräuchert auf den Markt. Vollheringe, mit Milch oder Rogen vor dem Ablaichen gefangen, sind fett, zart und nahrhaft.

HERINGE VOM ROST MIT SENFSAUCE — Harengs grillés à la sauce moutarde

4 Personen. *600 g Heringe; Mehl; Öl; $^1/_4$ l Senfsauce. Bratzeit: 12-15 Minuten.*

Die ausgenommenen und gewaschenen Heringe gut abtrocknen, leicht ziselieren, würzen, mehlen, ölen und auf dem Rost oder in der Stielpfanne braten. Anrichten und die Senfsauce nebenbei servieren.

■ AUF PFÖRTNERART — Harengs à la portière

4 Personen. *600 g Heringe; Mehl; Öl; Senf; 50 g Butter; gehackte Petersilie; Essig.*

Die vorbereiteten Heringe leicht ziselieren, würzen, mehlen und in der Stielpfanne in Öl braten. Herausnehmen, ganz dünn mit Senf bestreichen, anrichten und reichlich mit gehackter Petersilie bestreuen. Das Öl aus der Pfanne abgießen, die Butter bräunen und über die Heringe gießen. Zuletzt noch einen Schuß Essig in der Pfanne erhitzen und gleichfalls über die Fische geben.

KABELJAU UND SCHELLFISCH — Cabillaud et aiglefin

Beide Fische gehören zur gleichen Familie wie der Dorsch. Sie haben sehr schmackhaftes, aber recht zartes Fleisch, so daß man sie am besten in Fischsud kocht oder in dicke Scheiben geschnitten oder auch filiert in schwimmendem Fett ausbäckt. Im Fischsud gekocht, kann man sie mit zerlassener Butter, holländischer, Eier- oder Kapernsauce servieren; gebackenen Kabeljau richtet man mit gebackener Petersilie und Zitronenspalten an und reicht Remouladen- oder Tatarensauce dazu. *(Siehe Bild auf Seite 104)*

KABELJAU, GEBACKEN, MIT TATARENSAUCE — Cabillaud frit, sauce tartare

4 Personen. 600 g Kabeljau; 1 Ei; Reibbrot; Petersilie; Zitrone; Mehl; 2 dl Tatarensauce. Backzeit: 6-8 Minuten.

Den Fisch in Scheiben von wenigstens 2 cm Dicke schneiden, mehlen, durch geschlagenes, gewürztes Ei ziehen und mit Reibbrot panieren. In sehr heißem, schwimmendem Fett ausbacken und mit gebackener Petersilie und Zitronenspalten anrichten. Tatarensauce nebenbei servieren.

■ AUF LYONER ART — Cabillaud à la lyonnaise

4 Personen. 4 Scheiben Kabeljau von 150-175 g; Mehl; Milch; 75 g Butter; 100 g Zwiebeln; Petersilie; Zitrone. Bratzeit: 10-12 Minuten.

Die Fischscheiben durch gewürzte Milch ziehen, in Mehl wenden, das Mehl gut abschütteln und die Scheiben in Butter braten. Die Zwiebeln halbieren, in dünne Scheiben schneiden und in einer anderen Pfanne in Butter goldgelb anrösten. Den angerichteten Fisch mit den Zwiebeln bedecken und mit Petersilie und Zitronenspalten garnieren.

■ MISTRAL — Cabillaud Mistral

4 Personen. 600 g Kabeljau; 250 g frische Tomaten; 150 g Champignons; 1 dl Weißwein; 1 kleine, zerdrückte Knoblauchzehe; Reibbrot; Olivenöl; 1 Eßlöffel gehackte Petersilie. Kochzeit: 12-15 Minuten.

Den Fisch in zwei dicke Scheiben schneiden, mehlen, an beiden Seiten anbraten und in eine tiefe, feuerfeste Backschüssel legen. In dem Öl, in dem der Fisch angebraten wurde, die in Scheiben geschnittenen Champignons anschwitzen, die geschälten, entkernten und grob gehackten Tomaten, den Knoblauch und die Petersilie beigeben, mit Salz und Pfeffer würzen und dünsten, bis die Tomaten zerfallen. Mit dem Weißwein auffüllen, alles über den Fisch gießen, mit Reibbrot bestreuen, mit Öl betropfen und im heißen Ofen gar werden und überkrusten lassen.

■ ODER SEEHECHT AUF PORTUGIESISCHE ART — Cabillaud ou colin à la portugaise

4 Personen. 600 g Kabeljau; 250 g frische Tomaten; 1 große, gehackte Zwiebel; 1 gehackte Schalotte; 75 g Butter; 2 dl Weißwein; 1 gehäufter Teelöffel Mehl; 1 Eßlöffel gehackte Petersilie. Kochzeit: 15 Minuten.

Den Fisch in Scheiben schneiden oder filieren, würzen und in dem Weißwein pochieren. Die in dünne Scheiben geschnittene Zwiebel in 25 g Butter hellgelb anrösten, die gehackte Schalotte und die geschälten, entkernten und grob gehackten Tomaten beifügen und schmelzen lassen. Mit dem Weißwein, mit dem der Fisch pochiert wurde, aufgießen, 4-5 Minuten einkochen lassen und mit der restlichen Butter, mit dem Mehl verknetet, binden. Gut abschmecken, über den Fisch gießen und mit gehackter Petersilie bestreuen.

KATZENHAI AUF PROVENZALISCHE ART — Roussettes à la provençale

4 Personen. 700-800 g Katzenhai; 2 dl Weißwein; 2 Eßlöffel Tomatenpüree; 250 g Champignons; 30 g Butter; 2 Eßlöffel Olivenöl; 80 g gehackte Zwiebeln; 3 gehackte Schalotten; 2 zerdrückte Knoblauchzehen; Reibbrot; Petersilie. Kochzeit: 12-15 Minuten.

Der Katzenhai, den man häufig auf dem Markt findet, ist ein preiswerter Fisch. Sollte er nicht abgezogen sein, so genügt es, ihn in kochendes Wasser zu tauchen und die Haut mit einem groben Tuch abzureiben, in Stücke zu schneiden, zu waschen und gut abzutropfen.
Die gehackte Zwiebeln und die Schalotten in Butter leicht anrösten, mit Mehl bestäuben, die Knoblauchzehen hinzugeben, mit dem Weißwein, etwas Wasser und dem Tomatenpüree vermischen, würzen und eine etwas dünne Sauce kochen. Die Champignons in dünne Scheiben schneiden, in dem Öl hellgelb anrösten, zu der Sauce geben, etwas gehackte Petersilie beifügen und 10 Minuten kochen lassen. Den Fisch in Öl anbraten, in eine Backplatte ordnen, mit der Sauce übergießen, mit Reibbrot bestreuen und im heißen Ofen überkrusten.

MAKRELE — Maquereau

Obwohl dieser Fisch fett und schwer verdaulich ist, sind blutfrische Makrelen von ausgezeichnetem Geschmack. Man wählt am besten die kleineren Fische, die im Frühjahr reichlich auf dem Markt zu finden sind.

GROSSE MAKRELEN, GEKOCHT, MIT PETERSILIENSAUCE — Gros maquereaux bouillis, sauce persil

4 Personen. 750 g Makrele; 40 g Butter; 25 g Mehl; Petersilie. Kochzeit: ungefähr 20 Minuten.

Den Fisch in große Stücke schneiden und in Salzwasser mit einem kleinen Schuß Essig und einem Bündelchen Petersilie kochen. Von dem Mehl und der Butter eine weiße Sauce bereiten und dazu etwas von dem Fischsud nehmen. Die Sauce gut abschmecken, mit reichlich gehackter Petersilie vermengen und zum Fisch servieren.

KLEINE MAKRELEN, GRILLIERT, MIT KRÄUTERBUTTER — Petits maquereaux grillés, à la maître d'hôtel

4 Personen. 4 Makrelen von 150-175 g; Mehl; Öl; 60 g Kräuterbutter. Röstzeit: ungefähr 10 Minuten.

Die Makrelen ziselieren, würzen, mehlen, ölen und auf dem Rost braten. Auf einer heißen Platte anrichten und mit halbzerlassener Kräuterbutter bedecken.
Wenn die Makrelen groß sind, köpfen, vom Rücken aus spalten, aber nicht trennen, so daß sie mit der Haut des Bauches zusammenhängen. Die Gräten ganz auslösen oder an zwei Stellen einschneiden, um das Eindringen der Hitze auf der dicken Seite zu beschleunigen.

MAKRELENFILETS MIREILLE — Filets de maquereaux Mireille

4 Personen. 750 g Makrelen; 100 g frische Champignons; 500 g frische Tomaten; Öl; 1 mittelgroße Zwiebel; 1 Schalotte; 1 Knoblauchzehe; Petersilie. Kochzeit: 10-12 Minuten.

Die Filets würzen, mehlen, in einer Stielpfanne in heißem Öl braten und auf einer warmen Platte anrichten. In dem Bratöl die gehackte Zwiebel und Schalotte anziehen lassen, die gehackten Champignons und die zerdrückte Knoblauchzehe beifügen, gut anrösten und den Fisch damit bedecken. In der Pfanne einen Schuß Essig erhitzen und darübergießen. Die Tomaten enthäuten, entkernen, vierteln, in heißem Öl sautieren und die Filets damit garnieren. Gehackte Petersilie über das Ganze streuen.
Um die Filets von Makrelen, Weißlingen, Forellen usw. auszulösen, schneidet man zuerst den Kopf ab. Man legt den Fisch flach auf ein Brett, hält ihn mit der linken Hand fest und führt mit der rechten Hand ein scharfes Messer dem Rückgrat entlang, wobei man am Schwanzende beginnt. Seezunge, Steinbutt, Glattbutt und andere Plattfische werden auf andere Weise filiert.

MAKRELEN ODER MAKRELENFILETS AUF MÜLLERINART — Maquereaux ou filets de maquereaux à la meunière

Ganze Makrelen werden ziseliert und sont wie alle Fische auf Müllerinart zubereitet.

MEERAAL UND MURÄNE — Anguille de mer et congre

Beide Fische gehören zur gleichen Familie, doch ist die Haut der Muräne bräunlich und mit Flekken bedeckt. Sie gleichen sich im Geschmack und sind nicht zu schwer verdaulich. Man kocht sie am besten in einem gut gewürzten Sud und serviert sie mit Kapernsauce.
Die Fische müssen vor dem Gebrauch abgezogen werden.

MEERAAL AUF BURGUNDER ART — Congre à la bourguignonne

6 Personen. 1 kg Meeraal; 250 g kleine Champignons; 50 kleine Zwiebelchen; 60 g Butter; $^1/_2$ l Rotwein; 1 Eßlöffel Mehl; 1 Kräuterbündel. Kochzeit: 40 Minuten.

Die Zwiebelchen in Butter anbräunen und halbgar werden lassen, die Champignons nach der üblichen Methode garen. Den Fisch in Stücke von 2 cm Breite schneiden, mit dem Rotwein aufgießen, salzen und pfeffern, die Zwiebelchen und das Kräuterbündel hinzugeben, zudecken und langsam 20 Minuten kochen. Die Champignons beifügen, weitere 10 Minuten kochen, das Kräuterbündel herausnehmen und den Fond mit dem Mehl binden, das man mit der Butter verknetet hat. Aufkochen lassen, gut abschmecken und sogleich servieren.

▲ Fischbitoks, S. 98

Grillierte Seezungen, S. 109 ▼

101

▲ Seehechtfilets auf provenzalische Art, S. 108

Überkrustete Seezungenröllchen, S. 111 ▼

▲ Wolfbarsch auf griechische Art, S. 114

Seehecht auf englische Art, S. 107 ▼

104 ▲ Gekochte Kabeljau- und Schellfischschnittchen, S. 99 und S. 106

Krustade von Seezungenfilets, S. 111 ▼

GEDÜNSTETER MEERAAL — Congre en cocotte

6 Personen. 1 kg Meeraal; 60-80 g Spickspeck; 50 g Butter; 1 mittelgroße Zwiebel; 2 kleine Mohrrüben; 2 Eßlöffel Tomatenpüree; 1 Kräuterbündel. Kochzeit: ungefähr 50 Minuten.

Den Aal in große Stücke schneiden, enthäuten und mit Streifen von fettem Speck spicken. Die Zwiebel und die Mohrrüben in kleine, sehr dünne Scheibchen schneiden und alles zusammen mit dem Aal in Butter anrösten. Sobald alles gut koloriert ist, würzen, mit ungefähr 1 dl Wasser angießen, das Tomatenpüree und das Kräuterbündel beifügen. Zugedeckt im Ofen bei mittlerer Hitze bis zum Garwerden dünsten. Das Kräuterbündel herausnehmen und das Gericht am besten in dem Kochgeschirr servieren. Dazu Kartoffelpüree oder Reis reichen.

MEERAAL MIT PETERSILIENSAUCE — Congre à la sauce persil

5 Personen. 750 g Meeraal; 1 dl Weißwein; 1 dl Milch; 50 g Butter; 20 g Mehl; Petersilie. Kochzeit: ungefähr 40 Minuten.

Ein schönes Stück Meeraal in Fischsud kochen, den man ohne Essig und mit dem Weißwein bereitet. Von der Butter und dem Mehl Mehlschwitze bereiten und mit halb Milch und halb Fischsud zu einer kräftigen Sauce verkochen. Die Sauce gut würzen, passieren und mit gehackter Petersilie vervollständigen.

Von dem Fischsud kann man eine gute Fischsuppe bereiten, vorausgesetzt, daß kein Essig verwendet wurde.

ROCHEN MIT DUNKLER BUTTER — Raie au beurre noir

4 Personen. 700-800 g Rochen; 100 g Butter; 3 Eßlöffel Kapern; gehackte Petersilie. Kochzeit: 15 Minuten.

Der Rochen kann nicht auf so viele verschiedene Arten zubereitet werden wie andere Fische. Man bringt ihn meistens mit dunkler Butter, mit Rahm oder gebacken auf den Tisch. Am begehrtesten ist der Stachelrochen. Der Fisch muß absolut frisch sein, sonst riecht er nach Salmiak und ist für den menschlichen Genuß ungeeignet.

Den Rochen in Stücke schneiden und in Fischsud garmachen, ohne ihn kochen zu lassen. Mit der Schaumkelle aus dem Sud nehmen und die Haut entfernen, wozu man sich beim Abkratzen eines Messers bedient. Die Fischstücke auf einer heißen Platte anrichten, leicht mit Salz und Pfeffer würzen und mit der sehr stark gebräunten Butter übergießen. Zuletzt den Essig in der Pfanne heiß werden lassen und darüberschütten. Mit gehackter Petersilie und Kapern bestreuen und sogleich servieren.

■ GEBACKEN — Raie frite

4 Personen. 700-800 g kleine Rochen; Mehl; Milch; Petersilie; 1 Zitrone. Backzeit: 5-7 Minuten.

Zum Backen nimmt man am besten ganz kleine Rochen. Man kann sie ganz lassen und nur durch gewürzte Milch ziehen und dann vor dem Backen in Mehl wenden oder sie zuvor in Stücke schneiden. Sie werden mit gebackener Petersilie und Zitronenvierteln angerichtet. Natürlich kann man auch große, in Stücke geschnittene Rochen verwenden. Junge, in Stücke geschnittene Fische können ebensogut in dieser Form durch Backteig gezogen, im Fettbad gebacken und mit Tomatensauce serviert werden.

ROTBARBEN MONTE-CARLO — Rougets Monte-Carlo

4 Personen. 4 Rotbarben von 150-175 g; 4 Scheiben Toastbrot; 40 g Butter; 40 g Sardellenbutter; 50 g Kräuterbutter; 300 g Strohkartoffeln. Bratzeit: 6-8 Minuten.

Die Rotbarben auf dem Rost braten (grillieren) und auf Röstbrotscheiben von gleicher Form anrichten, die mit Sardellenbutter bestrichen worden sind. Leicht mit halb zerlassener Kräuterbutter übergießen und mit Strohkartoffeln garnieren.

ROTBARBEN AUF NIZZAER ART — Rougets à la niçoise

4 Personen. 4 Rotbarben; 350 g Tomaten; 4 Sardellenfilets; 12 grüne Oliven; Mehl; Öl; Knoblauch; Zitrone; gehackte Petersilie. Bratzeit: 8-10 Minuten.

Die Rotbarben würzen, mehlen und in Öl braten. Die Tomaten schälen, vierteln, entkernen und zusammen mit einer zerdrückten Knoblauchzehe in Öl garmachen. Die entsteinten, blanchierten Oliven beifügen und mit den Tomaten durchschwenken. Die Rotbarben anrichten, jede mit einem Sardellenfilet garnieren und mit den Tomaten und Oliven überschütten. Obenauf einige rohe Tomatenscheiben legen, mit gehackter Petersilie bestreuen und mit Zitronenspalten garnieren.

■ AUF PROVENZALISCHE ART — Rougets à la provençale

4 Personen. 4 Rotbarben; 350 g Tomaten; 3 Eßlöffel Olivenöl; 1 Knoblauchzehe; 1 Eßlöffel gehackte Petersilie; Reibbrot. Kochzeit: 10-12 Minuten.

Die Tomaten schälen, vierteln, entkernen, in Öl sautieren, würzen und den Knoblauch und die gehackte Petersilie beifügen. Die Rotbarben würzen, mehlen und gleichfalls in Öl braten. Die Hälfte der Tomaten auf den Boden einer Backplatte geben, die Rotbarben darauflegen und mit dem Rest der Tomaten bedecken. Mit Reibbrot bestreuen, mit Olivenöl betropfen und im heißen Ofen überkrusten.

■ VOM ROST — Rougets-barbets grillés

Die echten Rotbarben gehören zu den feinsten Fischen. Sie werden oft mit dem roten Knurrhahn verwechselt, dabei sind sie leicht an dem kleineren Kopf mit den beiden Bardfäden am Maul zu erkennen. An der Riviera werden sie so, wie sie aus dem Wasser kommen, nur gut abgewischt, auf dem Rost gebraten, ohne daß man sie ausnimmt. Da sie keine Galle haben, braucht man mit der Messerspitze oder einer Nadel nur den Magen zu entfernen, sie zu würzen, mehlen, ölen und zu grillieren oder in der Pfanne in Öl zu braten. Sie schmecken auf die einfachste Weise zubereitet am besten.

ROTER KNURRHAHN — Rougets-grondins

1 Person. 1 Knurrhahn von 150-175 g.

Der rote Knurrhahn sowie sein grauer Namensvetter ist ein alltäglicher Fisch, der aber mit einer guten Sauce bereitet ausgezeichnet schmeckt. Man kann ihn genau so wie Rotbarbe zubereiten oder einfach braten und mit Kräuterbutter servieren.

SCHELLFISCH — Aiglefin

Man bereitet diesen Fisch genauso wie Kabeljau oder Seehecht. *(Siehe Bild auf Seite 104)*

■ GERÄUCHERT, HADDOCK — Aiglefin fumé, haddock

Der Haddock, richtiger smoked haddock, ist ein der Länge nach gespaltener, an den Bauchlappen zusammenhängender, leicht gesalzener und geräucherter Schellfisch. Er wird in Großbritannien als Frühstücksgericht serviert, man kann ihn jedoch auch zum Mittagessen mit Butter oder einer passenden Sauce servieren.

■ GERÄUCHERT, MIT BUTTER — Haddock au beurre fondu

4 Personen. 700 g Schellfisch; 60 g Butter; 600 g Kartoffeln. Kochzeit: 8-12 Minuten.

Den Fisch in nicht zu kleine Stücke schneiden und in halb heißer Milch und halb Wasser garziehen lassen. Gut abtropfen, mit Petersilie anrichten und dazu zerlassene Butter und Salzkartoffeln servieren.

■ GERÄUCHERT, MIT RAHMSAUCE — Haddock à la sauce crème

4 Personen. 700 g Schellfisch; 1 dl süße Sahne; 2 dl Béchamelsauce; 600 g Kartoffeln. Kochzeit: 8-12 Minuten.

Den Fisch in Stücke schneiden und in halb heißer Milch und halb Wasser garziehen lassen. Die Béchamelsauce mit der Sahne verkochen und gut abschmecken. Den Fisch abtropfen, anrichten, mit Petersilie garnieren und dazu die Sauce und Salzkartoffeln servieren.

SCHOLLE, FLUNDER UND ROTZUNGE — Carrelet, flet et limande

Es handelt sich hier um preiswerte Fische, die wie Weißling oder Fischfilets bereitet werden können. Kleine Exemplare bis zu 150 g werden am besten gebraten.

▪ ÜBERKRUSTET — Carrelet au gratin

4 Personen. 2 Schollen von 400-500 g; 100 g frische Champignons; 50 g Butter; 1 dl Weißwein; 1 Eßlöffel Tomatenpüree; 1 Eßlöffel gehackte Petersilie; Reibbrot. Kochzeit: 15-20 Minuten.

Den Fisch putzen, den Kopf schräg abschneiden. und jeden in zwei bis drei Stücke teilen. Die Champignons hacken, in etwas Butter anschwitzen, mit etwas Mehl anstäuben und anlaufen lassen. Mit dem Weißwein und ebensoviel Wasser angießen, das Tomatenpüree beifügen, mit Salz und Pfeffer würzen, gut verrühren und die Sauce 5 Minuten kochen. Den Fisch in eine mit Butter ausgestrichene Backplatte ordnen, mit der Sauce übergießen, mit Reibbrot bestreuen, mit zerlassener Butter beträufeln und im Ofen garmachen und gleichzeitig überkrusten lassen. Beim Servieren mit gehackter Petersilie bestreuen. Alle kleinen, in Stücke geschnittenen oder filierten Fische können auf gleiche Weise zubereitet werden.

SEEHECHT AUF ENGLISCHE ART — Colin à l'anglaise

4 Personen. 600-700 g Seehecht; 60 g Butter; 1 Zitrone; 600 g Kartoffeln. Kochzeit: 12-15 Minuten.

Ein schönes Mittelstück Seehecht in Fischsud garziehen lassen, abtropfen, von der Haut befreien und auf einer Serviette anrichten. Mit Petersilie und Zitrone garnieren und zerlassene Butter dazu servieren. Man kann mit den Kartoffeln garnieren oder sie nebenher reichen. *(Siehe Bild auf Seite 103)*

▪ MIT EIERSAUCE — Colin à la sauce aux œufs

4 Personen. 600-700 g Seehecht; 3 dl Béchamelsauce; 5 cl süße Sahne; 2 hartgekochte Eier; Petersilie. Kochzeit: 12-15 Minuten.

Den Seehecht in dicke Scheiben schneiden und in Fischsud garziehen lassen. Abtropfen, auf einer Serviette anrichten und mit Petersilie garnieren. Die Béchamelsauce mit der Sahne verkochen, mit den grobewürfelten Eiern vermischen und auch Salzkartoffeln dazu servieren.

▪ GEBACKEN — Colin frit

4 Personen. 700-800 g Seehecht; Petersilie; Zitrone; Backfett. Backzeit: 6-8 Minuten.

Den Fisch in nicht zu dicke Scheiben schneiden, waschen, gut abtrocknen, durch gewürzte Milch ziehen und mehlen. Das überflüssige Mehl abschütteln und die Stücke im heißen Fettbad, am besten in Öl, ausbacken. Gut abtropfen, mit feinem Salz würzen und mit gebackener Petersilie und Zitrone anrichten.

SEEHECHTFILETS BERCY — Filets de colin Bercy

4 Personen. 600 g Seehechtfilets (800 g mit Gräte); 1 dl Weißwein; 2 Schalotten; 50 g Butter; 15 g Mehl; gehackte Petersilie; Saft $^1/_2$ Zitrone. Pochieren der Filets: 8-10 Minuten.

Die Filets auslösen und von den Gräten Fischfond bereiten (ungefähr $^1/_4$ l). Die Schalotten hacken, mit etwas Butter anschwitzen, mit dem Weißwein aufgießen, zur Hälfte einkochen, und ungefähr 2 dl Fischfond hinzugießen. Mit Salz und Pfeffer würzen, mit dem Mehl, mit der restlichen Butter verknetet, binden, ein- bis zweimal aufkochen lassen, mit Zitronensaft abschmecken und etwas gehackte Petersilie in die Sauce geben. Die Filets in eine mit Butter ausgestrichene Backplatte geben, mit der Sauce übergießen, mit Reibbrot bestreuen und im heißen Ofen garmachen und gleichzeitig überkrusten. Beim Servieren mit etwas gehackter Petersilie bestreuen.

▪ AUF FLORENTINER ART — Filets de colin à la florentine

Genau so wie Mornay bereiten, die Filets aber auf 500 g in Butter geschwenkten Blattspinat dressieren.

SEEHECHTFILETS PANIERT — Filets de colin panés

4 Personen. *600 g Seehechtfilets; 1 Ei; Mehl; frischgeriebene Weißbrotkrume; 60 g Butter; Zitrone. Bratzeit: ungefähr 8 Minuten.*

Die Filets in passende Stücke schneiden, mehlen, durch geschlagenes, gewürztes Ei ziehen und in frisch geriebener Weißbrotkrume panieren; das nennt man englisch panieren. In einer Stielpfanne in heißer Butter auf beiden Seiten zu goldgelber Farbe braten, anrichten und mit Zitronenvierteln garnieren. Dazu Kräuterbutter und Salzkartoffeln servieren. Man kann die so panierten Filets auch im Fettbad ausbacken und mit Remouladen- oder Tatarensauce servieren.

■ AUF PROVENZALISCHE ART — Filets de colin à la provençale

4 Personen. *600 g Seehechtfilets; 2 dl Weißwein; Schalotten, Zwiebeln und Knoblauch; 200 g frische Tomaten oder geschälte Tomaten aus der Dose; Öl. Kochzeit: 18-20 Minuten.*

Die Filets in Stücke von etwa 50 g zerlegen, salzen. Im Ofen in Weißwein, den Schalotten, Lorbeerblättern, Pfefferkörnern und Thymian pochieren lassen. (Pochierzeit etwa 12 Minuten). In der Zwischenzeit die Zwiebeln feinhacken und 2 Eßlöffel davon im Öl anschwitzen lassen, dann eine halbe feingehackte Knoblauchzehe hinzufügen, dann die geschälten und in kleine Stücke geschnittenen Tomaten hinzufügen, salzen. Sind die Tomaten und der Fisch gar, den Pochierfond durch ein Sieb über die Tomaten gießen, während 5 Minuten kurz aufkochen lassen. Eine feuerfeste Form ausbuttern, die Fischfilets hineingeben, die Tomatensauce über den Fisch gießen, mit Paniermehl und Butterflöckchen bestreuen und kurz gratinieren. *(Siehe Bild auf Seite 102.)*

SEETEUFEL — Lotte de mer

Ein Fisch mit einem großen, abschreckenden Kopf, der deswegen ohne Kopf und Haut, oft unter dem Phantasienamen « Forellenstör » gehandelt wird. Das Fleisch ist weiß, fest und recht schmackhaft. Zum Braten eignet er sich weniger, da er viel Flüssigkeit abgibt.

SEETEUFELFILETS DUGLÉRÉ — Filets de lotte Dugléré

4 Personen. *750 g Seeteufelfilets; 500 g Tomaten; 1 Eßlöffel Tomatenpüree; 1 dl Weißwein; 50 g gehackte Zwiebel; 40 g Butter; 1 Eßlöffel gehackte Petersilie; 1 Teelöffel Mehl. Pochierzeit: ungefähr 20 Minuten.*

Den Boden einer Backplatte mit Butter bestreichen, mit gehackter Petersilie bestreuen und mit den geschälten, entkernten und grobgehackten Tomaten bedecken. Den Fisch in dicke Schnitzel schneiden, darauflegen, würzen, mit dem Weißwein angießen und im Ofen pochieren. Wenn er gar ist, den Fond abgießen, zur Hälfte einkochen, mit dem Mehl, mit nußgroß Butter verknetet, binden, kurz aufkochen und über den Fisch gießen. Noch einige Minuten in den Ofen stellen und mit gehackter Petersilie bestreut servieren.

Die meisten Fische können auf diese Weise bereitet werden, wobei man die großen in Stücke schneidet oder sie filiert.

SEEZUNGEN — Soles

Um Seezungen mühelos zu filieren, geht man folgendermaßen vor:

1. Die Haut wird auf beiden Seiten abgerissen. Dafür macht man einen kleinen, breiten Einschnitt am Schwanzende, kratzt die Haut leicht an, damit man sie mit einem Tuch fassen kann, und reißt sie mit einem kurzen Ruck ab.
2. Der Kopf wird auf der Bauchseite schräg abgeschnitten.
3. Mit einem schmalen, biegsamen und sehr scharfen Messer macht man der Länge nach einen Einschnitt, läßt das Messer unter das Fleisch direkt der Gräte entlang gleiten und löst ein Filet nach dem anderen ab.

Nach dem Ablösen werden die Filets gewaschen. Will man sie besonders weiß haben, so läßt man sie ungefähr 1 Stunde in Zitronensaft, mit einigen Tropfen Wasser vermischt, liegen. Es ist ratsam, die Filets mit dem Rücken eines schweren Messers oder einem Holzklopfers leicht zu plattieren, um die Fasern zu brechen, damit sie sich beim Garmachen nicht zusammenziehen.

Sollen die Seezungen im ganzen Stück serviert werden, zieht man die Haut ab, nimmt sie aus, schneidet die Flossen und den Schwanz mit der Schere und den Kopf durch einen Querschnitt ab.

SEEZUNGEN, GEBACKEN — Soles frites

4 Personen. *4 Seezungen von 175-200 g; Milch; Mehl; 1 Zitrone; Petersilie. Backzeit: 5-6 Minuten.*

Die vorbereiteten, gewaschenen Seezungen 5 Minuten lang in gewürzte, kalte Milch legen, abtropfen, mehlen, das überflüssige Mehl abschütteln und die Fische in heißem Öl braun und knusperig backen. Auf ein Tuch zum Abfetten legen, leicht mit Salz bestreuen und mit gebackener Petersilie und Zitronenvierteln anrichten. Man kann dazu eine Tatarensauce servieren.

■ GRILLIERT — Soles grillées

4 Personen. *4 Seezungen von 175-200 g oder 2 Seezungen je 300 g; 40 g zerlassene Butter oder Kräuterbutter; 1 Zitrone; Petersilie; Öl. Bratzeit: 6-8 Minuten.*

Die Seezungen mehlen, ölen und auf dem heißen Rost braten. Dazu am besten einen Scherenrost benutzen, um die Fische ohne Gefahr des Brechens wenden zu können. Beim jeweiligen Wenden von neuem ölen und eine halbe Wendung geben, um ein Kreuzmuster auf der Oberfläche zu erreichen. Mit Petersilie und Zitronenvierteln anrichten und dazu zerlassene Butter oder Kräuterbutter servieren. *(Siehe Bild auf Seite 101.)*

■ AUF MÜLLERINART — Soles à la meunière

4 Personen. *4 Seezungen von 175-200 g; 120 g Butter; 1 Zitrone; Petersilie. Bratzeit: 6-8 Minuten.*

Die Seezungen durch gesalzene Milch ziehen, mehlen und das überflüssige Mehl abschütteln. 70 g Butter in einer Stielpfanne heiß werden lassen und leicht bräunen, die Fische hineinlegen und erst auf einer und dann auf der anderen Seite goldgelb braten; wenn sich die Filets leicht von der Gräte ablösen lassen, sind sie gar. Anrichten, mit Zitronensaft beträufeln, die restliche Butter in die Pfanne geben, leicht bräunen, über die Seezungen gießen und mit gehackter Petersilie bestreuen. Fast alle Fische können auf gleiche Weise bereitet werden.

SEEZUNGENFILETS AUF BURGUNDER ART — Filets de sole à la bourguignonne

4 Personen. *2 Seezungen je 400 g; 2 dl guten Rotwein; 20 kleine Zwiebelchen; 150 g kleine Champignonköpfe; 50 g Butter; 1 Teelöffel Mehl. Pochierzeit: 6-7 Minuten.*

Die Seezungen filieren und von den Gräten einen kurzen Fond bereiten. Die Champignons und Zwiebelchen in Butter anbräunen und garmachen. Die Filets in dem Rotwein garziehen lassen, den Rotwein abgießen, zur Hälfte einkochen, mit ungefähr 2 dl Fischfond verlängern, mit 20 g Butter, mit dem Mehl verknetet, binden, würzen, mit einigen Tropfen Zitronensaft abschmecken und passieren. Den Fisch anrichten, mit den Champignons und Zwiebelchen garnieren und alles mit der Sauce reichlich bedecken.

Anstelle des Fischfonds kann man den eingekochten Rotwein mit etwa 2 dl brauner Grundsauce verkochen und mit etwas Butter verfeinern; die Bindung mit Mehlbutter fällt dann fort.

■ MIT CHAMPIGNONS — Filets de sole aux champignons

4 Personen. *2 Seezungen je 400 g; 1 dl Weißwein; 2 dl weiße Hausfrauensauce; 250 g Champignons; 40 g Butter; Saft $^1/_2$ Zitrone; 1 gehackte Schalotte; gehackte Petersilie. Pochierzeit: 12-15 Minuten.*

Die Filets leicht klopfen, zusammenfalten, in ein gebuttertes, mit gehackter Schalotte ausgestreutes Geschirr legen, würzen und mit dem Weißwein angießen. Mit einem gebutterten Blatt Papier abdecken und im Ofen garziehen lassen. Die geputzten Champignons nur mit Zitronensaft, nußgroß Butter und einer Prise Salz zugedeckt garmachen. Die Filets nach dem Garwerden gut abtropfen und auf einer runden Platte kranzartig anrichten. Die Champignons gut abtropfen und in die Mitte geben. Die Hausfrauensauce mit dem Champignonfond und dem Weißwein der Filets zur nötigen Konsistenz einkochen, abschmecken und die Filets damit bedecken. Die Champignons mit gehackter Petersilie bestreuen.

SEEZUNGENFILETS MIT GARNELEN — Filets de sole aux crevettes

4 Personen. *8 Seezungenfilets; 150 g Garnelen; 1 dl Weißwein; 2 gehackte Schalotten; 2 dl weiße Hausfrauensauce; 50 g Butter. Pochierzeit der Filets: 6-7 Minuten.*

Die Filets so wie für Seezungenfilets mit Champignons garmachen. Von den Garnelenschwänzchen ein Drittel im Mixer mit der Butter und einigen Tropfen Wasser pürieren, eventuell durch ein Sieb streichen. Die Hausfrauensauce mit dem Weißwein der Filets verkochen und abseits des Feuers mit der Garnelenbutter aufschlagen und eventuell mit einer Spitze Tomatenpüree rosa färben. Die restlichen Garnelenschwänzchen in die heiße Sauce geben, gut abschmecken und über die angerichteten Filets gießen.

■ AUF DIEPPER ART — Filets de sole à la dieppoise

4 Personen. *8 Seezungenfilets; 1 l Muscheln; 1 dl Weißwein; 2 dl weiße Hausfrauensauce; 1 gehackte Schalotte; 20 g Butter; Saft $^1/_2$ Zitrone. Pochierzeit der Filets: 6-7 Minuten.*

Die sauber geputzten Muscheln mit dem Weißwein aufs Feuer setzen, bis sie sich öffnen und den Fond abgießen und dekantieren. Die Seezungenfilets leicht klopfen, zusammenfalten und in ein gebuttertes Geschirr auf gehackter Schalotte ordnen. Mit etwas von dem Muschelfond angießen, mit einem gebutterten Blatt Papier bedecken und im Ofen garziehen lassen. Die Muscheln ausbrechen und entbarten. Wenn die Filets gar sind, den Fond abgießen, mit der Hausfrauensauce verkochen und mit Zitronensaft abschmecken. Die Filets im Kranz anrichten, die Muscheln in die Mitte geben und alles mit Sauce überziehen. Zuletzt die Muscheln mit gehackter Petersilie bestreuen.

■ AUF FLORENTINER ART — Filets de sole à la florentine

4 Personen. *8 Seezungenfilets; 3 dl Béchamelsauce; 1 dl Weißwein; 60 g geriebenen Schweizer Käse; 1 Eigelb; 1 Eßlöffel Sahne; 40 g Butter; 500 g Blattspinat. Pochierzeit: 10-12 Minuten.*

Die Filets leicht plattieren, zusammenfalten und genau so wie bei Seehechtfilets verfahren.

■ MORNAY — Filets de sole Mornay

4 Personen. *8 Seezungenfilets; 3 dl Béchamelsauce; 1 dl Weißwein; 50 g geriebenen Schweizer Käse; 1 Eigelb; 1 Eßlöffel Sahne; 20 g Butter; Reibbrot. Pochierzeit: 10-12 Minuten.*

Die Filets leicht plattieren, zusammenfalten und genau so wie bei Seehechtfilets verfahren.

■ MURAT — Filets de sole Murat

4 Personen. *6-8 Seezungenfilets; 150 g geschälte Kartoffeln; 2 große Artischockenböden; 2 mittelgroße, reife Tomaten; 60 g Butter; 1 Eßlöffel Olivenöl; 1 Zitrone; gehackte Petersilie. Bratzeit: 12-15 Minuten.*

Die Filets der Länge nach in Streifen schneiden, durch gewürzte Milch ziehen, mehlen und in heißer Butter goldgelb braten. Nebenbei die gewürfelten, blanchierten, gut abgetropften und gewürzten Kartoffeln und die in Achtel geschnittenen Artischockenböden braten. Die Tomaten in dicke Scheiben schneiden, in heißem Öl braten und mit Salz und Pfeffer würzen. Seezungenstreifen, Kartoffeln und Artischockenböden zusammen in der Pfanne schwenken, in einer Schüssel anrichten, mit Zitronensaft beträufeln und mit brauner Butter übergießen. Obenauf die Tomatenscheiben dressieren und mit gehackter Petersilie bestreuen.

■ ORLY — Filets de sole Orly

4 Personen. *500 g Seezungenfilets; $^1/_4$ l Tomatensauce; Backteig; Petersilie. Backzeit: 4-5 Minuten.*

Die Filets der Länge nach teilen und wenigstens 1 Stunde mit Zitronensaft, Salz, Pfeffer und gehackter Petersilie marinieren. Abwischen, durch leichten Backteig ziehen, und in einem heißen Fettbad goldgelb ausbacken. Gut entfetten, auf einer Serviette mit gebackener Petersilie anrichten und nebenbei Tomatensauce servieren.

SEEZUNGENFILETS IN WEISSWEIN — Filets de sole au vin blanc

4 Personen. *8 Seezungenfilets; 1 dl Weißwein; 2 gehackte Schalotten; 2 dl weiße Hausfrauensauce; 40 g Butter. Pochierzeit der Filets: 6-7 Minuten.*

Die Filets leicht plattieren, zusammenfalten, und in ein gebuttertes, feuerfestes Geschirr ordnen, dessen Boden mit gehackten Schalotten ausgestreut worden ist. Mit dem Weißwein angießen, mit einem mit Butter bestrichenen Blatt Papier bedecken und im Ofen garziehen lassen. Die Hausfrauensauce nach Möglichkeit mit Fischfond, aus den Gräten der Seezungen gezogen, ansetzen. Wenn die Filets gar sind, den Fond abgießen, fast gänzlich einkochen und der Sauce beifügen. Die Sauce passieren, mit nußgroß Butter verfeinern, abschmecken und die angerichteten Seezungenfilets damit überziehen. Man kann die Sauce mit einem Eigelb, mit einem Löffel Sahne verrührt, abziehen und die Filets mit kleinen Blätterteighalbmonden garnieren.

KRUSTADE VON SEEZUNGENFILETS — Croustade de filets de sole

4 Personen. *1 Krustade; 8 Seezungenfilets; 2 dl Fischfond; 200 g pochierte, geviertelte Champignons; 200 g Garnelenschwänzchen; $^1/_4$ l Samtsauce.*

Eine offene oder geschlossene Blätterteigpastete beim Konditor bestellen oder selbst machen. Die Seezungenfilets leicht plattieren, um sich selbst rollen und dicht nebeneinander in ein geeignetes Kochgeschirr ordnen. Würzen, mit kaltem Fischfond angießen, mit einem gebutterten Blatt Papier bedecken und im Ofen garmachen. Die Champignons und die Garnelenschwänzchen in wenig Butter warm machen. Wenn die Filets gar sind, den Fond abgießen, einkochen und der Sauce einverleiben. Die Röllchen in dicke Scheiben schneiden, mit den Champignons und Garnelen vermischen, mit der Sauce binden, kurz erhitzen, in die Krustade füllen und sogleich servieren. *(Siehe Bild auf Seite 104.)*

SEEZUNGENRÖLLCHEN, ÜBERKRUSTET — Paupiettes de sole au gratin

6 Personen. *3 Seezungen je 350 g; 250 g Klößchenfarce; 1 dl Weißwein; 4 dl Mornaysauce; 25 g Butter; 12 kleine Krebsschwänze; 40 g geriebenen Käse; 12 Trüffelscheiben. Zubereitung: 12-15 Minuten.*

Die Filets auslösen, leicht plattieren, waschen, abtrocknen und auf der Hautseite dünn mit Farce bestreichen. Um sich selbst rollen, wobei man an der Spitze beginnt, und dicht nebeneinander in ein ausgebuttertes Geschirr ordnen. Würzen, mit dem Weißwein angießen, mit einem gebutterten Blatt Papier bedecknen und im Ofen garmachen. Eine Backplatte mit Butter ausstreichen, die Röllchen darin aufrecht plazieren und jedes mit einem Krebsschwänzchen und einer Trüffelscheibe belegen. Den Pochierfond fast völlig einkochen und mit der Mornaysauce vermengen. Die Röllchen mit der Sauce bedecken, mit geriebenem Käse bestreuen, leicht mit Butter betropfen und im heißen Ofen überkrusten. *(Siehe Bild auf Seite 102. Kulinarische Technik auf Seite 19.)*

STEINBUTT — Turbot

Diesen Luxusfisch wird man nur bei seltenen Gelegenheiten anbieten. Er wird von der dunklen Seite aus durch die Kiemen ausgenommen, sehr sauber gewaschen und einige Zeit in kaltem Wasser gewässert. Ganze Fische gibt man in ein großes, flaches Geschirr, wenn man keinen Steinbuttkessel mit Einsatz besitzt, doch riskiert man dabei, ihn beim Herausnehmen zu beschädigen. Er wird mit kaltem Wasser, dem man etwas Milch und einige Zitronenscheiben hinzugibt, angesetzt, das Wasser gesalzen und zum Kochen gebracht. Danach darf der Fisch nur noch ziehen. Für ein Stück von 2 kg rechnet man 15-20 Minuten Pochierzeit bei Siedehitze, dicke Stücke sind in 12-15 Minuten gar. Dazu serviert man am besten zerlassene Butter oder holländische Sauce sowie Salzkartoffeln.

■ GRILLIERT — Turbot grillé

4-5 Personen. *1 Steinbutt von 1 kg-1 kg 200; Mehl; Öl. Bratzeit: ungefähr 30 Minuten.*

Den gewaschenen und gut abgetrockneten Fisch leicht überkreuz einritzen, mehlen, ölen und langsam auf dem heißen Rost braten. Man serviert ihn mit schönen Salzkartoffeln, zerlassener Butter, Kräuterbutter oder noch besser Béarnaisesauce.

STEINBUTTFILETS — Filets de turbot

Sie können genau so wie Seezungenfilets bereitet werden. Pochierzeit: 8-10 Minuten.

STOCKFISCH — Morue

Stockfisch ist ein ausgezeichnetes Nahrungsmittel, das einen weit höheren Kaloriengehalt als Rindfleisch hat. Vor dem Gebrauch muß der Fisch gut abgebürstet und 24 Stunden unter fließendem Wasser entsalzen werden.

■ AUF HAUSFRAUENART — Morue à la ménagère

4 Personen. 500 g Stockfisch; 500 g Kartoffeln; 1 große gehackte Zwiebel; 40 g Butter; 20 g Mehl; 1/4 l Milch. Kochzeit: 20 Minuten.

Den Stockfisch unter mehrmals gewechseltem Wasser entsalzen, in Stücke schneiden, in ungesalzenem Wasser ansetzen, zum Kochen bringen und 10 Minuten nur ziehen lassen. Inzwischen die Kartoffeln in der Schale kochen und pellen und von der Butter, in der man die Zwiebel anschwitzen ließ, Mehl und Milch Béchamelsauce kochen. Die Kartoffeln in Scheiben schneiden, in eine Schüssel geben, den abgetropften, von Haut und Gräten befreiten und auseinandergezupften Stockfisch daraufdressieren und mit der Béchamelsauce, mit etwas von dem Fischfond verdünnt und leicht gepfeffert, bedecken.

■ IN RAHMSAUCE — Morue à la crème

4 Personen. 500 g Stockfisch; 2 dl süße Sahne; 40 g Butter; Mehl; Weinessig. Bratzeit: 20 Minuten.

Den gut gewässerten Fisch abtrocknen, in Stücke schneiden, mehlen und ganz langsam in Butter braten, ohne daß er sich verfärben darf. Sobald er gar ist, mit der Sahne angießen, einen kleinen Schuß Essig beifügen, pfeffern und die Sahne sämig kochen; nur salzen, wenn unbedingt erforderlich. Den Fisch anrichten und mit der Sahnensauce übergießen.

■ MIT TOMATEN — Morue sautée aux tomates

4 Personen. 500 g Stockfisch; 500 g Tomaten; Olivenöl; 1 große, zerdrückte Knoblauchzehe; gehackte Petersilie. Bratzeit: 20 Minuten.

Den gut gewässerten Stockfisch in Stücke schneiden, abtrocknen, mehlen und in heißem Öl bei mäßiger Hitze 12-15 Minuten braten. Herausnehmen und anrichten. Die Tomaten schälen, entkernen und grob hacken. Noch etwas Öl in die Pfanne geben, die Tomaten darin garmachen, salzen, pfeffern, gehackte Petersilie und Knoblauch beifügen und gut durchschwenken. Über den Stockfisch geben und sogleich servieren.

THUNFISCH AUF BORDELAISER ART — Thon à la bordelaise

4 Personen. 600 g frischen Thunfisch; 150 g Champignons; 250 g Tomaten; 1 große Zwiebel; 2 Schalotten; 5 cl Weißwein; 3 dl braune Sauce; 1 Eßlöffel Öl; 40 g Butter; gehackte Petersilie. Zubereitung: 35-40 Minuten.

Eine dicke Scheibe Thunfisch in halb Öl und halb Butter auf beiden Seiten anbraten und die in Scheiben geschnittenen Schalotten und Zwiebel mit anrösten. Die geschälten, entkernten und geviertelten Tomaten hinzugeben, mit dem Weißwein und der braunen Sauce angießen, würzen, und zugedeckt 30 Minuten schmoren. Die in Scheiben geschnittenen Champignons in Butter anrösten, die Sauce darübergießen und zur nötigen Konsistenz einkochen. Den Fisch anrichten, mit der Sauce bedecken und mit gehackter Petersilie bestreuen.

■ GRILLIERT — Thon grillé

4 Personen. 600 g frischen Thunfisch. Röstzeit: ungefähr 10 Minuten.

Den frischen Fisch, in Scheiben von 2 cm Dicke, salzen, pfeffern, mit Öl bestreichen und bei lebhafter Hitze rösten, wobei man ihn wiederholt mit Öl bestreicht. Er ist gar, wenn man die Mittelgräte mit der Messerspitze leicht auslösen kann. Er wird mit Salzkartoffeln, zerlassener Butter oder Tatarensauce serviert.

THUNFISCH AUF HAUSFRAUENART — Thon à la ménagère

4 Personen. *600 g Thunfisch; 200 g Champignons oder 300 g Tomaten; 1 dl Weißwein; 1 Zitrone; 1 große Zwiebel; 50 g Butter; 2 Eßlöffel Tomatenpüree; 1 Eßlöffel Mehl. Schmorzeit: ungefähr 45 Minuten.*

Ein dickes Stück Thunfisch in eine Kasserolle mit kaltem Wasser geben und 8 Minuten blanchieren, um das Öl zu entfernen. Gut abtrocknen, in Butter an allen Seiten anrösten und beiseite stellen. In einer Kasserolle die gehackte Zwiebel in der restlichen Butter gut anschwitzen, mit dem Mehl bestäuben, hellgelb anrösten, mit dem Weißwein und der doppelten Menge Wasser aufgießen, gut verrühren und ankochen lassen. Den Saft der Zitrone und das Tomatenpüree beifügen, würzen, die Sauce aufkochen lassen und den Fisch hineinlegen. Nach dem Aufkochen, zudecken und im Ofen langsam garschmoren. Zuletzt nach Wunsch geviertelte Champignons oder geschälte, entkernte, geviertelte und in Butter sautierte Tomaten der Sauce beifügen.

WEISSLING, WITTLING — Merlan

Dieser Fisch ähnelt dem Schellfisch, doch ist er viel kleiner. Er hat sehr wohlschmeckendes, aber zartes Fleisch. Man kann ihn auf vielerlei Arten bereiten und auch für Farcen nehmen. *(Kulinarische Technik in Bildern, Seite 18.)*

WEISSLINGE, GEBACKEN — Merlans frits

4 Personen. *4 kleine Weißlinge; Milch; Mehl; 1 Zitrone; Petersilie. Backzeit: 5-6 Minuten.*

Die sauber geputzten Weißlinge köpfen, durch gewürzte Milch ziehen, mehlen, das überflüssige Mehl abschütteln und die Fische in einem sehr heißen Fettbad recht knusperig backen. Mit gebackener Petersilie und Zitronenvierteln anrichten oder auch eine Remouladensauce dazu servieren.

■ PANIERT, MIT KRÄUTERBUTTER — Merlans panés à la maître d'hôtel

4 Personen. *4 kleine Weißlinge; Mehl; 1 Ei; Panierbrot; 50-60 g Kräuterbutter. Backzeit: 5-6 Minuten.*

Die Weißlinge köpfen und vom Rücken aus spalten und entgräten, wobei sie am Bauch noch zusammenhängen müssen. Mehlen, durch geschlagenes und gewürztes Ei ziehen und mit Reibbrot panieren. Im sehr heißen Fettbad knusperig backen, mit gebackener Petersilie auf einer Serviette anrichten und nebenbei Kräuterbutter servieren.

■ ÜBERBACKEN — Merlans sur le plat ou merlans minute

4 Personen. *4 kleine Weißlinge; 2 dl Weißwein; 75 g Butter; 1 Eßlöffel gehackte Kräuter (Petersilie, Kerbel, Estragon); 2 gehackte Schalotten; Reibbrot. Zubereitung: ungefähr 20 Minuten.*

Die Weißlinge köpfen und ziselieren. Eine entsprechend große Backplatte mit Butter ausstreichen, den Boden mit gehackten Schalotten bestreuen, und die Fische daraufordnen. Mit Salz und Pfeffer würzen, mit dem Weißwein angießen, reichlich mit Reibbrot bestreuen, mit 50 g zerlassener Butter beträufeln und im heißen Ofen zum Garwerden und Überbacken stellen.

WOLFSBARSCH, MEERBARBE, SEEWOLF — Bars, mulets, loups de mer

Die kleinen Fische dieser Arten werden gebacken, grilliert, auf Müllerinart oder pochiert zubereitet, die großen in Fischsud gargemacht und mit einer beliebigen Sauce serviert. Man kann sie auch kalt mit einer Vinaigrette- oder Remouladensauce servieren.

WOLFSBARSCH ODER MEERBARBE, GEBRATEN — Bar ou mulet rôti

6-8 Personen. *1 Wolfsbarsch oder 1 Meerbarbe von 1 kg 500; 80 g Butter; eine passende Sauce. Bratzeit: 45-50 Minuten.*

Den Fisch ziselieren, würzen, mehlen, ölen und in eine heiße Pfanne mit heißer Butter legen, damit er nicht anklebt. In den heißen Ofen stellen und unter mehrfachem Übergießen mit Butter braten. Wenn er schön braun ist, anrichten und dazu Salzkartoffeln, Kräuterbutter oder eine nicht zu schwere Sauce servieren. Alle größeren Fische können genau so gebraten werden.

KALTE GERICHTE VON SEEFISCHEN

MAKRELEN-VINAIGRETTE — Maquereau à la vinaigrette

Kleine Fische im ganzen, große in Stücke geschnitten in Salzwasser mit einem Schuß Essig kochen. Abtropfen, von der Haut befreien und mit Vinaigrettesauce übergießen, der man reichlich gehackte Kräuter beigefügt hat. *(Siehe Bild auf Seite 65.)*

ROTBARBEN AUF NIZZAER ART — Rougets froids à la niçoise

4 Personen. 4 Rotbarben von 150-175 g; 300 g Tomaten; 2 kleine Zwiebeln; 1 dl Weißwein; 1 Zitrone; 7 cl Olivenöl. Pochierzeit: 8-10 Minuten.

Eine Zwiebel halbieren, in dünne Scheiben schneiden, auf den Boden einer Backplatte geben und die Rotbarben daraufordnen. Würzen, mit dem Weißwein und ungefähr 3 cl Olivenöl angießen, mit einem geölten Blatt Papier bedecken und im Ofen garziehen lassen. Den Weißwein abgießen, um die Hälfte einkochen, über die Rotbarben gießen und auskühlen. Die Tomaten schälen, entkernen, vierteln, als Salat anmachen und über den Fisch geben. Mit geschälten und entkernten Zitronenscheiben und Zwiebelringen garnieren.

KALTER SEEHECHT AUF RUSSISCHE ART — Colin froid à la russe

4 Personen. 600 g gekochten Seehecht; 500 g russischen Salat; 8 Sardellenfilets; Mayonnaise.

Man kann schöne Reste von gekochtem Fisch auf gleiche Art bereiten. Die Haut abziehen, nach Möglichkeit auch die Gräten entfernen, und den Fisch auf dem Salat anrichten. Mit Mayonnaise abdecken und mit Sardellenfilets, kreuzweise gelegt, garnieren.

VORSPEISEN VON MEERESFISCHEN — Hors-d'œuvre de poissons de mer

1. Seezungenfilets auf einer kalten, scharfgewürzten Tomatensauce, mit Champignonscheiben vermischt, angerichtet.
2. Seehecht- oder Kabeljaufilets in Essig- und Ölsauce mit geschälten, entkernten und grob gehackten Tomaten und schwarzen Oliven.
3. Fischfilets bedeckt mit Tatarensauce, mit Krebsschwänzen oder Scampi garniert.
4. Fischfilets oder -scheiben in Mayonnaise mit Spargelköpfen. *(Siehe Bild auf Seite 67.)*

WOLFSBARSCH AUF GRIECHISCHE ART — Bar à la grecque

1 in Sud gekochter, kalter Wolfbarsch von 1 kg; 500 g Muscheln auf griechische Art; 12 schwarze, entsteinte Oliven; 2 Tomaten.

Den Fisch enthäuten und in Stücke teilen, mit Tomatenstreifen und schwarzen Oliven garnieren und auf dem Muschelsalat anrichten. *(Siehe Bild auf Seite 103 und Rezept für Muscheln auf Seite 129.)*

DIE SÜSSWASSERFISCHE

AAL, GRÜN — Anguille au vert

6-8 Personen. 2 Aale je 900-1200 g; 100 g Butter; 250 g Sauerampfer; 1 Eßlöffel gehackte Petersilie und Kerbel; je 1 Zweig Bohnenkraut und Salbei; 200 g Julienne von Mohrrüben (wahlfrei); 1 dl Weißwein; Saft einer Zitrone; 3 Eigelb; 1 gestrichenen Teelöffel Kartoffelmehl. Kochzeit: 25 Minuten.

Den Aal abziehen, ausnehmen, waschen und in Stücke von 5-6 cm Länge schneiden. Die Butter erhitzen, den Aal hineingeben und anschwitzen, ohne ihn Farbe annehmen zu lassen. Den feingehackten Sauerampfer, Salbei, Bohnenkraut, Petersilie und Kerbel beifügen und zugedeckt 5 Minuten dünsten, ohne weitere Zutaten. Mit dem Weißwein und so viel Wasser angießen, daß alles bedeckt ist, mit Salz und Pfeffer würzen und ungefähr 20 Minuten langsam kochen lassen. In einer Schüssel das Eigelb mit dem Saft der Zitrone und dem Kartoffelmehl vermischen und mit einigen Löffeln der Fischbrühe anrühren. Alles über den kochenden Aal gießen und durch Schwenken der Kasserolle binden, ohne sie weiterkochen zu lassen. Die Aalstücke in einer Schüssel anrichten, die Sauce mit sämtlichen Bestandteilen darübergießen und erkalten lassen. Auf Wunsch mit der Mohrrübenjulienne garnieren. Man ißt dieses Gericht kalt oder warm. *(Belgien) (Siehe Bild auf Seite 118.)*

MATROSENGERICHT VON AAL AUF BURGUNDER ART — Anguille en matelote à la bourguignonne

4 Personen. 900 g Aal; 3 dl Rotwein; 1 Zwiebel; 1 Schalotte; 1 Knoblauchzehe; 1 Kräuterbündel; 16 kleine Zwiebelchen; 150 g Champignons; 2 cl Weinbrand; 50 g Butter; 10 g Mehl. Kochzeit: 20 Minuten.

Den Boden einer Kasserolle mit der in Scheiben geschnittenen Zwiebel, Schalotte und Knoblauch auslegen und darauf den in Stücke geschnittenen Aal legen. Mit dem angewärmten Weinbrand übergießen und flambieren, mit dem Rotwein aufgießen, mit Salz und Pfeffer würzen und das Kräuterbündel hineingeben. Langsam 20 Minuten kochen. Die Champignons im eigenen Saft garmachen, die Zwiebelchen mit Butter anbräunen und gardünsten. Die Aalstücke zusammen mit den Champignons und Zwiebelchen in eine saubere Kasserolle geben. Die restliche Butter mit dem Mehl verkneten und den Rotweinfond, dem man den Champignonsud beigefügt hat, damit binden; die Sauce soll rahmig, aber nicht zu dick sein. Mit etwas Karamel färben, damit die Sauce keine häßliche, violette Farbe hat, und über den Aal gießen. Einmal aufkochen lassen, abschmecken und anrichten. Eventuell mit einigen herzförmigen, in Butter gerösteten Weißbrotcroutons garnieren.

BARBE, FLUSSBARBE — Barbillon

Sofern er klein ist, wird dieser Fisch auf dem Rost gebraten oder auf Müllerinart zubereitet. Große Fische kocht man im Fischsud und serviert sie mit Kapern- oder holländischer Sauce.

BARSCH — Perche

Der Barsch ist ein sehr schmackhafter Fisch. Kleine Barsche werden gebacken, die großen entweder im ganzen, besser aber noch filiert und auf Müllerinart, in Weißweinsauce oder überkrustet serviert.

BRASSE, BRACHSE — Brème

Kleine Brassen werden im heißen Fettbad gebacken, die größeren grilliert und mit einer Buttermischung serviert.

FLUSSFISCHE, GEBACKENE — Petite friture de rivière

Gründlinge, Plötzen, Elritzen und Ukelei eignen sich hervorragend zum Backen in tiefem Fett. Nach dem Putzen zieht man sie erst durch gewürzte Milch, wendet sie in Mehl, schüttelt das überflüssige Mehl ab, um sie dann im sehr heißen Fettbad, nicht zu viel auf einmal, braun und knusprig auszubacken. Man richtet sie mit gebackener Petersilie und Zitronenvierteln an und serviert sie unverzüglich. Größere Fische der genannten Arten kann man auf Müllerinart zubereiten. *(Siehe Bild auf Seite 117)*

FORELLEN, BLAU — Truites au bleu

4 Personen. *4 Forellen je 175 g; 60 g Butter oder $1/4$ l holländische Sauce. Pochierzeit: 5-6 Minuten.*

Diese einfache aber vorzügliche Zubereitungsart eignet sich besonders gut für Bachforellen und kleine Hechte. Die Forellen dürfen erst unmittelbar vor dem Kochen getötet werden, wobei man sie mit einem Tuch ergreift, damit sie nicht aus den Händen rutschen, sie durch einen Schlag auf den Kopf mit einem schweren Gegenstand tötet und sogleich ausnimmt. Dabei muß man darauf achten, daß sie nicht zu viel befingert werden, denn der Schleim auf der Haut bewirkt das Blauwerden beim Kochen. Sie werden von innen schnell ausgewaschen, sogleich in den kochenden Sud geworfen und beim ersten Aufkochen beiseite gezogen zum Garziehen. Mit einer Schaumkelle herausnehmen, auf einer Serviette mit Petersilie und Zitronenvierteln anrichten und dazu zerlassene Butter oder holländische Sauce und Salzkartoffeln servieren.

Wie empfehlen, den Sud ohne Essig zu bereiten, der den Geschmack der Fische ungünstig beeinflußt und für das Blauwerden belanglos ist. *(Kulinarische Technik in Bildern, Seite 18.)*

■ AUF MÜLLERINART — Truites à la meunière

Werden genau so wie Seezunge zubereitet.
Man kann sie grillieren oder wie Seezungenfilets auf Burgunder Art bereiten. *(Siehe Bild auf Seite 118.)*

■ IN RAHMSAUCE, ÜBERBACKEN — Truites à la crème au gratin

6 Personen. *6 Forellen 175-200 g; $1/2$ l süße Sahne; 30 g Butter; Saft $1/2$ Zitrone; 1 knappen Eßlöffel gehackte Kräuter; Reibbrot. Zubereitung: 15 Minuten.*

Die Forellen in eine ausgebutterte Backplatte legen, mit Salz und Pfeffer würzen, mit gehackten Kräutern bestreuen, mit Zitronensaft beträufeln und mit 2-3 Löffel Wasser angießen. Mit einem gebutterten Blatt Papier bedecken und im Ofen garziehen lassen. Herausnehmen, den Fond in eine Kasserolle passieren, die Sahne hinzugeben und zur Hälfte einkochen. Über die Forellen gießen, mit Reibbrot bestreuen, mit zerlassener Butter beträufeln und im heißen Ofen überbacken.

GRASHECHTE, BLAU — Brochetons au bleu

4 Personen. *4 Grashechte je 200 g; Fischsud. Kochzeit: 6-7 Minuten.*

Die Hechte erst im letzten Moment schlachten, ausnehmen, schuppen und waschen. Mit heißem Essig übergießen, 5 Minuten später in den kochenden Fischsud werfen, nach dem Aufkochen beiseite ziehen und bei Siedehitze garziehen lassen. Mit Petersilie und Zitronenvierteln anrichten und dazu schön geformte Salzkartoffeln und zerlassene Butter servieren.

BLANQUETTE VON HECHT — Brochet en blanquette

4 Personen. *800 g Hecht; 40 g Butter; 2 dl Weißwein; 150 g kleine Champignons; 20 kleine Zwiebelchen; 2 Eigelb; 5 cl süße Sahne. Kochzeit: ungefähr 25 Minuten.*

Den Hecht in Stücke von etwa 4 cm schneiden und in Butter anlaufen lassen. Mit Mehl bestäuben, den Weißwein und etwas Wasser aufgießen, würzen, gut durchschwenken und die Champignons und Zwiebelchen beifügen. Zudecken und langsam garwerden lassen. Abseits des Feuers mit dem Eigelb, vermischt mit der Sahne, durch Schwenken des Kochgeschirrs binden.

FRIKASSEE VON HECHT — Brochet en fricassée

Gleiche Zubereitung wie Blanquette, doch etwas mehr Sahne nehmen.

HECHT IN FISCHSUD — Brochet au court-bouillon

6 Personen. *1 Hecht von 1 kg 200-1 kg 500; 100 g Butter oder 4 dl weiße Sauce. Kochzeit: ungefähr 30 Minuten.*

Fischsud in ausreichender Menge bereiten, damit der Fisch darin schwimmen kann. Den Fisch ausnehmen, schuppen, waschen und im kalten Sud ansetzen. Zum Kochen bringen, nach dem Aufkochen beiseite ziehen und bei Siedehitze garziehen lassen. Gut abtropfen, enthäuten, auf einer Serviette anrichten und mit Petersilie garnieren. Dazu zerlassene Butter oder Kapernsauce servieren. Reste können kalt mit Mayonnaise, oder warm in Muscheln mit Mornaysauce bedeckt und überbacken, serviert werden.

▲ Gebackene Flußfische, S. 115

Matrosengericht der Mosel, S. 121 ▼

▲ Grüner Aal, S. 115

Forelle auf Müllerinart, S. 116 ▼

▲ Scampispießchen mit Curry, S. 124

Hummer auf russische Art, S. 129 ▼

119

120 ▲ Pilaw mit Garnelen, S. 123

Scampi Schloß Bouscaut, S. 129 ▼

HECHT MIT WEISSER BUTTERSAUCE — Brochet au beurre blanc

Den Hecht in Fischsud kochen und mit weißer Buttersauce servieren, deren Gelingen in der Hauptsache von der Güte der Butter bedingt ist. (Weiße Buttersauce siehe Saucen.)

KARPFEN AUF BURGUNDER ART — Carpe à la bourguignonne

8 Personen. *2 kg Karpfen; 2 Zwiebeln; 2 Schalotten, 2 kleine Knoblauchzehen; 1 Kräuterbündel; 300 g kleine Champignons; 32 kleine Zwiebelchen; $^1/_2$ l Rotwein; 3 cl Weinbrand; 60 g Butter; 15 g Mehl. Zubereitung: 25 Minuten.*

Genauso zubereiten wie Matrosengericht von Aal auf Burgunder Art.

■ AUF MATROSENART — Carpe à la marinière

8 Personen. *2 kg Karpfen; 60 g Butter; 3 dl Weißwein; 2 Schalotten; Petersilie; 350 g kleine Champignons; 8 Gründlinge; 1 Zitrone; Reibbrot; Mehl. Zubereitung: 25-30 Minuten.*

Den Karpfen schuppen, ausnehmen, waschen und in ein tiefes, feuerfestes Geschirr plazieren. Würzen, die gehackten Schalotten, die gehackte Petersilie und die Champignons rundherum geben, mit dem Weißwein und so viel Wasser angießen, daß der Fisch knapp bedeckt ist und 40 g Butter, mit einem Löffel Mehl verknetet und in Flöckchen verteilt, hinzufügen. Mit Reibbrot bestreuen, mit etwas zerlassener Butter betropfen und im heißen Ofen garmachen und gleichzeitig überkrusten. Beim Anrichten mit Zitronensaft beträufeln und mit den gemehlten, im Fettbad knusperig gebakkenen Gründlingen garnieren, die aber nicht in der Sauce schwimmen dürfen.

LACHS IN FISCHSUD — Saumon au court-bouillon

4 Personen. *4 Scheiben Lachs je 150-175 g; $^1/_4$ l Sauce. Zubereitung: 8-12 Minuten.*

Die dicken Scheiben in den kochenden Sud geben, nach dem Aufkochen beiseite ziehen und bei Siedehitze garziehen lassen. Auf einer Serviette mit Petersilie und Zitronenspalten anrichten und nebenbei holländische, Schaum- oder Garnelensauce servieren.

■ GRILLIERT — Saumon grillé

4 Personen. *4 Scheiben Lachs je 150-175 g; 60 g Butter; 600 g Kartoffeln. Zubereitung: 8-10 Minuten.*

Die Scheiben leicht salzen, mit Öl bestreichen und auf dem Rost braten, dabei nur einmal wenden. Während des Röstprozesses dann und wann mit Öl bestreichen. Die Scheiben sind gar, wenn man die Mittelgräte mit Hilfe der Gabelspitze leicht herausheben kann. Mit Petersilie und Zitronenvierteln anrichten und dazu zerlassene Butter oder Kräuterbutter und schön geformte Salzkartoffeln servieren.
Die Scheiben können auch gebraten werden. Sie werden dann erst gewürzt, gemehlt, in Öl in einer Stielpfanne gebraten und mit Kräuterbutter belegt. Petersilienkartoffeln serviert man nebenbei.

LACHSFORELLE IN FISCHSUD — Truite saumonée au court-bouillon

6 Personen. *1 Lachsforelle von 1 kg 200; $^1/_2$ l Sauce; 1 kg Kartoffeln; Zitrone; Petersilie. Zubereitung: ungefähr 30 Minuten.*

Die Lachsforelle ist ein kostbarer Fisch und, neben dem Ritter, fraglos einer der feinsten Fische, den man sorgfältig behandeln muß. Den Fisch in dem kalten Sud ansetzen, nach dem Aufstoßen beiseite stellen und garziehen lassen, damit der Fisch ganz bleibt. Gut abtropfen, auf einer Serviette anrichten, mit Zitronenspalten und krauser Petersilie garnieren und dazu entweder zerlassene Butter, holländische- oder Schaumsauce und schön geformte Salzkartoffeln servieren.

MATROSENGERICHT DER MOSEL — Matelote de Moselle

6 Personen. *300 g Aal; 300 g Karpfen; 300 g Hecht; 300 g Schleie; $^1/_2$ l Weißweinsauce; 6 gehackte Schalotten; 2 feingehackte Knoblauchzehen; 200 g Champignonsköpfe; 250 g kleine Zwiebeln; 3 cl Cognac; $^3/_4$ l Weißwein; 1 Kräuterbündel; 100 g Butter; 12 Blätterteighalbmonde oder herzförmige, in Butter gebackene Brotcroutons. Kochzeit: 25-30 Minuten.*

Die Fische putzen (siehe Seite 95) und in Stücke schneiden. Die Schalotten in Butter anschwitzen lassen. Den Aal zugeben, mit Cognac flambieren und mit Weißwein ablöschen. Die Champignons in etwas Zitronensaft und einem nußgroßen Stück Butter pochieren. Zum Aal die restlichen

Fische, den Fonds der Champignons, den Knoblauch und das Kräuterbündel zugeben, würzen und auf kleinem Feuer 15-18 Minuten kochen lassen. Die gekochten Fischstücke in eine feuerfeste Form geben, mit einer bebutterten Alufolie zudecken und warm halten (in der geöffneten Röhre). Die Zwiebeln in den Fischfonds geben und garmachen. Die Fische anrichten, Zwiebeln und Champignons darüberstreuen und mit der Weißweinsauce nappieren. *(Siehe Bild auf Seite 117.)*

KALTE GERICHTE VON SÜSSWASSERFISCHEN

FORELLE IN GELEE — Truite en gelée

6 Personen. *6 Forellen von ungefähr 175 g; 3 hartgekochte Eier; 1 Tomate; 1 kleine Trüffel (wahlfrei); Petersilie; 6 Krebse; $^1/_2$ l Gelee; 3 dl Mayonnaise oder grüne Sauce.*

Die einige Stunden zuvor geschlachteten Forellen ausnehmen, waschen und einen Faden durch Kopf und Schwanz führen, um ihnen eine runde Form zu geben. Die Fische in Sud garziehen und darin erkalten lassen. In dem Sud die Krebse kochen. Die Forellen gut abtropfen und trocknen, mit Petersilienblättchen, durch flüssiges Gelee gezogen, dekorieren und nach dem Festwerden die Forellen mit gerade stockendem Gelee überglänzen und auf einer langen Platte anrichten. Je 3 Krebse, mit Gelee überpinselt, an die Längsenden setzen und die Seiten mit halben, hartgekochten Eiern garnieren, die mit Tomaten- und Trüffelscheibchen dekoriert und mit Gelee überglänzt worden sind. Die Sauce nebenbei servieren.

KALTE LACHSFORELLE — Truite saumonée froide

6 Personen. *1 Lachsforelle von 1 kg 200; 6 kleine Tomaten, gefüllt mit russischem Salat; 3 hartgekochte Eier; 1 Eßlöffel Mayonnaise; 1 gefüllte Olive; Estragonblätter; $^1/_2$ l grüne Sauce; $^3/_4$ l Gelee..*

Die Forelle so wie angeführt garziehen und im Sud erkalten lassen. Herausnehmen und die Haut, mit Ausnahme des Kopfes, sorgfältig abziehen. Die gut abgetropfte, auf den Bauch gesetzte Forelle auf beiden Seiten mit Estragonblättchen symmetrisch verzieren, dabei jedes Blättchen zuvor durch kaltes Gelee ziehen. In den Kühlschrank zum Festwerden der Blättchen stellen und dann mit Hilfe eines Pinsels den ganzen Fisch mit gerade stockendem Gelee überglänzen. Die Eier schälen, der Höhe nach halbieren und unten glattschneiden, damit sie gut stehen. Das Eigelb behutsam herausnehmen, durch ein Sieb streichen, mit der Mayonnaise vermengen und pikant abschmecken. Jede Hälfte mittels Spritzbeutels und Sterntülle mit der Eiercreme füllen, mit einer Scheibe gefüllter Olive dekorieren und gleichfalls mit stockendem Gelee überglänzen. Die Eiweißabschnitte rund ausstechen, damit die gefüllten Tomaten dekorieren und auch diese mit Gelee überglänzen. Die Lachsforelle auf einer langen Platte anrichten, die gefüllten Tomaten und Eier abwechselnd an die Seiten setzen und an die Enden etwas gewürfeltes Gelee geben. Die grüne Sauce nebenbei servieren.

SCHEIBEN VON LACHSFORELLE BELLEVUE — Tranches de truite saumonée en Bellevue

8 Personen. *1 Lachsforelle von 1 kg 600; 1 Tomate; 4 hartgekochte Eier; 2 Löffel Mayonnaise; 16 rosa Garnelen, die Schwänze abgeschält; 1 kleine Trüffel; 1 halbe Salatgurke; $^1/_2$ l Mayonnaise; $^1/_2$ l Gelee. Kochzeit: 12-15 Minuten.*

Die Lachsforelle oder ein entsprechendes Stück Lachs in 8 gleichmäßige Scheiben schneiden, in Fischsud garziehen und darin erkalten lassen. Gut abtropfen, jede Scheibe halbieren, die Gräte entfernen und die Haut abziehen. Jede Hälfte mit einem Scheibchen geschälter Tomate, einem Scheibchen Gurke und einem Scheibchen Trüffel dekorieren und mit Gelee überglänzen. Die Eier, so wie es bei kalter Lachsforelle beschrieben worden ist, halbieren, aushöhlen, mit Eiercreme füllen und mit zwei Garnelenschwänzen dekorieren und mit Gelee überglänzen. Die Lachsforellenscheiben auf einer langen Platte symmetrisch anrichten und mit den gefüllten Eiern und gewürfeltem Gelee garnieren. Eine sehr leichte Mayonnaise dazu servieren.

KRUSTEN-, SCHAL- UND WEICHTIERE

KRUSTENTIERE
Unter Krustentiere versteht man im wesentlichen Hummern, Langusten und Krebse, die alle ziemlich kostspielig geworden sind. Hierzu gehören aber auch Nord- und Ostseegarnelen, die großen rosa Steingarnelen, Taschenkrebse, Kaisergranat und Scampi.

GARNELEN (Krabben) — Crevettes
Heute werden die Garnelen bereits an Bord der Fangschiffe abgekocht und geschält oder ungeschält gehandelt. Sie müssen sehr rasch verbraucht werden, da sie sehr empfindlich sind. Nur die Steingarnele kommt noch dann und wann roh in den Handel.

PILAW VON GARNELEN — Pilaf de crevettes
4 Personen. 600 g Garnelenschwänzchen; 250 g Reis; $1/4$ l Garnelen- oder Currysauce; 75 g Butter; $1/2$ l Bouillon. Kochzeit des Reises: 18 Minuten.

Den Reis in ungefähr 30 g Butter glasig anlaufen lassen und dabei mehrmals umrühren. Mit der Bouillon aufgießen, leicht mit Salz und Pfeffer würzen und zugedeckt langsam garwerden lassen, wobei der Reis schön körnig bleiben muß. Nach dem Fertigwerden mit der Gabel einige Butterflocken locker unterziehen. Die Garnelenschwänzchen in wenig Butter anwärmen und mit der heißen Sauce binden. Den Reis in eine gefettete Randform drücken, auf eine runde Platte stürzen und die Mitte mit den Garnelen füllen. Krebsschwänzchen, Kaisergranaten und Taschenkrebse können genauso bereitet werden. *(Siehe Bild auf Seite 120.)*

KREBSE AUF BORDELAISER ART — Ecrevisses à la bordelaise
4 Personen. 16 große Krebse; 1 dl Weißwein; $1^1/2$ dl Fischvelouté; 2 cl Cognac; 2 Schalotten; 1 kleine Mohrrübe; 50 g Zwiebeln; 50 g Butter; $1/2$ Teelöffel Fleischglace. Kochzeit: 12 Minuten.

Die Krebse in kochendes Salzwasser werfen, nur um sie zu töten, und sogleich abgießen. Schalotten, Zwiebeln und Mohrrübe in sehr kleine Würfelchen schneiden und in Butter leicht andünsten. Die Krebse hinzugeben, anlaufen lassen, mit Cognac flambieren und mit Weißwein ablöschen. Die Velouté hinzugießen und langsam, zugedeckt, 10 Minuten kochen. Die Krebse herausnehmen und in einer Schüssel anrichten. Die Sauce einkochen, die Fleischglace und einige Flocken Butter hinzugeben, abschmecken und über die Krebse gießen. Mit gehackter Petersilie bestreuen.

SCHWIMMENDE KREBSE — Ecrevisses à la nage
4 Personen. 16 große Krebse; 2 kleine Mohrrüben; 2 mittelgroße Zwiebeln; 2 Schalotten; 1 Kräuterbündel bestehend aus Petersilienstielen, 1 Zweig Thymian und 1 Lorbeerblatt; 8 Pfefferkörner; 3 dl Weißwein. Kochzeit: 10-12 Minuten.

Die Mohrrüben, Zwiebeln und Schalotten in dünne Scheiben schneiden und zusammen mit dem Kräuterbündel, den Pfefferkörnern und etwa 15 g Salz mit 2 l Wasser ansetzen und kochen lassen, bis das Gemüse ziemlich weich ist. Den Weißwein hinzugießen, nach dem Aufkochen die gewaschenen Krebse hineinwerfen und garwerden lassen. Das Kräuterbündel herausnehmen und die Krebse mitsamt dem Sud in einem entsprechend großen Geschirr servieren.

KAISERGRANAT — Langoustine

Man bereitet den Kaisergranat genau so wie Krebse. Man kann Schwanz und Scheren auch ausbrechen und mit Reis wie Pilaw von Garnelen bereiten.

HUMMER FRA DIAVOLO — Homard Fra Diavolo

3 Personen. *1 gekochten Hummer von 600 g; 400 g Tomaten; 30 g Butter; 1 zerdrückte Knoblauchzehe; 5 cl Olivenöl; 1 Eßlöffel gehackte Petersilie; 1 Prise getrockneten Majoran.*

Den Hummer der Länge nach teilen, die Scheren abbrechen, aufbrechen und das Fleisch auslösen. Eine feuerfeste Backplatte mit Butter ausstreichen, die beiden Hummerhälften und daneben das Scherenfleisch hineinlegen und mit Butter beträufelt im Ofen anwärmen. Die Tomaten abziehen, durchschneiden, Kerne ausdrücken und das Fleisch würfeln. Den Knoblauch in dem heißen Öl anziehen lassen, die Tomatenwürfel hinzugeben, mit Salz, Pfeffer und Majoran würzen, die Petersilie beifügen und dünsten. Über den Hummer gießen, mit Petersilie und Zitronenvierteln garnieren und dazu Pilawreis servieren.

SCAMPISPIESSCHEN MIT CURRY — Brochettes de scampi au curry

4 Personen. *16 ausgebrochene Scampischwänze; 16 sehr dünne Scheiben durchwachsenen Speck; 8 g Currypulver; 50 g Butter; 300 g Reis. Bratzeit: 12 Minuten.*

Die rohen Scampischwänze schälen, den Darm entfernen, waschen, jeden Schwanz mit einer dünnen Speckscheibe umwickeln und je zu vieren auf ein Spießchen stecken. Die Butter schmelzen lassen, mit dem Currypulver vermischen, die Scampi darin wenden, im heißen Ofen braten und ab und zu mit der Butter übergießen. Auf Pilawreis anrichten und mit der Bratbutter übergießen. *(Siehe Bild auf Seite 119.)*

TASCHENKREBS MORNAY — Crabe ou tourteau Mornay

4 Personen. *1¹/₂ kg Taschenkrebse; ¹/₄ l Mornaysauce; 50 g geriebenen Käse; 30 g Butter; Reibbrot. Kochzeit: 15-18 Minuten.*

Die Taschenkrebse kochen und auskühlen. Die Scheren abdrehen und den Oberteil des Tieres abreißen und nur die Schalen reservieren. Das gesamte Fleisch aus den Scheren auslösen und mit den cremigen Teilen aus den Schalen vermischen. Alles leicht anwärmen, in die gereinigten Körperschalen füllen und mit Mornaysauce bedecken. Mit geriebenem Käse und etwas Reibbrot bestreuen, mit zerlassener Butter beträufeln und im heißen Ofen überkrusten. Mit krauser Petersilie anrichten.

Man kann die Taschenkrebse auch kalt mit Mayonnaise bedeckt servieren.

SCHALTIERE UND WEICHTIERE

AUSTERN — Huîtres

Sie müssen absolut frisch sein und dürfen erst im letzten Moment geöffnet werden. Man serviert sie in der tiefen Schale auf gestoßenem Eis und gibt dazu Zitronenviertel sowie dünne, mit Butter bestrichene Scheiben Grau- oder Grahambrot. Man kann dazu noch eine Sauciere mit mildem Weinessig, vermischt mit gehackten Schalotten und grob gemahlenem Pfeffer, reichen.

KLAFFMUSCHELN, CLAMS — Praires

Man verzehrt sie hauptsächlich roh als Vorspeise. Will man sie warm essen, so stellt man sie auf wie Miesmuscheln, um sie zu öffnen, bricht eine Schale ab und gibt in diejenigen mit der Muschel ganz wenig Butter, mit gehackter Schalotte und Petersilie vermischt. Nach dem Beträufeln mit Zitronensaft, streut man etwas Reibbrot obenauf und stellt sie in den Ofen zum Überbacken.

HERZMUSCHELN — Coques

Sie werden tüchtig gewaschen und aufs Feuer zum Öffnen gestellt. Man verzehrt sie so wie sie sind oder mit mildem Weinessig, dem man etwas feinen Pfeffer und gehackte Schalotten beigefügt hat.

JAKOBS- ODER PILGERMUSCHELN — Coquilles Saint-Jacques

Diese sehr geschätzte, große Muschel muß sehr frisch, schwer und fest geschlossen sein. Die schön gemusterten, großen Schalen werden gereinigt und man verwendet sie für kleine, überbackene Gerichte.

■ AUF HERZOGINART — Coquilles Saint-Jacques à la duchesse

Man bereitet sie genau wie auf Pariser Art, umrandet die Schalen aber zuvor mit Hilfe von Spritzbeutel und Sterntülle mit Kartoffelpüree, das so wie für Herzoginkartoffeln (siehe diese) verarbeitet wurde.

■ AUF PARISER ART — Coquilles Saint-Jacques à la parisienne

4 Personen. 4 Jakobsmuscheln; 125 g Champignons; 2 dl Weißwein; 1 kleine Zwiebel; 1 Schalotte; 1 kleines Kräuterbündel; 50 g Butter; 25 g Mehl; $1/4$ l Milch; 50 g geriebenen Schweizer Käse; Reibbrot. Kochzeit: 10 Minuten.

Die Muscheln ungefähr 5 Minuten auf die heiße Herdplatte setzen, damit sie sich öffnen. Das Fleisch auslösen und die tiefe Schale zurückhalten. Mehrmals gut waschen, da sich im Inneren viel Sand befindet, den Bart vom Fleisch ablösen und den dunklen Sack, die Kloake, entfernen. Das Fleisch in dem Weißwein mit in Scheiben geschnittener Zwiebel und Schalotte, dem Kräuterbündel, Salz und Pfeffer langsam 10 Minuten kochen lassen und die Champignons mit nußgroß Butter und einigen Tropfen Zitronensaft und einer Prise Salz garmachen. Von 40 g Butter und dem Mehl helle Mehlschwitze bereiten, mit dem passierten Muschelfond aufgießen, gut durchrühren, die Milch hinzugeben und alles zu einer sämigen Sauce kochen und gut abschmecken. Die Champignons vierteln, das Muschelfleisch in Würfel schneiden, mit der Sauce binden und alles zusammen noch einige Minuten kochen lassen. Abseits des Feuers den Käse unterziehen, in die tiefen Schalen füllen, mit Reibbrot bestreuen, mit zerlassener Butter beträufeln und im heißen Ofen überbacken.

■ AUF TEUFELSART — Coquilles Saint-Jacques à la diable

4 Personen. 4 Jakobsmuscheln; 50 g gehackte Zwiebeln; 40 g Butter; 50 g altbackenes Weißbrot; 1 Eßlöffel gehackte Petersilie; 3 Eßlöffel Béchamel; Worcestershiresauce; Senf.

Die Muscheln im Ofen garmachen, das Fleisch wie oben auslösen, waschen, hacken und mit der in Butter gedünsteten Zwiebel, dem eingeweichten und ausgedrückten Brot und der Petersilie vermischen. Mit der Béchamelsauce binden und mit Salz, Pfeffer, etwas Senf und einigen Tropfen Worcestershiresauce pikant abschmecken. Die Schalen mit der Mischung füllen, mit Reibbrot bestreuen, mit zerlassener Butter betropfen und im heißen Ofen überkrusten lassen.

KALMARE AUF BASKISCHE ART — Calmars à la basque

4 Personen. 1 kg kleine Kalmare; 5 cl Öl; 50 g gehackte Zwiebeln; 2 gehackte Knoblauchzehen; 1 Eßlöffel gehackte Kräuter; $1/2$ l Weißwein; 8 gebackene, herzförmige Croutons. Kochzeit: ungefähr 1 Stunde 20 Minuten.

Die Kalmare waschen, die Knochen und die Eingeweide entfernen, aber den Tintensack zurückhalten. Den Körper und die Arme in kleine Stücke schneiden. Die gehackten Zwiebeln in dem Öl hellgelb anschwitzen, den Knoblauch, den Fisch und die Petersilie hinzugeben und 10 Minuten andünsten. Mit dem Weißwein aufgießen, mit Salz, Pfeffer und Nelkenpulver würzen und langsam kochen lassen, bis die Kalmare gar sind. Die Tinte oder nur einen Teil davon mit 2-3 Löffel Wasser verrühren und den Kochfond damit, wie mit Blut beim Hasenpfeffer, binden. Anrichten und mit den in Öl gebackenen Croutons garnieren.

MEERSCHNECKEN, STRANDMONDSCHNECKEN — Bigorneaux

Diese kleinen Schnecken werden gewaschen und 20 Minuten in Salzwasser, besser noch in Weißwein gekocht. Im allgemeinen ißt man sie kalt, indem man sie mit einem Holz- oder Silberspießchen aus der Schale herausnimmt.

MUSCHELN, MIESMUSCHELN, PFAHLMUSCHELN — Moules

Muscheln müssen ganz frisch sein und eine festverschlossene Schale haben. Geöffnete müssen entfernt werden, da sie gefährlich sind. Das bezieht sich natürlich nicht auf einzelne Muscheln, die leicht geöffnet sind und von selbst wieder zuschnappen. Sie kommen nur in den Wintermonaten auf den Markt.

MUSCHELN AUF KREOLENART — Moules à la créole

4 Personen. *2 l Muscheln; 150 g Reis; 1 dl Weißwein; 1 kleine Zwiebel; $^1/_4$ Teelöffel Currypulver; Essig, Olivenöl. Kochzeit der Muscheln: 5 Minuten, des Reises: 17 Minuten.*

Den Reis in Salzwasser kochen, abgießen, mit kaltem Wasser überspülen und gut trocknen. Die Muscheln mit der in Scheiben geschnittenen Zwiebel und dem Weißwein erhitzen, bis sie sich öffnen, das Fleisch auslösen und den Bart entfernen. Den Kochsud durch ein Tuch passieren, dekantieren und stark einkochen. Den Reis mit den Muscheln vermengen, mit dem eingekochten Fond übergießen, mit Currypulver würzen und mit Weinessig und Olivenöl wie Salat anmachen. Stark gekühlt servieren.

■ AUF ITALIENISCHE ART — Moules à l'italienne

4 Personen. *2 l Muscheln; 8 große, reife Tomaten; 40 g Butter; Thymian; Petersilie; Pfeffer; 1 starke Prise Safran. Kochzeit: 5-6 Minuten.*

Die Muscheln bürsten, waschen, und trocken, nur mit etwas Petersilie, einem Zweig Thymian und frischgemahlenem Pfeffer zum Öffnen bringen. Den Fond abgießen, etwas ruhen lassen, passieren und dekantieren. Die enthäuteten, halbierten, entkernten und gehackten Tomaten mit dem Muschelfond zu Püree verkochen, mit der Butter verfeinern und eventuell noch eine Prise Safran beifügen. Die Muscheln entbarten, anrichten, und das sehr heiße Tomatenpüree nebenbei servieren.

■ AUF MATROSENART — Moules à la marinière

4 Personen. *2 l Muscheln; 1 dl Weißwein; 50 g Butter; 2 Schalotten; einige Petersilienstiele; 1 Zweig Thymian; 1 Eßlöffel gehackte Petersilie. Kochzeit: 5-6 Minuten.*

Den Boden einer großen Kasserolle mit den in Scheiben geschnittenen Schalotten, den Petersilienstielen, dem Thymian und etwas grob gemahlenem Pfeffer bedecken, die gut gebürsteten und mehrmals gewaschenen Muscheln hineingeben und mit dem Weißwein aufgießen. Niemals Salz bei Muscheln hinzufügen, da die Flüssigkeit, die sie abgeben, salzig genug ist. Zudecken und bei starker Hitze zum Öffnen bringen. Sogleich vom Feuer nehmen, den Fond abpassieren, kurz ruhen lassen und dekantieren. Von den Muscheln eine Schale ablösen und fortwerfen und die Muscheln in der anderen Schale anrichten. Den Fond zusammen mit der Butter und der gehackten Petersilie flott zur Hälfte einkochen, über die Muscheln gießen und sofort servieren.

PILAW VON MUSCHELN AUF ORIENTALISCHE ART — Pilaf de moules à l'orientale

4 Personen. *2 l Muscheln auf Matrosenart bereitet; Pilaw von 200 g Reis; Currypulver oder Safran; 40 g Butter; 20 g Mehl. Kochzeit: 5-6 Minuten.*

Den Reis wie für Pilaw kochen und die Muscheln, wie es oben beschrieben worden ist. Die Muscheln ausbrechen und entbarten, den Fond passieren und dekantieren. Von der Butter und dem Mehl helle Schwitze bereiten, mit dem Muschelfond aufgießen, gut verrühren, mit Currypulver oder Safran würzen und zu einer guten Sauce verkochen. Die Muscheln mit dieser Sauce binden. Den Reis in eine gefettete Randform drücken, auf eine runde Platte stürzen und die Muscheln in die Mitte füllen.

MUSCHELN POULETTE — Moules à la poulette

4 Personen. *2 l Muscheln; 1 dl Weißwein; 2 dl frische Sahne; 1 Eigelb; 2 Schalotten; 1 Teelöffel gehackte Petersilie; 200 g Reis; 30 g Butter; 25 g Mehl. Kochzeit: 5-6 Minuten.*

Die Muscheln wie üblich mit den Schalotten und dem Weißwein zum Öffnen bringen, ausbrechen und entbarten. Den Fond passieren und dekantieren. Von der Butter und dem Mehl eine helle Schwitze bereiten, mit dem Muschelfond aufgießen, gut verrühren, mit der Sahne verkochen und mit dem Eigelb binden. Die Muscheln mit der gut abgeschmeckten Sauce binden, mit gehackter Petersilie bestreuen und dazu körnig gekochten Reis servieren.

OHRSCHNECKEN — Ormiers

4 Personen. *8 Ohrschnecken; 50 g Butter; 2 Eßlöffel Öl; 1 großes Ei; weißes Panierbrot; 8 Scheiben hartgekochtes Ei; 50 g Kräuterbutter; Bratzeit: 10 Minuten.*

Diese einfachen, etwas zähen, aber wohlschmeckenden Schnecken aus der Schale nehmen und mit einem schweren Instrument tüchtig klopfen, um die Fasern zu zerreißen. Durch gewürztes, geschlagenes Ei ziehen, in geriebener Weißbrotkrume wenden und langsam in heißem Öl und Butter braten. Anrichten, jede Schnecke mit einer Eierscheibe belegen und obenauf etwas Kräuterbutter geben. Man kann sie auch wie Jakobsmuscheln bereiten.

SEEIGEL — Oursins

Seeigel ißt man roh oder wie ein Ei 3 Minuten lang gekocht mit Hilfe eines kleinen Löffels oder indem man kleine Brotstückchen, mit Butter bestrichen, in die Öffnung taucht. Sie werden mit einer spitzen Schere durch einen Rundschnitt von ungefähr 3 cm Durchmesser geöffnet. Seeigel sind nur dann ganz frisch, wenn die Spitzen hart sind und senkrecht stehen.

TINTENFISCHLEIN, GEBACKEN — Supions frits

Von den kleinen Tintenfischlein, die man in Südfrankreich Supions nennt, den Mittelknochen und den Tintensack sorgfältig entfernen. Gut waschen, abtrocknen, mehlen und in tiefem, heißem Fett sehr knusprig backen und sogleich servieren. Beim Ausbacken die Fritüre zur Hälfte zudecken, da das Fett spritzt.

VENUSMUSCHELN — Clovisses

Man kann sie wie Austern essen, nachdem man sich überzeugt hat, daß sie keinen Sand mehr enthalten. Sie können auch auf dem Herd geöffnet, herausgenommen, gewaschen, und mit pikanter Mayonnaise angemacht verzehrt werden.

WEINBERGSCHNECKEN — Escargots

Die einzige Schnecke, die für den menschlichen Verzehr in Betracht kommt, ist die Weinbergschnecke, die in Frankreich, der Schweiz und in Süddeutschland gezüchtet wird. Sie kommt fertig vorbereitet in den Häuschen in den Handel, aber auch konserviert in Dosen, dazu die Gehäuse extra. Die Schnecken in die Gehäuse füllen, mit einer präparierten Butter schließen und in einem Schneckenpfännchen im Ofen fertigmachen. Man kann sie auch in kleinen Spezialnäpfchen bereiten und darin servieren. Je nach Wunsch gibt man 6 oder 12 Schnecken.

SCHNECKEN AUF BURGUNDER ART — Escargots à la bourguignonne

4 Personen. *4 Dutzend Schnecken; 250 g Schneckenbutter. Zubereitung: 5-6 Minuten.*

In die Gehäuse etwas Schneckenbutter geben, in jedes eine gekochte Schnecke stecken und mit Schneckenbutter zustreichen. Mit der Öffnung nach oben in die Schneckenpfanne setzen und in den heißen Ofen stellen, bis die Butter kocht und klar in den Gehäusen aufsteigt. Schneckenbutter: 225 g Butter schaumig rühren, mit Salz und Pfeffer würzen und mit 2 feingehackten Schalotten, 1 großen feingeriebenen Knoblauchzehe und 10 g gehackter Petersilie vermischen.

■ AUF DIJONER ART — Escargots à la dijonnaise

4 Personen. *4 Dutzend Schnecken; 150 g Butter; 100 g durchgestrichenes Rindermark; 2 feingehackte Schalotten; 2 kleine, zerdrückte Knoblauchzehen; 5 g gehackte Trüffel; 2 dl Weißwein. Kochzeit: 5-6 Minuten.*

Die Schalotten mit dem Weißwein so weit einkochen, daß nur noch ein guter Löffel Flüssigkeit übrigbleibt. Die Butter schaumig rühren, mit dem Rindermark gut vermischen, mit Salz und Pfeffer würzen und den Wein mit den Schalotten, den Knoblauch und die gehackten Trüffel hinzufügen. Etwas Butter in die Gehäuse geben, in jedes eine Schnecke stecken, mit Butter verschließen und in die Schneckenpfanne setzen. In den heißen Ofen stellen, bis die Butter kocht und klar in den Gehäusen aufsteigt.

SCHNECKEN AUF KÜCHENMEISTERART — Escargots à la mode du chef

4 Personen. 2 Dutzend große Schnecken; 24 kleine Scheibchen dünn geschnittenen Frühstückspeck (Bacon); 175 g Schneckenbutter. Bratzeit: 5-6 Minuten.

Die Schnecken 1 Stunde lang mit Salz, Pfeffer, Zitronensaft und Öl marinieren. Jede Schnecke in eine dünne Scheibe Speck hüllen und je 6 Stück auf kleine Spießchen stecken. Mit etwas Öl beträufeln und im Ofen knusprig rösten. Je 6 Stück von den Spießchen abstreifen, in ein heißes Schneckennäpfchen füllen, mit halbzerlassener Schneckenbutter übergießen, zudecken und sehr heiß servieren.

FROSCHKEULEN

Von den eßbaren Fröschen kommen nur die Keulen für die Tafel in Betracht. Sie kommen appetitlich auf Spießchen gereiht in den Handel. Man muß sich davon überzeugen, daß sie absolut frisch sind, da sie leicht verderben. Als warmes Zwischengericht rechnet man ein Dutzend für jede Person. Vor jeder weiteren Bereitung werden die Füße mit einer Schere von den Keulen abgeschnitten, die Keulen sauber gewaschen und abgetrocknet.

FROSCHKEULEN MIT FEINEN KRÄUTERN — Cuisses de grenouilles aux fines herbes

4 Personen. 4 Dutzend Froschkeulen; 100 g Butter; 1 Zitrone; 1 großen Eßlöffel gehackte Petersilie; Mehl. Bratzeit: 4-5 Minuten.

Die Keulen mit Salz und Pfeffer würzen, mehlen und in Butter braun braten. Anrichten, mit Zitronensaft beträufeln, mit gehackter Petersilie bestreuen, die restliche Butter zur Bratbutter geben, bräunen und über die Keulen gießen.

■ GEBACKEN — Cuisses de grenouilles frites

4 Personen. 4 Dutzend Froschkeulen; 1 Zitrone; 5 cl Öl; 1 zerdrückte Knoblauchzehe; 4 dl Backteig; 1 Bündelchen Petersilie. Backzeit: 5 Minuten.

Die Keulen 30 Minuten mit Zitronensaft, Olivenöl, Salz und Pfeffer marinieren. Abwischen, durch leichten Backteig ziehen und in sehr heißem, tiefem Fett goldgelb backen. Anrichten und mit gebackener Petersilie garnieren.

■ IN WEINGELEE — Cuisses de grenouilles à la gelée

4 Personen. 2 Dutzend große Froschkeulen; 1½ dl trockenen Weißwein; 1 Zitrone; 30 g Butter; 2 Schalotten in Scheiben; Dill; 4 dl Gelee. Pochierzeit: 5-6 Minuten.

Die Froschkeulen in 1 dl Weißwein mit der Butter, den Schalotten, dem Zitronensaft, Salz und Pfeffer pochieren und in dem Fond auskühlen. Das flüssig gemachte Gelee, solange es noch kalt ist, mit dem restlichen Weißwein vermischen und gut abschmecken. Den Boden einer Glasschale mit Gelee bedecken und festwerden lassen. Die Froschkeulen abtropfen, gut abwischen und mit reichlich Dillfäden darauforden. Mit dem restlichen, gerade stockenden Gelee sorgfältig aufgießen, damit die Dillfäden nicht verrutschen, und vor dem Servieren im Kühlschrank anziehen lassen. Das Gelee muß sehr zart und gut abgeschmeckt sein.

KALTE GERICHTE VON KRUSTEN- UND SCHALTIEREN

HUMMERN ODER LANGUSTEN MIT MAYONNAISE — Homards ou langoustes à la mayonnaise

Diese Krustentiere kocht man nur in stark gesalzenem Wasser und läßt sie darin auch auskühlen. Man rechnet 18-20 Minuten für einen Hummer von 500 g und 30 Minuten für einen von 1 kg. Vor dem Gebrauch läßt man sie gut abtropfen, bricht die Scheren ab und schlägt sie mit einem starken Messer ein, um das Fleisch besser herausholen zu können. Die Körper schneidet man gleichfalls mit einem großen Messer der Länge nach auf und entfernt den Darm. Dann richtet man die beiden Körperhälften nebeneinander zusammen mit den Scheren an, garniert mit krauser Petersilie und serviert dazu eine Sauciere mit Mayonnaise.

HUMMER AUF RUSSISCHE ART — Homard à la russe

4 Personen. 2 gekochte Hummern je 500 g; 500 g feinen Gemüsesalat; 3 dl Mayonnaise; 4 hartgekochte Eier; 1 kleine Trüffel; 1 Kopfsalat.

Die Hummern der Länge nach teilen und aus dem Oberteil der Hälften das weiche Innere entfernen und unter den Salat mischen. Die Hälften auf Kopfsalatblättern anrichten und den freien Teil mit dem Gemüsesalat füllen. Mit Scheiben von hartgekochtem Ei und Trüffelmotiven garnieren und die Mayonnaise nebenbei servieren. Die Hummerscheren können ausgebrochen und neben die Körper gelegt oder gewürfelt unter den Gemüsesalat gemischt werden.
Langusten bereitet man genau so. *(Siehe Bild auf Seite 119.)*

LANGUSTE BELLEVUE — Langouste en Bellevue

6 Personen. 1 Languste von 2 kg; 750 g feinen Gemüsesalat, mit Mayonnaise gebunden; 3 hartgekochte Eier; 6 kleine Tomaten auf andalusische Art (siehe diese); 1 Kopfsalat; $1/2$ l Gelee; 1 Eßlöffel Mayonnaise; 30 g Butter; 2 gefüllte Oliven; 3 dl Mayonnaise oder grüne Sauce. Kochzeit: 35 Minuten.

Die Languste mit ausgestrecktem Schwanz auf ein Brett binden, in siedendem Salzwasser kochen und darin erkalten lassen. Sehr gut abtropfen und auf der Oberseite die Schale des Schwanzes mit einer Schere seitlich und an den Enden so einschneiden, daß man den Schwanz auslösen kann, ohne ihn oder die Schale zu beschädigen. Den Schwanz in schöne, gleichmäßige Scheiben schneiden, jede mit einem Kerbelblättchen, Dillfaden oder rund ausgestochenen Trüffelscheibchen, zuvor in kaltes Gelee getaucht, dekorieren. Nach dem Anziehen, jede Scheibe mit gerade stockendem Gelee überziehen und kalt stellen. Den Langustenkörper mit dem Gemüsesalat füllen und die Scheiben, von oben angefangen, halb übereinandergelegt bis zum Schwanzende dressieren. Die Eier schälen, die Enden glattschneiden, waagerecht durchschneiden und das Gelbe sorgfältig herausholen. Durch ein Sieb streichen, mit der weichen Butter und einem Löffel Mayonnaise verrühren, gut würzen und mit Spritzsack und Sterntülle in die halben Eier füllen. Die Languste auf einer langen Platte auf Salatblättern anrichten und abwechselnd mit den gefüllten Eiern, mit einer Scheibe Olive dekoriert, den Tomaten und Geleewürfeln garnieren. Die Sauce nebenbei servieren.

MUSCHELSALAT AUF GRIECHISCHE ART — Salade de moules à la grecque

4 Personen. 100 g gekochte, entbartete Muscheln; 200 g gekochte, geviertelte Champignons; 50 g eingelegte Perlzwiebelchen; 200 g enthäutete, entkernte und gewürfelte Tomaten; 50 g geviertelte Artischockenböden; 1 Zitrone; Olivenöl.

Sämtliche Zutaten vermischen, mit Salz und Pfeffer würzen und mit Zitronensaft und reichlich Olivenöl zu Salat anmachen. Kühl servieren.

MUSCHELN IN MAYONNAISE — Moules à la mayonnaise

4 Personen. 2 l Muscheln; 2 dl Weißwein; $1/4$ l Mayonnaise; 250 g gleich große Pellkartoffeln, gekocht und geschält; Weinessig; Olivenöl.

Die Muscheln mit dem Weißwein zum Öffnen bringen, aus den Schalen lösen und entbarten. Den Kochfond durch ein Tuch passieren, dekantieren und sehr stark einkochen. Die kaum gesalzene Mayonnaise mit Senf abschmecken und 2 Löffelchen des eingekochten Fonds beifügen. Die kalten Muscheln mit dieser Sauce binden, auf einer runden Glasschale anrichten und mit einem Kranz von Kartoffelscheiben umranden, die leicht mit Essig und Öl gewürzt worden sind.

SCAMPI SCHLOSS BOUSCAUT — Langoustines Château Bouscaut

6 Personen. 15 gekochte Scampi oder Kaisergranate; 15 große Steingarnelen; 10 schwarze Oliven; 2 dl Mayonnaise; 500 g russischen Salat mit gelatinierter Mayonnaise gebunden; Petersilie.

Die gekochten Scampi und Garnelen schälen und entdarmen, die Garnelen der Länge nach teilen. Den russischen Salat vorher mit der gelatinierten Mayonnaise binden, in eine mit kaltem Wasser ausgespülte, halbrunde Form füllen, im Kühlschrank festwerden lassen und auf eine runde oder ovale Platte stürzen. Oben mit den halbierten Steingarnelen und rundherum mit den Scampischwänzchen garnieren und mit Mayonnaise und halben, schwarzen Oliven verzieren. Um das Ganze einen Kranz Petersilie anbringen. *(Siehe Bild auf Seite 120.)*

TASCHENKREBS AUF RUSSISCHE ART — Tourteau à la russe

6 Personen. *1 Taschenkrebs 1 kg 500; 500 g feinen Gemüsesalat; $^1/_4$ l Mayonnaise; 2 hartgekochte Eier; Kerbel; Estragon. Kochzeit: 15 Minuten.*

Den Taschenkrebs in Salzwasser kochen und darin erkalten lassen. Die Scheren abdrehen und aufbrechen, die eßbaren Teile aus dem Körper entfernen und Fleisch der Scheren und des Körpers mit dem Salat vermischen. In die gut gereinigte Schale füllen, mit Mayonnaise bedecken und mit gehacktem, hartgekochtem Eiweiß und Eigelb, gehacktem Kerbel und Estragon dekorieren.

SCHLACHTFLEISCH

RINDFLEISCH

Es dürfte sich als nützlich erweisen, vorerst einige Hinweise zu bringen, welche Fleischstücke sich am besten zum Braten, Schmoren, Grillieren und Kochen eignen. Zum Braten und Grillieren nimmt man nur Stücke der sogenannten ersten Wahl, d. h. Filet, hohes oder flaches Roastbeef, Schwanzstück und Roastbeef mit Filet. Die zweite Wahl umfaßt die Schulter, die Brust, die Fehlrippen, die Lendenlappen und die Dünnung. Das sind alles Stücke, die man am besten zum Schmoren oder Kochen nimmt. Von einem Tier erster Güte lassen sich jedoch auch vom Hals noch gute und saftige Stücke zum Braten schneiden. Zu den weiteren, am meisten gebräuchlichen Stücken gehören Unterschenkel- und Unterschulterstück, Hals, Backe und Flanke, alles Stücke, die man zum Kochen, Dünsten oder Schmoren nimmt.

Aus der sehr gut abgelagerten Blume schneidet man die echten Rumpsteaks, wie man auch aus den besten Stücken der Keule das feinste Fleisch zum Schmoren nimmt.

Im allgemeinen rechnet man bei Fleisch ohne Knochen oder Abfall, wie Lendenschnitte, Rumpsteak, Zwischenrippenstück, Filet oder flachem Roastbeef, wenigstens 150 g je Person. Bei Schmorfleisch, das mit dem Knochen verkauft wird, sind 175-225 g das Minimum, da man durch die lange Schmorzeit mit einem Verlust rechnen muß, der bis zu 40 % und mehr betragen kann. Geschmortes Fleisch kann in der Sauce wieder aufgewärmt oder kalt gegessen werden, dagegen läßt sich gebratenes Fleisch nicht wieder aufwärmen, da es zähe werden würde. Suppenfleisch kann man in der kühleren Jahreszeit gleich für zwei Tage bereiten. Das hat den Vorzug, daß man nicht nur eine gute Bouillon vorrätig hat, sondern auch das Fleisch auf mehrere Arten zubereiten kann.

BEEFSTEAK

Das Beefsteak kann aus verschiedenen Teilen des Rindes geschnitten werden. Im Prinzip soll es aus dem Filetkopf geschnitten werden, man kann es aber auch vom Ende des hohen oder vom flachen Roastbeef schneiden. Das Rumpsteak wird nur aus der gut abgelagerten Kluft geschnitten. Ein Beefsteak von 150-180 g ist ausreichend für eine Person. Damit es saftig und innen noch etwas blutig ist, rechnet man für jede Seite etwa 5 Minuten. Man kann es in der Pfanne in heißer Butter oder halb Butter und halb Öl braten oder auf dem Grill rösten. Das Rumpsteak ist auf einer Seite genügend gar, wenn auf der rohen Seite Bluttropfen auf die Oberfläche steigen. Es wird dann gewendet, ohne daß man hineinsticht, gesalzen und gepfeffert und fertiggebraten. Man serviert es meistens mit Kräuterbutter sowie einer passenden Garnitur.

Das Beefsteak kann genau so wie das Zwischenrippenstück zubereitet werden.

BEEFSTEAK, GEHACKT — Beefsteak haché

4 Personen. *500 g schieres Rindfleisch ohne Fett oder Sehnen; 1 Ei; 50 g Butter. Bratzeit: 10-12 Minuten.*

Das Fleisch feinhacken oder durch die feine Scheibe des Fleischwolfs treiben. Mit Salz und Pfeffer würzen und mit dem Ei oder nur Eigelb gut durcharbeiten. Hiervon mit angefeuchteter Hand vier Kugeln formen, die man leicht abflacht und wie ein Beefsteak brät. Man serviert sie mit der Bratbutter übergossen oder mit gescheibelten oder gehackten, gebratenen Zwiebeln. Man kann auch den Bratsatz mit saurer Sahne ablöschen, etwas verkochen und über die Beefsteaks gießen. Das gehackte Beefsteak muß innen etwas rosa gehalten sein, damit es saftig bleibt.

CHATEAUBRIAND

4 Personen. *1 dicke Scheibe aus der Mitte des Rinderfilets von 600-700 g. Bratzeit: ungefähr 15 Minuten.*

Der Chateaubriand oder das doppelte Filetbeefsteak sollte stets auf dem Grill gebraten werden. Da es sich um ein sehr dickes Fleischstück handelt, darf es nicht scharf angebraten werden, weil sonst die Kruste zu dick wird und das Eindringen der Hitze verzögert. Man läßt es gleichzeitig bräunen und gar werden, wobei es wiederholt mit zerlassener Butter und Öl bestrichen wird. Gesalzen und gepfeffert wird jede Seite erst nach dem Anbräunen. Die üblichen Beilagen sind Béarner Sauce und aufgeblähte Kartoffeln, gebackene Kartoffelstäbchen oder Strohkartoffeln.

FILETSPITZEN IN RAHMSAUCE — Emincé de filet de bœuf à la crème

4 Personen. *500-600 g Filetspitze; 2 dl frische Sahne; 50 g Butter; $^1/_2$ Zitrone; gehackte Petersilie. Bratzeit: 2-3 Minuten.*

Das spitze Ende eines Rinderfilets in dünne, kleine Scheibchen, wie bei Nieren, schneiden. In einer großen Stielpfanne Butter sehr heiß werden lassen, die Scheibchen darin unter fortwährendem Schwenken nur kurz und scharf anrösten, damit sie innen noch blutig sind. Sofort mit einer Schaumkelle herausnehmen und auf einen Teller geben. Den Bratsatz in der Pfanne mit der Sahne ablöschen, mit Salz und Pfeffer würzen, sämig einkochen, mit Zitronensaft abschmecken und die gehackte Petersilie beifügen. Abseits der Hitze das Fleisch hinzugeben, kurz durchschwenken, anrichten und sogleich servieren.

FONDUE BOURGUIGNONNE

6 Personen. *900 g flaches Roastbeef oder Tafelspitze; Auswahl von Mayonnaise, Vinaigrettesauce, Tomatenketchup, Remoulade; Curry- oder Senfsauce; Auswahl von Oliven, Essigzwiebelchen, Artischockenherzen in Öl; Essiggemüse usw.; 1 l Öl. Bratzeit: 3-4 Minuten.*

Das Fleisch in Würfel von ungefähr $1^1/_2$ cm schneiden. Das Öl in einen kleinen Kessel füllen und auf ein Spiritus- oder elektrisches Réchaud in die Mitte des Tisches stellen. Das Fleisch mit einem langen Holzstäbchen oder einer Gabel mit Holzgriff aufpicken und erst in das Öl stecken, wenn es brennendheiß geworden ist. Herausnehmen, kurz abtropfen lassen, in die gewünschte Sauce tauchen und mit der gewünschten Beilage, auch mit Chips- oder Strohkartoffeln verzehren. Niemals zum Eintauchen in das Öl eine Metallgabel benutzen, da sie brennendheiß wird und zu empfindlichen Verbrennungen an Hand und Lippen führen könnte. *(Schweiz)*

UNGARISCHES GULASCH — Goulasch à la hongroise

6 Personen. *1 kg schieres Rindfleisch, Wade, Bug, Kamm, eventuell auch Blume; 500 g Zwiebeln in Scheiben; 1 Eßlöffel edelsüßen Paprika; 3 Eßlöffel Tomatenmark; 250 g geschälte, entkernte, gehackte Tomaten; $^1/_2$ Teelöffel gehackten Kümmel; je eine starke Prise Majoran und Thymian; die dünn abgeschnittene, gehackte Schale $^1/_2$ Zitrone; 1 große, zerdrückte Knoblauchzehe; 50-60 g Schweineschmalz. Schmorzeit: 2-3 Stunden.*

Das Fleisch in grobe Würfel schneiden. Die Zwiebelscheiben in dem heißen Schmalz hellgelb anrösten, den Paprika hinzugeben, einen Moment mitrösten und dann mit wenig Wasser ablöschen. Das leicht gesalzene Fleisch mit den Zwiebeln vermengen und in geschlossener Kasserolle bei mäßiger Hitze dünsten, bis der Saft verdunstet ist und das Fett wieder zum Vorschein kommt. Das Tomatenmark daruntermengen, die gehackten Tomaten und sämtliche Gewürze beifügen, noch etwas Wasser angießen und zugedeckt garschmoren. Nicht abfetten, die Sauce muß kurz sein. Dazu Nudeln oder Salzkartoffeln servieren.

KUTTELN AUF CAENER ART — Tripes à la mode de Caen

8 Personen. *1 kg 600-2 kg Fettdarm; 1 Rinderfuß; 200 g Rindernierenfett; 1 großes Kräuterbündel; 3 mittelgroße Zwiebeln; 3 Möhren; 3 Stangen Porree (nur das Weiße); 5 cl Cognac; 4 Gewürznelken. Kochzeit: 12 Stunden.*

Die Kutteln schmecken am besten, wenn man eine größere Menge zubereitet. Sie halten sich gut und können ohne Einbuße an Geschmack wieder aufgewärmt werden. Den Darm mehrere Stunden in fließendem Wasser wässern, stark blanchieren und in nicht zu kleine Vierecke schneiden. Ein großes, feuerfestes am besten Steingutgeschirr mit der Hälfte der Kutteln ausfüttern. Die in Viertel

▲ Turban von Rindfleisch in Gelee, S. 144

Rindfleisch auf Nizzaer Art, S. 144 ▼

134 ▲ Kalbsmilch auf Gärtnerinart, S. 147

Lendenschnitten Schloß Figeac, S. 138 ▼

▲ Kalbsrippen oder -schwanzstück, S. 149

Kalbsleber auf englische Art, S. 147 ▼

136 ▲ Kalbsmedaillons Veronese, S. 148

Kalbshachse oder Osso Buco, S. 145 ▼

geschnittenen Zwiebeln und Möhren, den der Länge nach gespaltenen Rinderfuß und ein Mullsäckchen mit 4 Nelken und 6-8 Pfefferkörnern in die Mitte geben und mit den restlichen Kutteln bedecken. Salzen, den Cognac und so viel Wasser aufgießen, daß alles gut bedeckt ist. Niemals Weiß- oder Apfelwein hinzugeben, da diese die Eigenschaft haben, die Sauce dunkel zu machen. Das Ganze mit dem grob gewürfelten Rinderfett bedecken, den Deckel aufsetzen und mit einem einfachen Teig aus Mehl und Wasser hermetisch verschließen. Auf dem Herd ankochen und dann in einen mäßig geheizten, am besten einen Bäckerofen schieben und ungefähr 12 Stunden dünsten lassen. Danach gut abfetten und recht heiß servieren.

KUTTELN AUF LYONER ART — Tripes à la lyonnaise

4 Personen. *600 g vorgekochte Kutteln; 250 g Zwiebelscheiben; 1 dl Weißwein; 2 Löffel Tomatenpüree; 50 g Schweineschmalz; 1 Schuß Essig; gehackte Petersilie. Kochzeit: ungefähr 1 Stunde.*

Die Zwiebelscheiben in heißem Schmalz goldgelb anrösten und herausnehmen. Die Kutteln in grobe Streifen schneiden, in dem sehr heißen Schmalz anrösten und mit den Zwiebeln vermengen. Mit dem Tomatenpüree vermengen, mit Salz und Pfeffer würzen und mit dem Weißwein und so viel Wasser aufgießen, daß die Kutteln gut bedeckt sind. Zugedeckt dünsten, bis sie gar sind, zuletzt mit einem Schuß Essig würzen und mit gehackter Petersilie bestreut anrichten.

LENDENSCHNITTEN — Tournedos

Lendenschnitten schneidet man am besten aus dem Kopf oder den Spitzen von mittelgroßen Rinderfilets. Sie sollen nicht flach, sondern eher klein und dick sein. Um das zu erreichen, werden sie leicht geklopft, hoch geformt und mit dünnem Bindfaden umschnürt, um beim Braten die hohe Form beizubehalten. Sie werden gebraten oder auf dem Grill geröstet und auf rund ausgestochene, in Butter gebratene Weißbrotscheiben gesetzt, sauciert und garniert.

■ AUF BÉARNER ART — Tournedos à la béarnaise

4 Personen. *4 Lendenschnitten je 120 g; 4 Weißbrotcroutons; 400 g Kartoffeln; 4 Eßlöffel Béarner Sauce. Bratzeit: ungefähr 8 Minuten.*

Die Lendenschnitten grillieren und auf die Croutons setzen. Jedes Stück mit Béarner Sauce bedecken und mit Schmelzkartoffeln garnieren. Die Lendenschnitten sollten innen noch etwas blutig sein.

■ CLAMART — Tournedos Clamart

4 Personen. *4 Lendenschnitten je 120 g; 4 blindgebackene Tarteletts aus ungezuckertem Mürbeteig; $1/4$ l Erbsen auf französische Art bereitet; 50 g Butter; 4 Croutons.*

Die Lendenschnitten in der Butter braten und würzen, Anrichten, mit der Bratbutter übergießen und mit den Tarteletts, mit den Erbsen gefüllt, und Nußkartoffeln garnieren.

■ MIT ESTRAGON — Tournedos à l'estragon

4 Personen. *4 Lendenschnitten je 120 g; 4 Croutons; Estragonblättchen; 2 dl tomatierte, gebundene Kalbsjus; 50 g Butter.*

Die Lendenschnitten in Butter recht saftig braten und auf den Croutons anrichten. Mit der Jus begießen, in der man einige Blättchen Estragon ausziehen ließ und sie passierte. Jedes Lendenschnittchen mit 3-4 blanchierten Estragonblättchen überkreuz gelegt garnieren und nebenbei gebackene Kartoffelstäbchen servieren.

■ AUF JÄGERART — Tournedos à la chasseur

4 Personen. *4 Lendenschnitten je 120 g; 4 Croutons; 40 g Butter; $1/4$ l Jägersauce; gehackte Petersilie.*

Die Lendenschnitten in Butter braten und auf Croutons setzen. Mit Jägersauce bedecken und mit gehackter Petersilie bestreuen.

LENDENSCHNITTEN MARIE-LOUISE — Tournedos Marie-Louise

4 Personen. 4 Lendenschnitten je 120 g; 4 Croutons; 4 Artischockenböden; 4 gekochte Champignonköpfe; 2 dl Zwiebelpüree; Herzoginkartoffeln; 40 g Butter; 1½ dl Demi-glace.

Die Lendenschnitten in Butter braten, auf die Croutons setzen und anrichten. Mit den mit Zwiebelpüree gefüllten Artischockenböden garnieren und obenauf einen Champignonkopf setzen. Mit Herzoginkartoffeln umranden und jede Lendenschnitte leicht mit Demi-glace saucieren.

■ AUF PORTUGIESISCHE ART — Tournedos à la portugaise

4 Personen. 4 Lendenschnitten je 120 g; 2 Tomaten; 150 g Champignons; 1 gehackte Schalotte; 1 dl Weißwein; 2 dl Tomatensauce; 4 Croutons; 5 cl Öl; gehackte Petersilie; Reibbrot.

Die gehackte Schalotte in Öl anschwitzen, die Champignons hacken, hinzugeben, würzen und trokken eindünsten. Ein bis zwei Löffel Tomatensauce hinzugeben und so viel Reibbrot, daß es eine streichfähige Masse ergibt. Würzen und in die halbierten, ausgedrückten Tomaten füllen und mit Reibbrot und gehackter Petersilie bestreuen. Mit Öl beträufeln und im Ofen garmachen. Die Lendenschnitten in Öl braten, herausnehmen, auf Croutons anrichten und mit den Tomaten und Schloß- oder Schmelzkartoffeln garnieren. Das Öl aus der Pfanne abgießen, mit Weißwein ablöschen, fast gänzlich einkochen, mit der Tomatensauce verkochen und über die Lendenschnitten gießen.

■ SCHLOSS FIGEAC — Tournedos Château Figeac

4 Personen. 4 Lendenschnitten je 120 g; 4 Artischockenböden; 250 g Karotten; 200 g kurze Spargelköpfe; 12 Champignonköpfe; 2 dl Bordelaiser Sauce; 80 g Butter.

Die Lendenschnitten grillieren, anrichten, jede mit 3 Champignonköpfen belegen und mit Bordelaiser Sauce bedecken. Mit Artischockenböden, mit gebutterten Spargelköpfen gefüllt, und mit gebutterten Karotten garnieren und nebenbei beliebige Kartoffeln servieren. *(Siehe Bild auf Seite 134.)*

HOCHEPOT VON OCHSENSCHWANZ — Queue de bœuf en hochepot

4 Personen. 600 g Ochsenschwanz; 8 Chipolatas (kleinste Bratwürstchen); 2 Schweinsfüße; 1 Schweinsohr; 2 Mohrrüben; 2 weiße Rüben; 1 kleinen Weißkohlkopf. Kochzeit: 4 Stunden.

Den in den Gliedern geteilten Ochsenschwanz 10 Minuten blanchieren und dann in einen großen Topf zusammen mit den je in 3 Stücke gesägten Schweinsfüßen und den geteilten Ohren geben und bis zur Höhe mit Wasser aufgießen. Leicht salzen, zum Kochen bringen, sorgfältig abschäumen und langsam 3 Stunden kochen lassen. Den in 4 Stücke geteilten Kohlkopf, die Mohrrüben und weißen Rüben, eventuell auch noch Porree und Sellerie beifügen und langsam weiterkochen lassen, bis alles gar ist. Das Gemüse in der Mitte einer geeigneten Platte anrichten, mit dem Ochsenschwanz, dem Schweinsohr, den Schweinsfüßen und den grillierten Chipolatas umranden und mit gutgeformten Salzkartoffeln garnieren. Der Kochfond ergibt eine schmackhafte Suppe.

POT-AU-FEU

6-8 Personen. 1 kg 200-1 kg 500 flache Rippen; 4 Porreestangen; 2 kleine Sellerieknollen; 250 g Mohrrüben; 100 g weiße Rüben; ½ Weißkohlkopf; 1 kleine Kochwurst; 6 dicke Scheiben Rindermark. Kochzeit: ungefähr 3 Stunden.

Den Suppentopf so kochen, wie es im Abschnitt Suppen angegeben worden ist. Man kann die Suppe mit dem pochierten Rindermark und gehackter Petersilie bestreut zuerst servieren und danach das Fleisch, mit den Gemüsen garniert, und der in Scheiben geschnittenen Kochwurst.

RINDERBRATEN — Rôti de bœuf

6 Personen. 1 kg Rindfleisch 2. Wahl; 2 Zwiebeln; 2 Mohrrüben; 1 dl Weißwein; 1 dl Bouillon; 40 g Schweineschmalz. Bratzeit: ungefähr 1 Stunde.

Das Fleisch salzen, in dem heißen Schmalz an allen Seiten anbraten und nach 10 Minuten das grobgewürfelte Gemüse hinzugeben. Zudecken, bei nicht zu scharfer Hitze fertigbraten und dabei ab und zu mit dem Fett begießen. Nach dem Garwerden herausnehmen, kurz ruhen lassen, in dünne Scheiben schneiden und anrichten. Das Fett aus dem Topf abgießen, mit dem Weißwein und der Bouillon angießen, zur Hälfte einkochen und abschmecken. Passieren und über das Fleisch gießen. Nur zudecken, wenn das Fleisch auf dem Herd gebraten wird.

RINDERBULETTEN IN PIKANTER SAUCE — Boulettes de bœuf en sauce piquante

6 Personen. *500 g schieres, gekochtes oder gebratenes Rindfleisch; 250 g Schweinebrät (Bratwurstfleisch); 1 gehackte Zwiebel; 1 zerdrückte Knoblauchzehe; 100 g Weißbrot; 1 Eßlöffel gehackte Petersilie; $^1/_4$ l pikante Sauce oder Tomatensauce; 60 g Schweineschmalz. Bratzeit: ungefähr 8 Minuten.*

Die gehackten Zwiebeln in Schmalz hellgelb anschwitzen und auskühlen. Das Rindfleisch durch die feine Scheibe des Fleischwolfs treiben, mit dem Schweinebrät, den Zwiebeln, dem Knoblauch und dem eingeweichten und ausgedrückten Brot vermischen, salzen und pfeffern und gut durcharbeiten. Hiervon auf dem gemehlten Brett 12 abgeflachte Buletten formen und in der Stielpfanne in heißem Schweineschmalz braten. Anrichten und nebenbei pikante oder Tomatensauce servieren.

RINDFLEISCH AUF BURGUNDER ART — Bœuf à la bourguignonne

4 Personen. *600 g Rindfleisch (Hals, Schulter oder Backe); 2 zerdrückte Knoblauchzehen; 1 dl Rotwein; 125 g mageren Speck; 30 kleine Zwiebelchen; 250 g rohe Champignons; 1 Eßlöffel Tomatenmark; Thymian, Lorbeerblatt; Petersilie. Schmorzeit: 3 Stunden 10 Minuten.*

Das Fleisch in ziemlich große Würfel schneiden, in heißem Fett auf allen Seiten anbraten, mit Mehl bestäuben und leicht bräunen. Die Knoblauchzehen hinzugeben, mit dem Rotwein und so viel Wasser aufgießen, daß das Fleisch gut bedeckt ist, würzen und zum Kochen bringen. Ein Kräuterbündel von Petersilienstielen, Thymian und Lorbeerblatt hinzugeben, zudecken und langsam 2 Stunden im Ofen schmoren. Den Speck in kleine Würfel schneiden, anrösten, herausnehmen, und die Zwiebeln in dem Fett gleichfalls anrösten. Speck und Zwiebeln zum Fleisch geben und weiterschmoren, bis das Fleisch fast gar ist. Dann die halbierten oder geviertelten Champignons und das Tomatenpüree beifügen, weitere 10 Minuten schmoren lassen, abschmecken, gut abfetten und servieren.

■ GEDÜNSTETES — Bœuf en daube

6 Personen. *1 kg Rindfleisch 2. Wahl; ohne Knochen; $^1/_2$ Flasche Rotwein; 125 g fetter Speck; 2 mittelgroße Zwiebeln; 2 Mohrrüben; 3 Eßlöffel Tomatenpüree; 1 Kräuterbündel. Zubereitung: 2-2$^1/_2$ Stunden.*

Das Fleisch in grobe Würfel schneiden und jedes Stück mit 2 dünnen oder 1 dicken Speckstreifen durchziehen. In ein feuerfestes Geschirr füllen, leicht würzen, die in dicke Scheiben geschnittenen Mohrrüben und Zwiebeln sowie das Kräuterbündel hinzugeben, mit dem Rotwein aufgießen und 2-3 Stunden marinieren. Dann das Geschirr hermetisch verschließen und im Ofen 1 Stunde dünsten. Das Tomatenpüree oder 250 g kleingeschnittene Tomaten beifügen, zudecken und weiter dünsten, bis das Fleisch gar ist. Zum Schluß abfetten und den Fond mit etwas Kartoffelmehl, in Wasser aufgelöst, binden und in der eingekochten Sauce servieren; zuvor aber das Kräuterbündel herausnehmen.

■ GRILLIERT, MIT TATARENSAUCE — Bœuf grillé, sauce tartare

4 Personen. *600 g Rumpsteak; Mehl; Öl; 2 dl Tatarensauce.*

Das Fleisch in dicke Scheiben schneiden, mehlen, ölen und auf dem Grill saftig rösten, dabei ab und zu ölen. Man kann die Scheiben auch panieren. Nebenbei die Sauce servieren.

■ AUF MODISCHE ART — Bœuf à la mode

6 Personen. *1 kg 200 Schmorfleisch ohne Knochen, auch 2. Wahl; 125 g fetten Speck; 3 cl Cognac; $^1/_2$ Flasche Weißwein; 1 Kalbsfuß; 150 g Schweineschwarte; 500 g Mohrrüben; 250 g kleine Zwiebelchen; 40 g Schweineschmalz. Schmorzeit: 3$^1/_2$ Stunden.*

Das Fleisch mit dicken Speckstreifen durchziehen, nicht spicken, auf allen Seiten gut anrösten und das überflüssige Fett abgießen. Mit dem Cognac flambieren, mit dem Weißwein ablöschen und so viel Wasser hinzugießen, daß das Fleisch gut bedeckt ist. Die blanchierte und zwei bis drei Mal durchgeschnittene Schweineschwarte und den gespaltenen, 5 Minuten lang blanchierten und kalt abgespülten Kalbsfuß hinzugeben. Würzen und zugedeckt im Ofen 2 Stunden schmoren. Die in zierliche Stücke geschnittenen Mohrrüben oder kleine Karotten sowie die Zwiebelchen in dem abgegossenen Fett anrösten, abtropfen, und zum Fleisch geben. Weiterschmoren, bis alles gar ist, die Speckschwarten herausnehmen und wegtun, den Kalbsfuß in kleine Stücke schneiden und wieder in die Sauce geben. Das Fleisch anrichten, die Sauce entfetten, etwas einkochen und mitsamt den Gemüsen über das Fleisch gießen.

RINDFLEISCH SAUTIERT, AUF LYONER ART — Bœuf sauté à la lyonnaise

4 Personen. *600 g Hüfte; 300 g Zwiebeln; 75 g Butter; Weißwein.*

Das Fleisch in Scheiben schneiden, in Butter saftig braten, würzen und anrichten. Die restliche Butter in die Pfanne geben, die Zwiebelscheiben darin goldgelb rösten, mit einem Schuß Weißwein ablöschen und über das Fleisch geben. Mit gehackter Petersilie bestreuen.

RINDERKARBONADEN IN BIER — Carbonades de bœuf à la bière

4 Personen. *4 dicke Scheiben Rindfleisch (Schulter oder Hüfte); 2 dl helles Bier; 2 dl Demiglace; 300 g Zwiebeln; 1 Kräuterbündel; 50 g Schweineschmalz. Schmorzeit: 2 Stunden.*

Das Fleisch würzen und in der Stielpfanne in heißem Schmalz auf beiden Seiten gut anrösten. Herausnehmen und in eine feuerfeste Porzellan-, Steingut- oder Glaskasserolle geben. In dem Schmalz die Zwiebelscheiben goldgelb anrösten, das Fleisch damit bedecken und das Kräuterbündel beifügen. Mit dem Bier und der Demi-glace aufgießen, zudecken und im Ofen langsam garschmoren. Das Kräuterbündel herausnehmen und das Fleisch in der Kasserolle auftragen. Nebenbei Salzkartoffeln servieren.

RINDERFILET, GEBRATEN — Filet de bœuf rôti

Das Filet muß stets gut von den Sehnen befreit und mit dünnen Streifen fetten Specks gespickt werden. Diese Arbeit kann auch vom Metzger ausgeführt werden. Sofern nicht das ganze Filet in Betracht kommt, kann, je nach Wunsch, der Kopf oder das spitze Ende genommen werden. Es versteht sich von selbst, daß der dicke Kopf längere Zeit zum Braten benötigt als das dünnere Ende. Damit das Filet zart und saftig bleibt, muß es stets rosa gebraten werden. Man rechnet je Kilo 15 Minuten, bei kleineren Stücken entsprechend länger. Das Filet wird mit einer passenden Garnitur und der eigenen Jus angerichtet.

■ IN MADEIRASAUCE — Filet de bœuf au madère

6 Personen. *900-1000 g Rinderfilet; 1 Zwiebel; 1 Mohrrübe; 7 cl Madeira; $^1/_4$ l Demi-glace; 60 g Butter; 450 g Champignons. Zubereitung: 20 Minuten.*

Das Rinderfilet in Butter an allen Seiten anbraten, die in Scheiben geschnittene Mohrrübe und Zwiebel beifügen und leicht anrösten. Würzen, mit dem Madeira und der Sauce angießen, zudecken und langsam im Ofen garmachen; das Fleisch darf nicht in der Sauce schwimmen. Nach dem Garwerden, das Fleisch herausnehmen, die Sauce entfetten und passieren. Die Champignons in Butter braten und der Sauce beifügen. Das Fleisch auf diese Weise zubereitet wird innen noch rosa, nicht blutig wie beim Braten sein, zart und schmackhaft.

RINDERNIEREN IN MADEIRA MIT CHAMPIGNONS — Rognons de bœuf au madère et aux champignons

4 Personen. *600 g Rinderniere; 200 g Champignons; 1 dl Bouillon; 7 cl Madeira; 1 Eßlöffel Tomatenpüree; 1 kleine gehackte Zwiebel; 50 g Butter; 1 Löffel Mehl. Bratzeit: 2-3 Minuten.*

Die Niere von Fett und Sehnen befreien, der Länge nach vierteln und in dünne Scheibchen schneiden. Die Butter sehr heiß werden lassen und die Nieren ganz kurz in einer großen Stielpfanne braten, damit sie innen noch rosa sind und keinen Saft verlieren können. Sogleich mit einer Schaumkelle herausnehmen und in der Butter die in Scheiben geschnittenen Champignons bei starker Hitze braten und wieder herausnehmen. Die gehackte Zwiebel in der Butter anschwitzen, mit dem Mehl bestäuben, leicht bräunen lassen, mit dem Bouillon aufgießen, mit dem Tomatenpüree verrühren, kurz durchkochen, würzen und den Madeira zugießen; die Sauce muß ziemlich dick sein. Champignons und Nieren abseits des Feuers in die sehr heiße Sauce geben, rasch durchschwenken, anrichten, mit gehackter Petersilie bestreuen und sogleich servieren.

RINDERROULADEN AUF ORIENTALISCHE ART — Roulades de bœuf à l'orientale

4 Personen. *600 g Schmorfleisch; 50 g mageren Schinken; 8 schöne, rohe Champignons; 2 mittelgroße Zwiebeln; 1 Mohrrübe; 1 zerdrückte Knoblauchzehe; 1 Eßlöffel Tomatenmark; 1 Kräuterbündel; 5 cl Weißwein; 1 dl Bouillon; 80 g Butter; 200 g Reis. Schmorzeit: ungefähr 2 Stunden.*

Das Fleisch in 8 Scheiben von ungefähr 6 × 12 cm schneiden und leicht klopfen. Eine gehackte Zwiebel, den gehackten Schinken und die gehackten Champignonstiele in Butter dünsten und das Fleisch damit bestreichen. Die Scheiben zusammenrollen, mit Bindfaden in der Mitte und an den Enden befestigen und langsam mit einer in Scheiben geschnittenen Zwiebel und Mohrrübe anrösten. Mit Weißwein und Bouillon angießen, das Tomatenpüree, den Knoblauch und das Kräuterbündel beifügen, zudecken und langsam im Ofen garschmoren. Inzwischen Reis kochen, abtrocknen und leicht buttern. Die Fäden entfernen, die Rouladen auf dem Reis anrichten, auf jede Roulade einen gebratenen Champignonkopf setzen und mit dem eingekochten und passierten Fond übergießen. Rundherum mit halben, gebratenen Tomaten garnieren. *(Kulinarische Technik in Bildern, Seite 20.)*

RINDERZUNGE MIT MADEIRASAUCE — Langue de bœuf, sauce madère

8 Personen. *1 frische oder gepökelte Rinderzunge. Kochzeit: 2-3 Stunden.*

Frische Zungen mit einer mit 2 Nelken gespickten Zwiebel, 1 Mohrrübe und 1 Stück Sellerieknolle ansetzen und unter mehrfachem Abschäumen langsam garkochen. Pökelzungen über Nacht wässern und in ungesalzenem Wasser aufstellen. Nach dem Garwerden und solange die Zunge noch heiß ist, die Knochen und die knorpligen Teile entfernen und die Haut abziehen. Um ein Dunkelwerden zu verhindern, falls die Zunge nicht gleich verbraucht wird, in geöltes Papier einwickeln. Die Zunge in nicht zu dünne Scheiben schneiden und mit frischen grünen Erbsen, Spinat oder jungen Karotten, aber auch mit einem Püree von weißen Bohnen, Erbsen oder Linsen, Kartoffelpüree und Madeira- oder pikanter Sauce servieren.

RIPPENSTÜCK AUF NIZZAER ART (vereinfachtes Rezept) — Tranche d'aloyau à la niçoise

4 Personen. *1 Stück Hochrippe mit Filet von wenigstens 800 g; 3 Tomaten; 50 g Butter; 2 gehackte Knoblauchzehen; 1 Eßlöffel gehackte Petersilie; geriebene Semmel; 300 g Kartoffeln. Bratzeit: ungefähr 18 Minuten.*

Das Fleisch würzen, mit Öl bestreichen und auf dem Grill rösten oder im Ofen braten. Die Tomaten halbieren, mit einer Mischung von Knoblauch, gehackter Petersilie und Reibbrot füllen, obenauf einen Butterflocken geben und im Ofen braten. Das Fleisch anrichten und mit den Tomaten und Strohkartoffeln garnieren.

ROASTBEEF AUF ENGLISCHE ART — Roastbeef à l'anglaise garni

6 Personen. *1 kg Roastbeef ohne Knochen; 600 g Blumenkohl; verschiedene Gemüse; 40 g Fett. Bratzeit: 25-30 Minuten.*

Die Sehnen vom Metzger gleich abtrennen lassen und das Fleisch mit einer Schnur binden. Würzen, in eine Pfanne mit heißem Fett legen und bei nicht zu scharfer Hitze braten und dabei des öfteren mit dem Fett übergießen. Es muß innen noch rosa sein. Man kann das feststellen, indem man eine Dressiernadel hineinsticht, einige Sekunden im Fleisch läßt und an die Lippen führt. Wenn sie sich beim Herausziehen warm, aber nicht heiß anfühlt, ist das Fleisch gar.
Das Fett aus der Pfanne abgießen, den Bratsatz mit etwas Bouillon verkochen und passieren. Das Roastbeef vor dem Tranchieren etwas ruhen lassen, in dünne Scheiben schneiden, mit gekochten und gebutterten Blumenkohlröschen und beliebigen anderen Gemüsen und Kartoffeln garnieren, mit der entfetteten Bratenjus übergießen und heiß servieren. Das Roastbeef schmeckt auch kalt ausgezeichnet.

ROASTBEEF AUF HOLZHAUERART — Faux-filet à la bûcheronne

4 Personen. *600-750 g flaches Roastbeef; 500 g Morcheln oder Steinpilze; 2-3 Eßlöffel Doppelrahm; 75 g mageren Speck; 400 g Kartoffeln; 75 g Butter; 2 Eßlöffel Fett. Bratzeit: 15-18 Minuten.*

Die Sehnen des Fleisches gleich vom Metzger entfernen lassen, binden, in eine Pfanne mit heißem Fett legen, leicht salzen und bei nicht zu scharfer Hitze braten. Die Kartoffeln in kleine Würfel schneiden, kurz blanchieren, mit kaltem Wasser abspülen, gut abtropfen und in heißer Butter braten. Den Speck in Würfelchen schneiden und mit den Kartoffeln vermengen. Die Morcheln oder die in dicke Scheiben geschnittenen Steinpilze in Butter sautieren und mit Salz und Pfeffer würzen, mit der Sahne binden und gut durchschwenken. Das Fleisch vor dem Tranchieren kurze Zeit ruhen lassen, damit sich das Blut setzt, in Scheiben schneiden, anrichten, mit den Pilzen bedecken und mit den Kartoffeln garnieren.

MIROTON

4 Personen. *500 g gekochtes Rindfleisch ohne Knochen; 300 g Zwiebeln; $^1/_2$ l Bouillon; 50 g Butter oder Schweineschmalz; 25 g Mehl; Reibbrot; gehackte Petersilie; 1 Schuß Weißwein. Kochzeit: 10-12 Minuten.*

Die Zwiebelscheiben in der Butter hellgelb anrösten, mit dem Mehl bestäuben und ganz leicht bräunen. Mit der Bouillon angießen, gut vermischen, mit Salz und Pfeffer würzen und langsam 15 Minuten kochen. Das Fleisch in dünne, gleichmäßige Scheiben schneiden. Den Boden einer feuerfesten Platte mit einigen Löffeln der Sauce bedecken, darauf das Fleisch ordnen und mit der restlichen Sauce gleichmäßig übergießen. Mit Reibbrot bestreuen, mit einem Schuß Weißwein beträufeln, obenauf Butterflöckchen geben und langsam im Ofen überkrusten. Beim Servieren mit gehackter Petersilie bestreuen.

MIXED GRILL

4 Personen. *4 sehr kleine Lendenschnitten; 4 Kalbsfiletschnitten; 4 sehr kleine Lammkoteletts; 4 kleine Scheibchen Kalbsleber; 4 Scheiben durchwachsenen Speck; 4 kleinste Bratwürstchen (Chipolatas); 4 halbe Tomaten; 4 große Champignonköpfe; Chips- oder Strohkartoffeln.*

Obwohl das Gericht nicht nur aus Rindfleisch besteht, geben wir es an dieser Stelle an. Sämtliche Fleischstücke werden saftig auf dem Rost, notfalls in der Pfanne, gebraten, geschmackvoll angerichtet und mit den gebratenen Tomaten und Champignons sowie den Kartoffeln garniert. Man kann das Gericht auch abwechseln, indem man das eine oder andere Fleisch austauscht und dicke Scheiben Kalbsniere, Schweinefilet u. a. nimmt.

TAFELSPITZE AUF ENGLISCHE ART — Pointe de culotte de bœuf à l'anglaise

6 Personen. *900-1000 g Rindertafelspitze; 500 g Karotten; 250 g weiße Rüben; 1 großen Wirsingkohl; 5 Stangen Porree; 1 Zwiebel mit 1 Lorbeerblatt und 2 Nelken gespickt. Kochzeit: 50-60 Minuten.*

Die Tafelspitze in lauwarmem Wasser ansetzen, zum Kochen bringen, abschäumen und die Gemüse, den Porree zusammengebunden, den Wirsing geviertelt und gleichfalls gebunden, hinzugeben und langsam kochen. Sobald das Gemüse gar ist, herausnehmen und mit etwas Brühe warm halten. Das Fleisch soll innen noch etwas blutig sein. Nach kurzem Ruhen in schöne Scheiben schneiden, mit dem Gemüse garnieren und mit etwas von der gut gewürzten Brühe übergossen servieren. Den Rest der Brühe entweder vorher servieren oder für andere Zwecke aufbewahren.

■ GESCHMORT — Aiguillette de bœuf braisée

5 Personen. *750-875 g Tafelspitze; 80 g fetten Speck; 2 Zwiebeln; 2 Mohrrüben; 1 Kräuterbündel; 4 dl Weißwein; $^1/_2$ l dünne Demi-glace; 40 g Fett. Schmorzeit: ungefähr $2^1/_2$ Stunden.*

Das Fleisch lardieren, in dem heißen Schmalz an allen Seiten gut anrösten, die in dicke Scheiben geschnittenen Zwiebeln und Mohrrüben hinzugeben und mitrösten. Das Fett aus dem Topf abgießen, den Weißwein aufgießen und zur Hälfte einkochen. Bis zur Höhe mit leichter Demi-glace auffüllen, würzen, das Kräuterbündel beifügen, zudecken und langsam im Ofen garschmoren. Das Fleisch herausnehmen, die Sauce abfetten, notfalls noch einkochen und passieren. Das angerichtete Fleisch leicht saucieren, mit Karotten, grünen Erbsen, geschmortem Weißkohl, Risotto oder nach Belieben garnieren und den Rest der Sauce nebenbei servieren.

TAFELSPITZE, GESCHMORT, AUF BÜRGERLICHE ART — Pointe de bœuf braisée à la bourgeoise

4 Personen. 700 g Tafelspitze; 500 g Mohrrüben; 250 g kleine Zwiebelchen; 1 Kräuterbündel; 3 dl Weißwein; 1 große Zwiebel; 1 große Mohrrübe; 4 dl dünne Demi-glace; 40 g Fett; 50 g Butter. Schmorzeit: ungefähr $2^1/_2$ Stunden.

Das Fleisch wie oben ansetzen und schmoren. Die Mohrrüben in Stücke schneiden und oval formen, in Butter leicht anrösten und auch die Zwiebelchen anrösten. Das Fleisch, wenn es dreiviertelgar ist, herausnehmen, in eine saubere Kasserolle legen, die Sauce abfetten und darüberpassieren, die Mohrrüben und Zwiebelchen hinzufügen, zudecken, und alles zusammen garwerden lassen. Das in Scheiben geschnittene Fleisch mit der Sauce mitsamt dem Gemüse bedecken (die Sauce notfalls noch etwas einkochen) und mit gehackter Petersilie bestreuen.

ZWISCHENRIPPENSTÜCK UND BEEFSTEAK, GRILLIERT — Entrecôtes et beefsteaks grillés

4 Personen. 4 Zwischenrippenstücke oder Beefsteaks je 150-175 g. Bratzeit: 8-10 Minuten.

Das Zwischenrippenstück wird aus dem flachen Roastbeef und das Beefsteak aus der gut abgelagerten Kluft, dem Filet oder anderen zarten Teilen Rindfleisch geschnitten. Das Zwischenrippenstück muß gut pariert sein und die Sehnen eingeschnitten. Beide Stücke werden eingefettet, am besten geölt, auf dem Rost gebraten und erst nachträglich gewürzt.

ZWISCHENRIPPENSTÜCK AUF BÉARNER ART — Entrecôte à la béarnaise

Das grillierte Fleisch wird mit Brunnenkresse und gebackenen Kartoffelstäbchen angerichtet und dazu wird Béarner Sauce serviert.

■ AUF BORDELAISER ART — Entrecôte à la bordelaise

Das Fleisch mit schönen, in Salzwasser pochierten Scheiben Rindermark belegen und mit Bordelaiser Sauce saucieren oder nebenbei servieren.

■ AUF HAUSHOFMEISTERART — Entrecôte à la maître d'hôtel

Das Fleisch grillieren, mit Brunnenkresse garnieren und mit halbzerlassener Kräuterbutter bedecken.

■ AUF LYONER ART — Entrecôte à la lyonnaise

4 Personen. 4 Zwischenrippenstücke; 300 g Zwiebeln; 1 dl Weißwein; 3 Löffel Fleischjus; 1 Schuß Essig; 75 g Butter; gehackte Petersilie.

Die Zwiebeln in Scheiben schneiden, in Butter goldgelb anrösten, die Fleischjus, den Essig und den Weißwein hinzugeben, mit Salz und Pfeffer würzen und einige Minuten dünsten. Das Fleisch in Butter in der Stielpfanne braten, anrichten, mit den Zwiebeln bedecken und mit gehackter Petersilie bestreuen.

■ MIRABEAU — Entrecôte Mirabeau

4 Personen. 2 Zwischenrippenstücke je 350 g; 16 gefüllte Oliven; 12 Streifen Sardellenfilets; 20 g Sardellenbutter; Brunnenkresse.

Das Fleisch grillieren, anrichten und mit Sardellenbutter bestreichen. Mit den Sardellenstreifen überkreuz belegen und in die Öffnungen eine halbe Olive setzen. Mit Brunnenkresse garnieren.

■ AUF WEINHÄNDLERART — Entrecôte marchand de vin

4 Personen. 2 Zwischenrippenstücke je 350 g; 15 cl Rotwein; 75 g gehackte Schalotten; 75 g Butter; Zitronensaft; gehackte Petersilie.

Das Fleisch braten und herausnehmen. In der Bratbutter die Schalotten anschwitzen, mit dem Rotwein aufgießen, mit Salz und Pfeffer würzen und fast gänzlich einkochen. Abseits der Hitze die Butter darunterziehen, die Petersilie beifügen, mit einigen Tropfen Zitronensaft abschmecken und über das Fleisch gießen.

KALTE GERICHTE VON RINDFLEISCH

RINDFLEISCH AUF MODISCHE ART IN GELEE — Bœuf à la mode en gelée

6 Personen. *Gleiche Zutaten wie für das heiße Gericht, zuzüglich von 2 Kalbsfüßen und 100 g frischer Schweineschwarte.*

Das Fleisch genauso zubereiten, wie es unter warmen Gerichten angegeben worden ist. Nach dem Garwerden, Fleisch, Kalbsfüße, Schwarten und Gemüse herausnehmen und gut abtropfen lassen. Den Boden einer Terrine oder Salatschüssel mit den Zwiebelchen und den Karotten geschmackvoll garnieren, das Fleisch hineinlegen und mit den restlichen Gemüsen umranden. Man kann auch die Kalbsfüße hinzufügen, doch müssen sie in feine Streifen geschnitten werden, da sie nach dem Erkalten fest werden. Den passierten Fond gut abfetten, behutsam über das Fleisch gießen, zum Erstarren in den Kühlschrank stellen und am nächsten Tag auf eine runde Platte stürzen.

Anmerkung: Das Gericht kann auch mit einem schönen Stück Kalbfleisch bereitet werden.

■ AUF NIZZAER ART — Bœuf à la niçoise

4 Personen. *400-500 g gekochtes oder gebratenes Rindfleisch; 500 g Tomaten; 2 hartgekochte Eier; 450 g Prinzeßböhnchen; 3 dl Vinaigrettesauce; Pfeffergurken.*

Von den grünen Bohnen, eventuell auch einige in Würfeln gekochter Kartoffeln Salat anmachen und in die Mitte einer ovalen Platte dressieren. Das Fleisch in dünne Scheiben schneiden und darauf symmetrisch plazieren. Mit halben, festen Tomatenscheiben, halb übereinandergelegt, umranden und der Länge nach, über dem Fleisch, Eierscheiben, abwechselnd mit Tomaten- oder Pfeffergurkenscheiben auflegen. Die Vinaigrette mit einem Teelöffel Senf verrühren und über das Ganze gießen, ohne die Eierscheiben zu berühren. *(Siehe Bild auf Seite 133.)*

RINDFLEISCHSALAT — Salade de bœuf

Gekochtes oder gebratenes Rindfleisch kann in Streifen geschnitten, mit Kartoffeln, Pfeffergurken u. a. vermischt und mit Mayonnaise oder Tatarensauce angemacht werden. Ein weiteres Rezept findet man unter Vorspeisen.

TURBAN VON RINDFLEISCH IN GELEE — Turban de bœuf à la gelée

4 Personen. *400 g mageres, gekochtes Rindfleisch; 100 g mageren, gekochten Schinken; 2 hartgekochte Eier; 3 Pfeffergurken; 1 Tomate; 500 g Kartoffelsalat mit Mayonnaise gebunden; Prinzeßböhnchen; ungefähr $^1/_2$ l Gelee; 1 Eßlöffel gehackte Kräuter.*

Das Rindfleisch und den Schinken in Streifen von Streichholzlänge schneiden, die Pfeffergurken in Scheibchen und die Eier grob hacken. Die Kräuter hinzugeben, vermengen, mit dem kalten, gerade zu stocken beginnenden Gelee vermischen und in eine zuvor mit kaltem Wasser ausgespülte Randform füllen und zum Anziehen in den Kühlschrank stellen. Nach dem Festwerden auf eine runde Platte stürzen, die Mitte mit dem Kartoffelsalat füllen und mit den leicht marinierten Böhnchen und Tomatenscheibchen garnieren. *(Siehe Bild auf Seite 133.)*

KALBFLEISCH

GEFÜLLTE KALBSBRUST — Poitrine de veau farcie

8 Personen. *1 kg 200-1 kg 500 Kalbsbrust; 400-500 g Wurstfleisch; 60 g gehackte Zwiebeln; 1 Eßlöffel gehackte Petersilie; 1 Ei; 2 Mohrrüben; 2 mittelgroße Zwiebeln; 25 g Butter; 40 g Schweineschmalz. Schmorzeit: 2 Stunden.*

Die Knochen entfernen und die Brust auf der Seite öffnen, damit sich eine Tasche bildet. Die gehackten Zwiebeln in Butter dünsten, die Petersilie beifügen, auskühlen und mit dem Bratwurstfleisch und dem Ei oder etwas eingeweichtem und ausgedrücktem Weißbrot vermengen und mit Salz und Pfeffer würzen. Die Brust mit der Masse füllen, zunähen, und gut an beiden Seiten in Schmalz anrösten. Zwiebeln und Mohrrüben in dicke Scheiben schneiden und ebenfalls anrösten. Die Brust würzen, auf das Gemüse legen, nur kurz mit Wasser oder Bouillon angießen und zugedeckt im Ofen schmoren. Wenn die Flüssigkeit so weit eingekocht ist, daß sie Fett zieht, jeweils etwas Wasser nachgießen. Nach dem Garwerden die Brust herausnehmen, die Jus abfetten, passieren, und nebenbei servieren. Reste der Kalbsbrust können auch kalt serviert werden.

KALBSFÜSSE VINAIGRETTE — Pieds de veau vinaigrette

4 Personen. 1 kg 200 Kalbsfüße; 2 Zwiebeln; 1 Mohrrübe; $^1/_2$ Zitrone; Mehl; 1 hartgekochtes Ei; 3 dl Vinaigrette. Kochzeit: ungefähr 3 Stunden.

Die Kalbsfüße der Länge nach spalten, in kaltem Wasser ansetzen und 5 Minuten blanchieren. Unter fließendem Wasser abspülen, gut mit Zitronensaft einreiben und bündeln. Kaltes Wasser mit etwas Mehl verrühren, mit Salz würzen, die Kalbsfüße damit ansetzen, 1 Zwiebel und 1 Mohrrübe hinzugeben, zum Kochen bringen und darauf achten, daß das Mehl nicht ansetzt. Langsam garkochen, gut abspülen, die Knöchel entfernen und die Füße in Stücke schneiden. Die Vinaigrette mit dem gehackten, hartgekochten Ei, einer kleinen gehackten Zwiebel, gehackten Kräutern und 1-2 Eßlöffel des Kochfonds vermischen und über die Kalbsfüße gießen. Heiß oder lauwarm servieren.

KALBSFRIKANDEAU MIT SAUERAMPFER — Fricandeau de veau à l'oseille

4 Personen. 750 g Kalbsfrikandeau; 40 g Spickspeck; 50 g Speckabfälle; 1 große Mohrrübe; 2 Zwiebeln; 1 Kräuterbündel; $^1/_4$ l Bouillon; 40 g Fett; 1 kg Sauerampfer. Schmorzeit: $1^1/_2$ Stunden.

Die Mohrrübe und die Zwiebeln in dicke Scheiben schneiden und zusammen mit den Speckabfällen auf den Boden eines Schmortopfes legen. Das Frikandeau spicken, würzen, auf das Gemüse legen, mit dem heißen Fett übergießen und auf den Herd stellen, bis das Gemüse anfängt zu bräunen. Mit Bouillon angießen, zudecken und im Ofen schmoren. Dabei darf der Oberteil des Fleisches nicht in der Bouillon schwimmen. Das Frikandeau wiederholt begießen, damit es schön glasiert ist. Nach dem Garwerden den Fond entfetten, einkochen und passieren. Das Fleisch mit der Jus übergossen anrichten und dazu Sauerampferpüree mit Sahne gebunden servieren. Man kann es auch durch ein anderes Gemüse wie Spinat oder Champignons ersetzen.

KALBSGESCHNETZELTES IN SAHNENSAUCE — Emincé de veau à la crème

4 Personen. 500 g Kalbsnuß; 40 g gehackte Zwiebeln; 5 cl Weißwein; 60 g Butter; 3 dl frische Sahne; 1 Teelöffel Fleischglace; Zitronensaft. Zubereitung: 8-10 Minuten.

Das Fleisch in kleine, dünne Scheibchen schneiden und in einer großen Stielpfanne in heißer Butter rasch anbraten, damit es innen noch blutig ist. Herausnehmen und in der Bratbutter die Zwiebeln hellgelb anrösten. Mit dem Weißwein ablöschen, bis auf ein Drittel einkochen, die Sahne und die Glace beifügen und zu einer sämigen Sauce verkochen. Würzen, mit einigen Tropfen Zitronensaft abschmecken, das Fleisch hinzugeben und abseits der Hitze durchschwenken. Man kann 200 g gekochte, in Scheiben geschnittene Champignons beifügen. In einer warmen Schüssel anrichten und sogleich servieren.

■ AUF PIEMONTESISCHE ART — Emincé de veau à la piémontaise

4 Personen. 500 g Kalbsnuß; 250 g Reis; 150 g Champignons; $^1/_4$ l Geflügelrahmsauce.

Einen leicht tomatierten Risotto bereiten. Das Fleisch wie oben schneiden, anbraten und mit den Champignons, zuvor in Scheiben geschnitten und gegart, vermischen. Mit der Geflügelrahmsauce oder Madeira- oder Tomatensauce binden. Den Reis in eine Randform drücken, auf eine runde Platte stürzen und das Geschnetzelte in die Mitte füllen.

KALBSHACHSE ODER OSSO BUCO — Jarret de veau ou Osso Buco

4 Personen. 1 kg 200 Kalbshachse in 4 Stücke gesägt; 50 g Butter; 5 cl Öl; 2 Mohrrüben; 1 Zwiebel; 1 Stengel Bleichsellerie; die dünn abgeschnittene Schale 1 Zitrone; 2 Eßlöffel Tomatenmark; $^1/_4$ l Weißwein; 1 dl Bouillon oder Wasser; 1 Knoblauchzehe; 1 Eßlöffel gehackte Petersilie. Schmorzeit: $1^1/_2$ Stunden.

Die Stücke auf beiden Seiten in Öl und Butter gut anrösten. Die kleingewürfelten Mohrrüben, Zwiebel und Sellerie beifügen und leicht mitanrösten. Mit dem Weißwein angießen, das Tomatenmark beifügen, würzen und zur Hälfte einkochen. Bouillon oder Wasser hinzugeben, zudecken, und im Ofen garschmoren. Die feingehackte Zitronenschale, die Petersilie und den zerdrückten Knoblauch beifügen, noch einmal aufkochen und nötigenfalls mit etwas Stärkemehl binden. Mit Risotto oder Kartoffelpüree servieren. *(Siehe Bild auf Seite 136.)*

KALBSHERZ — Cœur de veau

Das Kalbsherz in Scheiben schneiden und in Butter wie Kalbsleber braten. Mit brauner Butter oder einer braunen Sauce anrichten, doch niemals in der Sauce kochen lassen, da die Scheiben zähe werden würden.

KALBSHIRN MIT DUNKLER BUTTER — Cervelles au beurre noir

4 Personen. *2 Kalbshirne; 1 Zwiebel; Essig; 60 g Butter. Kochzeit: 6 Minuten.*

Das Kalbshirn mehrere Stunden wässern und alle Blutfasern entfernen. Inzwischen ungefähr $^3/_4$ l Wasser mit Zwiebelscheiben, Salz und einem Schuß Essig 20 Minuten kochen. Das Hirn in diesem Sud garziehen lassen, gut abtropfen und anrichten. Die Butter in einer Pfanne so stark bräunen, daß sie fast dunkel wird, über das Hirn gießen, in der Pfanne einen Schuß Essig erhitzen und dazugeben. Man kann das Hirn zuvor mit gehackter Petersilie und einigen Kapern bestreuen.

KALBSKOTELETTS MIT FEINEN KRÄUTERN — Côtelettes de veau sautées aux fines herbes

4 Personen. *4 Kalbskoteletts je 175 g; 80 g Butter; 5 cl Weißwein; 1 Eßlöffel gehackte Kräuter (Petersilie, Kerbel, wenig Estragon); Mehl. Bratzeit: 12 Minuten.*

Die Koteletts würzen, mehlen und in heißer Butter auf beiden Seiten braten. Herausnehmen und anrichten. In die Pfanne noch etwas frische Butter geben, den Weißwein hinzugießen, die Kräuter beifügen, kurz durchkochen und über die Koteletts gießen.

■ GRILLIERT — Côtelettes de veau grillées

4 Personen. *4 Koteletts je 175 g; 40 g Butter. Bratzeit: 12 Minuten.*

Die Koteletts würzen, mehlen, mit flüssiger Butter bestreichen, auf beiden Seiten auf dem Rost braten und dabei wiederholt mit Butter bepinseln. Mit Kräuterbutter und einer Gemüsegarnitur anrichten.

■ AUF HAUSFRAUENART — Côtelettes de veau bonne-femme

4 Personen. *4 Koteletts je 175 g; 80 g Butter; 125 g durchwachsenen Speck; 15 kleine Zwiebelchen; 400 g kleine, neue Kartoffeln; 5 dl Bouillon. Bratzeit: 18 Minuten.*

Die Zwiebelchen und die Kartoffeln, jeden Teil für sich, in Butter garmachen. Die Koteletts würzen, mehlen und in heißer Butter bei mäßiger Hitze 10 Minuten braten. Herausnehmen und in der Butter den gewürfelten Speck anrösten. Koteletts, Speck, die Zwiebelchen und die Kartoffeln in eine Servierkasserolle geben, mit der Bouillon angießen und zugedeckt ungefähr 8 Minuten in den Ofen stellen, um sie fertigzudünsten.

■ POJARSKI — Côtelettes de veau Pojarski

4 Personen. *500 g Kalbsnuß; 50 g feingehackte Zwiebeln; 50 g Weißbrotkrume; 80 g Butter; 1 Ei; geriebene Weißbrotkrume; Mehl. Bratzeit: 10-12 Minuten.*

Das Fleisch von Haut und Sehnen befreien und hacken oder durch den Fleischwolf treiben. Die gehackten Zwiebeln in Butter weißdünsten, auskühlen und zum Fleisch geben. Die in Milch eingeweichte, ausgedrückte und zerbröckelte Weißbrotkrume und walnußgroß Butter hinzugeben, mit Salz, Pfeffer und Paprika würzen und gut durcharbeiten. In vier oder acht Stücke teilen und jedem Stück auf dem gemehlten Tisch die Form eines Koteletts geben, leicht plattieren, durch geschlagenes Ei ziehen und in dem Reibbrot wenden. In heißer Butter auf beiden Seiten langsam zu schöner, brauner Farbe braten. Anrichten und mit feinem Mischgemüse oder einer anderen Gemüsegarnitur servieren.

■ AUF HAUSHÄLTERINART — Côtelettes de veau à la ménagère

4 Personen. *4 Koteletts je 175 g; 60 g Butter; 15 kleine Zwiebelchen; 400 g kleine, oval geformte Kartoffeln; 200 g kleine Karotten; 1 dl Weißwein. Gartzeit: 30-40 Minuten.*

Die Koteletts würzen und auf beiden Seiten in der Butter braten. In eine feuerfeste Servierkasserolle geben und die zuvor angerösteten Zwiebelchen, die dreiviertelgar gekochten Karotten und Kartoffeln hinzugeben, mit dem Weißwein angießen, zudecken und im Ofen langsam garschmoren lassen.

KALBSKOTELETTS IM TOPF MIT SAHNE — Côtelettes en cocotte à la crème

4 Personen. *4 Koteletts je 175 g; 40 g Butter; 1½ dl frische Sahne. Bratzeit: 18-20 Minuten.* Die Koteletts würzen, mehlen und in einem feuerfesten Porzellan- oder Steingutbrater langsam auf beiden Seiten braten. Sobald sie gar sind, die Sahne hinzugießen, kurz einkochen und zugedeckt in dem Geschirr servieren. Dazu Schmelzkartoffeln auftragen.

KALBFLEISCHKNORPEL AUF BAUERNART — Tendrons de veau à la paysanne

4 Personen. *4 Kalbfleischknorpel je 175 g; 40 g Schmalz; 250 g Mohrrüben; 200 g weiße Rüben; 100 g Zwiebelscheiben; 200 g geschälte, entkernte, gehackte Tomaten oder 2 Eßlöffel Tomatenmark; 8 mittelgroße Kartoffeln; 1 dl Weißwein; Bouillon. Schmorzeit: 1½ Stunden.*

Kalbfleischknorpel sind Stückchen vom Ende der Kalbsbrust, die etwa zweifingerbreit geschnitten werden. Die Knorpel würzen, in dem heißen Schmalz gut anrösten und in einem flachen, breiten Kochgeschirr ordnen. Die blätterig geschnittenen Mohrrüben, weißen Rüben und Zwiebelscheiben hinzugeben, mit dem Weißwein aufgießen und zum Kochen bringen. Den Wein zur Hälfte einkochen, die Bouillon und die Tomaten oder das Tomatenpüree beifügen und zugedeckt im Ofen unter mehrfachem Begießen schmoren. Ist die Flüssigkeit eingekocht, wenig Wasser hinzugießen. Die Knorpel herausnehmen, anrichten und mit der entfetteten, eingekochten, doch nicht passierten Jus übergießen. Man kann ihr noch einige frisch gekochte grüne Erbsen oder in Vierecke geschnittene grüne Bohnen sowie Kartöffelchen beifügen.

KALBSLEBER AUF ENGLISCHE ART — Foie de veau à l'anglaise

4 Personen. *4 Scheiben Kalbsleber ohne Haut oder Sehnen je 100 g; 8 Scheiben Frühstücksspeck (Bacon); 50 g Butter; Mehl. Bratzeit je Seite: 1½-2 Minuten.*

Den Speck in der Pfanne rösten, herausnehmen und warm halten, das Fett aber darin lassen. Die Butter hinzugeben, heißwerden lassen und die gemehlten Leberscheiben rasch auf beiden Seiten braten; erst nachträglich würzen. Anrichten, mit den Speckscheiben garnieren und die Bratbutter darübergießen. Salzkartoffeln nebenbei servieren. *(Siehe Bild auf Seite 135.)*

KALBSMEDAILLONS VERONESE — Médaillons de veau Veronese

4 Personen. *8 Kalbsmedaillons je 60-70 g; 160 g gekochten, mageren Schinken; 250 g entkernte, geschälte, gehackte Tomaten; 400 g grüne Nudeln; 4 schwarze Oliven; 80 g Butter. Bratzeit: ungefähr 8 Minuten.*

Die Tomaten in Butter trocken dünsten und mit Salz und Pfeffer würzen. Die aus dem Kalbsfilet gleichmäßig geschnittenen Medaillons würzen, braten und auf rund ausgestochene, leicht in Butter angewärmte Schinkenscheiben setzen. Auf die in Butter geschwenkten und mit Salz, Pfeffer und geriebener Muskatnuß gewürzten Nudeln plazieren, auf jedes Medaillon ein Löffelchen der geschmolzenen Tomaten geben und mit einer halben schwarzen Olive garnieren. *(Siehe Bild auf Seite 136.)*

KALBSMILCH AUF GÄRTNERINART — Ris de veau à la jardinière

4 Personen. *500-600 g Kalbsmilch (Brieschen); 600-700 g verschiedene Gemüse; 50 g Zwiebelscheiben; 100 g Mohrrübenscheiben; ¼ l Bouillon; 70 g Butter. Dünstzeit: 30 Minuten.*

Die Kalbsmilch längere Zeit wässern, 3-4 Minuten blanchieren, in frischem Wasser auskühlen und die knorpligen Teile entfernen, aber nicht enthäuten. Die Kalbsmilch ungefähr 1 Stunde mit einem Brettchen und nicht zu schwerem Gewicht beschweren, um die Fasern zu brechen und ein Zusammenziehen während des Dünstens zu verhindern. Auf ein Bett von den geschnittenen Zwiebeln und Mohrrüben setzen, würzen, mit der Bouillon aufgießen und zugedeckt im nicht zu heißen Ofen dünsten. Herausnehmen, den Fond passieren, mit Stärkemehl leicht abziehen oder mit etwas Demi-glace einkochen und mit Madeira abschmecken. Grüne Bohnen, grüne Erbsen, sauber geformte Mohrrüben und weiße Rüben usw., jeder Teil für sich gekocht, in Butter schwenken, würzen und die angerichtete Kalbsmilch damit garnieren. *(Siehe Bild auf Seite 134.)*

KALBSMILCHSCHNITZEL IN RAHMSAUCE — Escalopes de ris de veau à la crème

4 Personen. 500 g Kalbsmilch; 50 g Butter; 2 dl frische Sahne; 200 g Champignons; $^1/_2$ Zitrone; 1 Schuß Cognac. Zubereitung: 12-14 Minuten.

Die Kalbsmilch wässern und 7-8 Minuten blanchieren. Parieren und in knapp 1 cm dicke Scheiben schneiden. Würzen, mehlen und in heißer Butter auf jeder Seite knapp 3 Minuten braten und anrichten. Die Sahne in das Kochgeschirr gießen, ungefähr auf die Hälfte einkochen, mit dem Saft der Zitrone und einem Schuß Cognac würzen und die gekochten, in Scheiben geschnittenen Champignons hinzugeben. Noch einmal aufkochen und über die angerichteten Schnitzel gießen.

KALBSNIEREN AUF ENGLISCHE ART — Rognons de veau à l'anglaise

4 Personen. 600 g Kalbsnieren; 80 g Butter; 1 Ei; Mehl; Reibbrot; Öl; $^1/_2$ Zitrone; gehackte Petersilie. Bratzeit: ungefähr 6 Minuten.

Die Nieren vollständig vom Fett befreien, der Länge nach teilen und die knorpligen Teile herausschneiden. Mehlen, durch geschlagenes, gewürztes und mit einigen Tropfen Öl vermischtes Ei ziehen und in Reibbrot wenden. In eine ausgebutterte Backplatte legen, mit etwas flüssiger Butter begießen und im heißen Ofen auf jeder Seite 3-4 Minuten braten. Die restliche Butter zerlassen, mit Zitronensaft und gehackter Petersilie vermischen, mit frischgemahlenem Pfeffer würzen und rundherum gießen.

■ SAUTIERT — Rognons de veau sautés

4 Personen. 600 g Nieren; 200 g rohe Champignons; 60 g Butter; 1 dl Weißwein oder 5 cl Madeira; 1 Eßlöffel gehackte Petersilie. Bratzeit: 2-3 Minuten.

Die Nieren vom Fett befreien, entsehnen, der Länge nach teilen und in dünne Scheibchen schneiden. Die Hälfte der Butter erhitzen und die Nieren bei scharfer Hitze anrösten, damit sie innen noch leicht blutig sind, und herausnehmen. Frische Butter in die Pfanne geben, heißwerden lassen, die in Scheiben geschnittenen Champignons hineingeben und bei scharfer Hitze braten. Mit dem Weißwein oder Madeira ablöschen, fast gänzlich einkochen, die gehackte Petersilie und abseits der Hitze die Nieren hinzugeben, würzen und alles zusammenschwenken. Sogleich mit Pilawreis servieren.

KALBSNIERENBRATEN — Rognonnade de veau

6 Personen. 1 kg 500 Kalbsnierenstück; 2 Mohrrüben und 2 Zwiebeln in Scheiben; 3 dl Wasser oder Bouillon. Schmorzeit: $1^1/_2$ Stunden.

Zum Kalbsnierenbraten nimmt man das Rippenstück von der Hüftspitze bis zu den ersten Rippen mit den Nieren. Meist wird es entbeint, die Lappen werden lang gelassen, die vom Fett nicht gänzlich befreite und halbierte Niere gibt man in die Mitte, rollt und umbindet das Stück mit Schnur. Es wird angebraten, auf die gerösteten Gemüsescheiben gelegt, mit der Bouillon angegossen und im Ofen, zugedeckt, unter mehrfachem Begießen geschmort. Dabei soll die Flüssigkeit fast gänzlich einkochen, um das Stück zu glasieren. Herausnehmen, den Satz mit noch etwas Wasser verkochen, abfetten und passieren. Man kann den Kalbsnierenbraten mit feinen Gemüsen garnieren oder mit Risotto oder gebutterten Nudeln servieren. Die kurz gehaltene Jus gibt man nebenbei.

KALBSNUSS AUF GROSSMUTTERSART — Noix de veau grand-mère

6 Personen. 1 kg Kalbsnuß; 24 kleine Zwiebelchen; 150 g mageren Speck; 500 g Maronen; 1 Kräuterbündel; 1 Eßlöffel Tomatenmark; 60 g Butter; $^1/_4$ l Bouillon. Schmorzeit: $1^1/_2$ Stunden.

Die Maronen sorgfältig schälen und von der inneren Haut befreien. Die Zwiebelchen in Butter leicht anrösten, den Speck in Würfel schneiden, blanchieren, abtropfen und kurz anrösten. Die Kalbsnuß würzen, in einer ausreichend großen Kasserolle in Butter auf allen Seiten gut anbraten. Rundherum die Maronen, die Zwiebelchen und den Speck geben, mit der Bouillon, mit dem Tomatenmark verrührt, aufgießen und das Fleisch zugedeckt im Ofen langsam garschmoren. Mit den Gemüsen garniert anrichten und mit der eingekochten, entfetteten Jus übergießen.

KALBSNUSS JUDIC — Noix de veau Judic

6 Personen. *1 kg Kalbsnuß; 60 g Spickspeck; 12 halbe, gedünstete Köpfe Salat; 12 Herzoginkartoffeln; 1 dl Madeirasauce; $^1/_4$ l Kalbsjus; 40 g Butter. Bratzeit: ungefähr $1^1/_4$ Stunden.*

Die Nuß mit Streifen von fettem Speck spicken, würzen, langsam im Ofen in Butter braten und mehrmals damit begießen. Herausnehmen, das Fett aus dem Geschirr abgießen, den Bratsatz mit der Jus abkochen und passieren. Das Fleisch anrichten, mit dem Kopfsalat und den Kartoffeln garnieren. Den Salat mit Madeirasauce bedecken und die Jus nebenbei servieren.

KALBSRAGOUT MIT GEMÜSEN — Ragoût de veau aux légumes

4 Personen. *800 g Kalbsbrust oder -blatt; 500 g kleine Karotten; 20 kleine Zwiebelchen; 300 g ausgepalte Erbsen; 1 Eßlöffel Tomatenmark; 40 g Fett; 20 g Butter; $^1/_2$ l Bouillon; Mehl. Schmorzeit: $1^1/_2$ Stunden.*

Die Brust in Stücke von etwa 60 g teilen und in dem Fett nur wenig anrösten. Mit Mehl bestäuben, leicht färben lassen, mit der Bouillon angießen, mischen, würzen und zugedeckt 30 Minuten im Ofen schmoren. Die Zwiebelchen und die Karotten in Butter nur kurz anrösten, die Erbsen nicht zu weich kochen. Das Tomatenmark unter die Sauce rühren, die Zwiebelchen und die Karotten hinzugeben und zusammen mit dem Fleisch garwerden lassen. Zuletzt die Erbsen hinzufügen, noch einmal aufkochen, abfetten und servieren.

■ MARENGO — Sauté de veau Marengo

4 Personen. *700 g Kalbsblatt ohne Knochen; 80 g gehackte Zwiebeln; 1 dl Weißwein; 1 Knoblauchzehe; 200 g Champignons; 2 Eßlöffel Tomatenpüree; 1 Kräuterbündel; herzförmige Croutons; gehackte Petersilie; 30 g Butter; Mehl; 5 cl Öl. Schmorzeit: $1^1/_2$ Stunden.*

Das Fleisch in Stücke von ungefähr 50 g schneiden und in halb Butter und halb Öl gut anrösten. Die gehackten Zwiebeln hinzugeben, ebenfalls leicht anrösten, mit einem Löffel Mehl bestäuben, die zerdrückte Knoblauchzehe beifügen und noch kurz anlaufen lassen. Mit dem Weißwein und dem Tomatenpüree, mit etwas Wasser verrührt, aufgießen, das Kräuterbündel hineingeben, würzen und zugedeckt im Ofen 1 Stunde schmoren. Das Kräuterbündel herausnehmen, die rohen Champignons beifügen und alles zusammen garschmoren. Gut abfetten und mit herzförmigen, in Öl gebackenen Croutons garnieren und mit gehackter Petersilie bestreut servieren.

KALBSRIPPEN ODER -SCHWANZSTÜCK IM TOPF — Quasi ou longe de veau en casserole

4 Personen. *1 kg Rippen- oder Schwanzstück; 2 mittelgroße Zwiebeln; 2 kleinere Mohrrüben; 40 g Fett. Schmorzeit: $1^1/_2$ Stunden.*

Das Fleisch in einem passenden Topf in heißem Fett an allen Seiten gut anrösten, die in Scheiben geschnittenen Zwiebeln und Mohrrüben mit anrösten. Mit Salz und Pfeffer würzen, nur ungefähr 5 cl Wasser angießen, zudecken und im Ofen langsam garwerden lassen. Es benötigt wenig Flüssigkeit, da das Fleisch im eigenen Saft gar wird. Es ist fertig, wenn man es mit einer Dressiernadel leicht durchstechen kann. Man kann während des Kochprozesses kleine Zwiebelchen, Karotten oder Champignons hinzugeben oder nebenher garen. *(Siehe Bild auf Seite 135.)*

KALBSRÖLLCHEN, GESCHMORT — Paupiettes de veau braisées

4 Personen. *4 Kalbsschnitzel je 130 g; 150 g Schweinebrät (Bratwurstfleisch); 1 Eßlöffel gehackte Petersilie; 1 kleine, gehackte Zwiebel; 30 g Butter; 40 g Fett; 1 mittelgroße Zwiebel, 1 Mohrrübe. Schmorzeit: 45-50 Minuten.*

Die gehackte Zwiebel in der Butter weiß dünsten und auskühlen. Mit dem Brät und der gehackten Petersilie vermengen und mit Salz und Pfeffer würzen. Die Schnitzel klopfen, auf der Innenseite leicht würzen, mit dem Brät bestreichen, zusammenrollen und binden. In dem Fett auf allen Seiten gut anrösten und die in Scheiben geschnittene Zwiebel und Mohrrübe mit rösten. Bis zur halben Höhe mit Bouillon oder Wasser angießen, zudecken und im Ofen unter mehrmaligem Begießen garschmoren. Mit der passierten und gut entfetteten Jus und einer beliebigen Gemüsegarnitur servieren.

KALBSRÖLLCHEN AUF GRIECHISCHE ART — Paupiettes de veau à la grecque

4 Personen. *4 Schnitzel je 130 g; 4 Scheiben mageren, gekochten Schinken je 25 g; 50 g gehackte Zwiebel; 75 g entrindetes Weißbrot; 1 Eßlöffel gehackte Petersilie; 1 Eßlöffel Tomatenmark; 25 g Butter; 40 g Fett. Schmorzeit: ungefähr 50 Minuten.*

Das Brot einweichen und ausdrücken, die gehackte Zwiebel in der Butter weiß dünsten und auskühlen. Von dem Brot, der Zwiebel und der gehackten Petersilie eine streichfähige Masse bereiten und mit Salz und Pfeffer würzen. Die Schnitzel klopfen, mit der Masse bestreichen, mit einer Schinkenscheibe belegen, zusammenrollen und binden. In dem Fett anrösten, mit dem mit Tomatenmark verrührten Wasser oder Bouillon angießen und wie oben schmoren. Auf Risotto anrichten und dazu die passierte, entfettete Jus servieren.

KALBSROLLE — Roulade de veau

8 Personen. *800 g Kalbfleisch; 500 g Schweinebrät; 100 g Weißbrot; 75 g gehackte Zwiebeln; 2 gehackte Schalotten; 1 große Zwiebel; 2 Mohrrüben; 1 Eßlöffel gehackte Petersilie; 1 Eßlöffel Tomatenpüree; 30 g Butter; 40 g Fett; $^1/_4$ l Bouillon. Schmorzeit: ungefähr 2 Stunden.*

Beim Metzger ein großes Stück Blatt oder Brust bestellen und gleich flachklopfen lassen. Die gehackten Zwiebeln und Schalotten in der Butter weiß dünsten, auskühlen, mit dem eingeweichten und ausgedrückten Brot, dem Brät und der gehackten Zwiebel unter Zunahme einiger Tropfen Wasser gut vermengen und mit Salz und Pfeffer würzen. Das Fleisch mit der Masse bestreichen, zusammenrollen, gut binden, an allen Seiten gut anrösten und auch in Scheiben geschnittene Mohrrüben und Zwiebel mit anrösten. Mit der Bouillon, zuvor mit dem Tomatenpüree verrührt, angießen, zudecken und langsam garschmoren. Die Jus entfetten, passieren und über das tranchierte Fleisch gießen. Dazu eine beliebige Gemüsegarnitur servieren. Reste können kalt mit Pfeffergurken oder einem grünen Salat gegessen werden. *(Kulinarische Technik in Bildern, Seiten 21-22.)*

KALBSSCHNITZEL, PANIERT, AUF ENGLISCHE ART — Escalopes de veau panées à l'anglaise

4 Personen. *4 Schnitzel je 130 g; 1 Ei; geriebene Weißbrotkrume; 50 g Butter; $^1/_2$ Zitrone. Bratzeit: ungefähr 8 Minuten.*

Die Schnitzel dünn klopfen, mehlen, durch gewürztes, geschlagenes Ei ziehen, in dem Reibbrot wenden und anklopfen. In der heißen Butter langsam auf beiden Seiten braten, damit die Schnitzel nicht zu dunkel werden, und anrichten. Mit Zitronensaft beträufeln und mit der Bratbutter übergießen. Nebenbei ein beliebiges, grünes Gemüse servieren. Niemals Sauce oder Jus über panierte Schnitzel gießen, da sie knusprig serviert werden müssen.

■ CORDON BLEU — Escalopes de veau Cordon Bleu

4 Personen. *12 Schnitzel je 60 g; 6 Scheiben gekochten Schinken je 15 g; 6 Scheibchen Schweizer Käse je ungefähr 15 g; 2 Eier; geriebene Weißbrotkrume; Mehl; 60 g Butter. Bratzeit: 12 Minuten.*

Die Schnitzel klopfen und würzen. Je zwei mit einer Scheibe Schinken und einem Scheibchen Schweizer Käse dazwischen zusammensetzen. Mehlen, durch geschlagenes Ei ziehen und sorgfältig mit Reibbrot panieren. Erst eine und dann die andere Seite in geklärter Butter zu schöner Farbe braten. *(Schweiz)*

■ AUF JÄGERART — Escalopes de veau à la chasseur

4 Personen. *4 Schnitzel je 150 g; 250 g rohe Champignons; 2 gehackte Schalotten; 1 Eßlöffel gehackte Petersilie; 1 dl Weißwein; 50 g Butter; 2 Eßlöffel Öl; 1 dl Demi-glace; Mehl. Bratzeit: 12 Minuten.*

Die Schnitzel leicht klopfen, würzen, mehlen, auf beiden Seiten in Butter und Öl braten, herausnehmen und warm halten. Die geputzten, in Scheiben geschnittenen Champignons in der Bratbutter unter Zugabe der gehackten Schalotten hell anrösten, den Weißwein hinzugeben, zur Hälfte einkochen und mit der Demi-glace aufgießen. Die Petersilie beifügen, kurz durchkochen, abschmecken und über die angerichteten Schnitzel gießen.

KALBSSCHNITZEL AUF WIENER ART (Wiener Schnitzel) — Escalopes de veau à la viennoise

4 Personen. *4 Schnitzel je 130-150 g; 60 g Schweineschmalz; 1 großes Ei; Mehl; Reibbrot; 1 Zitrone; Petersilie. Bratzeit: 6-8 Minuten.*

Die Schnitzel aus der Nuß oder dem Schnitzelfrikandeau schneiden lassen, dünn klopfen, würzen, mehlen, durch geschlagenes Ei ziehen und in Reibbrot wenden. Das Schmalz in einer Stielpfanne heißwerden lassen und die Schnitzel auf beiden Seiten, schwimmend, goldgelb und knusperig backen. Auf einem Tuch abfetten, auf einer Papierserviette anrichten, jedes mit einer Zitronenscheibe belegen und mit Petersilie garniert servieren.

VOGELNESTER — Nids d'hirondelles

4 Personen. *4 Schnitzel je 100 g; 4 dünne Scheiben gekochten Schinken je 20 g; 4 hartgekochte Eier; 60 g gehackte Zwiebeln; 1 Eßlöffel gehackte Petersilie; 1 große Mohrrübe, 2 mittelgroße Zwiebeln; 60 g Butter; Mehl; 5 cl Weißwein; 1 dl Bouillon; 1 Teelöffel Kartoffelmehl; Kartoffelpüree. Schmorzeit: 1 Stunde.*

Die gehackten Zwiebeln mit etwas Butter weiß dünsten, mit der gehackten Petersilie vermischen und auskühlen. Die Schnitzel klopfen, würzen, auf jedes etwas gehackte Zwiebel, ein Scheibchen Schinken und ein geschältes Ei geben und so zubinden, daß auch die Enden geschlossen sind. An allen Seiten zusammen mit Mohrrüben- und Zwiebelscheiben in Butter anbraten, mit dem Weißwein angießen, aufkochen, die Bouillon hinzugeben und im Ofen, zugedeckt, schmoren, dabei des öfteren begießen und eventuell noch Bouillon nachgießen. Nach dem Garwerden den Faden entfernen, jedes Stück der Länge nach halbieren und in kleinen Nestern, aus Kartoffelpüree gespritzt, anrichten. Den Fond passieren, leicht mit Kartoffelmehl abziehen und nebenbei servieren.

WEISSGERICHT VON KALBFLEISCH — Blanquette de veau

4 Personen. *700-800 g schieres Kalbfleisch; 20 kleine Zwiebelchen; 250 g Champignons; 60 g Butter; 30 g Mehl; 1 Zitrone; 1 Eigelb; 2 Eßlöffel frische Sahne. Kochzeit: 1^1/$_2$-2 Stunden.*

Für dieses Gericht Kalbsblatt, -brust, -hals oder -hachse nehmen und gleich entbeinen lassen. Das Fleisch in grobe Würfel schneiden, waschen, in lauwarmem Wasser ansetzen und zum Kochen bringen. Gut abschäumen, leicht salzen, ein Kräuterbündel beifügen und langsam 1 Stunde kochen, dabei mehrmals abschäumen. Die Zwiebelchen beifügen und weiterkochen. Die geputzten Champignons mit etwas Zitronensaft, nußgroß Butter und einer Prise Salz garmachen. Wenn das Fleisch gar ist, das Kräuterbündel herausnehmen und die Brühe passieren. Von der Butter und dem Mehl weiße Schwitze bereiten, mit der Brühe vermischen und 15 Minuten kochen. Die Champignons zum Fleisch und den Zwiebelchen geben, die Sauce darüberpassieren und noch einmal aufkochen. Abseits des Feuers mit dem Eigelb, mit der Sahne verrührt, binden, mit Zitronensaft würzen und gut abschmecken.

KALBSZUNGE AUF HERZOGINART — Langue de veau à la duchesse

4 Personen. *1 große Kalbszunge; 500 g Kartoffeln; ^{1}/$_2$ l braune Sauce; 1 dl Weißwein; 2 Zwiebeln; 2 kleine Mohrrüben; 2 Schalotten; 2 Pfeffergurken; 1 Eßlöffel gehackte Petersilie; 40 g Butter; 1 Eigelb. Schmorzeit: 1^1/$_2$ Stunden.*

Die Zunge stark blanchieren, enthäuten und den Schlund abschneiden. In der Butter zusammen mit den in gleichmäßige kleine Würfel geschnittenen Mohrrüben, Zwiebeln und Schalotten anbräunen, mit dem Weißwein und der braunen Sauce aufgießen und zugedeckt langsam im Ofen schmoren. Nach dem Garwerden herausnehmen, die kleingewürfelten Pfeffergurken und die Petersilie beifügen, einmal aufkochen, abfetten und abschmecken. Eine ovale, feuerfeste Platte mit Herzoginkartoffelmasse umspritzen, im Ofen überbacken, die geschnittene Zunge in die Mitte der Platte dressieren und mit der Sauce übergießen.

KALTE GERICHTE VON KALBFLEISCH

KALBFLEISCH AUF SCHWEDISCHE ART — Veau à la suédoise

4 Personen. *500 g Kalbfleischreste; ¹/₂ rohe Sellerieknolle; 2 Reinetten; 2 Tomaten; 1 hartgekochtes Ei; 2 dl Tomatensauce; 2 dl Mayonnaise; ¹/₂ Zitrone.*

Die geschälte Sellerieknolle und die geschälten Äpfel in feine Streifen schneiden oder raspeln und kurz mit Zitronensaft und wenig Salz marinieren. Mit Mayonnaise binden, pikant abschmecken und in die Mitte einer Glasplatte dressieren. Rundherum das in Scheibchen geschnittene Kalbfleisch ordnen mit Tatarensauce bedecken und mit Tomaten- und Eierscheiben garnieren.

KALBSKOPF VINAIGRETTE — Tête de veau vinaigrette

4 Personen. *800 g Kalbskopf; 1 Zitrone; 1 große Zwiebel mit 1 Lorbeerblatt und 2 Nelken bespickt; 1 große Mohrrübe; 2 dl Vinaigrettesauce. Kochzeit: ungefähr 1¹/₂ Stunden.*

Den entbeinten Kalbskopf in kaltem Salzwasser ansetzen und 5 Minuten blanchieren. In fließendem Wasser gut abspülen, abtropfen und gänzlich mit Zitronensaft einreiben. In grobe Vierecke schneiden und in Salzwasser ansetzen, das man mit 2-3 Löffeln Mehl verrührt hat, die Zwiebel und die Mohrrübe hinzugeben und, zugedeckt, langsam recht weich kochen. Sofern sie dabei ist, kocht man den Kopf mit der Zunge, aber ohne Hirn. Die Stücke recht heiß mit etwas von der Kochbrühe übergossen anrichten und dazu Vinaigrettesauce und Salzkartoffeln servieren.

KALBSKOTELETTS IN GELEE AUF FRÜHLINGSART — Côtes de veau en gelée à la printanière

4 Personen. *4 Koteletts je 150 g; 25 kleine Zwiebelchen; 400 g rund ausgestochene Karotten; ¹/₂ l Gelee; Mehl; 40 g Butter. Kochzeit: 30-35 Minuten.*

Die Koteletts sauber parieren, würzen, mehlen und auf beiden Seiten in Butter leicht bräunen. Gut abfetten, zusammen mit den Zwiebelchen und Karotten in ein geeignetes Geschirr geben, würzen, mit dem flüssigen Gelee übergießen und ganz langsam kochen, damit das Gelee nicht trübe wird. Nach dem Garwerden, die Koteletts in Kotelettformen legen, mit den Zwiebelchen und Karotten umranden und mit dem gut entfetteten Gelee zugießen. Im Kühlschrank festwerden lassen, auf eine kalte Platte stürzen und mit krauser Petersilie garnieren.

HAMMEL- UND LAMMFLEISCH

Das Fleisch der jungen Schafe (Hammelfleisch) und der Lämmer hat einen ausgezeichneten Geschmack und ist genau so nahrhaft wie jedes andere Schlachtfleisch. Die am meisten geschätzten Tiere werden an den Küstengebieten gezüchtet, wo die Weiden, durch die salzhaltige Meeresluft gesättigt, am saftigsten sind. In Frankreich nennt man sie « prés-salés ».

Die besten Stücke sind die Keulen, der Rücken und die Schulter oder das Blatt. Brust und Hals nimmt man gerne zum Ragout, und auch die Nieren, das Hirn, die Leber und das Herz werden von Kennern geschätzt. Die Koteletts schneidet man aus dem Rippenstück, Karree, mitsamt dem Knochen. Sie werden pariert und der Knochen wird sauber verputzt. Chops, wie man sie in England nennt und sich auch bei uns unter diesem Namen eingebürgert haben, werden aus dem Rückenstück mitsamt dem Filet (Filet mignon), aber auch vom Ende der Rippen, und zwar dort, wo sie an die Keule grenzen, geschnitten. Im allgemeinen rechnet man ein Hammelkotelett oder einen Chop je Person, aber zwei Lammkoteletts.

HAMMELFLEISCH

HAMMELBRUST AUF TATARENART — Poitrine de mouton à la tartare

Die Brust wird mit Wurzelwerk und einem halben, zusammengebundenen Weißkohlkopf weichgekocht, leicht abgekühlt, entbeint, und unter leichtem Druck völlig erkaltet. Man schneidet sie in gleichmäßige Vierecke, bestreicht sie dünn mit Senf und paniert sie mit Reibbrot. Dann werden sie geölt und auf dem Rost langsam gebraten. Dazu wird Tatarensauce serviert. Den sehr gut schmeckenden Kochfond kann man vorher als Suppe servieren.

CASSOULET AUF HAUSHÄLTERINART — Cassoulet à la ménagère

4 Personen. *750 g Hammelschulter; 1 Schweinshachse; 100 g frische Schweineschwarten; 250 g weiße Bohnen; 3 Zwiebeln; 2 Mohrrüben; 2 Knoblauchzehen; $^1/_2$ l Bouillon; 2 Eßlöffel Tomatenpüree; 30 g Schweineschmalz. Kochzeit: ungefähr $1^1/_2$ Stunden.*

Die weißen Bohnen einige Stunden einweichen, mit frischem Wasser, einer mit zwei Nelken gespickten Zwiebel, der Schweinshachse, den Schwarten und den Knoblauchzehen ansetzen und ganz langsam ungefähr 1 Stunde kochen, wobei die Bohnen gar sein sollen, aber nicht zerfallen dürfen. Das Fleisch in große Stücke schneiden, in dem Schmalz anrösten und die restlichen gehackten Zwiebeln hinzugeben. Würzen, etwas Bouillon zugießen und zugedeckt schmoren und immer wieder etwas Bouillon hinzufügen, die mit dem Tomatenpüree vermischt worden ist.
Wenn die Bohnen fast gar sind, mit dem Fleisch, den in Scheiben geschnittenen Mohrrüben, in Vierecke geschnittenen Schwarten und dem in Stücke geschnittenen Fleisch der Hachse vermischen und alles zusammen noch ungefähr 30 Minuten schmurgeln. Das Gericht so servieren, besser noch, in eine tiefe, ovale Backplatte füllen, mit Reibbrot bestreuen, mit etwas Schmalz beträufeln und im Ofen zu schöner Farbe überkrusten.

MUTTON CHOPS

4 Personen. *4 Hammelchops von 175-200 g; 40 g Kräuterbutter; Worcestershiressauce. Bratzeit: 10-12 Minuten.*

Die Chops aus dem Sattelstück schneiden, die Bauchlappen nach innen drehen und mit einem Spießchen zusammenhalten. Würzen, entweder auf dem Rost oder in der Pfanne braten. Mit Kräuterbutter belegen, eventuell noch mit einigen Tropfen Worcestershiresauce würzen. *(Siehe Bild auf Seite 157.)*

HAMMELFÜSSE IN WEISSER SAUCE — Pieds de mouton poulette

4 Personen. 4 Hammelfüße; 1 gespickte Zwiebel; 1 Mohrrübe; 160 g Champignons; ¹/₄ l Poulettesauce (siehe diese); 1 dl milden Essig; 1 Zitrone; 1 Teelöffel gehackte Petersilie. Kochzeit: 3-4 Stunden.

Die Füße der Länge nach spalten, den Knochen auslösen, den Haartupfen entfernen, flambieren und gut waschen. In reichlich kaltem Wasser ansetzen, das man mit einer Handvoll Mehl verrührt, gesalzen und mit dem Essig leicht gesäuert hat. Die Mohrrübe und die gespickte Zwiebel hinzugeben und langsam garkochen. Abspülen, die restlichen Knöchelchen entfernen, gut abtropfen und zusammen mit den geviertelten, gekochten Champignons in die Sauce geben und noch kurze Zeit dünsten. Mit Zitronensaft würzen, die gehackte Petersilie beifügen und anrichten.

Will man das Gericht noch verfeinern, vor dem Würzen mit Zitronensaft, 1 dl frische Sahne beifügen, kurz durchkochen, abseits des Feuers mit 1-2 Eigelben legieren und Zitronensaft und Petersilie hinzugeben. Hammelfüße kommen in Frankreich meist fertig blanchiert in den Handel. Ist das nicht der Fall, müssen sie vor dem Spalten und Entknöcheln stark blanchiert werden.

HAMMELFLEISCH, GEDÜNSTET, AUF PROVENZALISCHE ART — Daube de mouton à la provençale

1 kg Hammelschulter, entbeint; 150 g fetten Speck; 100 g mageren Speck; 2 stark blanchierte, entknöchelte Hammelfüße; 1 Mohrrübe; 1 mittelgroße Zwiebel; ¹/₂ Flasche Rotwein; 4 Tomaten; 25 Minuten je Kilo

Das Fleisch in grobe Würfel schneiden, jedes Stück mit einem dicken Streifen fetten Specks durchziehen und in dem Rotwein zusammen mit einigen Tropfen Öl, den in Scheiben geschnittenen Zwiebeln und Mohrrüben und dem Kräuterbündel 24 Stunden marinieren. Das Fleisch in eine feuerfeste Terrine füllen, je eine gehackte Zwiebel und Knoblauchzehe, die Hammelfüße, den gewürfelten, mageren Speck und das Kräuterbündel hinzufügen und würzen. Die Marinade darüberpassieren, die gewürfelten Tomaten dazugeben, hermetisch verschließen und im Ofen langsam dünsten. Öffnen, entfetten, und in der Terrine servieren.

HAMMELKEULE AUF BRETAGNER ART — Gigot de mouton à la bretonne

8-10 Personen. 1 Hammelkeule; 500 g weiße Bohnen; 75 g gehackte Zwiebeln; 2 zerdrückte Knoblauchzehen; 3 Eßlöffel Tomatenpüree; gehackte Petersilie; 3 dl Bouillon. Bratzeit: 1 Stunde 20 Minuten-1 Stunde 30 Minuten.

Die Bohnen längere Zeit einweichen und mit einer gespickten Zwiebel und einer Mohrrübe gar, aber noch ganz kochen. Von der Keule den Schlußknochen auslösen und den Hachsenknochen verkürzen lassen. Würzen, in eine Pfanne mit etwas heißem Schmalz geben und im nicht zu heißen Ofen langsam braten, dabei innen noch leicht blutig lassen. Die gehackten Zwiebeln in etwas abgegossenem Bratfett der Keule anschwitzen und das Tomatenpüree, mit einigen Löffeln Bouillon vermischt, dazugeben und aufkochen. Die abgetropften weißen Bohnen hinzufügen, durchschwenken und würzen. Nach dem Garwerden, die Keule aus der Pfanne nehmen, das Fett abgießen, mit der Bouillon den Bratsatz abkochen und die Jus passieren. Anrichten und nebenbei die mit gehackter Petersilie bestreuten Bohnen und die Jus servieren.

■ AUF ENGLISCHE ART — Gigot de mouton à l'anglaise

8-10 Personen. 1 Hammelkeule; 4 große Mohrrüben; 4 weiße Rüben; 1 Pastinake; 12 Zwiebelchen; 500 g grüne Bohnen; 1 kg Kartoffeln; ¹/₂ l Kapernsauce. Kochzeit: ungefähr 1 Stunde.

Die Keule in leicht gesalzenes, siedendes Wasser legen, aufkochen und abschäumen. Die Mohrrüben, die weißen Rüben und die Pastinake hinzugeben, mitkochen und nach dem Garwerden herausnehmen und mit etwas von der Brühe warm halten. Die Bohnen in Salzwasser kochen, die Zwiebelchen in etwas Hammelbrühe. Nach dem Garwerden die Hammelkeule anrichten und mit den in zierlichen Stücken geschnittenen Mohrrüben, weißen Rüben und Pastinake sowie den grünen Bohnen und Zwiebelchen garnieren. Die mit der Hammelbrühe zubereitete Kapernsauce nebenbei servieren. Die gutgeformten Salzkartoffeln entweder zur Garnitur nehmen oder nebenbei reichen.

HAMMELKEULE, GEBRATEN — Gigot de mouton rôti

8-10 Personen. 1 Hammelkeule; 2-3 Knoblauchzehen; 40 g Fett; 4 dl Bouillon. Bratzeit: 25 Minuten je Kilo.

Die Keule so vorbereiten, wie es bei « Bretagner Art » angegeben worden ist. Die Knoblauchzehen tief in die Öffnung am Schlußknochen hineinstecken, die Keule leicht salzen und in das heiße Fett legen und im Ofen bei guter Hitze unter mehrfachem Begießen braten. Die Knochen und Parüren rund um die Keule legen und niemals Wasser hinzugießen. Das Fleisch innen noch leicht blutig halten und vor dem Tranchieren ein Weilchen ruhen lassen. Das Fett aus der Pfanne abgießen und den Bratsatz mit der Bouillon abkochen, einkochen und passieren. Dazu diese Jus und eine passende Gemüsegarnitur wie grüne Bohnen, Erbsen oder Spinatpüree und Schloß- oder Bäckerkartoffeln servieren.

HAMMELNIEREN TURBIGO — Rognons de mouton Turbigo

4 Personen. 4 Hammelnieren; 8 kleinste Bratwürstchen (Chipolatas); 16 kleine Zwiebelchen; 150 g geviertelte, gekochte Champignons; 8 Croutons; 60 g Butter; 2 dl tomatierte, braune Sauce. Bratzeit: 3-4 Minuten.

Die Nieren enthäuten, halbieren, mehlen und erst nach dem Braten würzen. Gleichzeitig die Würstchen und zuvor die Zwiebelchen braten. Die halben Nieren auf Croutons anrichten, mit den Würstchen garnieren und mit der Sauce übergießen, der man die Zwiebelchen und Champignons beigefügt hat. Die Nieren beim Braten innen noch rosa halten.

SPIESSCHEN VON HAMMELNIEREN — Rognons de mouton en brochettes

4 Personen. 40 g Kräuterbutter; Brunnenkresse; 4 große Hammelnieren. Bratzeit: 3 Minuten.

Die Nieren der Länge nach durchschneiden, aber nicht ganz trennen, und enthäuten. Mit Hilfe von Spießchen offenhalten, mit Öl oder zerlassener Butter bestreichen, würzen und bei lebhaftem Feuer auf dem Rost braten. Anrichten, in die Öffnung etwas Kräuterbutter geben und mit Brunnenkresse, eventuell auch Strohkartoffeln garnieren.

HAMMELRAGOUT MIT WEISSEN BOHNEN — Haricot de mouton

4 Personen. 700 g Hammelfleisch (Schulter, Brust oder Hals) ohne Knochen; 1 zerdrückte Knoblauchzehe; 2 Eßlöffel Tomatenpüree; 1 Kräuterbündel; 250 g weiße Bohnen oder grüne Bohnenkerne; 40 g Fett; Mehl; gehackte Petersilie. Schmorzeit: ungefähr 2 Stunden.

Das Fleisch in grobe Vierecke schneiden und in Fett anrösten. Die Knoblauchzehe hinzugeben, mit einem großen Löffel Mehl bestäuben, leicht anrösten lassen, mit Wasser, vermischt mit dem Tomatenpüree bis zur Höhe angießen, gut mischen und langsam, zugedeckt, im Ofen garwerden lassen. Mit den vorher gekochten und abgetropften Bohnen oder Bohnenkernen vermischen, noch einige Minuten schmurgeln lassen, abfetten, und mit gehackter Petersilie bestreut servieren.

HAMMELZUNGEN — Langues de mouton

Man kann die Zungen folgendermaßen bereiten: 1. Mit Wurzelwerk in leicht gesalzenem Wasser kochen, enthäuten und mit einem beliebigen Gemüsepüree anrichten. 2. Die Zungen in kaltem Wasser ansetzen, 10 Minuten blanchieren, in kaltem Wasser abkühlen, die Haut entfernen, abtrocknen, mehlen und an beiden Seiten anbraten. Mit dünner brauner Sauce, mit etwas Tomatenpüree vermischt, aufgießen und wenigstens 1 Stunde lang schmoren. Mit der Sauce übergießen und mit Maronen-, Knollensellerie- oder Linsenpüree oder auch Risotto servieren. 3. Die gekochten, enthäuteten Zungen der Länge nach in Scheiben schneiden, panieren, in Butter braten und mit einem beliebigen Gemüse servieren.

LAMMFLEISCH

LAMMBRIESCHEN — Ris d'agneau

Die kleinen, aber sehr schmackhaften Lammbrieschen wie Kalbsmilch wässern und dünsten. Sie eignen sich am besten zum Füllen von Blätterteigpasteten und -pastetchen und als Garnitur für Geflügelgerichte.

LAMMKEULE AUF BÄCKERART — Gigot d'agneau à la boulangère

8 Personen. *1 große Lammkeule; 1 kg Kartoffeln; 300 g Zwiebelscheiben; 2 Knoblauchzehen; 60 g Schweineschmalz. Bratzeit: ungefähr 1 Stunde.*

Die Keule vom Schlußknochen befreien und den Hachsenknochen kürzen. Das Fett in einer Pfanne heißwerden lassen, die leicht mit Salz eingeriebene Keule hineinlegen, im Fett umdrehen und im Ofen braten, dabei mit dem Fett mehrmals begießen. Die geschälten Kartoffeln in dünne Scheiben schneiden, mit den Zwiebeln vermischen, mit Salz und Pfeffer würzen und nach 30 Minuten zusammen mit der Keule garmachen. Im Gegensatz zur Hammelkeule, muß die Lammkeule durchgebraten sein. Da die Kartoffeln Saft und Fett beim Braten aufnehmen, von den gehackten Knochen und Parüren kurze Jus bereiten. Einen Teil der Keule aufschneiden und auf den Kartoffeln angerichtet servieren und die Jus nebenbei geben. *(Siehe Bild auf Seite 158.)*

LAMMKOTELETTS CHAMPVALLON — Côtelettes d'agneau braisées Champvallon

4 Personen. *8 Koteletts 2. Wahl, dem Hals zu geschnitten; 100 g Zwiebelscheiben; 500 g geschälte Kartoffeln; 30 g Butter; $^1/_2$ l Bouillon. Zubereitung: ungefähr $1^1/_2$ Stunden.*

Die Koteletts an beiden Seiten in Butter anbraten und in eine ovale, tiefe Backplatte legen. Die Kartoffeln in Scheiben schneiden, mit den Zwiebeln vermengen, würzen und die Koteletts damit bedecken. Mit der Bouillon aufgießen und im nicht zu heißen Ofen garmachen, aber nicht zudecken.

■ GRILLIERT — Côtelettes d'agneau grillées

4 Personen. *8 Lammkoteletts je 75-80 g. Grillierzeit: 6 Minuten.*

Die Koteletts parieren und den Oberteil des Knochens freilegen. Würzen, mit Öl oder Butter bestreichen und auf dem Grill so rösten, wie es in den Anleitungen angegeben worden ist. Hat man keinen Grill, in Butter oder Öl braten. Mit Brunnenkresse und gebackenen Kartoffelstäbchen oder Strohkartoffeln anrichten und grüne Bohnen, Fenchel oder ein anderes feines Gemüse servieren.

■ MIT REIS UND PEPERONATASAUCE — Côtelettes d'agneau au riz, sauce peperonata

4 Personen. *4 doppelstarke Lammkoteletts; 300 g Reis; 80 g Butter; 50 g geriebenen Parmesan. Zur Sauce: 4 Eßlöffel Olivenöl; 4 Eßlöffel gehackte Petersilie; 2 zerdrückte Knoblauchzehen; 3 entkernte, in Streifen geschnittene Paprikaschoten; $^1/_2$ kg reife, enthäutete, entkerne und gewürfelte Tomaten; 1 dl Bouillon. Kochzeit: 30-40 Minuten.*

Den Reis körnig, aber gar kochen, gut abtropfen und 50 g Butter und den Käse locker unterziehen. Die Koteletts würzen, in Butter braten und auf dem Reis anrichten. Zur Sauce die Zwiebeln in dem heißen Öl anschwitzen, ohne daß sie sich verfärben, den Knoblauch und die Paprikaschote hinzugeben und kurz anlaufen lassen. Die Tomaten beifügen, würzen, mit der Bouillon angießen und langsam gardünsten. *(Siehe Bild auf Seite 157)*

■ NAVARIN VON LAMMFLEISCH — Navarin d'agneau ou ragoût de mouton

4 Personen. *700 g Fleisch (Schulter, Brust, Hals) ohne, 900-1000 g mit Knochen; 20 Zwiebelchen; 500 g runde Karotten; 500 g oval geformte weiße Rüben; 500 g kleine, neue Kartoffeln; 40 g Fett; 1 Kräuterbündel; 1 zerdrückte Knoblauchzehe; 2 Eßlöffel Tomatenpüree; 40 g Mehl; gehackte Petersilie. Schmorzeit: ungefähr $1^1/_2$ Stunden.*

Das Fleisch in große Stücke schneiden, gut in Fett anrösten und einen Teil des Fettes abgießen. Mit Mehl bestäuben, gelb färben lassen, die Knoblauchzehe hinzugeben, mit Wasser bis zur Höhe aufgießen und gut vermengen. Das Tomatenpüree unterrühren, würzen, das Kräuterbündel beifügen, zudecken und langsam 1 Stunde, am besten im Ofen, schmoren lassen. Zwiebelchen, Karotten, weiße Rüben, jeden Teil für sich, in dem abgegossenen Fett anrösten und mit einer Prise Zucker bestäuben, um sie zu karamelisieren. Das Fett abgießen und die Gemüse und die geschälten Kartoffeln zum Fleisch geben und alles zusammen garwerden lassen. Gut abfetten und mit gehackter Petersilie bestreut anrichten.
Kann auch mit Hammelfleisch bereitet werden.

▲ Lammkoteletts mit Reis und Peperonatasauce, S. 156

Mutton Chops, S. 153 ▼

▲ Schweinskotelett mit Apfelscheiben, S. 162

Lammkeule auf Bäckerart, S. 156 ▼

▲ Schweinsmedaillon auf ungarische Art, S. 162

Braisierter Schinken, S. 163 ▼

159

▲ Glaciertes Schweinskotelett, S. 162

Garniertes Sauerkraut, S. 195 ▼

SCHWEINEFLEISCH

BAUERNTOPF — Potée paysanne

6 Personen. 1 kg 200 Pökelkamm oder Vorderschinken mit Knochen; 500 g mageren Speck; 1 Knoblauchwurst; 4 Mohrrüben; 1 Zwiebel; 1 kleinen Kopf Weißkraut; 500 g oval geformte Kartoffeln. Kochzeit: 1½-2 Stunden.

Das Pökelfleisch 2 Stunden wässern, in lauwarmem Wasser ohne Salz ansetzen, den Speck hinzugeben und 1 Stunde kochen. Die Zwiebel, die Mohrrüben, das zusammengebundene Weißkraut und die Wurst hinzugeben und nach 30 Minuten die Kartoffeln. Wenn alles gar ist, das Fleisch, den Speck und die Wurst in Scheiben schneiden, in einer tiefen Schüssel auf dem Weißkraut und den in Scheiben geschnittenen Mohrrüben anrichten und mit den Kartoffeln umlegen. Mit einigen Löffeln der Brühe übergießen und recht heiß servieren. Die restliche Brühe kann zum Ansetzen von Hülsenfrüchten verwendet werden, ergibt aber auch eine schmackhafte Suppe.

SCHWEINEBRATEN — Rôti de porc

4 Personen. 800-1000 g Schweinefleisch; 1 Mohrrübe; 1 Zwiebel; 30 g Schweineschmalz. Bratzeit: 50-60 Minuten.

Ein Stück Karree, Kamm oder Schulter nehmen, letztere entbeint, gerollt und gebunden. Das Fleisch zusammen mit dem gewürfelten Gemüse in Schmalz anbraten, dabei die gehackten Knochen um das Fleisch legen, um später eine gute Jus ziehen zu können. Während des Bratens einige Male wenden und mit dem Fett begießen. Nach dem Garwerden, herausnehmen, drei Viertel des Fettes abgießen, mit Wasser auffüllen und durchkochen; man kann auch mit Weißwein ablöschen. Das in Scheiben geschnittene Fleisch mit der eingekochten und passierten Jus übergießen.

BLUT- UND KALDAUNENWÜRSTCHEN, GRILLIERT — Boudins et andouillettes grillés

Die Würste auf beiden Seiten leicht ziselieren, damit sie beim Braten auf dem Rost oder in der Pfanne nicht platzen. Mit Kartoffelpüree servieren.

BLUTWÜRSTE MIT REINETTEN — Boudin aux pommes reinettes

Für jede Blutwurst einen Apfel schälen, vierteln, das Kerngehäuse entfernen, in Scheibchen schneiden und in Butter dünsten. Die Blutwürste grillieren oder in der Pfanne braten und auf den Äpfeln anrichten.

SCHWEINEFILET, GEBRATEN UND GARNIERT — Filet de porc rôti, garni

4 Personen. 2 Filets ungefähr 600 g; 30 g Schweineschmalz; 1 Zwiebel; 1 Mohrrübe; 1 Knoblauchzehe; 1 dl Weißwein; 4 blindgebackene Tarteletts; etwa 200 g gekochte Mohrrübenwürfelchen und Erbsen, in Butter geschwenkt; 1 dl Bouillon; 4 Tomaten. Bratzeit: 25-30 Minuten.

Die Filets enthäuten, würzen, auf ein Bett von Mohrrüben und Zwiebelscheiben legen, mit heißem Schmalz übergießen und bei nicht zu scharfer Hitze braten. Nach 15 Minuten die halbierten Tomaten hinzufügen und mitbraten. Das Fleisch und die Tomaten herausnehmen, das Fett aus der Pfanne abgießen, den Bratsatz mit dem Weißwein ablöschen, zur Hälfte einkochen, die Bouillon zufügen und kurz durchkochen. Das Fleisch in dünne, schräge Scheiben schneiden, mit den mit Mischgemüse gefüllten Tarteletts und den Tomaten garnieren und mit der kurzgehaltenen Jus übergießen. Die Filets können vor dem Braten mit Knoblauch eingerieben werden.

SCHWEINSFÜSSE MIT MADEIRASAUCE — Pieds de porc au madère

4 Personen. 4 Schweinsfüße; 1 dl Weißwein; 2 dl Madeirasauce; 1 Teelöffel Tomatenpüree; 1 Lorbeerblatt; 1 Zweig Thymian; 2 Gewürznelken; 6 Pfefferkörner; 30 g Schmalz. Zubereitung: 2½-3 Stunden.

Leicht gepökelte Schweinsfüße nehmen, waschen und 2 Stunden wässern. Abspülen, ungefähr 1 Stunde in Wasser kochen, auskühlen, der Länge nach spalten und in Schmalz etwas anschwitzen. Den Weißwein, das Tomatenpüree und die Gewürze hinzugeben und mit so viel Wasser aufgießen, daß sie gerade bedeckt sind. Hermetisch schließen und im Ofen wenigstens 2 Stunden dünsten. Ist die Flüssigkeit zu stark eingekocht, etwas Wasser nachgießen. Inzwischen die Madeirasauce (siehe diese) bereiten. Die fertigen Füße herausnehmen, entknöcheln, in die Madeirasauce geben und darin noch einige Zeit schmurgeln lassen.

SCHWEINSFÜSSE SAINTE-MENEHOULD — Pieds de porc Sainte-Menehould

4 Personen. 4 Schweinsfüße; 50 g Butter; geriebene Weißbrotkrume.

Die Schweinsfüße genau so wie oben kochen, leicht abkühlen, entknöcheln und unter leichtem Druck zwischen zwei Brettern erkalten lassen. Auf beiden Seiten mit flüssiger Butter bestreichen und mit so viel Weißbrot panieren, wie sie aufzunehmen vermögen. Mit zerlassener Butter oder Schmalz betropfen und langsam auf dem Grill zu schöner Farbe rösten. Dazu Kartoffel- oder ein anderes Gemüsepüree servieren.

SCHWEINEKARREE — Carré de porc

Hierunter versteht man das Kotelettstück mit den Rippen oder einen Teil davon. Man läßt sich den Rückenknochen abhacken, um es nach dem Braten besser schneiden zu können. Es wird wie das Filet gebraten und mit Gemüsen garniert. Schweinefleisch muß stets durchgebraten sein, da es sonst ungesund ist. Kaltes Schweinefleisch ist leichter verdaulich als warmes.

SCHWEINEKOTELETTS, GLACIERT — Côtelettes de porc glacées

4 Personen. 2 Koteletts je 350 g; 40 g Schmalz; 5 cl Weißwein. Bratzeit: 15-18 Minuten.

Für diese Zubereitungsart ist es vorteilhafter, zwei sehr dicke als vier normale Koteletts zu nehmen. Die Koteletts würzen, mehlen und langsam in der Stielpfanne braten, dabei wiederholt mit dem Fett übergießen. Anrichten, das Fett aus der Pfanne abgießen, den Bratsatz mit dem Weißwein ablöschen und über die Koteletts gießen. *(Siehe Bild auf Seite 160.)*

■ MIT APFELSCHEIBEN — Côtelettes de porc aux pommes

4 Personen. 4 Koteletts je 180 g; 2 Reinetten; 50 g Butter; 2 dl Jus. Bratzeit: 10-12 Minuten.

Die sauber parierten Koteletts würzen, mehlen und in Butter braten. Die Butter abgießen, den Bratsatz mit der Jus ablöschen und einkochen. Die Äpfel schälen, halbieren, das Kerngehäuse ausstechen, und die halben Früchte in Scheiben schneiden, die noch zusammenhängen, aber leicht auseinandergezogen sind. Im heißen Ofen garmachen, doch nicht zerfallen lassen. Auf jedes Kotelett einen noch in zusammenhängenden Scheiben geschnittenen halben Apfel dressieren und rasch unter dem Salamander oder im Ofen mit starker Oberhitze bräunen. *(Bild auf Seite 158)*

SCHWEINSMEDAILLONS AUF UNGARISCHE ART — Médaillons de porc à la hongroise

4 Personen. 8 Medaillons von 60-65 g aus dem Filet geschnitten; 2 geschälte, entkernte, grob gehackte Tomaten; 1 grüne und 1 rote Paprikaschote in Streifen geschnitten; 1 mittelgroße Zwiebel in Scheiben; 5 cl Weißwein; 2 dl Rahmsauce; Paprika; Knoblauchsalz. Bratzeit: 4 Minuten jede Seite.

Die Medaillons mit Knoblauchsalz würzen, auf jeder Seite in Butter braten und warm halten. In der Butter die Zwiebelscheiben und die Paprikastreifen anschwitzen, einige Tropfen Wasser zufügen und halbgar dünsten. Die Tomaten und den Weißwein hinzugeben und langsam garkochen. Die Medaillons anrichten, mit der Sauce bedecken und mit Paprika pudern. Die Garnitur der Länge nach darübergeben und nebenbei Tarhonya oder Nudeln servieren. *(Siehe Bild auf Seite 159.)*

SCHWEINERAGOUT — Ragoût de porc

Genau so wie Hammelragout bereiten. Mit vorgekochten weißen Bohnen oder mit Gemüsen wie bei Navarin vermischen. Es kann auch mit Reis oder Kartoffelpüree serviert werden.

SCHWEINSROULADEN PARMENTIER — Paupiettes de porc Parmentier

4 Personen. 8 Schweineschnitzel je 70 g; 125 g Bratwurstfleisch; 1 mittelgroße, gehackte Zwiebel; 1 Eßlöffel gehackte Petersilie; 30 g entrindetes Weißbrot; 5 cl Weißwein; 1 Eßlöffel Tomatenpüree; 60 g Schweineschmalz; 800 g geschälte Kartoffeln. Schmorzeit: 1 Stunde.

Das Brot einweichen, nicht zu stark ausdrücken und mit dem Bratwurstfleisch, der feingehackten Zwiebel und der Petersilie vermischen und gut würzen. Die Schnitzel recht breit und dünn klopfen, mit der Farce bestreichen, zusammenrollen, binden, leicht würzen und in Schmalz auf allen Seiten anrösten. Das Fett abgießen, den Weißwein hinzugeben, fast einkochen und bis zur halben Höhe mit Bouillon oder Wasser aufgießen. Zudecken und im Ofen schmoren. Die Kartoffeln in nicht zu kleine Würfel schneiden, mit kaltem Wasser ansetzen, beim Aufkochen abgießen, überspülen, sehr gut abtropfen, in heißem Fett schön braun rösten, das Fett abgießen und die Kartoffeln leicht salzen. Die Rouladen vom Faden befreien, anrichten, mit den Kartoffeln garnieren und den mit dem Tomatenpüree verkochten und passierten Schmorfond übergießen.

KOCHEN EINES SCHINKENS — Cuisson d'un jambon

Den Schinken abbürsten, den Hachsenknochen kürzen und den Schlußknochen, falls nicht geschehen, auslösen. Nötigenfalls 24 Stunden wässern, mit frischem Wasser ansetzen und nach dem Aufkochen an der Seite des Herdes nur ganz langsam bei Siedehitze garziehen lassen. Normale Schinken 20 Minuten, die zarten Prager Schinken nur 15 Minuten je 500 g ziehen lassen. Zum Kaltessen und mit Gelee zu glacierende Schinken im Sud nur halb auskühlen und dann fertig erkalten lassen. Soll er warm gegessen werden, aus dem Sud nehmen, die Haut abziehen, einen Teil des Fetts abschneiden, in eine Bratpfanne setzen, mit Wein angießen, mit Puderzucker bestäuben und im Ofen 45 Minuten braten und dabei wiederholt übergießen; die Oberseite muß schön gebräunt sein. Herausnehmen, den Fond mit brauner Sauce verkochen, sehr gut abfetten, passieren und mit Spinat, Champignons, grünen Erbsen usw. servieren. Oder den Schinken vom Schlußknochen befreien, den Hachsenknochen am Ende absägen und, ohne zu wässern, in kaltem Wasser ansetzen, und ohne Salz oder sonstige Zugabe nach dem Aufkochen langsam garziehen lassen. Für einen Schinken von 7-8 kg genügen $2^{1}/_{2}$ Stunden.

SCHINKEN, BRAISIERT — Jambon braisé

Den nicht zu weich gekochten Schinken gut abtropfen lassen, enthäuten und von einem Teil des Fettes befreien. In ein geeignetes Geschirr geben, mit etwas Weißwein, Madeira oder Schaumwein angießen, zudecken und dabei mit dem Wein wiederholt übergießen. Den Deckel abnehmen, den Schinken mit Puderzucker dicht bestäuben und die Oberfläche zu schöner brauner Farbe karamelisieren lassen. Herausnehmen, den Wein abfetten, einkochen und mit Demi-glace vermischen. Den Schinken anrichten und mit Spinat, frischen grünen Erbsen, Champignons oder auch verschiedenen Gemüsen garnieren. Die Sauce nebenbei servieren. *(Siehe Bild auf Seite 159.)*

WÜRSTCHEN MIT WEISSKRAUT — Saucisses aux choux

Die Würstchen einige Male mit der Gabel einstechen, in eine Pfanne mit wenig Wasser legen und in den heißen Ofen stellen, bis sie schön gebräunt sind. Gekochtes, gut abgetropftes, grobgehacktes Weißkraut in dem Wurstfett schwenken und die Würstchen auf dem Kraut anrichten.

KALTE SPEZIALITÄTEN VON SCHWEINEFLEISCH

SCHWEINSLEBERPASTETE AUF METZGERART — Pâté de foie de porc genre charcutier

6 Personen. 500 g Schweinsleber; 500 g fetten Speck; 300 g fetten, ungesalzenen Speck; 3 mittelgroße Zwiebeln; 2 Schalotten; 1 Knoblauchzehe; 2 Eier; 10 g Mehl; pulverisierten Thymian und Lorbeerblatt; 1 Schweinsnetz. Kochzeit: 2 Stunden.

Die Leber, beide Speckarten, die Zwiebeln, Schalotten und Knoblauch in Stücke schneiden und zweimal durch die feine Scheibe der Fleischmaschine treiben. Mit Salz, Pfeffer, Thymian und Lorbeer würzen und mit den Eiern und dem Mehl zu einer homogenen Masse gut durcharbeiten. Eine Terrine mit einem Stück Schweinsnetz ausfüttern, mit der Masse füllen, gut zusammendrücken und mit Schweinsnetz abdecken. Den Deckel aufsetzen, in ein Wasserbad stellen und bei mittlerer Hitze garmachen, wobei das Wasser immer leicht kochen soll und bei Bedarf nachgefüllt werden muß. Wenn das Fett an die Oberfläche der Pastete steigt, ist sie gar. Völlig erkalten lassen und in Scheiben geschnitten servieren. Das Schweinsnetz jeweils nur so weit entfernen, als die Scheiben abgeschnitten werden.

SCHWEINEFLEISCHTÖPFCHEN — Rillettes

6 Personen. *1 kg schieres, mageres Schweinefleisch; 1 kg frischen, ungesalzenen, ungeräucherten Speck; 1 Kräuterbündel. Zubereitung: 4 Stunden.*

Das Fleisch und den Speck in kleine Würfel schneiden, mit Salz und Pfeffer würzen, in eine Kasserolle geben, das Kräuterbündel beifügen und bei ganz gelinder Hitze langsam brutzeln lassen und ab und zu mit einem Holzlöffel umrühren. Wenn es in Fetzen zerfallen ist, das Kräuterbündel herausnehmen, gut durchmischen und in kleine Steintöpfchen füllen, mit einem runden Blatt Papier oder Alufolie abdecken, mit Pergamentpapier schließen, zubinden und kühl lagern. Man kann auch einen Teil Gänsefleisch mit dem Schweinefleisch vermischen.

GEFLÜGEL

Geflügelgerichte sind immer beliebt, einerlei ob es sich um das Mittag- oder Abendessen handelt. Wir wollen uns hier jedoch nur mit einfacheren, aber nichtsdestoweniger schmackhaften Gerichten befassen und kostspielige und komplizierte Zubereitungen der Luxusküche überlassen.

Es ist wohl unnötig, darauf hinzuweisen, daß es auch beim Geflügel verschiedene Qualitäten gibt. Viele Länder haben sich auf die Geflügelzucht spezialisiert, an der Spitze steht das Geflügel aus der Bresse in Ostfrankreich.

HÜHNER UND MASTHÜHNER

HAHN IN WEIN AUF DIJONER ART — Coq au vin à la dijonaise

4 Personen. *1 Hähnchen von ungefähr 1 kg 200 netto; 1 Flasche guten Burgunder; 150 g magere Speckwürfel; 20 kleine Zwiebelchen; 50 g Butter; 1 Kräuterbündel; 1 Eßlöffel Mehl. Zubereitung: 35-50 Minuten.*

Nach Möglichkeit ein frisch geschlachtetes Hähnchen nehmen, bei dem das Blut aufgefangen wurde. Das Hähnchen in vier Keulen-, zwei Flügel-, zwei Brust- und drei Rückenstücke teilen. mehlen, in Butter anrösten, die Speckwürfel und die Zwiebelchen beifügen und auch anrösten lassen. Mit Salz, Pfeffer und einer Spitze Pastetengewürz würzen, mit dem Wein aufgießen, das Kräuterbündel beifügen und, zugedeckt, langsam garschmoren. Die Sauce entfetten, mit dem Blut binden, aber nicht mehr kochen lassen, abschmecken und mit gehackter Petersilie bestreut servieren,

HÄHNCHEN IM TOPF AUF BAUERNART — Poulet de grain en cocotte à la paysanne

4 Personen. *1 Hähnchen von 1 kg 200; 24 magere Speckwürfel; 16 kleine Zwiebelchen; 250 g Mohrrüben; 250 g Mairüben; 60 g Butter. Zubereitung: ungefähr 40 Minuten.*

Das Gemüse würfeln, in Butter andünsten und die Zwiebelchen anbraten. Das Hähnchen bridieren und in einer feuerfesten, genügend großen Porzellan-, Steingut- oder Glaskasserolle an allen Seiten in Butter 15 Minuten braten. Die Speckwürfel mit anrösten, das Gemüse hinzugeben, würzen, einige Eßlöffel Jus oder Weißwein hinzugeben, zudecken und im Ofen fertiggaren. Das Huhn herausnehmen, zerlegen, auf dem Gemüse in der Kasserolle anrichten, eventuell noch einige Löffel Jus hinzugeben, zudecken und recht heiß servieren.

■ IM TOPF AUF HAUSFRAUENART — Poulet de grain en cocotte à la bonne-femme

4 Personen. *1 Hähnchen von 1 kg 200; 24 magere Speckwürfel; 16 kleine Zwiebelchen; 250 g frische Champignons; 60 g Butter; Jus. Zubereitung: ungefähr 40 Minuten.*

Das Hähnchen bridieren, an allen Seiten in einer feuerfesten Kasserolle anbraten und die zuvor angerösteten Speckwürfel und Zwiebelchen hinzugeben. Einige Löffel Jus angießen, zudecken und 15 Minuten im Ofen garen. Die je nach Größe halbierten oder geviertelten Champignons beifügen und alles zusammen fertigbraten. Das Hähnchen herausnehmen, zerlegen, wieder in die Kasserolle geben, etwas Jus zugießen und noch einige Minuten in den Ofen stellen und in der Kasserolle servieren. *(Siehe Bild auf Seite 169.)*

HÄHNCHEN MARENGO — Poulet Marengo

4-5 Personen. 1 Hähnchen von 1 kg 500; 50 g gehackte Zwiebel; 1 zerdrückte Knoblauchzehe; 250 g Champignons; 1 dl Weißwein; 30 g Butter; 3 Eßlöffel Öl; 3 Eßlöffel Tomatenpüree; Mehl; 10 herzförmige, gebackene Weißbrotcroutons. Zubereitung: 30-35 Minuten.

Das rohe Hähnchen in Stücke zerlegen, mehlen, in heißem Öl anrösten, die gehackten Zwiebeln hinzugeben und mit anrösten. Den Weißwein hinzugießen, auf die Hälfte einkochen, das Tomatenpüree, den Knoblauch und ein Kräuterbündel beifügen, würzen und 20 Minuten, zugedeckt, schmoren. Die rohen Champignons vierteln, rasch in Butter leicht anrösten, zum Huhn geben und noch 10 Minuten schmoren lassen. Anrichten, mit der entfetteten Jus übergießen und mit den Croutons garnieren. Dies ist eine vereinfachte Version des berühmten Gerichtes.

HÜHNER-CURRY — Chicken Curry

5 Personen. 1 junges Huhn oder Hähnchen von 1 kg 500; 75 g Zwiebelscheiben; 1 Eßlöffel Currypulver; 2 dl Kokosnußmilch; 2 dl Hühnerbrühe; 2 dl süße Sahne; 5 cl Öl; Mehl. Zubereitung: 30 Minuten.

Das rohe Huhn in Stücke zerlegen, würzen, mehlen und in heißem Öl anbraten. Die Zwiebelscheiben hinzugeben, mit anbraten, mit dem Currypulver bestäuben und kurz angehen lassen. Bis zur Höhe mit Kokosnußmilch und Hühnerbrühe aufgießen, zudecken und langsam garwerden lassen. Die Hühnerstückchen herausnehmen, anrichten, den Fond stark einkochen, mit der Sahne binden und sämig kochen. Über das Huhn gießen und nebenbei körnig gekochten, einfachen Reis servieren.

Kokosnußmilch: Frische Kokosnuß reiben, notfalls geriebene, getrocknete nehmen. Mit warmem Wasser übergießen, zugedeckt wenigstens 1 Stunde stehen lassen und die Flüssigkeit durch ein starkes Tuch auspressen.

HÜHNERFRIKASSEE — Fricassée de poulet

5 Personen. 1 junges Huhn oder Hähnchen von 1 kg 500; 20 kleine Zwiebelchen; 250 g kleine, frische Champignons; 1 dl Weißwein; 50 g Butter; 2 Eigelb; 5 cl süße Sahne oder Milch; 1 Kräuterbündel; Saft $^1/_2$ Zitrone; Mehl. Zubereitung: ungefähr 40 Minuten.

Das Huhn wie üblich roh zerteilen, mehlen und in Butter steifwerden, aber nicht verfärben lassen. Mit einem Eßlöffel Mehl bestäuben, gut mischen und mit dem Weißwein und Wasser bis zur Höhe aufgießen. Mit Salz und Pfeffer würzen, das Kräuterbündel und die Zwiebelchen beifügen und langsam 30 Minuten dünsten. Die geputzten Champignons hinzugeben und alles zusammen garwerden lassen. Im letzten Moment abseits der Hitze mit den Eigelben, mit der Sahne verrührt, binden, mit Zitronensaft würzen, gut abschmecken und in der Sauce servieren.

BRATHUHN — Poulet rôti

4 Personen. 1 junges Huhn von 1 kg 200; 40 g Butter. Bratzeit: 30-35 Minuten.

Ein junges Huhn zum Braten soll nicht älter als 6-7 Monate sein. Das ist leicht festzustellen. Kann man die Spitze des Brustknochens noch leicht biegen, dann ist es jung, der Knochen ist noch weich und beweglich.

Das Huhn ausnehmen, waschen, bridieren, innen und außen salzen, in ein Bratgeschirr in heiße Butter legen und im heißen Ofen braten. Dann und wann wenden und mit der Bratbutter übergießen. Nachdem es gut gebräunt ist, die Hitze drosseln. Es ist gar, wenn man es mit der Gabel über einen Teller hält und der Saft völlig klar, nicht mehr rosa oder blutig ab fließt. Das Huhn herausnehmen, etwas von der Bratbutter abgießen und den Bratsatz mit Wasser, Bouillon oder etwas Weißwein abkochen. Kurz einkochen, etwas um das Brathuhn gießen und den Rest nebenbei servieren.

Ein junges Hähnchen kann man in vier Stücke teilen, ein größeres Huhn ergibt neben den zwei Keulen und Flügelstücken noch zwei schöne Bruststücke, die einmal geteilt werden können.

GESCHWUNGENES HUHN BERCY — Poulet sauté Bercy

5 Personen. 1 junges Huhn von 1 kg 500; 4 gehackte Schalotten; 2 dl Weißwein; 250 g grobgehackte, frische Champignons; 100 g Butter; 3 Eßlöffel Öl; 5 cl Jus; Zitronensaft; gehackte Petersilie. Zubereitung: ungefähr 30 Minuten.

Das Hähnchen roh zerteilen, in einer flachen Stielkasserolle (Sautoir) in Öl und Butter anbraten, zudecken und im Ofen garbraten. Die zarten Bruststücke zuerst herausnehmen, die Keulen brauchen länger. Nach dem Garwerden die fertigen Stücke warm stellen. Die Schalotten in der Butter anschwitzen, den Weißwein hinzugießen und auf die Hälfte einkochen. Die Jus, einige Tropfen Zitronensaft und die Champignons hinzufügen. 5 Minuten kochen lassen, vom Feuer nehmen, die Sauce buttern, abschmecken und über das angerichtete Huhn gießen. Die Jus kann durch ein wenig Fleischextrakt ersetzt werden, damit die Sauce nicht zu fade schmeckt. Vor dem Servieren das Huhn mit gehackter Petersilie bestreuen.

■ AUF JÄGERART — Poulet sauté à la chasseur

5 Personen. 1 junges Huhn von 1 kg 500; 2 dl braune Sauce; 1 dl Weißwein; 1 Löffel Tomatenpüree; 2 gehackte Schalotten; 250 g frische Champignons, in Scheiben geschnitten; 40 g Butter; 2 Eßlöffel Olivenöl; 1 Eßlöffel gehackte Petersilie; Mehl; 5 herzförmige, geröstete Weißbrotcroutons. Zubereitung: 30-35 Minuten.

Das zerlegte Huhn würzen, mehlen und rasch in halb heißem Öl und halb Butter auf beiden Seiten bräunen. Zudecken und, am besten im Ofen, wie üblich garen, dabei die Stücke recht saftig halten. Herausnehmen und warm halten. Die Schalotten in dem Bratfett anschwitzen, die Champignons hinzugeben und etwas anrösten, mit dem Weißwein ablöschen und fast gänzlich einkochen. Die braune Sauce, vermischt mit dem Tomatenpüree, hinzugießen, aufkochen und abschmecken. Die Hühnerstückchen in der Sauce kurz durchziehen, aber nicht kochen lassen. Anrichten, mit der Sauce bedecken, mit gehackter Petersilie bestreuen und mit den Croutons garnieren.

■ PARMENTIER — Poulet sauté Parmentier

5 Personen. 1 junges Huhn von 1 kg 500; 500 g geschälte, gewürfelte Kartoffeln; 1 mittelgroße gehackte Zwiebel; 1 dl Weißwein; 5 cl Jus oder Bouillon; 50 g Butter; 5 cl Öl; 1 Eßlöffel gehackte Petersilie. Zubereitung: 30-35 Minuten.

Das Huhn wie oben beschrieben zerlegen und garmachen. Die Kartoffelwürfel in kaltem Wasser ansetzen, 5 Minuten blanchieren, kalt überspülen, gut abtrocknen und in halb Butter, halb Öl braun braten, dabei die gehackte Zwiebel hinzugeben. Wenn das Huhn gar ist, aus dem Bratgeschirr nehmen, anrichten und mit den Kartoffeln umkränzen. Den Bratsatz mit dem Weißwein und der Jus ablöschen, die Petersilie hinzugeben, einkochen, mit nußgroß Butter verfeinern und über das Huhn gießen.

■ AUF PORTUGIESISCHE ART — Poulet sauté à la portugaise

5 Personen. 1 junges Huhn von 1 kg 500; 2 dl Weißwein; 4 geschälte, entkernte, gewürfelte Tomaten; 1 dl Tomatensauce; 8 halbe Tomaten; 150 g gehackte Champignons; 1 kleine zerdrückte Knoblauchzehe; 1 Eßlöffel gehackte Petersilie; 40 g Butter; 5 cl Öl. Zubereitung: 30-35 Minuten.

Das zerlegte Huhn wie üblich garmachen und herausnehmen. Eine kleine gehackte Zwiebel in dem Bratfett anschwitzen, die gewürfelten Tomaten und den Knoblauch beifügen, kurz angehen lassen, würzen, den Weißwein hinzugießen und fast gänzlich einkochen. Mit der Tomatensauce aufgießen, kurz durchkochen, die Hühnerstücke hineingeben und einige Minuten in der Sauce ziehen, aber nicht kochen lassen. Die Sauce abschmecken, über die Hühnerstücke gießen, mit Petersilie bestreuen und mit den halben, in Öl gebratenen und mit Champignonhaschee gefüllten Tomaten garnieren.

PILAW VON HUHN AUF ORIENTALISCHE ART — Pilaf de volaille à l'orientale

4 Personen. 1 Kornmasthähnchen von 1 kg 200; 250 g Reis; 1 große, gehackte Zwiebel; 4 große, enthäutete, entkernte und gewürfelte Tomaten; 2 grüne, entkernte, gewürfelte Paprikaschoten; 1 starke Prise Safran; 50 g Butter; 6 dl Bouillon. Zubereitung: 35-40 Minuten.

Das Hähnchen in 12 kleine Stücke schneiden und die Knochen weitgehend entfernen. In der heißen Butter hellbraun anrösten, die gehackte Zwiebel und den Reis hinzugeben, gut anlaufen lassen und dabei mehrmals umrühren. Mit der Bouillon aufgießen, die Tomaten und Paprikaschoten beifügen, mit Salz, Pfeffer und Safran würzen, zudecken und, am besten im Ofen, ungefähr 30 Minuten dünsten. Das Gericht darf nicht zu fest, doch auch nicht zu suppig sein. Es wird in einer tiefen Schüssel angerichtet.

Man kann das Huhn auch wie geschwungenes Huhn bereiten und in die Mitte eines Randes von Reis, mit den Tomaten- und Paprikawürfeln bereitet, anrichten.

SUPPENHUHN MIT REIS — Poule au riz

5 Personen. 1 Suppenhuhn von 1 kg 500; 250 g Reis; 60 g Butter; 30 g Mehl; 1 Eigelb; 2 Mohrrüben; 2 Zwiebeln; 2 Stückchen Porree. Kochzeit: je nach Alter 2-3 Stunden.

Das Huhn reichlich mit kaltem Wasser bedeckt ansetzen, zum Kochen bringen und abschäumen. Leicht salzen, das Suppengemüse beifügen und, sobald das Huhn gar ist, die Brühe passieren. Den Reis in etwas Butter anlaufen lassen, mit der dreifachen Menge Bouillon aufgießen und zugedeckt langsam (18 Minuten) gar, aber noch körnig kochen. Inzwischen von 40 g Butter und 30 g Mehl weiße Mehlschwitze bereiten, mit reichlich $^1/_2$ l Hühnerbrühe aufgießen und langsam auskochen, die Sauce passieren und abseits des Feuers mit dem Eigelb, mit etwas Sahne oder Milch verrührt, binden und abschmecken. Das Huhn im ganzen oder zerteilt auf dem Reis anrichten, mit der Sauce bedecken oder diese nebenbei servieren. *(Siehe Bild auf Seite 170.)*

HUHN IN WEISSER SAUCE — Poulet au blanc

5 Personen. 1 junges Huhn von 1 kg 500; 1 Zwiebel, gespickt mit 1 kleinen Lorbeerblatt und 1 Gewürznelke; 1 Kräuterbündel; 1 Mohrrübe; 1 Porree; 8 Pfefferkörner; 250 g Champignons; 60 g Butter; 30 g Mehl; 1 Eigelb; 5 cl süße Sahne; 1 Zitrone. Kochzeit: 30 Minuten.

Das Huhn in 8 Stücke teilen und roh mit der geviertelten Mohrrübe, der Zwiebel, dem Kräuterbündel, Porree, Pfefferkörnern und wenig Salz mit kaltem Wasser bedeckt ansetzen, nach dem Aufkochen abschäumen und langsam garkochen. Die geputzten Champignons mit nußgroß Butter, dem Saft einer halben Zitrone und einer Prise Salz im eigenen Saft rasch garmachen. Von 40 g Butter und 30 g Mehl weiße Mehlschwitze bereiten, mit reichlich $^1/_2$ Liter passierter Hühnerbrühe aufgießen, langsam durchkochen, mit dem Eigelb, mit der Sahne verrührt, binden und abschmecken. Die Hühnerstückchen und die Champignons in die Sauce geben und alles zusammen noch 4-5 Minuten durchziehen lassen.

ENTEN, TRUTHÄHNE UND GÄNSE

ENTE, GEBRATEN — Caneton rôti

5 Personen. 1 Ente von 1 kg 500; 30 g Butter. Bratzeit: 45-50 Minuten.

Die Ente genau so wie Huhn braten. Ist sie fett, braucht keine Butter genommen zu werden. Bei mäßiger Hitze braten, den Bratsatz mit guter Jus ablöschen und entfetten.

■ MIT GRÜNEN ERBSEN — Canard aux petits pois

5 Personen. 1 Ente von 1 kg 500 bis 1 kg 800; 150 g mageren Speck, gewürfelt; 20 kleine Zwiebelchen; 250 g frische, ausgepalte Erbsen; 20 g Butter; 25 g Mehl. Zubereitung: 50-60 Minuten.

Die Ente kurz anbraten, den gewürfelten Speck und die Zwiebelchen hinzugeben und mit anrösten. Die Ente herausnehmen, Zwiebelchen und Speck mit dem Mehl bestäuben, leicht anrösten, mit $^1/_2$ l Wasser aufgießen und gut verrühren. Die Ente wieder hinzugeben, würzen, ein Kräuterbündel beifügen, zudecken und 15-20 Minuten schmoren. Das Kräuterbündel herausnehmen, die Erbsen beifügen, und alles zusammen zugedeckt schmoren, bis Ente und Erbsen gar sind.

■ MIT OLIVEN — Canard aux olives

5 Personen. 1 Ente von 1 kg 500; 150 g mageren Speck, gewürfelt; 20 kleine Zwiebelchen; 20 entkernte, grüne Oliven. Zubereitung: 50-60 Minuten.

Die Ente wie mit Erbsen vorbereiten, aber nur leicht salzen. Die Oliven mit kochendem Wasser überbrühen, um sie zu entsalzen, und, erst wenn die Ente gar ist, hinzugeben.

▲ Hähnchen im Topf auf Hausfrauenart, S. 165

Ente mit Orangen, S. 173 ▼

▲ Suppenhuhn mit Reis, S. 168

Hasenrücken mit Champignons, S. 178 ▼

▲ Rebhuhn auf Winzerinart, S. 181

Kalbfleischpastete in der Kruste, S. 183 ▼

172 ▲ Rebhuhn oder Fasan mit **Kohl**, S. 180

Rehrücken, S. 177 ▼

ENTE MIT ORANGEN — Canard à l'orange

5 Personen. 1 Ente von 1 kg 500; 4 große, kernlose Orangen; 2 dl leichte, braune Sauce; 4 c. Curaçao. Zubereitung: 50-60 Minuten.

Die Ente würzen, gut bräunen, mit der braunen Sauce angießen und zugedeckt im Ofen schmoren. Die Schale von 2 Orangen sehr dünn abschälen, in sehr dünne Streifen schneiden und 3 Minuten in Wasser kochen und abgießen. Sämtliche Orangen bis auf das Fleisch schälen und die Spalten mit einem scharfen Messer glatt aus den Bindehäuten schneiden. Den Saft aus den Bindehäuten gut ausdrücken. Die Sauce passieren und die Spalten in einem Löffel Sauce erhitzen. Die restliche Sauce mit dem Saft und dem Curaçao abschmecken und die Streifen hineingeben; nicht mehr kochen lassen. Die Ente im ganzen oder tranchiert anrichten, mit den Orangenspalten garnieren, mit etwas Sauce übergießen und den Rest der Sauce nebenbei servieren. *(Siehe Bild auf Seite 169)*.

SALMIS VON ENTE — Salmis de canard

4-5 Personen. 1 Ente von 1 kg 500; 1 gehackte Zwiebel; 1 gehackte Schalotte; $^1/_2$ zerdrückte Knoblauchzehe; 1 kleines Lorbeerblatt; 1 Zweig Thymian; 4-5 Petersilienstiele; 5 cl Weißwein; 5 cl Rotwein; 5 cl Madeira; 2 dl braune Sauce; geröstete, herzförmige Croutons; 250 g Champignons. Zubereitung: 40-45 Minuten.

Die Ente sehr blutig braten, höchstens 18-20 Minuten. Etwas auskühlen, die beiden Keulenstücke ablösen und im Gelenk zerteilen und fertigbraten. Von der Ente je ein Flügelstück abschneiden, die beiden Brusthälften auslösen und jede Hälfte in 4-5 lange, dünne Streifen schneiden und alles, mit einigen Tropfen Madeira übergossen, warm halten, doch nicht heißwerden lassen. Das Gerippe sehr klein hacken. Die Zwiebel und die Schalotte in etwas von dem Entenfett anschwitzen, Lorbeerblatt, Thymian und Knoblauch hinzugeben, den Rot- und Weißwein angießen und fast gänzlich einkochen. Die gehackte Karkasse, und die braune Sauce beifügen, langsam 15 Minuten kochen, mit leichtem Druck durch ein Sieb passieren und abschmecken. Die Champignons rasch in etwas von dem Entenfett braten, wenn sie groß sind, ein- bis zweimal teilen. Entenstückchen und Champignons mit der heißen Sauce übergießen und einige Minuten ziehen, aber nicht kochen lassen, da die Ente sonst hart werden würde. Anrichten und mit den in Öl gerösteten Croutons garnieren.

GEBRATENE GANS — Oie rôtie

Die Gans ohne Fett oder Butter braten. Den Ofen anfangs nicht heiß halten, damit sie nicht zu schnell bräunt. Nur mäßig von innen und außen salzen. Nach 15 Minuten die Haut mit der Gabel einstechen, um das Fett austreten zu lassen. Während des Bratens wiederholt mit dem Fett begießen. Sticht man in eine Keule und es fließt kein Blut mehr, sondern nur klarer Saft, ist die Gans gar. Bratzeit: ungefähr 15 Minuten je 500 g, für eine Gans von 3 kg ungefähr 80 Minuten.

GANS, MIT MARONEN GEFÜLLT — Oie farcie aux marrons

8-10 Personen. 1 Gans von 3 kg; 1 kg Maronen; Bouillon. Bratzeit: 1 Stunde 20 Minuten-1 Stunde 35 Minuten.

Die Maronen wie zum Dünsten vorbereiten (siehe gedünstete Maronen) und in Bouillon gar, doch nicht zu weich kochen und gut abtropfen. Die Gans innen und außen salzen, mit den Maronen füllen, denen man die gehackte Leber beifügen kann, bridieren und wie üblich braten. Das Fett aus der Pfanne abgießen, den Bratsatz mit guter Jus oder Bouillon verkochen.

Die Maronen müssen selbstverständlich vorher gekocht werden, da sie sonst in der Gans nicht garwerden würden.

■ MIT SAUERKRAUT — Oie à la choucroute

8-10 Personen. 1 Gans von 3 kg; 1$^1/_2$-2 kg Sauerkraut; 2 Mohrrüben; 2 Zwiebeln, eine mit 1 Lorbeerblatt und 2 Nelken gespickt; 2 dl Weißwein. Zubereitung: ungefähr 2 Stunden.

Die Gans sehr gut braun anbraten. Die Hälfte des Sauerkrauts in ein passendes Geschirr geben, darauf die Gans legen und mit dem Rest des Sauerkrauts bedecken. Das Gänsefett darüberschütten, den Bratsatz mit $^1/_4$ l Wasser ablöschen und zusammen mit dem Weißwein über die Gans gießen. Die Mohrrüben und Zwiebeln obenaufstecken, alles mit einem gefetteten Papier bedecken, das Geschirr schließen und die Gans mit dem Sauerkraut im Ofen bei mittlerer Hitze schmoren.

GEBRATENE PUTE — Dinde rôtie

Die Pute wird ausgenommen und wie ein Huhn gesengt. Die Füße werden abgebrochen, um die sehr starken Sehnen herausziehen zu können. Das Tier wird innen und außen gesalzen, bridiert, und unter häufigem Begießen mit Butter gebraten. Der Bratsatz wird mit guter Jus abgelöscht und verkocht. Bratzeit: 20-25 Minuten je Kilo.

PUTE MIT MARONEN GEFÜLLT — Dinde aux marrons

10 Personen. 1 Pute von 2¹/₂-3 kg; 500 g Bratwurstfleisch; 750 g Maronen; 2 gehackte Schalotten; 60 g Butter. Bratzeit: 1 Stunde 30 Minuten-1 Stunde 45 Minuten.

Die Maronen wie zum Dünsten vorbereiten und in Wasser kochen, dabei darauf achten, daß sie nicht zu weich werden und nicht zerfallen. Die Schalotten mit dem Bratwurstfleisch vermischen, mit Salz, Pfeffer und geriebener Muskatnuß würzen und die Maronen sorgfältig daruntermengen. Die Pute mit der Masse füllen, die Öffnung zusammennähen und das Tier bridieren. In eine gefettete Pfanne setzen, mit Salz würzen, mit heißer Butter übergießen und bei nicht zu lebhafter Hitze braten und wiederholt mit der Butter übergießen. Nach dem Garwerden herausnehmen, den Faden entfernen und anrichten. Den Bratsatz mit Bouillon ablöschen, entfetten und nebenbei servieren.

TAUBEN UND PERLHÜHNER

TAUBEN — Pigeons

Tauben kann man braten, sie aber auch wie Ente mit Erbsen bereiten oder mit Oliven servieren. Die Bratzeit für große Tauben beträgt etwa 30 Minuten, junge Tauben sind in 25 Minuten gar.

■ AUF ENGLISCHE ART GEFÜLLT — Pigeons farcis à l'anglaise

4 Personen. 2 große Tauben; 40 g Rindernierenfett; 40 g entrindetes Weißbrot; 2 feingehackte Zwiebeln; 1 Ei; Salbei; Thymian; 50 g Butter; 1 Kaffeelöffel gehackte Petersilie; 2 dünne Scheiben fetten Speck. Bratzeit: 35 Minuten.

Die Zwiebeln in Butter dünsten und auskühlen. Das Nierenfett von den Fasern befreien, hacken oder durch die grobe Scheibe des Fleischwolfs treiben. Das Brot einweichen, ausdrücken und auseinanderzupfen. Brot, Fett, gehackte Zwiebeln, etwas gehackten Salbei, Thymian und Petersilie gut vermischen, mit dem Ei durcharbeiten und mit Salz und Pfeffer würzen. Die Tauben mit der Masse füllen, zusammennähen, bridieren und bei nicht zu scharfer Hitze im Ofen braten, zuvor aber mit den Speckscheiben umbinden. Den Speck nach 25 Minuten abnehmen um die Brust schön zu bräunen. Mit einer Gemüsegarnitur servieren.

PERLHUHN — Pintade

Das Perlhuhn wird wie Brathuhn bereitet. Dabei muß es wiederholt mit Butter begossen werden, da das Fleisch leicht austrocknet. Man muß es auch etwas rosa halten. Von jungen Perlhühnern kann man Salmis bereiten, ältere werden wie Rebhühner mit Kohl geschmort. Bratzeit: 30 Minuten.

KALTES GEFLÜGEL

KALTES HUHN IN GELEE — Poulet froid à la gelée

5 Personen. *1 junges Huhn von 1 kg 500; $^1/_2$ l Gelee; 5 cl Madeira oder Portwein.*

Da Gelee im Haushalt zu bereiten eine komplizierte Angelegenheit ist, kauft man am besten fertiges Gelee oder bereitet es mit fertigem Geleepulver.
Das Huhn braten, auskühlen, tranchieren und geschmackvoll in einer tiefen Schüssel anrichten. Das Gelee schmelzen, auskühlen und erst, wenn es ganz kalt ist, mit Madeira oder Portwein abschmecken. Sobald es anzuziehen beginnt, das Huhn mit Gelee so weit übergießen, daß es völlig bedeckt. Man kann in dem Gelee auch einige Estragonblätter ausziehen lassen und dann passieren.
Das Huhn wird mit frischen Estragonblättern dekoriert und das Gelee nach dem Anziehen darübergegossen.

IN FETT EINGELEGTE GANS — Confit d'oie

Eine kleinere Gans in 4 gleiche Stücke teilen, einsalzen und 24 Stunden stehen lassen. Inzwischen das Gänsefett auslassen und, wenn es nicht ausreichen sollte, etwas frisches, ungepökeltes Schweinefett hinzunehmen. Die Gänsestückchen gut abwischen und ganz langsam bei gelindester Hitze in dem Fett dünsten, doch unter keinen Umständen braten lassen; die Stückchen müssen in dem Fett schwimmen können. Zeitdauer etwa 1 Stunde 30 Minuten. Wenn man eine Nadel in das Fleisch steckt und kein Blut, sondern nur klarer Saft herausfließt, sind die Stückchen gar. Gut abtropfen, sämtliche Knochen entfernen und die Stückchen in mehrere kleine Töpfchen füllen. Das Fett durch ein Tuch passieren und dabei gut dekantieren, damit kein Fleischsaft hinzukommt, und die Gänsestückchen völlig damit übergießen. Reicht das Gänsefett dazu nicht aus, erst festwerden lassen und dann mit lauwarmem Schweineschmalz vollfüllen. Festwerden lassen und kalt aufbewahren. Das Konfit in mehreren kleinen Töpfchen gefüllt hält sich lange Zeit, doch müssen angefangene Stückchen bald verbraucht werden. Es ist daher unzweckmäßig, das Konfit in große Töpfe einzulegen.

WILD

HAARWILD

REHWILD — Chevreuil

Die Keulen und der Rücken werden im Ofen gebraten. Man kann auch die Blätter braten, sie eignen sich jedoch besser zum Pfeffer, das wie Hasenpfeffer bereitet wird. Vor dem Braten sind Keulen und Rücken zu entsehnen und zu spicken. Sie werden in Rotwein mit Zwiebel- und Mohrrübenscheiben, einigen Pfefferkörnern und einem Kräuterbündel mariniert, gut abgetropft und bei lebhafter Hitze in Butter gebraten. Bratzeit je Kilo: 12-14 Minuten.

Anmerkung des Übersetzers: Gut abgehangenes Rehwild braucht nicht mariniert zu werden, es schmeckt rosa gebraten ohne Marinade weitaus besser. Das Marinieren ist noch ein Überbleibsel aus früherer Zeit, als es noch keine geeigneten Kühlvorrichtungen gab und das Fleisch mariniert werden mußte, um es vor dem Verderb zu schützen.
Keulen und Rücken serviert man mit Maronenpüree oder einer Gemüsegarnitur, Pfeffer- oder Wildsauce.

REHKEULE MARIA STUART — Gigue de chevreuil Marie Stuart

8 Personen. 1 Rehkeule von 2 kg; 600 g Maronen; 200 g Gratinfarce; 3 Eigelb; 1 Ei; Reibbrot; Mehl; 80 g Spickspeck; 50 g Butter; ³/₄ l Pfeffersauce. Bratzeit: ungefähr 30 Minuten.

Die Keule entsehnen, spicken und rosa braten. Die Maronen schälen, kochen, durch ein Sieb drücken, mit der Farce vermengen, mit dem Eigelb binden und abschmecken. Davon auf dem gemehlten Tisch kleine Birnen formen, durch geschlagenes Ei ziehen und mit Reibbrot panieren und im heißen Fett ausbacken. Die Keule mit den Maronenkroketts garnieren und die Sauce nebenbei servieren.

REHKOTELETTS — Côtelettes de chevreuil

4 Personen. 8 Rehkoteletts; 40 g Butter. Bratzeit: 4-5 Minuten.

Die Koteletts leicht würzen und in heißer Butter rosa braten. Anrichten und mit Maronen-, Champignon-, Linsen- oder Selleriepüree garnieren und nebenbei leichte Wildsauce servieren.

REHRÜCKEN — Selle de chevreuil

8 Personen. 1 Rehsattel von 2 kg; 8 Äpfel mit festem Fleisch; 1 Zitrone; 150 g Johannisbeergelee; 60-80 g Spickspeck; 40 g Butter; ³/₄ l Pfeffersauce. Bratzeit: ungefähr 25 Minuten.

Den Rücken entsehnen, mit Speckfäden spicken, leicht würzen, mit Butter braten und innen rosa halten. Die Äpfel schälen, wie Tönnchen ausstechen oder formen, innen leicht aushöhlen und in Wasser mit etwas Zitronensaft pochieren, wobei die Äpfel aber noch etwas fest sein müssen und nicht zerfallen dürfen. Den Rücken anrichten, mit dem Bratsaft übergießen, mit den Äpfeln garnieren, die im letzten Moment mit etwas Johannisbeergelee gefüllt worden sind, und die Pfeffersauce und feines Kartoffelpüree nebenbei servieren. *(Siehe Bild auf Seite 172.)*

HASE — Lièvre

Man erkennt den jungen Hasen daran, daß das Maul spitzer ist als bei alten Tieren. Ist es flach und viereckig, dann handelt es sich um ein altes Tier. Junge Hasen haben auf den Vorderpfoten zwischen den beiden Knochen eine winzige Erhöhung ähnlich einer Linse, die man deutlich durch das Fell spüren kann. Bei jungen Tieren lassen sich auch die Löffel leicht einreißen, was bei alten Hasen nicht möglich ist. Die klassische Zubereitungsart für Hasen ist das Pfeffer.

HASENPFEFFER — Civet de lièvre

4 Personen. 1 kg 200 Hase (Keulen, Läufe und Hals); 20 kleine Zwiebelchen; 1 Knoblauchzehe; 150 g mageren Speck; 250 g frische Champignons; 4 cl Cognac; ½ Flasche guten Rotwein; 1 Löffel Tomatenpüree; 1 Mohrrübe; 1 Zwiebel; 1 Kräuterbündel; 40 g Fett; 30 g Butter; Mehl; nach Möglichkeit: Hasenblut. Zubereitung: 1½ Stunden.

Den Hasen in Stücke teilen und 48 Stunden zusammen mit in Scheiben geschnittener Zwiebel und Mohrrübe in dem Rotwein marinieren. Abtropfen, das Fleisch gut abwischen, in dem Fett anrösten, mit etwas Mehl bestäuben und auch das anrösten. Mit dem Cognac flambieren, die zerdrückte Knoblauchzehe hinzufügen und 2 Minuten später mit dem Rotwein der Marinade und so viel Wasser aufgießen, daß alles bedeckt ist. Würzen, zugedeckt 20 Minuten schmoren lassen und dann das Kräuterbündel, die angerösteten Speckwürfel und Zwiebelchen sowie das Tomatenpüree hinzugeben und langsam weiter 1 Stunde schmoren lassen. Abfetten, die geputzten Champignons beifügen und noch ungefähr 10 Minuten weiterschmoren. Wenn alles gar ist, das Kräuterbündel herausnehmen, das Blut mit einigen Löffeln Sauce verrühren und zum Pfeffer geben, doch nicht mehr kochen lassen. Hat man kein Hasenblut, so kann man es durch Hühner- oder Schweineblut ersetzen. Will man das Gericht besonders üppig gestalten, so gibt man vor dem Servieren noch 1 dl süße Sahne hinzu.

HASENRÜCKEN MIT CHAMPIGNONS — Râble de lièvre aux champignons

3-4 Personen. 1 parierter, gespickter Hasenrücken von 800 g; 2 dl süße Sahne; 600 g frische Champignons; 70 g Butter; Johannisbeergelee. Bratzeit: 15-18 Minuten.

Den Hasenrücken würzen, mit heißer Butter übergießen und recht rosa braten. Herausnehmen, den Bratsatz mit einigen Löffeln Jus oder Bouillon ablöschen, fast gänzlich einkochen, die Sahne hinzugießen und bis zur Bindung einkochen. Die geputzten Champignons in Scheiben schneiden, in Butter braten, ohne sie zu färben, und den angerichteten Rücken damit umkränzen. Das Ganze mit der Sauce überdecken und nach Belieben einige schöne Champignonköpfe auf den Rücken dressieren. *(Siehe Bild auf Seite 170.)*

■ SAUER-SÜSS — Râble de lièvre à l'aigre-doux

3-4 Personen. 1 gespickter Hasenrücken von 800 g; 2 dl saure Sahne; ½ Zitrone; 2 Löffel Johannisbeergelee; 500 g warmes Apfelmus, leicht mit Zitronensaft gewürzt. Zubereitung: 15-18 Minuten.

Den Rücken recht saftig braten und herausnehmen. Den Bratsatz mit 1-2 Löffel Bouillon ablöschen, mit saurer Sahne verkochen, mit Zitronensaft und Pfeffer würzen, mit Johannisbeergelee vervollständigen und passieren. Den Rücken anrichten, mit etwas Sauce bedecken, und den Rest der Sauce und das warme Apfelmus nebenbei servieren.

KANINCHEN — Lapin

Man unterscheidet wilde und Hauskaninchen. Das wilde Kaninchen wird wie Hase zu Pfeffer, als Pastete oder sauer-süß bereitet, kann aber genau so wie zahmes Kaninchen behandelt werden.

JUNGES KANINCHEN AUF HAUSFRAUENART — Lapereau farci à la ménagère

4-6 Personen. 1 junges Kaninchen; 350 g Bratwurstfleisch; 2 Zwiebeln; 40 g entrindetes Weißbrot; 1 Knoblauchzehe; 2 Mohrrüben; 2 Zwiebeln; 1 Kräuterbündel; 3 dl Weißwein; 30 g Schweineschmalz; Bouillon. Zubereitung: 1½ Stunden.

Das Kaninchen ausnehmen und das Blut, mit einigen Tropfen Essig vermischt, aufbewahren. Leber, Herz und Lunge zusammen mit einer Zwiebel durch die feine Scheibe des Fleischwolfs treiben und zusammen mit dem eingeweichten Brot und der zerdrückten Knoblauchzehe unter das Bratwurstfleisch mengen und mit Salz, Pfeffer, pulverisiertem Thymian und Lorbeerblatt würzen. Das

Kaninchen mit der Farce füllen, zunähen und mit den in Scheiben geschnittenen Mohrrüben und der restlichen Zwiebel in heißem Schmalz anbraten. Würzen, mit dem Weißwein und Wasser oder Bouillon bis zur Höhe aufgießen, zudecken, und im Ofen garschmoren. Die eingekochte Sauce abfetten, passieren, mit dem Blut binden, abschmecken und über das angerichtete Kaninchen gießen.

KANINCHENRAGOUT AUF JÄGERART — Lapin sauté à la chasseur

4 Personen. 800-1000 g Kaninchen; 2 dl Weißwein; 250 g frische Champignons; 3 gehackte Schalotten; 1 Eßlöffel Tomatenpüree; 40 g Schweineschmalz; 2 Eßlöffel Öl; 1 Eßlöffel Mehl; 1 Kräuterbündel; gehackte Petersilie. Zubereitung: ungefähr 1 Stunde.

Das Kaninchen in Stücke teilen, würzen, und auf allen Seiten gut anrösten. Die gehackten Schalotten beifügen, mit Mehl bestäuben und das Mehl leicht anrösten. Das Tomatenpüree daruntermengen, mit dem Weißwein und so viel Wasser aufgießen, daß alles knapp bedeckt ist, das Kräuterbündel hinzugeben und zugedeckt langsam 1 Stunde schmoren. Die geputzten Champignons in nicht zu dünne Scheiben schneiden, in Öl anrösten, zum Ragout geben und alles zusammen noch einige Minuten durchkochen. Das Kräuterbündel herausnehmen, abschmecken, anrichten und mit gehackter Petersilie bestreuen.

GIBELOTTE VON KANINCHEN — Gibelotte de lapin

4 Personen. 800-1000 g Kaninchen; 20 kleine Zwiebelchen; 25 Speckwürfel; 1 Knoblauchzehe; 3 dl Rotwein; 600 g neue Kartöffelchen; 30 g Schweineschmalz; 1 Eßlöffel Mehl; 25 g Butter. Zubereitung: 1 Stunde 15 Minuten.

Das Kaninchen zerteilen, wie oben anrösten und mit Mehl bestäuben, doch anstelle der Schalotten eine zerdrückte Knoblauchzehe beifügen. Mit halb Rotwein und halb Wasser auffüllen, zudecken und langsam 30 Minuten schmoren. Die Zwiebelchen und die Speckwürfel, zuvor in Butter angeröstet, hinzugeben, 20 Minuten weiterschmoren, dann die sehr kleinen, neuen Kartoffeln beifügen und alles zusammen garmachen. Hat die Sauce nicht die gewünschte braune Färbung, so kann man mit einigen Tropfen Karamel nachhelfen.

WILDKANINCHEN JEANNETON — Lapin de garenne Jeanneton

8-9 Personen. 2 Wildkaninchen je ungefähr 1 kg 300; 250 g geschälte, entkernte, grob gehackte Tomaten; 2 gehackte Schalotten; 1/2 l Weißwein; 1 Kräuterbündel; 1 kleine zerdrückte Knoblauchzehe; 4 cl Öl; 200 g Zwiebelringe; 10 herzförmige Weißbrotcroutons; gehackte Petersilie. Zubereitung: 1 Stunde.

Die Kaninchen in Stücke schneiden und in heißem Öl bei lebhafter Hitze gut anrösten. Würzen, die gehackten Schalotten, den Knoblauch und die Tomaten hinzugeben und 5 Minuten lang dünsten. Mit dem Weißwein aufgießen, das Kräuterbündel beifügen, zudecken und 1 Stunde schmoren. Die Kaninchenstücke herausnehmen und warm halten, die Sauce durch ein Haarsieb treiben, erhitzen, abschmecken, mit einem Stück Butter verfeinern und über das Kaninchen gießen. Anrichten und mit gebackenen Zwiebelringen und gebackenen Croutons garnieren.

FEDERWILD

FASAN, GEBRATEN — Faisan rôti

Um seinen vollen Geschmack entwickeln zu können, muß der Fasan nach der Jagd unausgenommen in den Federn 48 Stunden lang am Kopf abhängen. Er wird dann gerupft, ausgenommen, gesengt, gut ab- und ausgewischt, doch nicht gewaschen, bridiert, mit einer Scheibe fettem Speck umbunden und je nach Größe im Ofen 25-30, am Spieß höchstens 35 Minuten gebraten. Dabei muß er mit der Bratbutter wiederholt begossen werden. Um schmackhaft zu sein, muß der Fasan leicht rosa und sehr saftig gebraten sein. Die Jus wird wie bei Brathuhn bereitet. Im übrigen kann man den Fasan in einer feuerfesten Kasserolle auch auf dem Herd braten.

SALMIS VON FASAN — Salmis de faisan

4 Personen. *2 junge Fasanen; 50 g Butter; 2 Eßlöffel Öl; 1 gehackte Zwiebel; 1 gehackte Schalotte; 1 kleine, zerdrückte Knoblauchzehe; 4 dl Rotwein; 20 g Mehl; 200 g Champignons; 8 herzförmige, in Öl gebackene Weißbrotcroutons. Zubereitung: 30-35 Minuten.*

Der Salmis schmeckt nur, wenn er von ganz jungen Fasanen bereitet wird. Flügel, Magen und Hals kleinhacken, in wenig Öl anrösten, mit Wasser knapp bedecken und eine gute Jus bereiten. Den Fasan blutig, also knapp 20 Minuten braten, herausnehmen, die Keulen ablösen und am Gelenk teilen, die Brusthälften abtrennen und jede in 2-3 längliche Scheiben schneiden. Die Rücken kleinhacken. Die Zwiebel in Öl anschwitzen, die Rückenstücke hinzugeben, leicht anrösten, die Schalotte, den Knoblauch, 2-3 Petersilienstiele und 1 Zweig Thymian beifügen, mit dem Rotwein aufgießen und fast gänzlich einkochen. Die vorbereitete Jus hinzugießen, alles langsam 10 Minuten kochen und mit dem Mehl, mit etwas Butter verknetet, binden und kurz aufkochen. Diese Sauce durch ein Drahtsieb drücken und erhitzen, ohne sie kochen zu lassen, und gut abschmecken. Die Champignons, je nach Größe, halbieren oder vierteln und in Butter leicht anrösten. Die leicht warm gehaltenen Fasanenstücke mit den Champignons anrichten, die heiße Sauce darübergießen und mit den Croutons garnieren. Die Fasanenstücke kann man in die Sauce zum Durchziehen geben, doch dürfen sie unter keinen Umständen darin kochen, da sie sonst hartwerden würden.

LERCHEN NACH DER ART DER MUTTER MOINET — Mauviettes Mère Moinet

4 Personen. *8-10 Lerchen; 750 g Äpfel; 1 dl süße Sahne. Bratzeit: 6-8 Minuten.*

Von den etwas säuerlichen Äpfeln recht dickes Mus bereiten. Die Lerchen würzen, bei lebhafter Hitze im Ofen in Butter braten. Das Apfelmus in eine Schüssel füllen, glätten und die Lerchen daraufdressieren. Den Bratsatz mit der Sahne ablöschen, etwas einkochen und über die Vögel gießen.

KRAMMETSVÖGEL AUF HAUSFRAUENART — Grives à la bonne-femme

4 Personen. *8 Krammetsvögel; 25 kleine Speckwürfel; 20 geröstete Weißbrotwürfelchen; 40 g Butter; 1 Schuß Cognac oder Weißwein. Zubereitung: 10-12 Minuten.*

Die Krammetsvögel in einer feuerfesten Porzellankasserolle anbraten und die Speckwürfel mitbraten. Die zuvor in Butter gerösteten Brotwürfel hinzugeben, würzen, einen Schuß Cognac oder Weißwein beifügen, die Kasserolle zudecken und 10 Minuten in den heißen Ofen stellen und sogleich in der Kasserolle servieren.

REBHUHN, GEBRATEN — Perdreau rôti

Das Rebhuhn wird mit Speck umbunden und genau wie Fasan gebraten. Bratzeit je nach Größe 18-20 Minuten.

■ MIT KOHL — Perdreau au chou

4 Personen. *4 Rebhühner; 1 großen Kohlkopf; 250 g mageren Rauchspeck; 1 Kochwurst; 2 Mohrrüben; 2 Zwiebeln; 1 Kräuterbündel; 30 g Butter; 30 g Schweineschmalz; Bouillon. Zubereitung: 1½ Stunden.*

Den Kohl entblättern, den Strunk herausschneiden und die Blätter einige Minuten blanchieren und abtropfen. Die Rebhühner auf allen Seiten in Butter bräunen, den Speck kurz blanchieren. Die Zwiebeln in Scheiben schneiden, in Schmalz anschwitzen, den Kohl hinzugeben und andünsten. Den Boden einer Kasserolle mit der Hälfte des Kohls bedecken, die Rebhühner, den Speck, die Wurst, die Mohrrüben und das Kräuterbündel daraufgeben und mit dem restlichen Kohl bedecken. Würzen, mit Bouillon aufgießen, hermetisch verschließen und den Kohl ungefähr 1½ Stunden im Ofen schmoren. Werden junge Rebhühner verwendet, so nimmt man sie schon früher heraus, ältere brauchen eventuell noch etwas mehr Zeit. Den ziemlich trockenen Kohl richtet man auf einer runden Platte an, setzt darauf die Rebhühner und garniert sie mit Speck-, Wurst- und Mohrrübenscheiben. Fasan kann genau so bereitet werden.

Für dieses Gericht eignen sich alte Rebhühner vorzüglich. *(Siehe Bild auf Seite 172.)*

REBHUHN AUF WINZERINART — Perdreau à la vigneronne

4 Personen. 4 Rebhühner; 4 Scheiben fetten Speck; 4 Croutons; 600 g Weinbeeren; 75 g Butter; 1 dl Weißwein; $^1/_4$ l Wildfond. Zubereitung: 18 Minuten.

Die Rebhühner bridieren, mit Speck umbinden und bei lebhafter Hitze in Butter braten. Die Weinbeeren enthäuten, entkernen und im eigenen Saft erhitzen. Das Fett aus der Pfanne abgießen, den Bratsatz mit Weißwein ablöschen, einkochen, mit der Wildjus verkochen und passieren. Die Rebhühner auf die gerösteten Croutons setzen und mit dem Speck belegen. Mit den Weinbeeren garnieren und die Jus und Kartoffelpüree nebenbei servieren. *(Siehe Bild auf Seite 171.)*

WACHTELN AUF TÜRKISCHE ART — Cailles à la turque

4 Personen. 4 Wachteln; 200 g Reis; $^1/_2$ l Bouillon; 1 gehackte Zwiebel; 50 g Butter; 1 dl Tomatensauce. Zubereitung: 18 Minuten.

Die Zwiebel in der Hälfte der Butter anschwitzen, den Reis hinzugeben, kurz andünsten, mit der Bouillon aufgießen, würzen und 6 Minuten kochen. Die Wachteln in der restlichen Butter inzwischen gut anbraten, zum Reis geben, zudecken und im Ofen garmachen. Den Bratsatz mit der Tomatensauce ablöschen und kurz durchkochen. Den Reis in einer Schüssel anrichten, die Wachteln daraufsetzen und mit der Sauce übergießen.

PASTETEN UND TERRINEN

Die Herstellung von Pasteten und Terrinen ist die gleiche, einerlei ob sie in einer Teigkruste gebacken oder in einer Terrine bereitet werden. Für Pasteten in der Kruste benötigt man einen Teig, dessen Rezept man im Abschnitt « Teige » findet.

Krustenpasteten werden in den sogenannten Pastetenformen gebacken, von denen es verschiedene Muster gibt: rund, oval und länglich rechteckig. Die praktischsten Formen sind jene, die an der Seite mit einem Scharnier zum Öffnen versehen sind, da sie das Herausnehmen der fertigen Pastete sehr erleichtern. Terrinenpasteten werden, wie ihr Name schon besagt, in runden, ovalen oder viereckigen Terrinen aus Steingut oder feuerfestem Porzellan hergestellt. Man kann dazu auch feuerfestes Glas nehmen. Längliche Pasteten lassen sich auch leicht mit der Hand formen. Man nennt sie Pantinpasteten nach der Pariser Vorstadt Pantin, wo sie früher als Spezialität bereitet wurden.

PASTETEN

KALBFLEISCHPASTETE IN DER KRUSTE — Pâté de veau en croûte

6 Personen. *500 g Pastetenteig; 400 g Schweinefleischfarce oder Bratwurstfleisch; 200 g mageres Kalbfleisch; 2 Scheiben Schinken je 50 g; 3 cl Cognac; Pastetengewürz; 1 kleines Lorbeerblatt; 1 Zweig Thymian; 1 Eigelb. Backzeit: ungefähr 1 Stunde.*

Das Kalbfleisch wenigstens 1 Stunde mit Pastetengewürz und dem Cognac marinieren. Die Farce mit 6 g Salz, einer Spitze Pastetengewürz und dem Cognac der Marinade gut durcharbeiten. Die vorher leicht eingefettete Form mit drei Vierteln des 5 mm dick ausgerollten Teiges ausfüttern und an vier bis fünf Stellen einstechen. Den Boden mit knapp der Hälfte der Farce bedecken, darauf eine längliche oder ovale Scheibe Schinken — je nach der Pastetenform — legen, mit etwas Farce bestreichen, mit der entsprechend geschnittenen Kalbfleischscheibe belegen, wiederum mit Farce dünn bestreichen, mit der zweiten Schinkenscheibe abdecken und mit dem Rest der Farce abschließen. Obenauf das Lorbeerblatt und den Thymian legen, mit Teig abdecken und die Seiten gut andrücken. Mit Eigelb, mit wenig Wasser angerührt, bestreichen, in die Mitte des Teiges eine kleine Öffnung machen und ein kleines, gefettetes Papierröhrchen zum Dampfabzug hineinstecken. Aus Teigresten Rauten oder Blätter ausstechen, die Pastete damit dekorieren und abermals mit Eigelb bestreichen. In dem gut heißen Ofen backen; die Pastete ist gar, wenn der Saft aus der Röhre herausquillt. Die Pastete wenigstens 24 Stunden vor dem Gebrauch kalt stellen. Zweckmäßig ist es, durch die Öffnung kaltes Gelee einzufüllen, um die Lücken zu schließen, und erst völlig festwerden zu lassen, ehe man sie anschneidet. *(Siehe Bild auf Seite 171.)*

KANINCHENPASTETE — Pâté de lapin

8 Personen. *500 g Pastetenteig; 1 Kaninchen; 200 g frischen, ungesalzenen Speck; 100 g fetten Speck; 1 Ei; 1 Eigelb; 20 g Pastetengewürz; 3 cl Cognac oder Madeira; 1 Lorbeerblatt; 1 Zweig Thymian. Backzeit: ungefähr 1 Stunde.*

Den Rücken und die Keulen eines Kaninchens gut entsehnen. Von dem Rückenfleisch vier bis sechs 1 cm dicke und 6-8 cm lange Streifen schneiden. Den fetten Spickspeck gleichfalls in Streifen schneiden und beides mit einer Prise Salz, wenig Pastetengewürz und dem Cognac marinieren.

Das restliche Kaninchenfleisch zusammen mit dem frischen Speck zweimal durch die feine Scheibe des Fleischwolfs treiben; das richtige Verhältnis ist: 2 Teile Fleisch, 1 Teil frischer Speck. Die Farce wird mit dem Cognac der Marinade, dem Ei, Pfeffer, Salz und Pastetengewürz tüchtig vermischt. Die Pastetenform mit Teig wie für Kalbfleischpastete ausfüttern, abwechselnd mit Farce, Kaninchen- und Speckstreifen füllen, mit Farce abschließen und so fertigmachen, wie es oben angegeben worden ist. Bei guter Hitze backen und nach dem Anbräunen die Pastete mit einem gefetteten Papier bedecken, um ein zu starkes Bräunen zu verhindern.

PANTINPASTETE — Pâté Pantin

Den Teig für diese Pastete ziemlich fest halten und davon ein Rechteck von 6 mm Dicke ausrollen. Den Boden mit Farce oder Bratwurstfleisch der Länge nach ausstreichen, die Seiten und Enden aber freilassen. Hierauf Streifen von magerem Schweine- oder Kalbfleisch, Kaninchen oder Geflügel sowie einige Streifen von fettem Speck geben, mit Farce abdecken und glattstreichen. Die beiden Seiten und die Enden nach der Mitte zu schlagen und mit etwas Wasser anfeuchten, damit sie fest aneinander kleben. Die Pastete umgekehrt auf ein gefettetes Backblech legen, mit Eigelb bestreichen, mit der Messerspitze gleichmäßig einritzen und in die Mitte ein Loch (Kamin) zum Dampfabzug anbringen. Die Pastete bei guter Hitze backen. Bei einem Gewicht von $1^{1}/_{2}$ kg benötigt sie ungefähr 1 Stunde. *(Kulinarische Technik in Bildern, Seiten 23-25.)*

TERRINEN

Die Füllung der Terrinen ist die gleiche wie die der Pasteten. Dabei werden die Schüsseln am Boden und an den Seiten mit dünnen Scheiben von fettem Speck ausgefüttert. Die Füllung wird gleichfalls mit einer dünnen Scheibe Speck bedeckt, darauf kommt ein kleines Lorbeerblatt und ein Zweig Thymian. Die Terrine wird dann zugedeckt, mit einem einfachen Teig aus Mehl und Wasser angerührt, hermetisch verschlossen und in ein Geschirr mit 3-4 cm hoch Wasser in den Ofen gestellt. Nach 40-50 Minuten, währenddem das Wasser nur ganz leise kochen soll, nimmt man den Deckel ab. Ist das nach oben gestiegene Fett völlig klar und ohne Bluttropfen, dann ist die Terrine gar. Man läßt sie auskühlen, indem man ein kleines, entsprechend geschnittenes Brett mit einem Gewicht von 1 kg beschwert, damit sich die Farce beim Auskühlen setzen kann. Die fertige Terrine kann in Scheiben geschnitten oder mit einem Eßlöffel ausgestochen werden.

SCHWEINSLEBERTERRINE — Pâté de foie de porc

6 Personen. *500 g Schweinsleber; 250 g frischen, ungesalzenen Speck; 150 g fetten Spickspeck; 100 g entrindetes Weißbrot; 1 mittelgroße, gehackte Zwiebel; 1 Eßlöffel gehackte Petersilie; 4 cl Cognac; 3 Eier; Pastetengewürz; 1 Lorbeerblatt; 1 Zweig Thymian. Backzeit: ungefähr $1^{1}/_{4}$ Stunden.*

Die Leber enthäuten und zusammen mit dem ungesalzenen Speck und dem eingeweichten und ausgedrückten Brot durch die feinste Scheibe des Fleischwolfs treiben. Mit Salz, Pfeffer, Pastetengewürz und dem Cognac würzen, die Eier hinzugeben und alles zusammen tüchtig durcharbeiten. Die Terrine mit dünnen Scheiben Spickspeck ausfüttern, die Farce einfüllen, mit Speckscheiben bedecken, obenauf das Lorbeerblatt und den Thymian legen, hermetisch verschließen und im Wasserbad im Ofen garmachen. 30 Minuten ruhen lassen, ehe man die Farce mit dem Gewicht beschwert.

Man kann die Pastete nach dem Erkalten aus der Terrine herausnehmen, vom Fett befreien, wieder einsetzen und so viel kaltes, gerade anziehendes Gelee eingießen, daß sie völlig bedeckt ist. Das ist eine sehr schmackhafte Art, die aber frisch verzehrt werden muß. Will man sie jedoch längere Zeit aufbewahren, so muß nach dem Herausnehmen Jus und Fett gänzlich entfernt und die Schüssel gut gereinigt und ausgetrocknet werden. Man gibt die Füllung wieder hinein und gießt so viel reines, zerlassenes, ausgekühltes Schweineschmalz auf, daß es sowohl die Seiten als auch den Oberteil völlig bedeckt. Nachdem das Schmalz festgeworden ist, bedeckt man es mit einem passenden Blatt Staniol oder Alufolie, setzt den Deckel auf, verschließt die Fugen mit Staniol und verstopft auch das kleine Loch im Deckel, damit die Terrine so weit wie möglich hermetisch verschlossen ist. Kalt und trocken aufbewahrt, halten sich diese Terrinen bis zu 6 Monaten.

KALBFLEISCHTERRINE — Terrine de veau

6 Personen. 300 g schieres, zartes Kalbfleisch (Nuß oder Frikandeau); 300 g schieres zartes Schweinefleisch; 150 g frischen, ungesalzenen Speck; 60 g gehackte Zwiebeln; 1 gehackte Schalotte; 1 zerdrückte Knoblauchzehe; 1 dl Weißwein. Kochzeit: $1^1/_2$ Stunden.

Diese sehr einfache Terrine schmeckt im Sommer mit einem grünen Salat ausgezeichnet; sie wird am Abend zuvor bereitet. Kalb- und Schweinefleisch sowie den frischen Speck in Würfel von ungefähr 1 cm Durchmesser schneiden. Mit den Zwiebeln, Schalotte und Knoblauch vermengen, mit Salz und Pfeffer würzen und in die Terrine füllen. Mit dem Weißwein aufgießen, zudecken, hermetisch verschließen und in ein Wasserbad stellen. Auf dem Herd ankochen lassen und in der Ofenröhre bei mäßiger Hitze garmachen. Auskühlen und recht kalt servieren.

GEMÜSE

Eine reichhaltige Auswahl von frischen Gemüsen mit einer Beilage von gut zubereiteten Teigwaren bildet eine genau so vollwertige Mahlzeit wie manches Fleischgericht. Dabei ist darauf zu achten, daß das Gemüse pfleglich behandelt wird, um die wertvollen Vitamine nicht zu zerstören. Langes Liegenlassen im Wasser, besonders wenn es zuvor zerkleinert worden ist, laugt das Gemüse aus und mindert den Nährwert. Daß es dennoch sehr sauber gewaschen werden muß, ist selbstverständlich.

ARTISCHOCKEN

GEFÜLLTE ARTISCHOCKEN BARIGOULE — Artichauts farcis Barigoule

4 Personen. 4 große Artischocken; 150 g frische Champignons; 75 g gekochten Schinken; 3 Eßlöffel Tomatenpüree; $^1/_2$ l Weißwein; 2 gehackte Schalotten; 1 Eßlöffel gehackte Petersilie; 4 dünne Scheiben fetten Speck; Öl. Zubereitung: 50-60 Minuten.

Die Champignons hacken, in einem Löffel Öl anschwitzen, den gehackten Schinken und die Schalotten beifügen, mit 2 Eßlöffeln Tomatenpüree binden, mit Salz und Pfeffer würzen und die gehackte Petersilie hinzugeben. Den oberen Teil der Artischockenblätter glatt abschneiden, den Boden parieren und 10-12 Minuten in Salzwasser kochen. Herausnehmen, die inneren Blätter mit dem Blütenkelch, das sogenannte Heu, entfernen, mit dem Champignonhaschee füllen, die Öffnung mit einem Scheibchen Speck bedecken und mit Bindfaden über Kreuz zusammenbinden. Die Artischocken in eine flache Kasserolle geben, die einige Löffel heißes Öl enthält, mit dem Weißwein aufgießen, einen Löffel Tomatenpüree beifügen, leicht würzen, mit einem Blatt geöltes Papier abschließen, zudecken, und bei mittlerer Hitze 35-40 Minuten dünsten. Den Bindfaden entfernen, anrichten, und mit dem entfetteten, etwas eingekochten Kochfond übergießen.
Man kann die Speckscheiben aus Sparsamkeitsgründen durch geöltes Papier ersetzen.

ARTISCHOCKEN MIREILLE — Artichauts Mireille

4 Personen. 4-6 Artischocken, je nach Größe; 12-16 kleine Zwiebelchen; 4 große Tomaten; 1 dl Bouillon; 1 dl Olivenöl. Zubereitung: ungefähr 40 Minuten.

Kleine, zarte Artischocken nehmen und die Außenblätter entfernen. In eine Kasserolle mit dem Öl, der Bouillon oder Wasser, den Zwiebelchen, Salz und einigen Pfefferkörnern ansetzen und zum Kochen bringen. Die geschälten, entkernten und geviertelten Tomaten beifügen, zudecken, und bei lebhafter Hitze garkochen und vorzugsweise kalt servieren.

ARTISCHOCKENVIERTEL MIT LYONER ODER ITALIENISCHER SAUCE —
Quartiers d'artichauts sauce lyonnaise ou italienne

4 Personen. 4-6 Artischocken; 3 Eßlöffel Öl; 3 dl Lyoner oder italienische Sauce. Zubereitung: 25-30 Minuten.

Die Artischocken vierteln, das Heu entfernen, in Salzwasser fast gar kochen und abtropfen. In heißem Öl leicht anrösten, zudecken und völlig gar dünsten. Anrichten und mit Lyoner oder italienischer Sauce bedecken.

ARTISCHOCKEN MIT WEISSER ODER VINAIGRETTESAUCE — Artichauts sauce blanche ou vinaigrette

4 Personen. 4-6 Artischocken; 3 dl weiße oder Vinaigrettesauce. Zubereitung: 40-60 Minuten.

Den oberen Teil der Artischocken glatt abschneiden, die Blattspitzen mit der Schere kürzen, binden und in Salzwasser kochen. Umgekehrt abtropfen, anrichten und nebenbei Vinaigrette oder weiße Sauce servieren.

ARTISCHOCKENBÖDEN — Fonds d'artichauts

4 Personen. 4-6 Artischocken. Kochzeit: 25 Minuten.

Die Artischockenböden mit dem Messer in rohem Zustand abschälen, parieren und mit Zitronensaft einreiben. In Zitronenwasser oder Wasser, mit etwas Essig angesäuert, kochen, in dem man, solange es noch kalt ist, 2 Löffel Mehl verrührt hat. Sobald sie gar sind, abspülen und das Heu entfernen. Man darf nicht die ganzen Artischocken kochen und dann den Boden ablösen, da sonst jedes abgelöste Blatt einen Teil des Bodens mitnimmt.

■ CLAMART — Fonds d'artichauts Clamart

4 Personen. 8 kleinere Artischockenböden; 300 g gekochte grüne Erbsen; 50 g Butter.

Die Böden vorschriftsmäßig bereiten und jeden mit einem Löffel gebutterten und gewürzten grünen Erbsen füllen und mit brauner Butter übergießen.

ARTISCHOCKENBÖDEN ÜBERBACKEN — Fonds d'artichauts au gratin

4 Personen. 4 große oder 8 kleine Artischockenböden; 350 g gekochten Blumenkohl oder Spargelspitzen; 3 dl Mornaysauce; 25 g zerlassene Butter; 40 g geriebenen Parmesankäse. Backzeit: 5-6 Minuten.

Den Blumenkohl oder Spargel in wenig Butter erhitzen, würzen, und die Böden damit füllen. Mit Mornaysauce bedecken, mit Käse bestreuen, mit zerlassener Butter beträufeln und im heißen Ofen überbacken. *(Siehe Bild auf Seite 199.)*

AUBERGINEN (EIERFRÜCHTE), GEBACKEN — Aubergines frites

4 Personen. 4 große Auberginen. Backzeit: 5 Minuten.

Die Früchte schälen, in runde Scheiben von 1 cm Dicke schneiden, tüchtig einsalzen und 1 Stunde stehen lassen. Sehr gut abwischen, jede Scheibe einzeln mehlen und in sehr heißem Öl knusprig backen. Sogleich servieren, da die Scheiben rasch weich werden.

■ GEFÜLLT — Aubergines farcies

4 Personen. 4 lange Auberginen; 100 g rohe Champignons; 1 zerdrückte Knoblauchzehe; 1 Eßlöffel gehackte Kräuter; 20 g zerlassene Butter; Reibbrot. Gratinierzeit: 6-7 Minuten.

Die Auberginen der Länge nach durchschneiden, ohne sie zu schälen. Ringsherum und in der Mitte des Fleisches einige $^1/_2$ cm tiefe Einschnitte machen, diese Seite tüchtig einsalzen und 15 Minuten stehen lassen. Gut abwischen, in Öl backen, bis sie weich sind, abtropfen und aushöhlen, ohne die Haut zu beschädigen. Das Fleisch zusammen mit der Petersilie und der Knoblauchzehe hacken, die gleiche Menge gehackte und angeschwitzte Champignons beifügen, würzen, gut vermischen und die Häute damit füllen. Mit Reibbrot bestreuen, mit Butter beträufeln und im heißen Ofen überkrusten lassen.

■ GEFÜLLT, AUF BOSTONER ART — Aubergines farcies à la bostonnaise

4 Personen. 4 Auberginen; 5 Eßlöffel dicke Béchamelsauce; 1 Ei; 75 g geriebenen Käse; 5 cl dicke Sahne. Gratinierzeit: 6-7 Minuten.

Die Auberginen der Länge nach teilen und wie oben vorbereiten. Das Fleisch sorgfältig auslösen, hacken, mit Béchamel und einem Ei binden, mit 50 g geriebenem Käse vermengen, würzen und in die Häute füllen. Mit geriebenem Käse bestreuen und im heißen Ofen überbacken. Anrichten und mit einigen Löffeln heißer, leicht gesalzener Sahne übergießen.

■ AUF MÜLLERINART — Aubergines à la meunière

4 Personen. 3 große Auberginen; 75 g Butter; 1 Zitrone. Bratzeit: 4-5 Minuten.

Die Auberginen schälen und jede der Länge nach in 4-5 Scheiben schneiden. Mit feinem Salz bestreuen, 15 Minuten stehen lassen, sehr gut abwischen und mehlen. Nebeneinander in einer Stielpfanne auf beiden Seiten braun und gar braten, anrichten, mit Zitronensaft beträufeln und mit brauner Butter übergießen.

■ AUF PROVENZALISCHE ART — Aubergines à la provençale

4 Personen. 4 Auberginen; 300 g Tomaten; 1 Knoblauchzehe; 1 Eßlöffel gehackte Petersilie; Mehl; Öl. Zubereitung: 10-12 Minuten.

Die Auberginen schälen, in 1 cm dicke Scheiben schneiden, einsalzen, auswässern, abwischen, mehlen und in heißem Öl braten. Die Tomaten schälen, entkernen, vierteln und in einer anderen Pfanne in heißem Öl garmachen. Tomaten und Auberginenscheiben in einer Pfanne vereinigen, die zerdrückte Knoblauchzehe beifügen, würzen, und noch einige Minuten unter mehrfachem Schwenken braten. In eine tiefe Schüssel füllen und mit gehackter Petersilie bestreuen.

GRÜNE BOHNEN — Haricots verts

Damit sie ihre schöne grüne Farbe beibehalten, müssen grüne Gemüse, Bohnen, Erbsen, Spinat usw., in reichlichem Salzwasser ohne Deckel gekocht werden.

GRÜNE BOHNEN AUF HAUSHOFMEISTERART — Haricots verts à la maître d'hôtel

4 Personen. *800 g grüne Bohnen; 50 g Butter; 1 dl leichte Béchamel; 1 Eßlöffel gehackte Petersilie. Zubereitung: 18-20 Minuten.*

Die Bohnen in Streifen schneiden, in Salzwasser kochen und gut abtropfen. Entweder mit der Butter und Petersilie durchschwenken und würzen, oder mit der Béchamel binden, würzen, anrichten und mit gehackter Petersilie bestreuen.

■ AUF PORTUGIESISCHE ART — Haricots verts à la portugaise

4 Personen. *800 g grüne Bohnen; 100 g frischen Brustspeck; 250 g Tomaten; 1 dl Bouillon; 1 Eßlöffel gehackte Petersilie. Kochzeit: 45 Minuten.*

Die rohen Bohnen zusammen mit dem gewürfelten Brustspeck in eine Kasserolle geben, die geschälten, entkernten und grob gehackten Tomaten und die Bouillon zugeben und mit Salz und Pfeffer würzen. Die Kasserolle zudecken und die Bohnen dünsten bis sie gar sind und die Flüssigkeit weitgehend eingekocht ist. Mit gehackter Petersilie bestreut anrichten. So zubereitete Bohnen verlieren zwar ihre grüne Farbe, schmecken aber ausgezeichnet.

■ MIT RAHM — Haricots verts à la crème

4 Personen. *800 g grüne Bohnen; 40 g Butter; 1 dl süße Sahne oder 1 dl dünne Sahnenbéchamel. Zubereitung: 18-20 Minuten.*

Die Bohnen in Salzwasser kochen und gut abtropfen. In Butter erst andünsten und dann mit der Sahne oder dünner Béchamel bündig kochen und gut abschmecken.

GRÜNE BOHNENKERNE — Flageolets

4 Personen. *1 kg frische Bohnenkerne; 50 g Butter; 1 dl süße Sahne; gehackte Petersilie. Kochzeit: 25 Minuten.*

Frische Bohnenkerne bereitet man wie weiße Bohnen, mit Butter, in Rahmsauce oder auf bretonische Art; getrocknete sind zuvor 7-8 Stunden einzuweichen.

ROTE BOHNEN IN ROTWEIN — Haricots rouges au vin

4 Personen. *800-1000 g frische rote Bohnen oder 400 g getrocknete; 1 große gehackte Zwiebel; 150 g mageren Speck oder Schinken; 1 dl Rotwein. Kochzeit: 35 Minuten, getrocknete $1^1/_2$ Stunden.*

Frische Bohnen in kochendem Salzwasser, getrocknete in kaltem Wasser ansetzen und garkochen, doch nicht zerfallen lassen. Gut abtropfen, den Speck würfeln und anlaufen lassen, die Zwiebel hinzugeben und anschwitzen. Mit wenig Mehl bestäuben, mit dem Rotwein aufgießen, gut durchrühren, würzen und langsam 10 Minuten kochen. Die Bohnen hinzugeben und noch einen Moment in der Sauce dünsten. Anstelle des Specks kann zum Schluß kleingewürfelter, gekochter Schinken beigefügt werden.

WEISSE BOHNEN AUF BRETONISCHE ART — Haricots blancs à la bretonne

4 Personen. *400 g getrocknete oder 800-1000 g frische weiße Bohnen; 150 g gehackte Zwiebeln; 2-3 Eßlöffel Tomatenpüree; 30 g Butter. Kochzeit: getrocknete $1^1/_2$ Stunden, frische 35 Minuten.*

Die Bohnen genau so wie rote Bohnen kochen und abgießen. Die gehackten Zwiebeln in Butter oder Schweineschmalz gut anschwitzen und das Tomatenpüree, mit etwas Wasser angerührt, und die Bohnen hinzugeben, einige Minuten dünsten und gut abschmecken. Als Garnitur für eine Hammelkeule oder als Gemüse servieren und mit gehackter Petersilie bestreuen.

SAUBOHNEN, DICKE BOHNEN — Fèves

4 Personen. *600-800 g ausgekernte Bohnen. Kochzeit: 30 Minuten.*

Die Bohnen sollten erst kurz vor dem Kochen aus den Hülsen genommen und in kaltem Wasser angesetzt werden. Man bereitet sie entweder in Butter geschwenkt mit gehackter Petersilie, in Rahmsauce oder zusammen mit gehackten Zwiebeln und Speckwürfeln in Butter oder Schmalz gedünstet.

CHICORÉE, GEDÜNSTET — Endives braisées

4 Personen. *1 kg Chicorée; 2 dl Demi-glace. Zubereitung: 1 Stunde.*

Die Stauden von schlechten Blättern befreien, die Wurzeln sauber abkratzen, nicht abschneiden, und das Gemüse stark in Salzwasser blanchieren. Abtropfen, mit der Sauce übergießen, zudecken und langsam im Ofen gardünsten.

CHICORÉE AUF FLÄMISCHE ART — Endives à la flamande

4 Personen. *1 kg Chicorée; 50 g Butter; 1 Zitrone. Zubereitung: 1 Stunde.*

Die schlechten Außenblätter entfernen, die Wurzeln sauber abkratzen und das Gemüse waschen. Die Butter in einer flachen Kasserolle schmelzen, aber nicht verfärben lassen, und das Gemüse höchstens in einer Doppellage einordnen. Leicht salzen, kräftig mit Zitronensaft beträufeln, doch nur ganz wenig Wasser beifügen, nicht mehr als knapp zur halben Höhe. Mit einem gebutterten Papier bedecken und im Ofen dünsten, bis die Flüssigkeit völlig verdunstet ist und das Gemüse in der Butter ganz leicht zu rösten beginnt. In einer Schüssel anrichten und mit leichter Demi-glace oder guter Jus bedecken. Man kann die Chicorée auch mit brauner Butter übergossen servieren.

■ MIT SCHINKEN, ÜBERKRUSTET — Endives au jambon gratinées

4 Personen. *4 große, schöne, gekochte Stauden Chicorée; 4 dünne Scheiben gekochten Schinken; $1/4$ l Béchamelsauce; 60 g geriebenen Schweizer Käse; 20 g Butter. Gratinierzeit: 6-8 Minuten.*

Beim Kochen der Chicorée das Wasser zweimal wechseln, um den bitteren Geschmack zu entfernen. Gut abtropfen und jede Staude in eine Scheibe Schinken wickeln. Eine Backplatte leicht mit Butter ausstreichen, die Chicorée darin ordnen, mit der Béchamelsauce, mit der Hälfte des Käses verrührt, überziehen, mit geriebenem Käse bestreuen, leicht mit zerlassener Butter betropfen und im heißen Ofen überkrusten.

KRAUSE ENDIVIE, GEKOCHT — Chicorée cuite

4 Personen. *1 kg krause Endivie; 2 dl Béchamel; 30 g Butter. Zubereitung: $1-1^1/_2$ Stunden.*

Die Endivie verputzen und die inneren, weißen Teile zum Salat reservieren. Die grünen Teile gut waschen und in Salzwasser kochen, bis sie weich sind, was längere Zeit in Anspruch nimmt. Abtropfen, sehr gut ausdrücken und durch die feine Scheibe des Fleischwolfs treiben oder im Mixer zerkleinern. Ganz kurz in Butter andünsten, dann mit der Béchamel binden, mit Salz, Pfeffer und geriebener Muskatnuß würzen und noch einige Minuten brutzeln lassen. So zubereitet, eignet sich das Gemüse sehr gut als Beilage zu gebratenem Fleisch.

■ MIT RAHM — Chicorée à la crème

4 Personen. *1 kg krause Endivie; 1 Eskariol; 30 g Butter; 25 g Mehl; 2 dl fette Bouillon; 1 dl Béchamel; 5 cl Sahne; geröstete Weißbrotcroutons. Zubereitung: $1^1/_2$ Stunden.*

Die grünen Teile der Endivie und des Skariols so kochen und pürieren, wie es oben beschrieben worden ist. Von der Butter und dem Mehl helle Mehlschwitze bereiten, das Püree hinzugeben, würzen, mit der Bouillon auffüllen, gut umrühren, zudecken, und bei mäßiger Hitze 45 Minuten im Ofen schmoren. In eine andere Kasserolle umfüllen, da sich das Püree inzwischen angekrustet haben soll, mit der Béchamel binden und die Sahne hinzufügen. Abschmecken, noch einige Minuten durchkochen und mit den Croutons garniert anrichten.

ERBSEN AUF ENGLISCHE ART — Petits pois à l'anglaise

4 Personen. *1 l enthülste Erbsen; 60 g Butter. Kochzeit: 15 Minuten.*

Die Erbsen in reichlich kochendes Salzwasser schütten und offen kochen damit sie schön grün bleiben. Das Wasser dabei nicht zu stark wallen lassen, damit sich die feinen Häute nicht ablösen. Gut abtropfen, in eine Kasserolle zum restlosen Abdämpfen des Wassers geben und mit Salz und einer Prise Zucker würzen. Anrichten und obenauf ein Stück frische, kalte Butter legen, weiter nichts.

ERBSEN AUF FRANZÖSISCHE ART — Petits pois à la française

4 Personen. $^3/_4$ l enthülste Erbsen; 1 kleinen Kopfsalat; 12 kleine Zwiebelchen; 50 g Butter; 1 Eßlöffel Mehl; 1 kleines Bündelchen Petersilie und Kerbel, zusammengebunden. Kochzeit: 25-30 Minuten.

Den Kopfsalat nudelig schneiden, zusammen mit den Erbsen, der Butter und dem Mehl in eine Kasserolle geben und alles mit der Hand gut durchkneten. Mit Salz und einer guten Prise Zucker würzen, die Zwiebelchen hinzugeben, bis zur Höhe mit Wasser aufgießen und das Kräuterbündel beifügen. Bei lebhafter Hitze kochen, bis die Erbsen gar sind und eine gewisse Bindung haben. Man kann auch Butter und Mehl beim Kochen fortlassen und das Gemüse zuletzt mit Mehlbutter (das Mehl mit der Butter verknetet) binden. Vor dem Servieren ist das Kräuterbündel herauszunehmen.

■ AUF HAUSFRAUENART — Petits pois à la bonne-femme ou à la ménagère

4 Personen. $^3/_4$ l enthülste Erbsen; 1 kleinen Kopfsalat; 100 g Brustspeckwürfel; 1 große gehackte Zwiebel; 1 Eßlöffel Mehl; 20 g Butter. Kochzeit: 30 Minuten.

Die Speckwürfel kurz blanchieren, abgießen, zusammen mit der gehackten Zwiebel in Butter anrösten und mit dem Mehl bestreuen. Diese Mehlschwitze kurz angehen lassen und mit wenig Wasser auffüllen, so daß eine dünne Sauce entsteht. Die Erbsen und den nudelig geschnittenen Kopfsalat hinzugeben, nur leicht mit Salz würzen, da der Speck schon Salz enthält, und bei lebhafter Hitze garkochen.

■ MIT GRÜNER PFEFFERMINZE — Petits pois à la menthe

4 Personen. 1 l enthülste Erbsen; 1 Bündelchen grüne Pfefferminze; 50 g Butter. Kochzeit: 15 Minuten.

Die Erbsen in reichlich kochendes Salzwasser werfen, dem man das Bündelchen Pfefferminze beigefügt hat. Gut abtropfen und abdämpfen, in der Butter schwenken und mit Salz und einer Prise Zucker würzen. Anrichten und obenauf einige blanchierte Pfefferminzblättchen legen.

PÜREE VON TROCKENERBSEN — Purée de pois cassés

4 Personen. 200 g Trockenerbsen; 1 mittelgroße Zwiebel in Scheiben; 50 g gewürfelter Brustspeck; 1 kleine Mohrrübe in Scheiben; 50 g Butter. Kochzeit: 2 Stunden.

Die Erbsen 6-7 Stunden einweichen und mit so viel Wasser zum Kochen bringen, daß sie bedeckt sind. Zwiebel, Mohrrübe und Speck, in wenig Butter angeschwitzt, hinzugeben, mild salzen und zugedeckt langsam garkochen. Durch ein Sieb streichen und das Püree, das recht dick sein muß, abschmecken, erhitzen, aber nicht kochen lassen, und mit der restlichen Butter vervollständigen.

FENCHELKNOLLEN — Fenouil ou aneth

Dieses ausgezeichnete Gemüse wird zu wenig geschätzt. Es stammt aus dem Orient und wird in Südfrankreich, Italien und Südosteuropa angebaut und häufiger verwendet als im Norden. Es hat eine gewisse Ähnlichkeit mit dem Staudensellerie, unterscheidet sich aber durch die Knollenform und den Anisgeschmack. Man bereitet es als Vorspeise auf griechische Art (siehe Vorspeisen), gedünstet oder als Fleischgarnitur.

FENCHEL AUF PROVENZALISCHE ART — Fenouil à la provençale

4 Personen. 4 Fenchelknollen; 75 g Zwiebelscheiben; 2 zerdrückte Knoblauchzehen; 500 g Tomaten. Zubereitung: 1 Stunde.

Die Knollen an der Wurzelseite sauber verputzen, die dicken Außenblätter entfernen, waschen, jede Knolle in vier Stücke teilen und 10 Minuten blanchieren. Den Boden einer flachen Kasserolle mit den Zwiebelscheiben und dem Knoblauch bedecken, darauf den Fenchel ordnen und mit den geschälten, entkernten und geviertelten Tomaten bedecken. Mit Salz und Pfeffer würzen, mit einer kleinen Kelle Bouillon aufgießen, zudecken und bei mäßiger Hitze im Ofen dünsten und so servieren.

GURKEN, GEDÜNSTET — Concombres étuvés au beurre

4 Personen. 2 grüne Gurken; 50 g Butter; 1 Eßlöffel gehackte Petersilie; 1 Kaffeelöffel gehackten Kerbel; 1 mittelgroße, gehackte Zwiebel. Zubereitung: 15 Minuten.

Die Gurken schälen, der Länge nach halbieren, in Stücke von etwa 5 cm Länge schneiden und die Ecken etwas parieren. Die Zwiebeln in der Butter leicht anschwitzen, die Gurken und den Kerbel hinzugeben, mit Salz und einer Prise geriebener Muskatnuß würzen und zugedeckt dünsten. Ein Zusatz von Flüssigkeit ist wegen des starken Wassergehalts der Gurken überflüssig. Beim Anrichten mit gehackter Petersilie bestreuen.

KAROTTEN CHANTILLY — Carottes Chantilly

Karotten in Rahm (siehe diese) bereiten, in eine Gemüseschüssel dressieren, in der Mitte eine Höhlung machen und mit in Butter geschwungenen grünen Erbsen füllen.

GLACIERTE KAROTTEN — Carottes glacées

4 Personen. 800 g neue Karotten; 50 g Butter; Bouillon; 1 Kaffeelöffel Zucker. Zubereitung: 30 Minuten.

Junge, geputzte runde Karotten nehmen, notfalls große in Stücke schneiden und oval formen. Mit der Butter und genügend Bouillon ansetzen, um sie zu bedecken, mit Salz, Pfeffer und Zucker würzen und langsam, offen, kochen lassen, bis die Karotten gar sind und die Flüssigkeit völlig verdunstet ist; sie müssen jetzt beim Durchschwenken mit der eingekochten Flüssigkeit überglänzt sein. Sie werden hauptsächlich als Garnitur verwendet.

KAROTTEN MIT KARTOFFELN — Carottes panachées

4 Personen. 500 g Karotten; 500 g geschälte Kartoffeln; 60 g Butter; gehackte Petersilie. Zubereitung: 25 Minuten.

Die Karotten und die Kartoffeln in dünne Scheiben schneiden und jeden Teil für sich in Salzwasser kochen und abtropfen; die Kartoffelscheiben dürfen nicht zu weich sein. Beide Teile in zerlassener Butter leicht durchschwenken, würzen und mit gehackter Petersilie bestreuen.

■ IN RAHM — Carottes à la crème

4 Personen. 800 g Karotten; 2 dl süße Sahne; 30 g Butter. Zubereitung: 30 Minuten.

Runde Karotten ganz lassen, große in Scheiben schneiden und in Salzwasser nicht zu weich kochen. Abtropfen, in Butter anziehen lassen, mit der Sahne aufgießen, würzen und sämig kochen.

■ VICHY — Carottes Vichy

4 Personen. 800 g Karotten; 50 g Butter; 20 g Zucker; gehackte Petersilie. Zubereitung: 30 Minuten.

Lange, süße, recht rote Karotten in dünne Scheiben schneiden. In eine Kasserolle mit der Butter geben, mit Wasser bedecken und mit Salz und Zucker würzen. Flott kochen lassen, ohne sie zuzudecken, bis die Flüssigkeit verdunstet ist und sie nur noch in Butter schwimmen. Gut durchschwenken und mit gehackter Petersilie bestreut servieren.

DIE KOHLARTEN — Les choux

Es git eine ganze Reihe von Kohlarten, angefangen vom Rosenkohl über Weiß- und Wirsingkohl, Blumenkohl und Rotkohl bis zu den Kohlrüben. Alle Arten sind schmackhaft, sofern sie gut zubereitet werden.

BLUMENKOHL — Chou-fleur

4 Personen. 1 kg Blumenkohl. Kochzeit: ungefähr 25 Minuten.

Der Blumenkohl wird einfach in Salzwasser gekocht, wobei er nicht zu weich werden darf. Man serviert ihn mit holländischer oder Schaumsauce übergossen, doch kann man auch zerlassene oder braune Butter dazu geben.

BLUMENKOHL ÜBERBACKEN — Chou-fleur au gratin

4 Personen. *1 kg Blumenkohl; $1/4$ l Mornaysauce (siehe diese); 30 g Butter; 20 g geriebenen Käse; 20 g Reibbrot. Zeit zum überbacken: 6-8 Minuten.*

Den gekochten Blumenkohl sehr gut abtropfen und in eine mit Butter am Boden ausgestrichene Backplatte setzen. Mit Mornaysauce gänzlich überziehen, mit Reibbrot und geriebenem Käse bestreuen, mit zerlassener Butter beträufeln und im heißen Ofen überkrusten.

■ AUF POLNISCHE ART — Chou-fleur à la polonaise

4 Personen. *1 kg Blumenkohl; 1 hartgekochtes Ei; Reibbrot; 75 g Butter; gehackte Petersilie.*

Den gekochten Blumenkohl sehr gut abtropfen, auf einer runden Platte anrichten und mit gehacktem, hartgekochtem Ei und gehackter Petersilie bestreuen. Inzwischen eine Handvoll geriebene, altbackene Weißbrotkrume (kein Paniermehl) in viel Butter hellbraun rösten und mitsamt der Butter über den Kohl gießen.
Die Zubereitungsart eignet sich besonders gut für Blumenkohl, der nicht mehr so weiß ist, daß man ihn so servieren möchte. Das in Butter geröstete Brot wird in der Küche « Polonaise » genannt.

KOHLRABI UND KOHLRÜBEN — Choux-raves ou rutabaga

4 Personen. *1 kg Kohlrabi oder Kohlrüben. Kochzeit: 35-40 Minuten.*

Zarte Kohlrabi kann man schälen, in Salzwasser kochen und in Butter nachdünsten. Sie können auch ausgehöhlt und mit den grünen Blättern, die man wie Spinat bereitet, gefüllt, mit geriebenem Käse bestreut und überbacken werden.
Kohlrüben bereitet man wie Sellerieknolle. Im Osten Frankreichs wird daraus Rübenkraut hergestellt, das man wie Sauerkraut bereitet.

ROSENKOHL, GESCHWUNGENER — Choux de Bruxelles sautés

4 Personen. *750 g kleine Rosenkohlköpfe; 50 g Butter. Zubereitung: 25 Minuten.*

Die Köpfchen unten sauber parieren, schlechte Blätter entfernen, waschen und in reichlich siedendem Salzwasser kochen. Gut abtropfen und in einer Stielpfanne in leicht gebräunter Butter schwingen und nachwürzen. Mit gehackter Petersilie bestreut servieren.

ROTKOHL AUF FLÄMISCHE ART — Chou-rouge à la flamande

4 Personen. *1 kg Rotkohl; 200 g Reinetten; 75 g Schweineschmalz; 1 Suppenlöffel Essig; 1 Suppenlöffel Zucker. Zubereitung: 1 Stunde 30 Minuten.*

Die schlechten Außenblätter entfernen, den Kohl vierteln, den Strunk herausschneiden und die Blätter nudelig schneiden. Eine Kasserole dick mit dem Schmalz ausstreichen, den Kohl hineingeben, mit Salz, Pfeffer und einer Prise Zimt würzen, nur eine kleine Kelle Wasser angießen, gut zudecken und bei sehr mäßiger Hitze 1 Stunde dünsten. Inzwischen die Reinetten schälen, vierteln, das Kerngehäuse herausschneiden, zum Kohl geben und darunter verteilen. Den Zucker hinzufügen und alles zusammen noch wenigstens weitere 30 Minuten dünsten.

■ MIT ROTWEIN — Chou-rouge au vin rouge

4 Personen. *1 kg Rotkohl; 100 g gehackte Zwiebeln; 150 g gewürfelten Magerspeck; 25 g Schweineschmalz; 30 g Mehl; $1/2$ l Rotwein. Zubereitung: $1^{1}/_{2}$ Stunden.*

Den Rotkohl wie oben vorbereiten und nudelig schneiden. Den Speck und die Zwiebeln in dem Schmalz gut anschwitzen, mit dem Mehl bestäuben und leicht anrösten. Den Kohl hinzugeben, würzen, gut durchmischen und bei mäßiger Hitze, zugedeckt, 30 Minuten dünsten. Den Wein hinzugießen, vermischen und ganz langsam fertigkochen.

KOHLROULADEN — Roulades de choux farcis

4 Personen. *1 kg Weißkohl; 350 g Bratwurstfleisch; 75 g Weißbrot, entrindet; 1 kleine, gehackte Zwiebel; 1 Eßlöffel gehackte Petersilie; 1 kleine, zerdrückte Knoblauchzehe; 4 dl flüssige Tomatensauce. Zubereitung: 40-50 Minuten.*

Etwaige schlechte Außenblätter entfernen und die guten Blätter 3-4 Minuten in Salzwasser blanchieren, um sie besser verarbeiten zu können. Von den großen Blättern die dicken Rippen herausschneiden, diese Blätter auf dem Tisch ausbreiten und mit den kleinen ausgleichen. Das Bratwurstfleisch mit dem eingeweichten, nicht zu stark ausgedrückten Weißbrot, der Zwiebel, Knoblauch, Petersilie und einigen Tropfen Wasser vermengen, mit Salz und Pfeffer würzen und gut durcharbeiten. In die Mitte der Kohlblätter etwas Farce geben, zusammenrollen und die Seiten nach unten schlagen. Den Boden eines flachen Kochgeschirrs leicht fetten, die Rouladen nebeneinander einordnen, mit der flüssig gehaltenen Tomatensauce bis zur Höhe aufgießen, mit einem gefetteten Papier belegen, zudecken und langsam im Ofen schmoren. Anrichten, die Sauce zur gewünschten Dicke einkochen, passieren und über die Rouladen gießen. *(Siehe Bild auf Seite 197.)*

KLEINE, GEFÜLLTE KOHLKÖPFCHEN ODER DOLMAS — Petits choux farcis dits Dolmas

4 Personen. 1 kg Weißkohl; ungefähr 400 g Farce wie für Kohlrouladen; 1 große Zwiebel; 1 Mohrrübe; 3-4 Scheiben fetten Speck; 2 Zitronen; 3-4 dl Tomatensaft. Zubereitung: 40-50 Minuten.

Die Kohlblätter wie für Kohlrouladen blanchieren und vorbereiten. Auseinanderbreiten und in die Mitte eines jeden Blattes ungefähr 50 g Farce geben. Nach obenzu einschlagen und in einem Tuch zu runden Bällchen formen. Den Boden eines Schmortopfes mit dem Speck und der in Scheiben geschnittenen Zwiebel und Mohrrübe auslegen und die Kohlköpfchen daraufordnen. Mit dem Tomatensaft aufgießen, einem geölten Blatt Papier belegen, zudecken und langsam im Ofen bei mäßiger Hitze garmachen. Herausnehmen, anrichten und jedes Kohlköpfchen mit einer kleinen, entrindeten Zitronenscheibe bedecken. Den Tomatensaft zur nötigen Dicke einkochen, entfetten, mit Zitronensaft würzen, abschmecken, passieren und über die Kohlköpfchen gießen.
Man kann der Farce auch die gleiche Menge halbgar gekochten Reis beifügen, außerdem können die Dolmas auch von großen Wein- oder Spinatblättern bereitet werden.

SAUERKRAUT, GARNIERTES — Choucroute garnie

4 Personen. 750 g Sauerkraut; 150 g Speckschwarten; 1 Kochwurst; 125 g Magerspeck; 2 mittelgroße Zwiebeln; 2 Karotten; 50 g Schweine- oder Gänseschmalz oder Schinkenschmalz; 2 dl Weißwein; Kartoffeln; 1 kleines Eisbein oder geräucherten Pökelkamm, Gänsefleisch o.a. Zubereitung: 2-3 Stunden.

Das Sauerkraut gut waschen, ausdrücken, und die Hälfte davon in eine Kasserolle geben, dessen Boden mit kurz blanchierten Speckschwarten belegt worden ist. Darauf die Wurst, den Speck, das Eisbein oder anderes beliebiges Fleisch, das man mit dem Kraut servieren will, legen und die Karotten, die Zwiebeln, eine davon mit einem Lorbeerblatt und zwei Nelken gespickt, dazugeben und mit dem Rest des Sauerkrauts abschließen. Leicht würzen, mit dem Weißwein aufgießen, eventuell auch noch ganz wenig Bouillon, das Schmalz beifügen und mit einem gefetteten Papier belegen. Zudecken und bei sehr mäßiger Hitze langsam garschmoren. Mit dem Fleisch, dem Speck, der Wurst und einigen schön geformten Salzkartoffeln garniert servieren. Man kann anstelle der Kochwurst auch Frankfurter oder Wiener Würstchen nehmen. *(Siehe Bild auf Seite 160.)*

WEISSKOHL, GEFÜLLTER — Chou farci

4 Personen. 1 Kopf Weißkohl, ungefähr 1 kg 500; 400 g Bratwurstfleisch; 100 g Weißbrot ohne Rinde; 50 g gehackte Zwiebel; 1 Eßlöffel gehackte Petersilie; 1 zerdrückte Knoblauchzehe; 1 Ei; 2 dl Bouillon; fetten Speck. Zubereitung: 1 Stunde 45 Minuten.

Den Kohlkopf von etwaigen schlechten Außenblättern befreien, unten sauber verputzen und das Herz aushölen und zur anderweitigen Verwendung aufheben. Den Kohl 10 Minuten in Salzwasser blanchieren und, umgekehrt, gut abtropfen. Das Weißbrot einweichen, ausdrücken, mit dem Bratwurstfleisch, der gehackten Zwiebel, der Petersilie, Knoblauch und dem Ei gut durcharbeiten und mit Salz und Pfeffer würzen. Den Kohl mit dieser Farce füllen, mit dünnen Scheiben von fettem Speck umhüllen, so binden, daß er seine Form beibehält und in eine Kasserolle oder ein feuerfestes Geschirr setzen, das ihn gerade zu fassen vermag. Mit der fetten Bouillon angießen, mit einem gefettetem Blatt Papier bedecken und verschlossen bei mäßiger Hitze im Ofen garschmoren.

WIRSINGKOHL AUF ENGLISCHE ART — Chou vert à l'anglaise

4 Personen. *1 kg Wirsingkohl; 60 g frische Butter. Kochzeit: 40-45 Minuten.*

Den Kohl vierteln, den Strunk herausschneiden und einfach in Salzwasser garkochen. Abtropfen, das Wasser zwischen zwei Tellern gut ausdrücken, den Kohl wie eine Torte spitz aufschneiden und anrichten. Obenauf etwas frische Butter geben und so servieren.
Auf diese Art bereitet, ist der Kohl leicht verdaulich und durchaus schmackhaft.

GESCHMORTER WIRSINGKOHL — Chou vert braisé

4 Personen. *1 kg 500 Wirsingkohl; 1 Zwiebel mit 1 Lorbeerblatt und 2 Nelken gespickt; fette Bouillon; Speckabfälle oder Schinkenfett; 1 Mohrrübe; Magerspeck oder rohen Schinken. Zubereitung: 1 Stunde.*

Den Kohl vierteln, den Strunk und die dicken Rippen ausschneiden, 4-5 Minuten blanchieren und gut abtropfen. Den Boden einer Kasserolle mit Speckabfällen oder Schinkenfett bedecken und darauf die gespickte Zwiebel und die Mohrrübe legen. Mit dem Kohl füllen und, nach Belieben, ein Stück Magerspeck oder Schinken in die Mitte legen. Zur Hälfte mit fetter Bouillon aufgießen, salzen, pfeffern, mit einem gefetteten Blatt Papier belegen, zudecken und bei mittlerer Hitze im Ofen schmoren. In der Regel sind alle Kohlarten gar, wenn die Flüssigkeit völlig eingekocht ist.

GRATINIERTER WIRSINGKOHL — Chou vert au gratin

4 Personen. *1 kg 500 Wirsingkohl; $^1/_4$ l Béchamel; 25 g geriebenen Käse; 25 g geriebene Semmel; 20 g Butter. Kochzeit: 40-45 Minuten.*

Den Kohl vierteln, die dicken Rippen und den Strunk herausschneiden und die Blätter in Salzwasser kochen. Abtropfen, gut ausdrücken und hacken oder durch die grobe Scheibe des Fleischwolfs treiben. Das Gehäck mit der Béchamel binden, mit Salz, Pfeffer und geriebener Muskatnuß würzen, erhitzen und abseits des Feuers mit einer guten Hälfte des geriebenen Käses vermengen. In eine Backplatte füllen, glätten, mit geriebenem Käse und Reibbrot bestreuen, mit zerlassener Butter beträufeln und im heißen Ofen überkrusten lassen.

KOPFSALAT, GESCHMORTER — Laitues braisées

4 Personen. *2 große Köpfe Salat (Lattich) mit vollem Herz; 50 g Magerspeck in dünnen Scheiben; 1 Mohrrübe; 1 große Zwiebel; 30 g Schweineschmalz; $^1/_4$ l Bouillon. Zubereitung: 30-40 Minuten.*

Etwaige schlechte Außenblätter entfernen, das Wurzelende sauber verputzen, den Kopfsalat gründlich waschen und in siedendem Salzwasser 10 Minuten kochen. Sogleich in laufendem Wasser abkühlen, sehr gut ausdrücken, jeden Kopf der Länge nach teilen und zusammenfalten. Den Boden eines flachen Kochgeschirrs mit dem Schmalz und Mohrrüben und den Speckscheiben bedecken. Den Kopfsalat nebeneinander daraufordnen und ansetzen, bis die Unterlage leicht zu rösten beginnt. Mit der Bouillon angießen, würzen, mit einem gefetteten Papier bedecken und im Ofen schmoren, bis das Gemüse gar und die Bouillon fast gänzlich verdunstet ist. Anrichten und mit Bratenjus oder leichter Demi-glace bedecken.

KÜRBISCHEN, COURGETTES — Courgettes

Man kann die Kürbischen wie Auberginen behandeln oder auf eine der folgenden Arten zubereiten:

KÜRBISCHEN, GEBACKENE — Courgettes frites

4 Personen. *5 Kürbischen; $^1/_2$ l Backteig. Backzeit: 5 Minuten.*

Die Kürbischen schälen, der Länge nach in 5-6 mm dicke Scheiben schneiden, mit feinem Salz reichlich bestreuen und 20 Minuten gut auswässern lassen. Sehr gut abtrocknen, durch leichten Backteig ziehen und in einem sehr heißen Fettbad, am besten Ölbad, knusprig backen. Gut abtropfen und sogleich servieren.

■ AUF MÜLLERINART — Courgettes à la meunière

4 Personen. *5 Kürbischen; 60 g Butter; 1 Eßlöffel gehackte Petersilie. Zubereitung: 10 Minuten.*

Die Kürbischen wie oben vorbereiten. Nachdem das Salz gut abgewischt worden ist, die Scheiben durch Mehl ziehen, das überflüssige Mehl gut abschütteln, und in heißer Butter auf beiden Seiten goldgelb braten. Anrichten, mit gehackter Petersilie bestreuen und mit brauner Butter übergießen.

▲ Tomaten mit Sellerie oder Fenchel gefüllt, S. 223

Kohlrouladen, S. 195 ▼

▲ Verschiedene Kartoffelarten in Fett gebacken, S. 209, 210, 212, 213

Gemischte Gemüseplatte, S. 187 ▼

▲ Kürbischen auf orientalische Art, S. 201

Überbackene Artischockenböden, S. 189 ▼

200 ▲ Kopfsalatherzen

Tomaten auf Piemonteser Art, S. 207 ▼

KÜRBISCHEN MIT RAHM — Courgettes à la crème

4 Personen. 4 Kürbischen; 2 dl süße Sahne; 30 g Butter; 2 Eigelb. Zubereitung: 20 Minuten.

Die Kürbischen schälen, vierteln, und in Salzwasser dreiviertelgar kochen. Gut abtropfen und 5 Minuten in Butter dünsten. Mit der Sahne übergießen, mit Salz und frischem Pfeffer aus der Pfeffermühle würzen und gardünsten. Kurz vor dem Servieren mit 2 Eigelb, mit einem Löffel reservierter Sahne verquirlt, abseits der Hitze binden und nicht mehr kochen lassen.

■ AUF ORIENTALISCHE ART — Courgettes à l'orientale

6 Personen. 3 Kürbischen; 200 g gekochten Reis; 200 g geschälte, entkernte, grobgehackte Tomaten; 250 g gehacktes, gekochtes Hammel-, notfalls auch anderes Fleisch; 50 g Reibbrot; 3 Eßlöffel Öl; 2 dl leichte, gut gewürzte Tomatensauce. Zubereitung: ungefähr 15 Minuten.

Die Kürbischen schälen, der Länge nach teilen und stark blanchieren. Das Fleisch bis auf einen etwas 6 mm dicken Rand sorgfältig aushöhlen und hacken. Mit dem Reis, den abgetropften Tomaten und dem Fleisch vermengen, würzen und die Kürbischen damit füllen. Eine Backplatte leicht ölen, die Kürbischen daraufordnen, reichlich mit Reibbrot bestreuen, mit Öl beträufeln und im heißen Ofen überkrusten lassen. Beim Servieren mit der Tomatensauce umgießen. *(Siehe Bild auf Seite 199.)*

LINSEN AUF LOTHRINGER ART — Lentilles à la lorraine

4 Personen. 350 g Linsen; 1 große gehackte Zwiebel; 75 g kleingewürfelten Magerspeck; 20 g Schweineschmalz; 15 g Butter; 10 g Mehl. Kochzeit: 1-2 Stunden je nach Güte.

Die Linsen, wie alle Hülsenfrüchte, 3-4 Stunden in Wasser einweichen und ohne Salz ansetzen. Den Speck in dem Schmalz anschwitzen, die Zwiebeln hinzugeben, beides leicht anrösten und mitsamt dem Fett den Linsen beifügen und sie langsam garkochen; sie müssen weich sein, dürfen aber nicht zerfallen. Mit Salz und Pfeffer würzen und zuletzt leicht mit Mehlbutter (die weiche Butter mit dem Mehl vermengt) binden und noch ganz kurz durchkochen. Man kann den Linsen beim Kochen auch eine kleine, zerdrückte Knoblauchzehe beifügen.

MAIRÜBEN, GEFÜLLTE — Navets farcis

4 Personen. 1 kg runde Mairüben (weiße Rüben): 150-200 g Bratwurstfleisch; $^1/_2$ l fette Bouillon; Reibbrot; 20 g Butter. Zubereitung: 45 Minuten.

Hierfür die kleinen, runden Mairüben mit violettem Kopf wählen, schälen und mit einem Ausstecher ausbohren. Ungefähr 10 Minuten in Salzwasser kochen, gut abtropfen und mit dem Bratwurstfleisch, irgendeinem Fleischhaschee oder beliebiger Farce füllen. In ein flaches Geschirr einsetzen, mit Bouillon bis zur halben Höhe angießen, mit Reibbrot bestreuen, mit zerlassener Butter beträufeln und bei mäßiger Hitze im Ofen garmachen und gleichzeitig überkrusten.

In dieser Zubereitungsart dienen die Rüben in der Hauptsache als Garnitur für Fleischstücke.

■ GLACIERTE — Navets glacés

4 Personen. 1 kg Mairüben; 50 g Butter; 1 Teelöffel Zucker. Zubereitung: 30 Minuten.

Die Rüben schälen, in dünne Scheiben schneiden, mit Wasser bedeckt ansetzen und eine Prise Salz, den Zucker und die frische Butter beifügen. Offen kochen lassen, bis die Flüssigkeit völlig verdunstet ist und die Rüben gar sind. Beim Durchschwenken müssen sie nun trocken und mit einer glänzenden Schicht bedeckt sein.

■ IN RAHMSAUCE — Navets à la crème

4 Personen. 1 kg Mairüben; 2 dl Béchamel; 1 dl süße Sahne; 30 g Butter. Zubereitung: 30 Minuten.

Die Rüben schälen, junge nur vierteln, alte in Scheiben schneiden und in Salzwasser dreiviertelgar kochen. Gut abtropfen, in Butter leicht andünsten, die Béchamel und die Sahne hinzugeben und darin vollends garmachen und gut abschmecken.

MANGOLD, GRATINIERTER — Côtes de bette au gratin

4 Personen. 1 kg Mangold; 3 dl dicke Béchamel; 30 g Butter; 40 g geriebenen Parmesankäse. Zubereitung: ungefähr 35 Minuten.

Den Mangold waschen, die grünen Blätter entfernen und die Rippen von den Fasern durch Abziehen befreien. In Stücke von 2-3 cm Länge schneiden, in Salzwasser 20 Minuten kochen und gut abtropfen. Den Boden einer Backplatte mit Butter ausstreichen und mit einigen Löffeln gutgewürzter Béchamel bedecken. Darauf den Mangold ordnen, mit Béchamel völlig bedecken, reichlich mit geriebenem Käse bestreuen, mit zerlassener Butter beträufeln und bei mäßiger Hitze im Ofen 10-15 Minuten überkrusten lassen.

MARONEN, GEDÜNSTETE — Marrons braisés

4 Personen. Als Gemüse 750 g, zur Garnitur 500 g Maronen (Edelkastanien). Zubereitung: ungefähr 40 Minuten.

Um zu vermeiden, daß die Maronen zerfallen, empfiehlt sich folgende Methode: Man schneidet die Schale rundherum und auch quer mit der Spitze eines scharfen Messers leicht ein. Dann gibt man sie in einen Backkorb und taucht sie in ein sehr heißes Fettbad, bis sie halbgar sind und die Schale aufplatzt. Man schüttet sie ab, hält sie mit einem Tuch fest, damit man sich die Finger nicht verbrennt, und kann dann Schale und Haut leicht abziehen. Eine weitere Methode besteht darin, daß man die Maronen wie oben einritzt, auf ein Backblech legt, mit etwas kaltem Wasser bespritzt und in einen sehr heißen Ofen stellt, bis sie aufplatzen. Sie lassen sich dann ebenfalls leicht schälen. Die geschälten Maronen werden dann in leichter Demi-glace oder Jus langsam gargekocht. Will man eine Gans oder eine Pute mit Maronen füllen, so bedient man sich der gleichen Methode, macht sie aber im Ofen oder im heißen Fett völlig gar.

MARONENPÜREE — Purée de marrons

4 Personen. 500 g Maronen; 75 g Sellerie; 1 dl Bouillon; 50 g Butter. Zubereitung: 30 Minuten.

Die Maronen wie oben vorbereiten und schälen. In eine Kasserole mit dem Sellerie und der Bouillon oder auch nur etwas leicht gesalzenes Wasser geben und langsam weichkochen. Durch ein Sieb streichen und mit der Butter, etwas Milch, Sahne oder Bouillon zu einem lockeren Püree verarbeiten und abschmecken. Der Sellerie gibt dem Püree einen angenehmen Geschmack.
Maronenpüree ist eine ideale Zugabe für Haarwild.

PALMENSPROSSEN — Cœurs de palmier

Palmensprossen sind die Schößlinge verschiedener Palmenarten. Sie kommen als Konserve, in Salzwasser gekocht, nach Europa in den Handel. Die Kilodose enthält 4-6 Sprossen, je nach ihrer Größe. Man braucht dieses ausgezeichnete Gemüse nur im eigenen Fond zu erhitzen, abzutropfen und mit einer Sauce wie für Spargel zu servieren. Kalt serviert man sie mit Vinaigrettesauce oder mit einer leichten, sehr pikanten Mayonnaise.

■ ÜBERKRUSTETE — Cœurs de palmier au gratin

4 Personen. 400 g Palmensprossen; 2 dl italienische Sauce; 25 g geriebenen Parmesankäse; 25 g Reibbrot; 40 g Butter. Zubereitung: 10-12 Minuten.

Die Palmensprossen der Länge nach spalten und in Stücke von ungefähr 8 cm Länge teilen. In dem Einmachwasser erhitzen und gut abtropfen. Eine Backplatte mit Butter ausstreichen und die Palmensprossen einordnen. Mit der Sauce bedecken, mit geriebenem Käse und Reibbrot reichlich bestreuen, mit zerlassener Butter beträufeln und im heißen Ofen überkrusten lassen.

PAPRIKASCHOTEN, MIT FLEISCH GEFÜLLT — Poivrons farcis au gras

4 Personen. 4 schöne Paprikaschoten; 300 g Bratwurstfleisch; 75 g Pökelfleisch; 1 Eßlöffel gehackte Kräuter (Petersilie, Schnittlauch, Schalotten); 1 Ei; Reibbrot; 2 Eßlöffel Öl; 2 dl Püree von frischen Tomaten. Zubereitung: 30-40 Minuten.

Die Paprikaschoten von der Stielseite aus öffnen, die Kerne entfernen und innen gut auswaschen und abtropfen. Das Bratwurstfleisch mit dem gehackten Pökelfleisch, den Kräutern und dem Ei vermischen, gut abschmecken und die Paprikaschoten damit füllen. Eine passende Kasserolle mit

Öl ausstreichen, die Paprikaschoten einordnen, mit Reibbrot bestreuen und gut mit Öl beträufeln. Zudecken und die Paprikaschoten im eigenen Saft bei mäßiger Hitze im Ofen gardünsten. Zum Anrichten das Tomatenpüree, mit etwas Knoblauch gewürzt, auf die Platte gießen und die Paprikaschoten darauf anrichten.

■ MIT REIS GEFÜLLT — Poivrons farcis au riz

4 Personen. 4 schöne Paprikaschoten; 80 g Reis; 4 geschälte, entkernte, gehackte Tomaten; 1 Eßlöffel gehackte Kräuter; 2 Eßlöffel Öl. Kochzeit: Reis: 10 Minuten; Paprikaschoten: 25-30 Minuten.

Den Reis halbgar kochen, gut abtropfen, mit den Tomaten, den Kräutern und einem Eßlöffel Öl vermengen und gut würzen. Die Paprikaschoten damit füllen, ein passendes Geschirr mit Öl ausstreichen, die Früchte einordnen, mit Öl begießen, zudecken und bei mäßiger Hitze im Ofen gardünsten.

PORREE (LAUCH), GEDÜNSTET — Poireaux braisés

4 Personen. 1 kg 200 Porree; 1 Mohrrübe; 1 mittelgroße Zwiebel; 80 g Speckschwarten oder -abgänge; 3 dl Bouillon; 2 dl braune Grundsauce. Zubereitung: 1-1$^{1}/_{2}$ Stunden.

Die Wurzeln der Stauden sauber verputzen, das Grüne abschneiden, den weißen Teil oben einschneiden und die Stauden gründlich waschen. 2-3 Minuten blanchieren und gut abtropfen. Den Boden eines geeigneten Geschirrs mit Mohrrüben- und Zwiebelscheiben sowie den Speckschwarten bedecken und die Stauden daraufordnen. Mit der Bouillon angießen, mit einem gefetteten Papier bedecken, zudecken und im Ofen bei mäßiger Hitze dünsten. Sehr gut abtropfen und anrichten. Die Bouillon mit der braunen Grundsauce zur nötigen Konsistenz einkochen, abschmecken, passieren und über den Porree gießen.

PORREESTAUDEN — Poireaux en branches

4 Personen. 1 kg junge, weiße Stauden; 3 dl holländische oder rahmige Béchamelsauce. Zubereitung: 30-40 Minuten.

Die Stauden wie oben verputzen, ohne das zarte Grüne abzuschneiden. Wie Spargel bündeln und ungefähr 30 Minuten in heißem Wasser einweichen, um den strengen Geschmack zu mildern. In Salzwasser kochen, gut abtropfen und wie Stangenspargel anrichten. Dazu holländische oder rahmige Béchamelsauce servieren. Die Stauden schmecken auch mit Vinaigrettesauce sehr gut.

RATATOUILLE NIÇOISE

4 Personen. 1 große Zwiebel, in Scheiben; 350 g Tomaten, geschält, entkernt und geviertelt; 500 g Kürbischen, in Scheiben; 500 g Auberginen, in Scheiben; 2 kleine, entkernte Paprikaschoten, in Streifen; 2 kleine, zerdrückte Knoblauchzehen; 5 cl Olivenöl. Zubereitung: ungefähr 30 Minuten.

Die Zwiebelscheiben in dem Öl hellgelb anschwitzen. Tomaten, Kürbischen, Auberginen, Paprikaschoten und Knoblauch beifügen, mit Salz und Pfeffer würzen und so lange, zugedeckt, kochen, bis die Flüssigkeit verdunstet ist und nur das Öl zurückbleibt.

SAUERAMPFER ALS GEMÜSE ODER GARNITUR — Oseille pour légumes ou garnitures

4 Personen. 800 g Sauerampfer als Gemüse, 500 g als Garnitur; 30 g Butter; 20 g Mehl; 2 dl Béchamel; 2 Eigelb; Milch. Zubereitung: 30 Minuten.

Den Sauerampfer gut waschen, mit einigen Tropfen Wasser und einer Prise Salz im eigenen Saft schmelzen lassen und durch ein Sieb streichen oder im Mixer zerkleinern. Von der Butter und dem Mehl helle Mehlschwitze bereiten, den Sauerampfer hinzugeben, tüchtig vermischen, zudecken und im Ofen garmachen. In eine saubere Kasserolle geben, mit der Béchamel binden, abschmecken, und abseits der Hitze mit dem Eigelb, mit ganz wenig Milch vermischt, binden und nicht mehr kochen lassen.

SCHWARZWURZELN — Salsifis

4 Personen. *800 g Schwarzwurzeln; Mehl; Essig. Kochzeit: 40 Minuten.*

Das Reinigen und Schälen dieses ausgezeichneten Gemüses schreckt viele Hausfrauen ab, weil die Zubereitung umständlich ist. Gewöhnlich schabt man das Gemüse mit einem Messer. Das ist zeitraubend, abgesehen davon, daß man sich die Hände beschmutzt. Viel einfacher ist es, sich eines Sparmessers, wie zum Schälen von Spargel zu bedienen. Man spart Zeit und beschmutzt sich nicht die Hände. Sobald man eine Wurzel geschält hat, legt man sie sofort in kaltes Wasser, das mit etwas Essig gesäuert worden ist; das verhindert das Schwarzanlaufen. Sobald alle Schwarzwurzeln geschält sind, rührt man ungefähr 50 g Mehl mit etwas Wasser an, fügt 4 l Wasser, $1/4$ l Essig und etwas Salz hinzu und gibt die Schwarzwurzeln hinein. Wenn sie zu dick sind, kann man sie der Länge nach spalten und quer in regelmäßige Stücke schneiden; man kann sie auch wie Spargel bündeln. Die Kasserolle darf beim Kochen nicht zugedeckt werden, da Mehlwasser wie Milch leicht überläuft. Vor weiterem Gebrauch werden sie mit warmem Wasser abgespült. Schwarzwurzeln können am Abend zuvor gekocht werden, müssen dann aber in dem Mehlsud aufbewahrt werden, weil sie sonst schwarz anlaufen.

■ GEBACKENE — Salsifis frits

4 Personen. *750 g gekochte Schwarzwurzeln; Backteig; 1 Zitrone; Öl. Backzeit: 5-6 Minuten.*

Die Schwarzwurzeln in Stücke von ungefähr 6 cm Länge schneiden und 30 Minuten in Zitronensaft, Salz und Pfeffer marinieren. Ein Stück nach dem anderen durch leichten Backteig ziehen und nicht zu viel auf einmal in einem heißen Fettbad, vorzugsweise Ölbad goldgelb und knusprig backen. Auf einem Tuch abtropfen und sogleich servieren.

■ GESCHWUNGENE — Salsifis sautés

4 Personen. *750 g gekochte Schwarzwurzeln; 40 g Butter; gehackte Petersilie. Bratzeit: 7-8 Minuten.*

Die Schwarzwurzeln in Stücke von ungefähr 3 cm Länge schneiden und in heißer Butter unter mehrmaligem Schwingen braten, bis sie hellgelb sind. Leicht würzen und mit gehackter Petersilie bestreut servieren.

■ IN SAMTSAUCE — Salsifis au velouté

4 Personen. *750 g gekochte Schwarzwurzeln; $1/4$ l einfache Samtsauce; Saft $1/2$ Zitrone; 20 g Butter. Zubereitung: 6-7 Minuten.*

Die Schwarzwurzeln in Stücke von ungefähr 3 cm Länge schneiden und in Butter kurz andünsten. Die Sauce hinzufügen, einige Minuten darin schmurgeln lassen, abschmecken, anrichten und eventuell mit gehackter Petersilie bestreuen.

SELLERIE — Céleri

Man unterscheidet zwischen Knollensellerie und Stauden- oder Bleichsellerie. Während man den Staudensellerie in erster Linie als Gemüse verwendet, nimmt man den Knollensellerie in der Hauptsache zum Salat. Er kann aber auch gekocht, gewürfelt oder in Scheiben geschnitten, gedünstet, gebacken oder püriert werden.

STAUDENSELLERIE MIT JUS — Céleri en branches au jus

4 Personen. *2 Stauden Sellerie; 1 Mohrrübe; 1 mittelgroße Zwiebel; $1/4$ l fette Bouillon; 1 dl gute Jus. Zubereitung: 1-$1 1/4$ Stunden.*

Den Sellerie von etwaigen schlechten Außenstengeln befreien, die grünen Blätter entfernen, der Länge nach halbieren und sehr gut waschen. 15 Minuten in leichtem Salzwasser blanchieren, abkühlen, und die einzelnen Stücke zusammenfalten. Den Boden eines flachen Kochgeschirrs mit der in Scheiben geschnittenen Mohrrübe und Zwiebel bedecken, darauf den Sellerie ordnen und mit der Bouillon angießen. Mit einem gefetteten Blatt Papier belegen, zudecken, und im Ofen bei mittlerer Hitze gardünsten. Abtropfen, anrichten, mit der Jus übergießen und, eventuell, mit einigen Scheiben blanchiertem Rindermark belegen. Anstelle der Jus kann man den Sellerie auch mit Madeirasauce servieren.

STAUDENSELLERIE AUF MAILÄNDER ART — Céleri en branches à la milanaise

4 Personen. 2 Stauden Sellerie; 50 g geriebenen Parmesankäse; 50 g Butter. Zubereitung: 1 Stunde 30 Minuten.

Den Sellerie wie oben vorbereiten und waschen. Nicht halbieren, sondern in Stücke von ungefähr 6 cm Länge schneiden und in Salzwasser garkochen. Gut abtropfen, die Stücke erst jetzt der Länge nach teilen und in einer mit Butter ausgestrichenen Backplatte ordnen. Mit geriebenem Parmesankäse bestreuen, mit zerlassener Butter übergießen und einige Minuten in den heißen Ofen stellen, um den Käse zu bräunen.

KNOLLENSELLERIE AUF HAUSFRAUENART — Céleri-rave à la ménagère

4 Personen. 2 schöne Sellerieknollen; 2 kleine Mohrrüben; 2 mittelgroße Zwiebeln; 250 g geschälte, entkernte und geviertelte Tomaten; 30 g Butter; 1 dl fette Bouillon. Zubereitung: ungefähr 40 Minuten.

Die Knollen schälen, in Scheiben von ungefähr $1^1/_2$ cm und diese in Stücke von 5 cm schneiden und 5 Minuten blanchieren. Die in dünne Scheiben geschnittenen Zwiebeln und Mohrrüben in der Butter leicht anrösten, den Sellerie und die Tomaten beifügen, mit der Bouillon angießen, würzen, und, zugedeckt, alles zusammen garmachen.
Der blanchierte Sellerie kann auch einem Stück Kalbfleisch beim Schmoren beigefügt werden. Er schmort mit in der Kalbsjus und schmeckt ausgezeichnet. Sellerieknollen werden als Gemüse oder als Garnitur sehr geschätzt.

■ GEBACKEN — Beignets de céleri-rave

4 Personen. 600 g Sellerieknolle; 2 Eier; Reibbrot; 2 dl Tomatensauce; Butter oder Öl. Kochzeit: etwa 25 Minuten; Bratzeit: 5-6 Minuten.

Den Sellerie abbürsten, gut waschen, in Salzwasser nicht zu weich kochen, auskühlen und schälen. In Scheiben von knapp 1 cm Dicke schneiden und jede Scheibe halbieren oder vierteln. Leicht mehlen, durch geschlagenes Ei ziehen, mit Reibbrot panieren und in geklärter Butter oder Öl zu schöner brauner Farbe backen. Die Scheiben können auch schwimmend in heißem Fett gebacken werden.

■ ÜBERBACKEN — Céleri-rave au gratin

4 Personen. 750 g Sellerieknolle; 3 dl Mornaysauce; 40 g geriebenen Käse; 30 g Butter. Zubereitung: ungefähr 30 Minuten.

Die Knollen wie oben vorbereiten, kochen, gut abtropfen und schneiden. Einen Löffel Sauce auf den Boden einer Backplatte geben und darauf die Selleriestücke legen. Mit dem Rest der Mornaysauce bedecken, mit geriebenem Käse bestreuen, mit zerlassener Butter beträufeln und im heißen Ofen zu schöner Farbe überbacken.

SPARGEL AUF FLÄMISCHE ART — Asperges à la flamande

4 Personen. 1 kg 500 Stangenspargel; 2-3 hartgekochte Eier; etwa 100 g Butter. Kochzeit: 20-25 Minuten.

Den Spargel sorgfältig schälen, bündeln, die Enden glattschneiden und die Stangen in Salzwasser kochen, wobei er nicht zu weich werden sollte. Das Wasser dabei nicht zu stark sprudeln lassen, damit die Köpfe nicht beschädigt werden. Gut abtropfen und auf einer Serviette oder einem Spargelgitter anrichten. Die zerlassene Butter und das hartgekochte Eigelb nebenher servieren. Jede Person zerdrückt ein halbes Eigelb gut mit der Gabel, vermischt es mit 2-3 Eßlöffel zerlassener Butter und taucht zum Essen den Spargel in diese Sauce. *(Kulinarische Technik in Bildern, Seite 17.)*

■ MIT HOLLÄNDISCHER SAUCE — Asperges sauce hollandaise

4 Personen. 1 kg 500 Stangenspargel; 3 dl holländische Sauce; krause Petersilie. Zubereitung: 20-25 Minuten.

Den Spargel schälen und kochen. Gut abtropfen, anrichten und mit der Petersilie garnieren. Die nicht zu dick gehaltene Sauce nebenher servieren. *(Kulinarische Technik in Bildern, Seite 17.)*

SPARGEL AUF MAILÄNDER ART — Asperges à la milanaise

4 Personen. 1 kg 500 Stangenspargel; 50-60 g geriebenen Parmesan; 80 g Butter. Zubereitung: 20-25 Minuten.

Den gekochten, gut abgetropften Spargel stufenweise derart ordnen, daß alle Köpfe sichtbar sind. Die Köpfe mit geriebenem Parmesan bestreuen und mit leicht gebräunter Butter übergießen. Einige Minuten in den heißen Ofen stellen, um sie leicht zu überkrusten. *(Kulinarische Technik in Bildern, Seite 17.)*

SPARGEL MIT VINAIGRETTESAUCE — Asperges sauce vinaigrette

4 Personen. 1 kg 500 Stangenspargel; 3 dl Vinaigrettesauce. Zubereitung: 20-25 Minuten.

Den Spargel wie üblich kochen und abtropfen. Lauwarm anrichten und die Sauce nebenbei servieren.

SPARGELSPITZEN IN RAHMSAUCE, GRÜNE — Pointes d'asperges à la crème

4 Personen. 1 kg grüne Spargelspitzen; 2 dl Béchamelsauce; 1 dl süße Sahne; 1 Eigelb (beliebig). Kochzeit: etwa 18 Minuten.

Den Spargel waschen und die zarten Teile mit den Köpfen abbrechen. Den oberen Teil in Bündelchen von 6-8 Stangen zusammenbinden. Den unteren Teil in Stücke von ungefähr 1 cm Länge schneiden, so daß nur die Köpfe in einer Länge von etwa 5 cm gebündelt zusammenbleiben. Alles in Salzwasser rasch abkochen und gut abtropfen. Die Béchamel mit der Sahne zu einer sämigen Sauce kochen und gut abschmecken. Die kleinen Stückchen mit einigen Löffeln der Sauce kurz durchdünsten und anrichten. Obenauf die vom Bindfaden befreiten Köpfe legen und mit dem Rest der Sauce überziehen. Die Sauce kann eventuell mit dem Eigelb, mit einem Löffel zurückgehaltener Sahne verrührt, gebunden werden.

BLATTSPINAT AUF ENGLISCHE ART — Epinards en branches à l'anglaise

4 Personen. 1 kg jungen Blattspinat; 60 g frische Butter. Kochzeit: 8-10 Minuten.

Den Spinat nur von den Stielen befreien, gut waschen und flott in Salzwasser kochen. Sehr gut abtropfen, leicht ausdrücken, in einer warmen Gemüseschüssel anrichten und obenauf ein Stück frische Butter legen.

SPINAT MIT EIERN — Epinards aux œufs

4 Personen. 1 kg Spinat; 2 dl Rahmsauce; 30 g Butter; 4 hartgekochte Eier. Kochzeit: 12-15 Minuten.

Den Spinat sorgfältig waschen, flott in Salzwasser, ohne Deckel, kochen und gut abtropfen. Ausdrücken und durch die feinste Scheiben des Fleischwolfs treiben. Die Butter in einer Kasserolle zerlassen, den Spinat hinzugeben und auf dem Feuer abrühren, bis die Flüssigkeit verdunstet ist. Mit der Rahmsauce binden und leicht mit Salz, Pfeffer und geriebener Muskatnuß würzen. Anrichten und mit den geschälten, geviertelten Eiern garnieren.

■ MIT SAHNE (Rahmspinat) — Epinards à la crème

4 Personen. 1 kg Spinat; 30 g Butter; 2 dl süße Sahne. Kochzeit: 12-15 Minuten.

Den Spinat wie oben vorbereiten. Mit der zerlassenen Butter in eine Kasserolle geben und auf dem Feuer abrühren, bis die gesamte Flüssigkeit verdunstet ist. Mit Salz, Pfeffer und geriebener Muskatnuß würzen, drei Viertel der Sahne hinzugießen und langsam dünsten, dabei des öfteren umrühren. Anrichten und mit der restlichen, zuvor aufgekochten Sahne übergießen.

TOMATEN AUF AVIGNONER ART — Tomates à l'avignonnaise

4 Personen. 2 große Eierfrüchte; 750 g Tomaten; 1 Knoblauchzehe; Olivenöl; Mehl; 2 Eßlöffel Reibbrot. Kochzeit: 30 Minuten.

Die Tomaten abziehen, halbieren, die Kerne ausdrücken und das Fleisch ziemlich fein hacken. In Öl schmelzen lassen, mit Salz und Pfeffer würzen, den zerdrückten Knoblauch beifügen und das Ganze leicht mit Reibbrot binden. Die Eierfrüchte schälen, in Scheiben von 1 cm Dicke schneiden,

15 Minuten mit feinem Salz auswässern, gut abwischen, mehlen und langsam in Öl braten. Die Eierfrüchte in eine Backplatte ordnen, mit den Tomaten bedecken, mit Reibbrot bestreuen und mit Öl betropfen. Im heißen Ofen überkrusten lassen.

TOMATEN, GEBRATENE — Tomates sautées

4 Personen. *8 Tomaten; Öl; gehackte Petersilie. Bratzeit: 8-10 Minuten.*

Feste, aber recht reife Tomaten nehmen, waagrecht halbieren und die Kerne auspressen. Auf eine geölte Pfanne setzen, leicht würzen, mit einigen Tropfen Öl übergießen und im Ofen braten. Sie können auch auf dem Herd, doch stets in Öl, gebraten werden. Beim Anrichten mit gehackter Petersilie bestreuen.

■ MIT KARTOFFELN, ÜBERKRUSTET — Tomates et pommes de terre au gratin

4 Personen. *800 g gekochte Pellkartoffeln; 500 g Tomaten; 60 g Butter; 1 dl Bouillon; 40 g geriebenen Parmesan. Backzeit: 15-18 Minuten.*

Die Kartoffeln pellen und in gleichmäßige Scheiben schneiden. Die Tomaten enthäuten und gleichfalls in Scheiben schneiden. Eine runde Backplatte mit Butter ausstreichen und die Kartoffel- und Tomatenscheiben abwechselnd einordnen, als oberste Schicht Tomatenscheiben. Mit der gut gewürzten Bouillon aufgießen, mit geriebenem Parmesan bestreuen und obenauf Butterflöckchen geben. Im heißen Ofen backen und gleichzeitig überkrusten lassen.

■ AUF PIEMONTEISER ART — Tomates à la piémontaise

4 Personen. *8 Tomaten; 80 g Reis; 40 g geriebenen Parmesan; Reibbrot; Öl. Zubereitung: 12-15 Minuten.*

Von dem Reis Risotto (siehe diesen) bereiten, mit wenig Tomatensauce vermengen und den Parmesan unterziehen. Die Tomaten halbieren, die Kerne ausdrücken und gewölbt mit dem Reis füllen. Auf ein geöltes Backblech ordnen, mit Reibbrot und etwas geriebenem Parmesan bestreuen, mit Öl betropfen und im heißen Ofen garmachen und gleichzeitig überkrusten. *(Siehe Bild auf Seite 200.)*

■ AUF PROVENZALISCHE ART — Tomates à la provençale

4 Personen. *8 mittelgroße Tomaten; 175 g grobgeriebene Weißbrotkrume; 2 große Knoblauchzehen; 1 Eßlöffel gehackte Petersilie; Olivenöl. Zubereitung: 12-15 Minuten.*

Die Tomaten halbieren, die Kerne ausdrücken, innen leicht mit Salz und Pfeffer würzen. Das Brot mit der Petersilie und dem fein zerdrückten Knoblauch vermischen und hiermit die Tomatenhälften füllen. Auf ein geöltes Backblech setzen, reichlich mit Öl betropfen und im heißen Ofen garmachen und überkrusten.

TOPINAMBURS — Topinambours

Die Topinamburs — auch Jerusalemer Artischocken genannt — werden dünn geschält und vorher blanchiert oder in Butter gedünstet. Man kann sie kochen und pürieren oder, in dicke Scheiben geschnitten und durch Backteig gezogen, in schwimmendem Fett backen. Als gebundene Suppe bereitet sind sie ausgezeichnet und man kann die gedünsteten Scheiben mit Mornaysauce bedeckt, mit geriebenem Käse bestreut und mit zerlassener Butter betropft überbacken. Was vor allem für die Topinambur spricht, ist der Umstand, daß sie in vielerlei Formen für Zuckerkranke gestattet sind.

ZWIEBELN, GEBACKENE — Oignons frits

Große Zwiebeln schälen, in dünne Ringe schneiden und die Ringe auseinandertrennen. Mit feinem Salz leicht bestreuen, mehlen und das überflüssige Mehl, am besten in einem Backkorb, abschütteln. In einem heißen Fettbad, am besten Ölbad, blanchieren, bis sie fast gar sind. Dann ein zweites Mal in das sehr heiße Fettbad tauchen, um sie goldgelb und knusprig zu backen. Sogleich auf einem Tuch abfetten und weiterverwenden.

■ GEFÜLLTE — Oignons farcis

Hierfür die großen, sogenannten spanischen Zwiebeln verwenden. Die Zubereitung ist die gleiche wie für gefüllte Mairüben.

ZWIEBELPÜREE ODER SOUBISE — Purée d'oignons dite Soubise

4 Personen. *300 g Zwiebeln; 60 g Rohreis; 1 dl Bouillon; 1 dl dicke Béchamelsauce; 40 g Butter. Kochzeit: 45-60 Minuten.*

Die geschälten Zwiebeln in Scheiben schneiden, in kaltem Wasser ansetzen, aufkochen lassen, abgießen und sehr gut abtropfen. In der zerlassenen Butter kurz anschwitzen, wobei sich die Zwiebeln nicht verfärben dürfen. Den Reis und die Bouillon hinzufügen, nur ganz leicht würzen, zudecken und in der Ofenröhre bei mäßiger Hitze ganz weich kochen. Durch ein Sieb streichen, das Püree in eine Kasserolle geben, mit der Béchamelsauce binden und erhitzen, ohne kochen zu lassen. Dieses Püree dient als Beigabe zu vielen Gerichten von Eiern, Fischen, Geflügel sowie Hammel- und Rindfleisch.

KARTOFFELN

BÄCKERKARTOFFELN — Pommes de terre à la boulangère

4 Personen. 800 g Kartoffeln; 150 g geschälte Zwiebeln; 40 g Schmalz oder gutes Bratfett; 2 dl Bouillon. Zubereitung: 35-40 Minuten.

Die geschälten Kartoffeln in dicke, runde Scheiben schneiden und mit den in Scheiben geschnittenen Zwiebeln vermischen und würzen. In eine dick ausgefettete Pfanne geben, mit der Bouillon, notfalls Wasser, aufgießen und in den heißen Ofen stellen, bis die Flüssigkeit verdampft ist und die Kartoffeln zu braten beginnen und schön braun geworden sind.
Meistens gibt man diese Kartoffeln gleich beim Braten zum Hammelfleisch. In diesem Falle fällt die Bouillon fort und man kann Kartoffeln und Zwiebeln einfach vierteln.

CHIPSKARTOFFELN — Pommes de terre chips

4 Personen. 700-800 g geschälte Kartoffeln. Backzeit: 4-5 Minuten.

Die Kartoffeln rund wie einen Korken parieren oder sie mit einem großen runden Ausstecher ausheben. In sehr dünne Scheibchen hobeln, gründlich waschen und auf einem Tuch restlos abtrocknen. In einem sehr heißen Fettbad, am besten in einem Backkorb, backen, dabei fortwährend schütteln, damit sie nicht zusammenkleben und nicht zu viel auf einmal backen. Sobald sie goldgelb sind, auf einem Tuch gründlich entfetten, mit feinem Salz leicht würzen und anrichten. Sie dienen im wesentlichen als Beigabe zu gebratenem Geflügel, auch Wildgeflügel. *(Siehe Bild auf Seite 198).*

DAUPHINEKARTOFFELN — Pommes dauphine

4 Personen. 500 g geschälte Kartoffeln; 30 g Butter; 2 Eigelb; 150 g Brandteig (siehe diesen). Backzeit: 6-8 Minuten.

Von den gekochten Kartoffeln, der Butter, dem Eigelb, Salz und einer Prise geriebener Muskatnuß eine Masse wie für Herzoginkartoffeln (siehe diese) machen und mit dem Brandteig vermischen. Die Masse mit einem Kaffeelöffel abstechen und in heißes, schwimmendes Fett fallen lassen. Die Hitze allmählich steigern, bis die Kartoffeln schön aufgegangen und goldgelb gebacken sind. Auf einem Tuch abfetten und leicht mit feinem Salz bestreuen.

DAMPFKARTOFFELN — Pommes vapeur

4 Personen. 800 g geschälte Kartoffeln. Kochzeit: 20-25 Minuten.

Hierfür braucht man einen Doppelkocher, d. h. einen Kartoffeldämpfer, dessen Oberteil unten gelocht ist, um den Dampf durchzulassen, und dessen Unterteil mit Wasser gefüllt wird, um den Dampf zu erzeugen. Kleinere, gleichmäßig geformte Kartoffeln füllt man in das Oberteil, würzt sie leicht mit Salz, legt ein angefeuchtetes Tuch obenauf und deckt sie zu. Der Unterteil wird gut zur Hälfte mit Wasser gefüllt, der Oberteil aufgesetzt, zugedeckt, und das Wasser zum Kochen gebracht, um den Dampf zu erzeugen.

KARTOFFELFLADEN — Pommes galettes

4 Personen. *800 g große Kartoffeln; 50 g Butter; 30 g Fett. Bratzeit: 10-12 Minuten.*

Die Kartoffeln in der Schale kochen, noch heiß pellen und gut mit einer Gabel zerdrücken, dabei die Butter untermengen. Mit Salz, Pfeffer und einer Prise Muskatnuß würzen, sehr gut durchmischen und von der Masse kleine, runde Fladen formen. Auf ein gut gefettetes Backblech legen, in den heißen Ofen schieben und einmal umwenden, damit beide Seiten schön gebräunt sind. Man kann die Fladen auch in einer Stielpfanne in heißem Fett braten.

FREIBURGER KARTOFFELN — Pommes à la fribourgeoise

4 Personen. *800 g geschälte Kartoffeln; 100 g Magerspeck oder 50 g Käse; 2 Eier; $^1/_4$ l Milch; 50 g Butter. Backzeit: ungefähr 1 Stunde.*

Die Kartoffeln in 1 cm dicke Scheiben schneiden und lagenweise mit Speckwürfeln oder geriebenem Käse in eine Backplatte füllen. Die Eier verquirlen, mit der Milch vermischen und mit Salz, Pfeffer und einer Prise Muskatnuß würzen. Die Eiermilch über die Kartoffeln gießen, obenauf einige Butterflöckchen geben und im nicht zu heißen Ofen backen.

IM OFEN GEBACKENE KARTOFFELN — Pommes au four

4 Personen. *1 kg große Kartoffeln. Backzeit: 35-40 Minuten.*

Große gleichmäßige Kartoffeln gut waschen, aber nicht schälen. Auf eine Schicht von grobem Salz gesetzt im heißen Ofen backen. Die Kartoffeln gut abwischen, oben einschneiden und etwas auseinanderdrücken. Man kann in die Öffnung auch ein kleines Stück frische Butter geben, die durch die Hitze von selbst schmilzt.

HAUSHOFMEISTERKARTOFFELN — Pommes à la maître d'hôtel

4 Personen. *800 g gekochte Pellkartoffeln; 30 g Butter; 4 dl Milch; gehackte Petersilie. Kochzeit: 15 Minuten.*

Die nicht zu weich gekochten Kartoffeln schälen, in knapp 1 cm dicke Scheiben schneiden und in eine Kasserolle geben. Mit Salz, Pfeffer und einer Prise geriebener Muskatnuß würzen, die Butter hinzugeben und mit der aufgekochten Milch aufgießen. Langsam kochen lassen, bis eine Bindung entsteht und mit gehackter Petersilie bestreut anrichten.

HERZOGINKARTOFFELN — Pommes duchesse

4 Personen. *800 g geschälte Kartoffeln; 30 g Butter; 5 Eigelb. Koch- und Backzeit: ungefähr 30 Minuten.*

Die Kartoffeln in Salzwasser kochen, abgießen, sehr gut abdämpfen und rasch durch ein Drahtsieb drücken. Das Püree mit der Butter auf dem Feuer gut abtrocknen, würzen und abseits des Feuers 4 Eigelbe daruntermengen. Von dieser Masse auf einem gemehlten Tisch kleine Brötchen, Fladen, Briochen u. ä. formen, auf ein dünngefettetes Blech legen, mit Eigelb bestreichen und im heißen Ofen zu schöner Farbe backen. Diese Kartoffeln dienen hauptsächlich als Garnitur.
Um Rosetten oder Bordüren spritzen zu können, nimmt man am besten 2 ganze Eier, anstelle des Eigelbs, und ganz wenig heiße Milch.

KARTOFFELKROKETTS — Pommes croquettes

4 Personen. *750 g Herzoginkartoffelmasse; 2 Eier; geriebene Weißbrotkrume oder Panierbrot; Mehl. Backzeit: 3-4 Minuten.*

Die Masse auf dem bemehlten Brett zu einer länglichen Rolle formen und davon Stücke von ungefähr 50 g abteilen. Hiervon kleine Korken, Birnen, Aprikosen oder auch nur Kugeln formen, durch geschlagenes Ei ziehen, mit Reibbrot panieren und schwimmend in heißem Fett goldgelb backen. *(Siehe Bild auf Seite 198).*

KARTOFFELKROKETTS MIT KORINTHEN — Pommes croquettes aux raisins

4 Personen. 750 g Herzoginkartoffelmasse; 2 Eier; 50 g Korinthen; gehackte Mandeln. Backzeit: 3-4 Minuten.

Die Korinthen in warmem Wasser aufquellen lassen, abgießen und gut abtrocknen. Unter die Kartoffelmasse mengen und hiervon auf dem gemehlten Brett kleine runde, aber dicke Fladen formen. Durch geschlagenes Ei ziehen, mit gehackten Mandeln panieren und in sehr heißem Fett backen. Diese Kartoffeln serviert man hauptsächlich zu Wild und Wildgeflügel.

KARTOFFELN AUF LYONER ART — Pommes sautées à la lyonnaise

4 Personen. 800 g gekochte Pellkartoffeln; 150 g geschälte Zwiebeln; 80 g Butter; gehackte Petersilie. Bratzeit: 12-15 Minuten.

Die Kartoffeln pellen, in Scheiben schneiden und in einer Stielpfanne in Butter gleichmäßig braun braten. Die Zwiebeln halbieren, in dünne Scheibchen schneiden und gleichzeitig in einer anderen Pfanne goldgelb braten. Kartoffeln und Zwiebeln vermischen, leicht salzen und noch kurz zusammen braten. Mit gehackter Petersilie bestreut anrichten.

■ AUF NORMANNISCHE ART — Pommes à la normande

4 Personen. 600 g geschälte Kartoffeln; das Weiße von 2 Porreestauden; 50 g Zwiebeln; 100 g mageren Speck; 50 g Butter; 4 dl Bouillon; 5 cl süße Sahne. Kochzeit: 25-30 Minuten.

Den Speck in Würfel schneiden und 1 Minute blanchieren. Zwiebeln und Porree in dünne Scheibchen schneiden und zusammen mit dem Speck in der Butter knapp hellgelb anrösten. Die in Scheiben geschnittenen Kartoffeln hinzufügen und kurz anlaufen lassen. Mit der Bouillon aufgießen, leicht würzen und flott garkochen lassen. Vor dem Servieren die aufgekochte Sahne hinzugießen und mit gehackter Petersilie bestreut servieren.

PETERSILIENKARTOFFELN — Pommes persillées

4 Personen. 750 g Kartoffeln; 40 g Butter; 2 dl Bouillon; gehackte Petersilie. Kochzeit: ungefähr 20 Minuten.

Die Kartoffeln in Form kleiner, neuer Kartoffeln schälen und in der Butter leicht anrösten. Würzen, mit der Bouillon bis ungefähr zur halben Höhe aufgießen, mit einem gebutterten Blatt Papier zudecken und in der Ofenröhre garmachen; die Bouillon sollte dann fast gänzlich eingekocht sein. Mit reichlich gehackter Petersilie durchschwenken und so servieren.

RAHMKARTOFFELN — Pommes à la crème

4 Personen. 750 g in der Schale gekochte Kartoffeln; 30 g Butter; 4 dl süße Sahne. Kochzeit: 15-20 Minuten.

Die Kartoffeln pellen und in nicht zu dünne Scheiben schneiden. In ein geeignetes Kochgeschirr geben, die Butter hinzufügen und mit Salz, Pfeffer und geriebener Muskatnuß würzen. Zwei Eßlöffel Sahne zurückhalten, die andere über die Kartoffeln gießen, ankochen und dann langsam weiterkochen lassen, bis zur Bindung. Anrichten und mit der reservierten Sahne übergießen. Nicht mit Petersilie bestreuen.

RÖSTI — Pommes sautées ou Rœsti

4 Personen. 800 g gekochte Pellkartoffeln; 60 g Butter. Bratzeit: 15-18 Minuten.

Die Kartoffeln pellen und in Scheiben schneiden. Die Butter in einer Pfanne erhitzen, die Kartoffelscheiben hineingeben, salzen, bräunen und dabei einige Male durchschwenken. Nachdem sie auf einer Seite gut gebräunt sind, wie einen Kuchen wenden, um auch die andere zu bräunen. Etwas zusammendrücken und in schöner runder Form auf eine Platte gleiten lassen.

SAVOYER KARTOFFELN — Pommes à la savoyarde

4 Personen. *800 g Kartoffeln; 100 g Zwiebeln; 100 g Schweizer Käse; 50 g Butter; 2 dl Bouillon. Kochzeit: 40-50 Minuten.*

Die geschälten Zwiebeln in Scheibchen schneiden und in der Butter leicht anschwitzen. Mit den rohen, in Scheiben geschnittenen Kartoffeln und dem gleichfalls in Scheibchen geschnittenen Käse vermengen, würzen und in eine Backplatte füllen. Mit der Bouillon aufgießen und im Ofen bei nicht zu starker Hitze garwerden und gleichzeitig überkrusten lassen.

SCHAUMIGES KARTOFFELPÜREE — Purée de pommes de terre mousseline

4 Personen. *800 g Kartoffeln; 40 g Butter; 3 dl Milch; knapp 1 dl geschlagene Sahne. Kochzeit: 18 Minuten.*

Recht mehlige Kartoffeln wählen, schälen, vierteln und in Salzwasser kochen. Abgießen, gut abdämpfen und rasch durch ein Drahtsieb passieren oder den Kartoffeldrücker treiben. Mit der Butter in einer Kasserolle verrühren, mit Salz und einer Prise Muskatnuß würzen und nach und nach die kochende Milch daruntermischen. Mit dem Schneebesen schlagen, um das Püree aufzulockern, und zuletzt die geschlagene Sahne leicht unterziehen und sofort servieren.

SCHLOSSKARTOFFELN — Pommes château

4 Personen. *800 g Kartoffeln; 60 g Butter; gehackte Petersilie. Bratzeit: ungefähr 20 Minuten.*

Die Kartoffeln schälen und dabei die Form kleiner, neuer Kartoffeln geben. Mit kaltem Wasser ansetzen, einmal aufkochen lassen, abgießen und abtrocknen. Die Butter in einer Pfanne heißwerden lassen, die Kartoffeln hineingeben, leicht salzen und im Ofen braten, wobei man sie ab und zu durchschwenkt. Die goldgelb gebratenen Kartoffeln mit gehackter Petersilie bestreut anrichten.

SPECKKARTOFFELN — Pommes au lard

4 Personen. *800 g Kartoffeln; 50 g Zwiebeln; 100 g Magerspeck; 30 g Butter; 20 g Mehl; 2 dl Bouillon; 1 gehäuften Kaffeelöffel Tomatenpüree; gehackte Petersilie. Kochzeit: 40-45 Minuten.*

Die geviertelten Zwiebeln in der Butter hellgelb anrösten, den gewürfelten Speck hinzugeben und leicht anschwitzen. Mit dem Mehl bestäuben und kurz anrösten. Die Bouillon hinzugießen, das Tomatenpüree beifügen, würzen, gut durchmischen und langsam 20 Minuten kochen lassen. Innerhalb der Saison kleine neue Kartoffeln, sonst alte, wie Schloßkartoffeln geformte hinzugeben und alles zusammen garwerden lassen. Beim Anrichten mit gehackter Petersilie bestreuen.

STÄBCHEN- ODER PONT-NEUF-KARTOFFELN — Pommes frites dites Pont-Neuf

4 Personen. *800 g geschälte Kartoffeln. Backzeit: 7-8 Minuten.*

Große Kartoffeln schälen und an den Längsseiten glattschneiden. Hiervon regelmäßige Stäbchen von 1 cm Durchmesser schneiden, waschen und gut abtrocknen. In einem Fettbad von 140-150° C vorbacken. Dabei sollen sie gar werden, aber noch hell bleiben; das nennt man blanchieren. Zum Gebrauch das Fettbad auf 200° C erhitzen, die blanchierten Kartoffeln in einen Backkorb geben und braun und knusprig backen, wobei man sie fortwährend schüttelt. Herausnehmen, sehr gut vom Fett abtropfen lassen, leicht mit feinem Salz würzen und auf einer Papierserviette anrichten oder als Garnitur zu gebratenem oder grilliertem Fleisch servieren. *(Siehe Bild auf Seite 198).*

STROHKARTOFFELN — Pommes paille

4 Personen. *700-800 g geschälte Kartoffeln. Backzeit: 4-5 Minuten.*

Die Kartoffeln wie für Kartoffelstäbchen vorbereiten und erst in dünne Scheiben und dann in ganz feine Streifen schneiden. Sehr gut waschen und auf einem Tuch gründlich abtrocknen. In kleinen Mengen, am besten in einem Backkorb, in das sehr heiße Fettbad (200° C) tauchen und dabei schütteln. Sobald sie goldgelb und knusprig sind, herausnehmen, das Fett gut abschütteln und die Kartoffeln leicht mit feinem Salz würzen.
Der Backkorb ist sehr nützlich, weil diese Kartoffeln durch den Wassergehalt leicht schäumen und das Fett zum Überlaufen bringen können. Um das zu verhindern, kann man den Backkorb jederzeit herausnehmen. *(Siehe Bild auf Seite 198).*

ÜBERBACKENE KARTOFFELN AUF DAUPHINER ART — Gratin dauphinois

4 Personen. 800 g geschälte Kartoffeln; 40 g Butter; 1 Ei; 4 dl Milch; 60 g geriebenen Käse; 1 große Knoblauchzehe. Backzeit: 40 Minuten.

Die Kartoffeln in dünne Scheiben schneiden, mit Salz und Pfeffer würzen und mit der Hälfte des Käses vermengen. Eine Backplatte mit dem Knoblauch gut ausreiben, mit Butter ausstreichen und die Kartoffeln hineinfüllen. Das Ei schlagen, mit der Milch vermischen und über die Kartoffeln gießen. Mit dem restlichen Käse bestreuen, obenauf einige Butterflocken geben und im Ofen bei nicht zu starker Hitze backen.

WAFFELKARTOFFELN — Pommes gaufrettes

4 Personen. 800 g geschälte Kartoffeln. Backzeit: 4-5 Minuten.

Die Kartoffeln mit dem besonderen Waffelhobel in dünne Scheiben hobeln. Sehr gut waschen, abtrocknen und im heißen Fettbad (etwa 180° C) zu goldgelber Farbe knusprig ausbacken. Sehr gut abfetten und leicht mit feinem Salz bestreuen.
Man kann diesen Hobel auch zum Schneiden von Karotten, Knollensellerie u. a. m. verwenden.
(Siehe Bild auf Seite 198)

KARTOFFELNOCKERL — Gnocchi de pommes de terre

4 Personen. 600 g geschälte Kartoffeln; 80 g Mehl; 1 Ei; 1 Eigelb; 80 g Butter; 80 g geriebenen Käse. Pochierzeit: 10 Minuten; Backzeit: 6-8 Minuten.

Die Kartoffeln in Salzwasser kochen, abgießen, sehr gut abdämpfen und durch ein Sieb drücken. Sogleich mit dem Mehl, Ei, Eigelb und 30 g Butter rasch durcharbeiten und mit Salz, Pfeffer und geriebener Muskatnuß würzen. Von der Masse auf dem gemehlten Tisch Kugeln von reichlich Haselnußgröße formen, leicht abflachen und in Salzwasser pochieren. Sehr gut abtropfen und in eine ausgebutterte Backform schichtweise mit geriebenem Käse füllen. Mit Käse bestreuen, mit zerlassener Butter beträufeln und bei starker Hitze in der Ofenröhre überbacken.

KÄSEKNÖPFLE — Knepfes au fromage

4 Personen. 500 g Kartoffeln; 1 Ei; 50 g Mehl; 70 g geriebenen Käse; 40 g Butter. Pochierzeit: 10-12 Minuten; Bratzeit: 6 Minuten.

Die Kartoffeln schälen, in Salzwasser kochen, abgießen, gut abdämpfen und durch ein Sieb streichen. Sogleich mit dem Mehl, dem Ei und 60 g Käse vermengen. Auf dem gemehlten Brett kleine Kugeln formen und in Salzwasser pochieren. Sehr gut abtropfen, in der Stielpfanne in Butter goldgelb braten, anrichten und mit dem restlichen Käse bestreuen.

PILZE

Alle Pilze müssen gesund und frisch, sie dürfen weder madig, wurmstichig oder naß sein. Sie müssen schnellstens verarbeitet werden, da alte Pilze wertlos und gesundheitsschädlich sind.

ZUCHTCHAMPIGNONS — Champignons de couche

4 Personen. *800 g Champignons; 50 g Butter; 1 Zitrone; 5 cl Wasser. Kochzeit: 5-6 Minuten.*

Heute kommen fast ausschließlich Zuchtchampignons auf den Markt, Feldchampignons sind kaum zu haben. Man wähle stets recht weiße Pilze mit geschlossenen Köpfen. Um sie beim Kochen recht weiß zu halten, geht man folgendermaßen vor: Den erdigen Teil des Stieles abschneiden und die Pilze in eine große Schüssel mit einer großen Handvoll Salz und dem Saft $^1/_2$ Zitrone geben. Die Champignons mit beiden Händen mit dem Salz gut durchreiben, bis sie ganz abgerieben sind, dann mehrmals in gewechseltem Wasser waschen bis sie sauber sind. Inzwischen hat man das Wasser mit dem Saft einer halben Zitrone, der Butter und einer Prise Salz zum Kochen angesetzt. Die sauberen Pilze werden sogleich hineingeworfen, zugedeckt und flott gekocht. Weiterer Wasserzusatz ist überflüssig, da sie genug eigene Feuchtigkeit haben. Sobald sie gar sind, füllt man sie mit dem eigenen Saft in eine Schüssel, deckt sie mit einem großen, runden, gebutterten Blatt Papier derart zu, daß keine Luft hinzutreten kann, und stellt sie bis zum Gebrauch in den Kühlschrank. Man kann diese Champignons zu Garnituren aller Art verwenden.

CHAMPIGNONS IN RAHM — Champignons à la crème

4 Personen. *800 g sehr kleine Champignons; 30 g Butter; 2 dl leichte Béchamelsauce; 1 dl süße Sahne. Kochzeit: 10-12 Minuten.*

Die Stiele kürzen und die Champignons so waschen, wie es oben beschrieben worden ist. Sehr gut abtropfen und, zugedeckt, kurz in der Butter andünsten. Die Béchamelsauce und die Sahne hinzugießen und fertigdünsten, bis die Pilze gar und gut gebunden sind. Erst zum Schluß abschmecken. Anstelle der kleinen Pilze kann man auch große, festgeschlossene nehmen. Sie werden nach dem Waschen in 1 cm dicke Scheiben geschnitten und genau so wie die kleinen gedünstet.

MORCHELN MIT FEINEN KRÄUTERN — Morilles aux fines herbes

4 Personen. *800 g Morcheln; 50 g Butter; 2 gehackte Schalotten; $^1/_2$ Zitrone; 1 Eßlöffel gehackte Petersilie. Zubereitung: 15-20 Minuten.*

Den Stiel der Morcheln sauber putzen und die Pilze in mehrfach gewechseltem Wasser waschen, da sie sehr sandig sind. In der Hälfte der Butter, dem Saft der halben Zitrone, Salz und Pfeffer offen dünsten, bis die Flüssigkeit völlig verdunstet ist. Die restliche Butter in eine Stielpfanne geben, die gehackten Schalotten darin kurz anschwitzen, die Morcheln und die Petersilie hinzugeben, auf lebhaftem Feuer mehrere Minuten durchschwenken und sogleich servieren.

PFIFFERLINGE MIT FEINEN KRÄUTERN — Chanterelles ou girolles aux fines herbes

4 Personen. *800 g Pfifferlinge; 50 g Butter; 1 Eßlöffel feingehackten Schnittlauch oder 2 Eßlöffel gehackte Petersilie. Kochzeit: ungefähr 25 Minuten.*

Die Pfifferlinge sauber putzen, wenn sie sehr groß sind zerteilen, gründlich waschen und gut abtropfen. Die Butter erhitzen, die Pilze hinzugeben und, zugedeckt, dünsten, bis die Flüssigkeit verdunstet ist. Mit Salz und einer Prise geriebener Muskatnuß würzen, die restliche Butter hinzufügen, noch kurz durchschwenken, bis sie zu rösten beginnen, und mit dem Schnittlauch oder der Petersilie vermischen.

PFIFFERLINGE, IN BUTTER GEBRATEN — Chanterelles sautées au beurre

4 Personen. 800 g Pfifferlinge; 40 g Butter; gehackte Petersilie. Bratzeit: ungefähr 25 Minuten.

In einer großen Stielpfanne die Butter heißwerden lassen. Die sauber geputzten und gut abgetropften Pilze hineingeben und so lange dünsten, bis die Flüssigkeit restlos verdunstet ist. Dann mit Salz und Pfeffer würzen und durchschwenken, bis sie in der Butter leicht angeröstet sind. Mit gehackter Petersilie bestreut servieren. Sie passen ausgezeichnet zu Eierspeisen, Haar- und Federwild.

RAGOUT VON PFIFFERLINGEN — Ragoût de chanterelles

4 Personen. 800 g Pfifferlinge; 3 gehackte Schalotten; 50 g Butter; 20 g Mehl; 5 cl Rotwein; $^1/_2$ Teelöffel Fleischextrakt oder etwas Bratensaft; 1 starke Prise getrockneten, pulverisierten Thymian; gehackte Petersilie. Kochzeit: ungefähr 25 Minuten.

Die sauber geputzten Pilze zusammen mit den gehackten Schalotten und 20 g Butter 10-15 Minuten dünsten, auf einen Durchschlag schütten und den Sud auffangen. Von der restlichen Butter und dem Mehl eine kleine, blonde Mehlschwitze machen, mit dem Rotwein, dem aufgefangenen Pilzsud und dem Fleischextrakt verrühren, mit Salz, Pfeffer und dem Thymian würzen und 2-3 Minuten kochen lassen. Die Pilze in diese Sauce geben, noch kurz durchkochen, in einer feuerfesten Schüssel anrichten und mit gehackter Petersilie bestreuen.

PFIFFERLINGE IN RAHM — Chanterelles à la crème

4 Personen. 800 g Pfifferlinge; 40 g Butter; 2 dl süße Sahne. Kochzeit: 20 Minuten.

Die Pfifferlinge mit der Butter so lange dünsten, bis die Flüssigkeit fast restlos verdunstet ist. Leicht mit Salz und Pfeffer würzen, die Sahne hinzugießen und damit fertigdünsten, bis eine leichte Bindung entsteht. Sie schmecken vortrefflich zu Rührei oder in einer Omelette.

STEINPILZE AUF BORDELAISER ART — Cèpes à la bordelaise

4 Personen. 800 g Steinpilze; 2 gehackte Schalotten; 25 g Butter; 2 Eßlöffel Öl; gehackte Petersilie; Reibbrot. Bratzeit: 12-15 Minuten.

Den Stiel der Pilze sauber putzen, abtrennen und nicht zu fein hacken. Die Steinpilze gut waschen, abtrocknen und in schräge, dicke Scheiben schneiden. Öl und Butter in einer Stielpfanne heißwerden lassen, die Pilze hinzugeben und mehrmals durchschwenken, bis sie zu rösten beginnen. Jetzt die gehackten Schalotten und die Stiele hinzugeben, mit Salz und Pfeffer würzen und noch weiter durchschwenken und rösten, bis auch die Stiele gar sind. Mit wenig Reibbrot bestreuen, um das überflüssige Fett aufzusaugen, abermals durchschwenken und mit gehackter Petersilie bestreut anrichten.

Konservierte Steinpilze werden genau so behandelt.

■ AUF PROVENZALISCHE ART — Cèpes à la provençale

4 Personen. 800 g Steinpilze; 5 cl Olivenöl; 2 große zerdrückte Knoblauchzehen; gehackte Petersilie; Reibbrot.

Sie werden genau so wie auf Bordelaiser Art zubereitet, jedoch ausschließlich in Öl unter Zusatz von zerdrücktem Knoblauch.

TEIGWAREN UND ZEREALIEN

TEIGWAREN

CANNELLONI, GEFÜLLTE — Cannelloni farcis

4 Personen. *200 g Cannelloni; 250 g gekochtes Rindfleisch; 75 g gekochte Champignons; 1 hartgekochtes Ei; 1 Eßlöffel gehackte Petersilie; 4 dl Béchamelsauce; 30 g Butter; 60 g geriebenen Parmesan. Kochzeit der Cannelloni: 8 Minuten; Backzeit: 15 Minuten.*

Die Füllung für die Cannelloni bereitet man von einem Rest gekochtem, gebratenem oder geschmortem Rind- oder Kalbfleisch, den Champignons und dem Ei, alles durch die feine Scheibe des Fleischwolfs getrieben. Diese Masse mit Salz und Pfeffer würzen, mit einigen Löffeln Béchamelsauce binden und mit der Petersilie vermischen. Man kann die Füllung auch von einem Rest Schinken oder Schweinefleisch, angebratenen Geflügellebern und Spinat bereiten. Die Cannelloni in kochendem Salzwasser mit einem Löffel Öl nur dreiviertelgar kochen, abtropfen und auf einem Tuch trocknen. Ausbreiten, die Farce mit Hilfe eines Spritzbeutels und grober Lochtülle als Streifen einfüllen und die Cannelloni zusammenrollen. Lagenweise in eine gebutterte Backplatte mit Parmesan dazwischen füllen, mit Béchamelsauce bedecken, mit geriebenem Parmesan bestreuen und leicht mit zerlassener Butter beträufeln. In dem mittelheißen Ofen langsam garwerden und überkrusten lassen. *(Siehe Bild auf Seite 85.)*

MAKKARONI MIT KÄSE — Macaroni au fromage

4 Personen. *400 g Makkaroni; 80 g geriebenen Schweizer Käse; 2 dl leichte Béchamelsauce. Kochzeit: 20 Minuten.*

Die Makkaroni in Salzwasser langsam garwerden lassen und gut abtropfen. Mit der Sauce binden und noch einige Minuten darin dünsten; dadurch wird ein Teil der Sauce absorbiert. Sie darf nicht zu dick sein, sonst wird das Gericht kleisterig. Mit Salz, Pfeffer und einer Prise geriebener Muskatnuß würzen und zuletzt, abseits des Feuers, den geriebenen Käse unterziehen.
Anstelle der Béchamelsauce kann man die Makkaroni gleich nach dem Abschütten nur mit ungefähr 50 g Butter und dem geriebenen Käse vermengen.

■ ÜBERBACKEN — Macaroni au gratin

4 Personen. *400 g Makkaroni; 2 dl leichte Béchamelsauce; 80 g geriebenen Käse; 30 g Butter; 20 g Reibbrot. Zubereitung: 25 Minuten.*

Die Makkaroni wie oben kochen, abtropfen, mit der Sauce binden und würzen. Abseits des Feuers 50 g Käse unterziehen und die Makkaroni in eine Backplatte füllen. Mit dem restlichen Käse und dem Reibbrot bestreuen, mit zerlassener Butter beträufeln und bei guter Hitze im Ofen überbacken lassen.

NUDELTEIG — Pâte à nouilles

4 Personen. 250 g Mehl; 2 Eier; 1 Eigelb; 2-3 Eßlöffel Wasser. Kochzeit: 8-12 Minuten.

Das Mehl auf den Tisch schütten, eine Mulde machen, die zerquirlten Eier, das Eigelb, das notwendige Salz und ganz wenig Wasser hinzugeben. Alles zusammen zu einem festen Teig verkneten, zu einer Kugel formen, in ein Tuch einschlagen und wenigstens 2 Stunden ruhen lassen. Auf dem bemehlten Brett in mehrere Stücke teilen und so dünn wie nur möglich ausrollen. Den Teig mit Mehl bestäuben, zusammenfalten und in ganz dünne Streifen schneiden. Werden die Nudeln im Vorrat gemacht, auf einem Tuch trocknen und in einer gut verschließbaren Dose aufbewahren. Die Nudeln in reichlichem, siedendem Salzwasser kochen, abgießen, mit heißem Wasser überspülen und gut abtropfen lassen.

NUDELN AUF BERNER ART — Nouilles à la bernoise

4 Personen. 400 g breitgeschnittene Nudeln; 4 kleine Scheiben gekochten Schinken; 4 Eier; 2 große Tomaten; 100 g Champignons oder Pfifferlinge; 75 g Butter; gehackte Petersilie. Kochzeit der Nudeln: 10-12 Minuten.

Die Nudeln in Salzwasser kochen, gut abtropfen, würzen und in Butter schwenken. Die Tomaten halbieren, leicht aushöhlen, innen salzen, mit sehr kleinen Pfifferlingen oder Champignons, in Butter gebraten, füllen und in den Ofen schieben, um die Tomaten zu garen. Den Schinken in Butter leicht anrösten und von den Eiern Setzeier bereiten. Die Nudeln auf einer langen Platte anrichten und in die Mitte, der Länge nach, die Schinkenscheiben legen und darauf die Setzeier. Die vier Ecken mit den gefüllten Tomaten garnieren und die Pilze leicht mit gehackter Petersilie bestreuen. *(Siehe Bild auf Seite 88.)*

■ AUF BOLOGNESER ART — Nouilles à la bolonaise

4 Personen. 50 g Butter; 50 g geriebenen Parmesan; 3 dl Bologneser Sauce (Rezept auf Seite 54); 400 g breitgeschnittene Nudeln. Kochzeit: 10-12 Minuten.

Die Nudeln in Salzwasser kochen, abgießen, in der Butter schwenken und mit der Sauce vermengen. Anrichten und mit dem Käse bestreuen. Man kann die Sauce auch nebenbei servieren. *(Siehe Bild auf Seite 86.)*

RAVIOLI AUF ITALIENISCHE ART — Ravioli à l'italienne

4 Personen. 200 g Nudelteig; 300 g Farce; 3 dl tomatierte Demi-glace oder Tomatensauce; 50 g geriebenen Käse. Kochzeit: 20-25 Minuten; Zubereitung insgesamt: ungefähr 45 Minuten.

Den Teig zu einem Rechteck von 3 mm Dicke ausrollen. Von der einen Hälfte Vierecke markieren und auf jedes Viereck mit Hilfe des Spritzbeutels und runder Tülle etwas Farce setzen. Den Teig rundherum leicht anfeuchten. Die freigelassene Teighälfte darüberschlagen, erst mit der Hand und dann mit dem Rücken eines runden Ausstechers andrücken. Die Vierecke mit dem Teigrädchen ausstechen und in reichlichem Salzwasser kochen. Gut abtropfen und in der Sauce langsam 10 Minuten dünsten. In eine Backplatte füllen, und bei mittlerer mit dem Käse bestreuen Hitze langsam im Ofen überbacken.

FARCE FÜR RAVIOLI — Farce à ravioli

Formel I: 150 g kalten Schmorbraten; 1 rohes Eigelb; 1 gekochtes Eigelb; 250 g gekochten, gut ausgedrückten Spinat; 50 g geriebenen Schweizer Käse; 40 g Butter.

Den Spinat durch ein Drahtsieb passieren und auf dem Feuer mit der Butter gut trocknen. Das feingehackte Schmorfleisch und das hartgekochte Eigelb, mit Salz, Pfeffer und einer Prise Muskatnuß würzen und, abseits des Feuers, das Eigelb und den Käse daruntermischen. Vor dem Gebrauch auskühlen.

Formel II: 450 g gekochten Spinat; 50 g Butter; 2 Eigelb; 50 g Parmesan; 25 g geriebenen Schweizer Käse; 8 Sardellenfilets.

Den Spinat gut ausdrücken, durch ein Sieb oder durch den Fleischwolf treiben und mit der Butter auf dem Feuer trocknen. Abseits des Feuers das Eigelb, den Käse und die feingehackten Sardellenfilets untermengen und abschmecken. Ravioli, die mit dieser Farce gefüllt sind, werden nur gekocht, abgetropft, mit geriebenem Käse bestreut und mit brauner Butter übergossen.

SPAGHETTI AUF HAUSMACHERART — Spaghetti maison

4 Personen. 400 g Spaghetti; 50 g Magerspeck; 50 g Cervelatwurst; 50 g geriebenen Käse; 50 g Butter. Kochzeit: 15-18 Minuten.

Die Spaghetti in Salzwasser kochen und gut abtropfen. Den Speck in dünne Streifen schneiden, in wenig Butter anlaufen lassen, die in Streifen geschnittene Cervelatwurst hinzugeben und alles leicht anrösten. Die Spaghetti in Butter schwenken, würzen und anrichten. Mit dem geriebenen Käse bestreuen und den Speck und die Wurst darüberschütten.

SPÄTZLE

4 Personen. 500 g Mehl; 3-4 Eier; 2 dl lauwarmes Wasser. Zum Abschmälzen: 50 g Butter; 3 Eßlöffel Semmelbrösel. Kochzeit: 12-15 Minuten.

Das Mehl mit dem Wasser, dem nötigen Salz und den Eiern zu einem dickflüssigen Teig anrühren und so lange schlagen, bis er Blasen bildet und sich zäh vom Löffel löst. Ein Holzbrettchen in kaltes Wasser tauchen, einen Schöpflöffel Teig daraufstreichen und davon mit einem breiten Messer oder Schaber längliche, dünne Streifen in sprudelndes Salzwasser schaben. Bequemer geht es mit einer Spezial-Spätzlemaschine oder einem Spätzlesieb. Sobald die Spätzle auf der Oberfläche des Wassers schwimmen, herausnehmen, kurz in heißem Wasser schwenken und auf einem Sieb abtropfen lassen. Die Brösel in der Butter anrösten und über die Spätzle gießen. Man kann sie auch mit in Butter gerösteten Zwiebelscheibchen oder Speckwürfeln oder geriebenem Käse und Butter servieren.

REISGERICHTE

DAS KOCHEN VON REIS

Man rechnet im allgemeinen für jede Person 50 g Reis als Garnitur und 75 g als selbständiges Gericht. Der Reis darf nicht länger als 18 Minuten kochen, wenn man ihn gar, aber doch schön körnig haben will. Ist er allerdings für Süßspeisen oder Kuchen bestimmt, so kann man ihn etwas länger kochen lassen.

FETTER REIS - Riz au gras

4 Personen. 200 g Reis; 1 Kräuterbündel; 30 g Butter; 6 dl fette Bouillon. Kochzeit: 18 Minuten.

Den Reis ganz leicht in der Butter anlaufen, doch nicht verfärben lassen. Mit der Bouillon aufgießen, mäßig salzen, das Kräuterbündel beifügen, zudecken und langsam garwerden lassen. Vor dem Servieren das Kräuterbündel entfernen. Dieser Reis paßt besonders gut für ein Huhn mit Reis. Das Verhältnis der Bouillon zum Reis ist drei zu eins, also kommen z. B. 3 Tassen Bouillon auf 1 Tasse Reis.

REIS AUF INDISCHE ART — Riz à l'indienne

4 Personen. 200 g Reis, am besten Patna. Kochzeit: 16-17 Minuten.

Den Reis in Salzwasser kochen, abgießen, mit warmem Wasser abspülen und gründlich abtropfen. Auf ein Randblech, mit einem Tuch bedeckt, schütten, ausbreiten, mit einer Gabel auflockern und im Wärmschrank oder ganz gelinder Hitze im Ofen trocknen. Dieser Reis wird zu allen Gerichten « auf indische Art » serviert.

■ AUF KREOLENART — Riz à la créole

4 Personen. 200 g Reis; 75 g Butter. Kochzeit: 18 Minuten.

Den Reis in eine Kasserolle geben und mit der dreifachen Menge Wasser aufgießen. Die Hälfte der Butter beifügen, leicht salzen und gar und körnig kochen. Mit der Gabel auflockern und die restliche Butter unterziehen.

RISOTTO AUF MAILÄNDER ART — Risotto à la milanaise

4 Personen. *300 g Reis; 50 g Butter; 2 Eßlöffel Öl; 50 g gehackte Zwiebeln; 5 cl Weißwein; etwa 9 dl Bouillon; $^1/_2$ g Safran; 50 g geriebenen Parmesan oder Schweizer Käse. Kochzeit: 18 Minuten.*

Die Zwiebeln in dem Öl mit nußgroß Butter hellgelb anschwitzen. Den Weißwein aufgießen und fast gänzlich einkochen lassen. Den Reis und den Safran hinzugeben, leicht salzen, die Bouillon nach und nach hinzugießen und garkochen. Abseits des Feuers die restliche Butter und den Käse unterziehen. Der Reis muß etwas rahmig bleiben.

■ AUF PIEMONTESER ART — Risotto à la piémontaise

4 Personen. *300 g Reis; 50 g gehackte Zwiebel; 40 g Butter; 1 gehäuften Eßlöffel Tomatenpüree; 50 g geriebenen Käse; Bouillon. Kochzeit: 18 Minuten.*

Die Zwiebel in der Butter hellgelb anschwitzen. Den Reis hinzugeben und glasig anlaufen lassen. Das Tomatenpüree und die dreifache Menge Bouillon hinzufügen, würzen, umrühren und langsam garwerden lassen. Abseits des Feuers den Käse locker unterziehen.

■ MIT STEINPILZEN — Risotto aux cèpes

4 Personen. *300 g Reis; 50 g gehackte Zwiebel; 50 g Butter; 100 g Steinpilze; 2 Eßlöffel Öl; 5 cl Weißwein; Bouillon. Kochzeit: 18 Minuten.*

Die gehackte Zwiebel in Öl mit nußgroß Butter hellgelb anschwitzen. Den Weißwein aufgießen und fast vollständig einkochen. Den Reis und die in dünne Scheibchen geschnittenen Steinpilze hinzugeben, würzen, und die dreifache Menge Bouillon nach und nach hinzugießen und fertigkochen. Abseits des Feuers die Butter und den Käse mit einer Gabel locker unterziehen. *(Siehe Bild auf Seite 88.)*

PILAWREIS — Riz pilaf

4 Personen. *200 g Reis; 50 g gehackte Zwiebel; 80 g Butter; Bouillon. Kochzeit: 18 Minuten.*

Die gehackte Zwiebel in 30 g Butter anschwitzen, doch nicht verfärben lassen. Den Reis hinzugeben, 2 Minuten mitschwitzen lassen, würzen und mit der Bouillon aufgießen. Zudecken und langsam garkochen. Abseits des Feuers die Butter locker unterziehen.

WEIZEN- UND MAISGRIESS

RÖMISCHE NOCKEN — Gnocchi à la romaine
(Siehe Seite *80*.)

ÜBERBACKENER GRIESS — Semoule au gratin

4 Personen. *100 g feinen Weizengrieß; 6 dl Milch; 60 g geriebenen Schweizer Käse; 1 Ei. Kochzeit: 10 Minuten; Backzeit: 5-8 Minuten.*

$^1/_2$ l Milch aufkochen, den Grieß einlaufen lassen und unter mehrfachem Umrühren garkochen. Mit Salz, Pfeffer und einer Prise geriebener Muskatnuß würzen und abseits des Feuers das geschlagene Ei und die Hälfte des Käses, mit der restlichen Milch verrührt, untermengen. Das Ganze in eine Backschüssel füllen, mit dem restlichen Käse bestreuen und bei mittlerer Hitze langsam überbacken.

POLENTA

4 Personen. *200 g Maisgrieß; 50 g Butter; 50 g geriebenen Käse. Kochzeit: 1 Stunde.*

Den Maisgrieß in 1 l kochendes Wasser laufen lassen, salzen, und so lange umrühren, bis ein dicker Brei entsteht. Die Butter und den Käse daruntermengen und die Kasserolle in einen mäßig heißen Ofen stellen, um den Grieß fertigzukochen. Auf eine runde Platte gestürzt anrichten. Man kann die Polenta mit brauner Butter übergießen.

GEBRATENE POLENTA — Polenta sautée au beurre

4 Personen. *200 g Maisgrieß; 50 g geriebenen Käse; 80 g Butter. Kochzeit: 2 Stunden.*

Die Polenta wie oben bereiten, aber ohne Käse mit nur 40 g Butter. Im Ofen 2 Stunden, zugedeckt, kochen, bis die Masse ganz trocken ist. Stürzen und über Nacht auskühlen. Erst in Scheiben und dann in Stücke schneiden, in Butter goldgelb braten und mit geriebenem Käse bestreut servieren.

SALATE

Man unterscheidet zwischen einfachen und zusammengesetzten Salaten. Unter einfachen Salaten versteht man alle grünen Salate wie Kopfsalat, Bindesalat, Eskariol, Endivie u. ä. Sie werden im allgemeinen einfach mit Salz, Pfeffer, Öl, Essig oder Zitronensaft gewürzt und zu Braten aller Art serviert.

Die zusammengesetzten Salate bestehen im wesentlichen aus frischen oder gekochten Gemüsen, oft in Verbindung mit Obst, Reis, Pilzen und anderen Substanzen. Meistens werden sie mit einer leichten Mayonnaise gebunden. *(Siehe auch Seite 69.) (Siehe Bilder auf den Seiten 65-68.)*

Grüne Salate können folgendermaßen gewürzt werden:

MIT EI — Assaisonnement à l'œuf
Hartgekochtes Eigelb durch ein Sieb drücken, mit wenig Senf und etwas Weinessig verrühren, leicht salzen und mit Öl wie eine Mayonnaise aufziehen.

MIT MAYONNAISE — Assaisonnement à la mayonnaise
Für gekochte Gemüse jedweder Art ist eine leichte Mayonnaise angebracht.

MIT ÖL — Assaisonnement à l'huile
Für alle Salate: 3 Teile Olivenöl, 1 Teil Weinessig, Salz, Pfeffer. Man kann dieser Marinade auch feingehackte Kräuter beimengen.

MIT SAHNE — Assaisonnement à la crème
Besonders geeignet für römischen Salat: 4 Teile dicke, süße Sahne, 1 Teil Weinessig oder Zitronensaft, Salz, Pfeffer.

MIT SPECK — Assaisonnement au lard
Besonders geeignet für Löwenzahn, Rapunzeln, Endivien, Rot- und Weißkraut: Gewürfelten, gerösteten Bauchspeck, heißen Essig, Salz, Pfeffer.

ARTISCHOCKENSALAT AUF GRIECHISCHE ART — Salade d'artichauts à la grecque
1 Teil Artischockenherzen oder rohe Artischockenböden; 1 Teil rund ausgestochene Karotten oder kleine Pariser Karotten; 1 Teil kleine weiße Zwiebelchen; 2 Teile kleine rohe Champignons; 2 Teile kleine Pfifferlinge; 1 Teil entsteinte grüne Oliven. Garnitur: Schwarze Oliven; kleine eingelegte Zwiebelchen; geviertelte Artischockenherzen.

Von 2 Teilen Wasser, 1 Teil Öl, 1 Teil Weinessig, einigen Pfefferkörnern, Korianderkörnern, 1 Lorbeerblatt, 1 Zweig Thymian und etwas Salz eine Marinade kochen und passieren. Sämtliche Zutaten darin garmachen und in der Marinade erkalten lassen. Abschmecken, mit einem Teil der Marinade übergossen anrichten und mit den Artischockenherzen, schwarzen Oliven und Zwiebelchen garnieren.

ITALIENISCHER SALAT — Salade italienne

4 Personen. 100 g gekochte Kartoffeln; 100 g gekochte Mohrrüben; 50 g gekochte Sellerieknolle; 50 g gekochte Mairüben; 50 g gekochte grüne Bohnen; 50 g gekochte grüne Erbsen; 50 g Tomaten; 50 g Salami; 150 g Mayonnaise. Garnitur: Sardellenfilets; entsteinte grüne Oliven; Kapern.

Die Tomaten enthäuten und entkernen. Sämtliche Bestandteile in Würfelchen schneiden und vermischen. Mit der Mayonnaise binden und pikant abschmecken. Mit Sardellenstreifen, Oliven und Kapern garnieren.

SALAT MIT HARTGEKOCHTEM EI — Salade aux œufs durs

Wird ein Salat mit hartgekochtem Ei bereitet, so wird das Ei nicht zu fein gehackt und unter die Marinade gemischt. Sie muß kräftig gewürzt sein. Alle grünen Salate können so bereitet werden.

GEMISCHTER SALAT MIT EI — Salade panachée aux œufs durs

Einen kleinen Blumenkohl in Salzwasser nicht zu weich kochen, abtropfen, mit etwas Zitronensaft betropfen und auskühlen lassen. Auf einer runden Platte anrichten und mit Vinaigrettesauce übergießen. Rundherum kleine Portionen von geraspelten, rohen Mohrrüben, leicht mit Zitronenmayonnaise gebunden, und Kressesalat dressieren. Jede Portion Mohrrüben mit einem halben, hartgekochten Ei garnieren.

GEMÜSESALAT — Salade macédoine

4 Personen. 100 g Mohrrüben; 100 g Mairüben oder Sellerieknolle; 75 g Kartoffeln; 75 g grüne Bohnen; 75 g frische grüne Erbsen; 150 g Mayonnaise; Essig; Öl.

Die Mohrrüben, Mairüben und Kartoffeln würfeln, die Bohnen in schräge Vierecke schneiden und jeden Teil, auch die Erbsen, für sich kochen und gut abtropfen. Mit Salz, Pfeffer, wenig Essig und Öl einige Stunden kühl marinieren, dann mit der Mayonnaise binden. Anrichten und mit Vierteln von hartgekochten Eiern und, eventuell, auch runden Scheiben roter Beete garnieren.

SALAT MARGERITE — Salade Marguerite

4 Personen. 150 g Blumenkohlröschen; 150 g grüne Bohnen, in schräge Vierecke geschnitten; 150 g Spargelstückchen; 100 g gekochte Pellkartoffeln; 2 hartgekochte Eier; 10 g Butter; 150 g Mayonnaise; Essig; Öl.

Die Blumenkohlröschen, die grünen Bohnen und den Spargel in Salzwasser kochen und abtropfen, die Kartoffeln schälen und in Scheiben schneiden. Alles vermischen und mit Essig, Öl, Salz und Pfeffer marinieren. Gut kühlen. In eine Salatschüssel füllen und leicht kuppelförmig anrichten. Ganz dünn mit Mayonnaise bedecken. Das Eiweiß mit einem Ausstecher länglich oval ausstechen, das Eigelb fein zerdrücken und mit der Butter vermischen. Davon in der Mitte eine große und rundherum kleine Margeriten bilden, mit dem Eigelb in der Mitte. *(Siehe Bild auf Seite 66.)*

NIZZAER SALAT — Salade niçoise

4 Personen. 200 g gekochte, gewürfelte Tomaten; 200 g in schräge Vierecke geschnittene gekochte grüne Bohnen; 200 g enthäutete, entkernte, geviertelte Tomaten. Garnitur: entsteinte Oliven; Sardellenfilets; Kapern.

Den Salat entweder gemischt oder die einzelnen Teile mit einer Essig- und Ölmarinade anmachen. Gemischt oder sträußchenweise anrichten und mit den Oliven, Sardellenfilets und Kapern garnieren.

ORLOWSALAT — Salade Orloff

4 Personen. 150 g Staudensellerie; 100 g gekochten, mageren Schinken; 100 g gekochte Hühnerbrust; 2 Artischockenböden; 100 g rohe Champignons; 100 g gekochte Spaghetti; 125 g Mayonnaise; 1 Eßlöffel Tomatenpüree. Garnitur: 2 Tomaten; 4 eingeriefte, gekochte Champignonköpfe; 1 kleine Trüffel.

Sellerie, Schinken, Huhn, Artischockenböden und rohe Champignons in kleine Streifen (Julienne) schneiden, die Spaghetti in kleine Stücke. Alles mit sehr pikant abgeschmeckter, mit Tomatenpüree vermischter, leichter Mayonnaise binden und kuppelförmig anrichten. Mit Champignonköpfen, Tomatenvierteln und Trüffelscheiben garnieren. *(Siehe Bild auf Seite 66.)*

RACHELSALAT (vereinfachtes Rezept) — Salade Rachel

4 Personen. *100 g Staudensellerie; 200 g grüne Spargelspitzen; 200 g gekochte Kartoffelwürfel; 3 nicht zu weich gekochte Artischockenböden; 150 g leichte Mayonnaise.*

Den Sellerie in Julienne, die Artischockenböden in Scheibchen schneiden. Mit den Kartoffelwürfeln und den gekochten, in Stückchen geschnittenen Unterteilen der Spargelspitzen vermischen und mit der pikant abgeschmeckten Mayonnaise binden. Ein Bündelchen Spargelspitzen aufrecht in die Mitte setzen und den Salat, nach Möglichkeit, mit feiner Trüffeljulienne bestreuen.

REISSALAT DERBY — Salade de riz Derby

4 Personen. *200 g gekochten Reis; 100 g gekochte grüne Erbsen; 100 g Julienne von magerem, gekochtem Schinken; 100 g Julienne von gekochten Champignons. Garnitur: geschälte Walnußkerne.*

Den Reis mit den anderen Zutaten vermischen und mit Vinaigrettesauce, mit etwas Mayonnaise gebunden, anmachen. Anrichten und mit den geschälten Walnußkernen garnieren. *(Siehe Bild auf Seite 65.)*

■ MANUELA — Salade de riz Manuela

4 Personen. *200 g gekochten Reis; 100 g grüne Erbsen; 100 g mageren, gekochten Schinken; 1 große rote Paprikaschote; 100 g dicke Mayonnaise; 1 Eßlöffel Tomatenketchup; 1 Teelöffel Weinessig.*

Die Paprikaschoten entkernen, in feine Streifen schneiden, den Schinken ebenfalls. Mit dem Reis und den Erbsen vermengen und mit der Mayonnaise binden, die mit Tomatenketchup und Essig gewürzt und mit Wasser leicht verdünnt worden ist.

RUSSISCHER SALAT (vereinfachtes Rezept) — Salade russe

4 Personen. *100 g gekochte Mohrrüben; 100 g gekochte Mairüben; 100 g gekochte grüne Bohnen; 50 g gekochte Champignons; 50 g Salzgurken; 50 g Schinken; 50 g Pökelzunge; 25 g Sardellenfilets; 125 g Mayonnaise. Garnitur: hartgekochte Eier; Kapern; rote Rüben.*

Alle Bestandteile in kleine Würfel schneiden, mit der Mayonnaise binden und gut abschmecken. Mit Vierteln von hartgekochten Eiern, Halbmonden von roten Rüben und Kapern garnieren.

TOMATEN MIT SELLERIE ODER FENCHEL GEFÜLLT — Tomates farcies au céleri ou fenouil

Größere Tomaten wählen, enthäuten, oben einen Deckel abschneiden und leicht aushöhlen. Staudensellerie oder Fenchel in dünne Scheibchen schneiden und mit Salz, Pfeffer, Essig und Öl wenigstens 1 Stunde marinieren. Die Tomaten damit füllen. Sie können als Vorspeise oder als Garnitur zu kaltem Fleisch serviert werden. *(Siehe Bild auf Seite 197.)*

WALDORFSALAT — Salade Waldorf

4 Personen. *250 g Knollensellerie; 350 g Reinetten; 75 g frische Haselnußkerne; 150 g Mayonnaise; $^1/_2$ Zitrone.*

Den geschälten Sellerie in kleine Würfel schneiden, 1 Minute blanchieren und abtropfen lassen. Die Äpfel schälen, entkernen, gleichfalls in Würfelchen schneiden. Beides mischen, mit Zitronensaft und einer Prise Salz 1 Stunde marinieren. Mit der gut gewürzten Mayonnaise binden und mit den blätterig geschnittenen Haselnußkernen bestreuen.

Man kann Sellerie und Äpfel auch in Julienne schneiden und die frischen Haselnußkerne durch geschälte Walnußkerne ersetzen.

RESTEVERWENDUNG

Bitte sehen Sie auch in den Abschnitten: Vorspeisen, warme Zwischengerichte, kalte Gerichte und Salate wegen weiterer Anregungen nach.

FISCHGERICHTE

KALTER FISCH MIT MAYONNAISE — Poisson froid à la mayonnaise
Reste von kaltem Fisch von Haut und Gräten befreien und das Fleisch auseinanderzupfen. Mit etwas mildem Weinessig betropfen, einige kleingewürfelte Pfeffergurken beifügen, mit sehr wenig Mayonnaise binden und abschmecken. Auf einer langen Platte in Form eines Fisches anrichten und mit sehr dick gehaltener Mayonnaise bestreichen. Den Fisch mit dünnen, halben Tomatenscheiben, Kapern und einer Rosette von Radieschen dekorieren.

RINDFLEISCH

FRIKADELLEN ODER BULETTEN — Fricadelles ou boulettes
4 Personen. *500 g gekochtes Rindfleisch; 50 g gehackte Zwiebeln; 200 g geschälte Kartoffeln; 1 Ei; 50 g Bratfett; Mehl; 3 dl Tomaten- oder pikante Sauce. Bratzeit: 10 Minuten.*

Die Zwiebeln in wenig Butter hellgelb anschwitzen und auskühlen. Das Fleisch durch den Fleischwolf treiben, die Kartoffeln kochen, gut abdämpfen und durch ein Sieb drücken. Fleisch, Zwiebeln und Kartoffeln vermengen, das Ei unterziehen und gut würzen. Von der Masse auf dem gemehlten Tisch Buletten in der Größe eines Eis formen, etwas abflachen und auf beiden Seiten braun braten. Tomaten- oder pikante Sauce nebenbei reichen.

HASCHEE PARMENTIER — Hachis Parmentier
4 Personen. *500 g gekochte Rindfleischreste; 125 g gehackte Zwiebeln; 1 dl Weißwein; 4 dl Bouillon; 1 Eßlöffel Tomatenpüree; 400 g Kartoffeln; 40 g Schweineschmalz; 1 Teelöffel Mehl; 1 Eigelb. Zubereitung: 50-55 Minuten.*

Das Rindfleisch durch den Fleischwolf treiben. Die gehackten Zwiebeln in dem Schmalz hellgelb anrösten, das Rindfleisch hinzugeben und mit dem Mehl bestäuben. Kurz anlaufen lassen und gut mischen, mit dem Weißwein und Bouillon aufgießen und das Tomatenpüree beifügen. Würzen und langsam 40-45 Minuten dünsten, dabei mehrmals umrühren. In der Zwischenzeit die Kartoffeln kochen, gut abdämpfen, durch ein Sieb drücken und ein nicht zu dünnes Püree bereiten, dazu aber Bouillon anstelle von Milch nehmen. Das Haschee in eine tiefe Backform füllen, gänzlich mit dem Püree bedecken, glattstreichen und im heißen Ofen backen. Nach 8-10 Minuten die Oberfläche mit Eigelb, mit etwas Wasser vermengt, oder Butter bestreichen, um eine schöne, goldgelbe Oberfläche zu erzielen.

SCHEIBEN VON PÖKELZUNGEN AUF TATARENART — Langue en tranches tartare

Den Rest einer Pökelzunge in Scheiben von $1/2$ cm schneiden, mehlen, durch geschlagenes Ei ziehen und mit Reibbrot panieren. In Öl mit nußgroß Butter braten, anrichten, und nebenbei Tatarensauce servieren.

ROASTBEEFRÖLLCHEN MIT MEERRETTICHSAHNE — Cornets de roastbeef au raifort

Schöne Roastbeefscheiben werden vom Fettrand befreit und ausgebreitet. 2 Eßlöffel geriebenen Meerrettich besprengt man mit etwas Essig, vermengt ihn mit ungefähr 2 dl geschlagener Sahne und würzt mit einer Prise Zucker. Die Scheiben werden mit der Sahne dick bestrichen, eingerollt, mit Pfeffergurkenscheiben dekoriert und mit Gelee überzogen.

KALBFLEISCH

KALBSKROKETTS — Croquettes de veau

4 Personen. 250 g gekochtes Kalbfleisch; 100 g gekochte Champignons; 1 Eigelb; Eiweiß; 4 Eßlöffel dicke Béchamelsauce; Reibbrot; 3 dl Tomatensauce. Backzeit: 4-5 Minuten.

Das Kalbfleisch in sehr kleine Würfel schneiden, die grobgehackten Champignons hinzugeben, mit der Béchamelsauce und dem Eigelb binden und würzen. Auf dem Feuer abrühren, bis sich die Masse von den Wandungen der Kasserolle ablöst, und auskühlen. Auf dem gemehlten Tisch korkenförmige Kroketten rollen, durch Eiweiß ziehen, mit Reibbrot panieren und in heißem, schwimmendem Fett backen. Gut abfetten und daneben Tomatensauce servieren.

KALBFLEISCH IN MUSCHELN MORNAY — Coquilles de veau Mornay

4 Personen. 200 g Kalbfleischreste; 200 g gekochte Champignons; $1/4$ l Béchamelsauce; 60 g geriebenen Käse; Reibbrot. Zubereitung: 8-10 Minuten.

Das Fleisch und die Champignons in dünne Scheiben schneiden und mit 2 Löffel Béchamelsauce binden. Die Hälfte des Käses unter die restliche Sauce mengen. Einen Löffel voll auf den Boden von vier Muscheln geben, das Fleisch einfüllen und mit Sauce bedecken. Mit geriebenem Käse und Reibbrot bestreuen und im Ofen langsam zu schöner Farbe überkrusten lassen. Man kann die Muscheln auch vorher mit Herzoginkartoffelmasse mittels Spritzbeutels und Sterntülle umranden.

NÄPFCHEN SUSANNA — Cassolettes Suzanne

4 Personen. 200-250 g Kalbfleischreste; 125 g Champignons; 500 g Spinat; 4 Champignonköpfe; 4 dl Béchamelsauce; 50 g Butter.

Wenn man nur einen kleinen Rest Fleisch übrig hat, so kann man dennoch ein schmackhaftes Gericht bereiten. Den Spinat abkochen, abtropfen, sehr gut ausdrücken und so wie er ist in Butter schwenken. Mit Salz, Pfeffer und geriebener Muskatnuß würzen und auf vier feuerfeste Porzellannäpfchen verteilen. Das Kalbfleisch und die Champignons grobhacken, mit etwas Béchamelsauce binden, würzen, und erhitzen. Die Näpfchen hiermit fast voll füllen, mit heißer Béchamelsauce bedecken und in die Mitte einen schönen Champignonkopf setzen. Man kann das Gericht auch mit Resten von Kalbsmilch, Hühner- oder Lammfleisch bereiten.

HAMMEL- UND LAMMFLEISCH

HASCHEE VON HAMMELFLEISCH — Hachis de mouton
Das Gericht kann wie Haschee Parmentier bereitet werden.

SCHEIBENFLEISCH VON HAMMEL ODER LAMM MIT STEINPILZEN — Emincé de mouton ou d'agneau aux cèpes

4 Personen. 500 g Hammel- oder Lammfleisch, gekocht oder gebraten; 50 g gehackte Zwiebel; 125 g Steinpilze; 2 gehackte Schalotten; 2 dl Weißwein; 3 dl Bouillon; 2 Eßlöffel Tomatenpüree; 1 Teelöffel Mehl; gehackte Petersilie; 30 g Butter. Zubereitung: 8-10 Minuten.

Reste einer Hammel- oder Lammkeule von der Haut und harten Teilen befreien und blätterig schneiden. Die Zwiebeln und Schalotten in Butter anschwitzen, die in Scheibchen geschnittenen Steinpilze hinzugeben und leicht anrösten. Mit dem Mehl bestäuben und unter Umrühren leicht anbräunen. Den Weißwein hinzugeben und zur Hälfte einkochen, die Bouillon und das Tomatenmark beifügen, umrühren und langsam 2-3 Minuten kochen lassen. Die Kasserolle vom Feuer nehmen, das Fleisch hinzugeben und erhitzen, ohne kochen zu lassen. Abschmecken, anrichten und mit gehackter Petersilie bestreuen.

GEFLÜGEL

ASPIK VON HUHN
Ein Rest von gekochtem Geflügel von Haut und Knochen befreien und in dünne Scheibchen schneiden. Einen Rest gekochten Schinken, 2-3 Pfeffergurken gleichfalls in Scheibchen und 2 hartgekochte Eier in Scheiben schneiden. Alles in eine Kuppelform oder ein ähnliches Geschirr füllen und mit kräftigem, kaltem, aber noch flüssigem Gelee vollgießen und im Kühlschrank erstarren lassen. Auf eine runde Platte stürzen und beliebig garnieren.

HÜHNERNÄPFCHEN JOCONDA — Cassolettes de poulet Joconde
Auf den Boden von kleinen Porzellannäpfchen einen Salat von Spargelstückchen und Champignons geben. Einen Rest von gekochtem oder gebratenem Huhn, von Haut und Knochen befreit, in dünne Scheibchen schneiden und darübergeben. Mit Mayonnaise bedecken und erst mit einer Tomatenscheibe und darüber mit einer Scheibe von hartgekochtem Ei belegen.

WILD

ST.-HUBERTUS-SCHNITTCHEN — Canapés Saint-Hubert
Einen Wildrest ohne Haut oder Knochen durch die feine Scheibe der Fleischmaschine drehen. Einen guten Schuß Madeira und etwas Demi-glace aufgießen und einkochen, bis das Püree gut gebunden und dicklich ist. Viereckige Scheibchen englisches Brot, ohne Rinde, in Butter braten und mit dem gut abgeschmeckten Püree bestreichen. Obenauf einen Champignonkopf setzen.

REHRÜCKEN
Reste von einem Rehrücken in schräge, etwa 1 cm dicke Scheiben schneiden und mit Gelee überglänzen. Auf gehacktem Gelee anrichten und dazu einen Salat von Pfifferlingen servieren.

SANDWICHES

Belegte Brote waren schon vor dem 18. Jahrhundert bekannt. Doch erst seitdem John Montagu, Earl of Sandwich (1718-1792), sich von seinem Haushofmeister zwei Scheiben gebuttertes Brot mit einer Scheibe Braten dazwischen reichen ließ, um nicht während jeder Mahlzeit den Spieltisch verlassen zu müssen, kennen wir diesen Imbiß unter dem Namen Sandwich.
Sandwiches können sehr abwechslungsreich gestaltet werden, wenn die Butter, mit der das Brot bestrichen wird, dem Geschmack des Belags angepaßt wird. Sandwiches serviert man als kleinen Imbiß, bei kalten Büfetts und als Vorspeise. In diesem Falle müssen sie besonders klein geschnitten sein. Im allgemeinen nimmt man für Sandwiches dünne Scheiben Kastenbrot, die man entrindet, mit einer passenden Butter bestreicht, belegt, zusammenklappt und in Rechtecke, Vierecke oder Dreiecke schneidet.

SANDWICHES MIT EI — Sandwiches aux œufs
Das Brot mit Sardellenbutter bestreichen, mit dünnen Scheiben von hartgekochtem Ei belegen und in Rechtecke schneiden.

■ MIT GEFLÜGELLEBERN — Sandwiches au foie de volaille
Das Brot mit Butter, vermischt mit feingehackten, gerösteten Haselnüssen bestreichen. Mit dünnen Scheiben kalter, gebratener Geflügelleber belegen, leicht würzen, mit einer zweiten Scheibe Brot bedecken und in Dreiecke schneiden. Man kann das Brot auch mit gebuttertem Püree von gebratener Gänseleber bestreichen, der man gestoßene, geröstete Haselnüsse beigefügt hat.

■ MIT HUHN — Sandwiches de poulet
Das Brot mit Butter bestreichen, leicht mit fein nudelig geschnittenem Kopfsalat bedecken, leicht salzen und mit ganz dünnen Scheibchen von kaltem, gebratenem Huhn belegen. Man kann den Salat auch sehr leicht mit Mayonnaise binden. In Rechtecke schneiden.

■ MIT HUMMER ODER LANGUSTE — Sandwiches de homard ou à la langouste
Das Brot mit Kressebutter bestreichen, mit ganz dünnen Hummer- oder Langustenscheiben belegen und in Dreiecke schneiden.

■ MIT SARDELLEN — Sandwiches aux anchois
Das Brot dünn mit Sardellenbutter bestreichen und mit gewässerten Sardellenfilets belegen. Mit hartgekochtem, gehacktem Ei bestreichen und in Rechtecke schneiden. Durch das Ei erscheinen die Sardellen weniger salzig.

■ MIT SARDINEN — Sandwiches aux sardines
Das Brot mit Sardellenbutter bestreichen und mit halben, gräten- und hautlosen Sardinen belegen. In Rechtecke schneiden, die immer eine halbe Sardine enthalten.

■ MIT SCHINKEN — Sandwiches au jambon
Das Brot mit leichter Senfbutter bestreichen, mit dünnen Scheiben von magerem, gekochtem Schinken belegen und in Dreiecke schneiden.

SANDWICHES MIT SCHWEIZER ODER CHESTERKÄSE — Sandwiches au gruyère ou au Chester

Das Brot mit leichter Senfbutter bestreichen, mit sehr dünnen Käsescheiben belegen und in Dreiecke schneiden.

■ MIT TOMATEN — Sandwiches à la tomate

Das Brot dünn mit Meerrettich- oder Käsebutter bestreichen. Mit dünnen Scheiben reifer, aber fester Tomaten belegen, die von Kernen und Wasser befreit worden sind. Jedes Viereck in Diagonale schneiden.

■ MIT WURSTWAREN usw. — Sandwiches de charcuterie

Das Brot mit mild gewürzter Meerrettich-, Senf- oder Estragonbutter bestreichen. Als Belag kommen Wurstwaren aller Arten, Galantinen, Pasteten und ähnliches in Betracht. Man kann sie natürlich auch mit dünnen Scheiben gebratenen Fleisches belegen.

KOMPOTTE

Es ist ein Irrtum zu glauben, daß man von minderwertigem oder beschädigtem Obst Kompott bereiten kann. Nur gesundes, reifes, aber nicht überreifes Obst ergibt ein gutes Kompott. Je nach der Art läßt man es ganz, teilt es in Hälften oder Viertel ein, läßt es in einem Läuterzucker von ungefähr 18 Grad garziehen und auskühlen. Für die meisten Obstsorten wird es mit Vanille aromatisiert, man kann aber auch die dünn abgeschnittene Schale von Zitronen oder Orangen nehmen. Birnen, Kirschen und Zwetschen schmecken besonders gut, wenn man sie in gezuckertem Rotwein mit etwas Stangenzimt pochiert.

Beim Pochieren ist darauf zu achten, daß das Obst ganz bleibt und nicht zerfällt. Im allgemeinen wird das Kompott in dem eingekochten Saft serviert, in einigen Fällen jedoch mit Stärkemehl, Aprikosenmarmelade oder Johannisbeergelee gebunden.

APFELKOMPOTT — Compote de pommes

Sehr kleine Früchte kann man ganz lassen. Sie werden geschält und das Kerngehäuse wird ausgestochen. Man muß sie sogleich mit Zitronensaft abreiben, damit sie nicht dunkel werden; sie können natürlich auch geviertelt werden. Sie werden stets sehr sorgfältig in Läuterzucker mit einem Stückchen Vanille oder mit dünner Zitronenschale pochiert und mit dem eingekochten Läuterzucker übergossen.

APRIKOSENKOMPOTT — Compote d'abricots

Die Aprikosen halbieren und in Vanille-Läuterzucker von 18 Grad nicht länger als 7-8 Minuten pochieren. Herausnehmen, den Läuterzucker einkochen, auskühlen und damit übergießen. Mit einigen halben, enthäuteten Aprikosenkernen garnieren.
Vor dem Pochieren kann man die Aprikosen einen Moment in siedendheißes Wasser legen und enthäuten. Das fertige Kompott gewinnt dann an Ansehen und Geschmack.

BANANENKOMPOTT — Compote de bananes

Die Bananen schälen, halbieren und in Läuterzucker mit einem Zusatz von Rum sorgfältig garziehen lassen. Den Läuterzucker einkochen, mit einigen Löffeln Aprikosenmarmelade durchkochen, auskühlen und über die Bananen passieren.

BIRNENKOMPOTT — Compote de poires

Je nach Größe läßt man die Birnen ganz oder halbiert sie. Das Kerngehäuse sollte stets ausgestochen werden. Man kann sie in Vanilleläuterzucker pochieren, besser schmecken sie, wenn man sie in gezuckertem Rotwein mit einem kleinen Stückchen Zimt pochiert.

KIRSCHENKOMPOTT — Compote de cerises

Die Kirschen entsteinen und in sehr dickem Läuterzucker kochen. Gut abtropfen, den Saft einkochen, eventuell mit etwas Stärkemehl binden und mit wenig Kirschwasser aromatisieren. Man kann die Kirschen auch in Rotwein mit einem Stückchen Zimt pochieren; der Saft wird dann gleichfalls mit Stärkemehl leicht gebunden.

PFIRSICHKOMPOTT — Compote de pêches

Man bereitet die Pfirsichhälften so wie Aprikosenkompott und zieht die Haut nach dem Garwerden sorgfältig ab.

PFLAUMENKOMPOTT — Compote de prunes

Alle Pflaumenarten können als Kompott verwendet und in Vanilleläuterzucker pochiert werden. Zwetschgen werden entsteint und halbiert, noch besser ist es, wenn man sie erst brüht und ihnen die Haut abzieht, die oft sehr dick ist. Sie können ebenfalls in Rotwein mit Zucker und etwas Zimt gargemacht werden.

BACKPFLAUMENKOMPOTT — Compote de pruneaux

Die Backpflaumen über Nacht einweichen und entweder im Einweichwasser oder in Rotwein mit einem Stückchen Zimt und ausreichend Zucker langsam garmachen.

RHABARBERKOMPOTT — Compote de rhubarbe

Am besten sind die jungen, zarten Stiele, die man abzieht und in Stücke von 4-5 cm Länge schneidet. Man bedeckt nur den Boden der Kasserolle mit sehr wenig, ganz dickem Läuterzucker, da Rhabarber viel Flüssigkeit abgibt. Am besten bedeckt man sie mit einem Stück Papier und stellt sie in einen mäßigheißen Ofen, da sie beim Kochen schnell zerfallen. Der Saft wird abgegossen, stark eingekocht und über die Stücke gegossen.

SÜSSPEISEN UND BACKWAREN

GRUNDZUBEREITUNGEN

Damit wir nicht bei jedem Rezept die Angaben wiederholen müssen, führen wir zunächst diejenigen Teige, Massen und Cremes an, die für die verschiedenen Zubereitungen benötigt werden.

TEIGE

BABATEIG — Pâte à baba
Babas bereitet man mit dem gleichen Teig wie für Savarins. Der einzige Unterschied besteht darin, daß man dem Teig noch 50 g gut gereinigte Korinthen und 30 g Rosinen beifügt.
Die Zusammensetzung des Läuterzuckers zum Tränken von Babas und Savarins findet man in dem Abschnitt Cremes und Glasuren.

TEIG FÜR DREIKÖNIGSKUCHEN — Pâte à galette des rois
4 Personen. *200 g Mehl; 125 g Butter; 1 dl Wasser.*

Man kann diesen Kuchen auch aus Blätterteigresten bereiten, die man zusammenrollt und 1½ cm dick ausrollt. Wenn man solche Reste nicht hat, wird das gesiebte Mehl auf das Backbrett geschüttet, in die Mitte eine Höhlung gemacht, die etwas weiche Butter, das Wasser und eine Prise Salz hineingegeben und alles gut vermischt, ohne den Teig zuviel zu bearbeiten. Er wird zu einer Kugel geformt, in ein Tuch gewickelt und muß wenigstens 1 Stunde ruhen. Danach gibt man ihm, wie beim Blätterteig, erst zwei Touren und nach weiteren 15 Minuten abermals zwei Touren, also insgesamt nur vier.

EINFACHER EIERKUCHENTEIG — Pâte à crêpes ordinaires
4 Personen. *Für 12 kleine Eierkuchen: 125 g Mehl; 25 g Vanillezucker; 30 g zerlassene Butter; 2 ganze Eier; 1 dl kalte Milch; 1 Prise Salz; Cognac oder Rum zum Aromatisieren.*

Das Mehl in eine Schüssel sieben, in die Mitte die Eier, den Zucker, die Milch und das Salz geben. Mit dem Schneebesen gut verrühren, bis ein glatter Teig entsteht, der dick vom Löffel fließt; notfalls ist noch etwas Milch hinzuzufügen. Die zerlassene Butter und das Aroma beigeben und durch ein Spitzsieb gießen. Den Teig 2-3 Stunden vor dem Gebrauch fertigmachen. Nicht zu stark zuckern, weil die Eierkuchen sich sonst beim Backen zu rasch verfärben. Da sie beim Servieren mit Puderzucker bestäubt oder mit Marmelade gefüllt werden, sind sie süß genug.

TEIG FÜR GENUESER BISKUIT (Génoise) — Pâte à génoise
4 Personen. *4 Eier; 125 g Zucker; 100 g Mehl; 75 g Butter.*

Die Eier mit dem Zucker in einem Schneekessel, notfalls einem anderen geeigneten Geschirr mischen und in einem mäßig warmen Wasserbad mit dem Schneebesen schlagen, bis sich das Volumen verdoppelt hat. Aus dem Wasserbad nehmen und kalt schlagen. Erst das gesiebte Mehl und dann die zerlassene Butter mit dem Holzspatel ganz locker unterziehen. Nicht weiter rühren, da sonst der Kuchen beim Backen grün wird.

GUGELHUPFTEIG — Pâte à kugelhopf

4 Personen. 250 g Mehl; 80 g Butter; 25 g Puderzucker; 15 g Hefe; 100 g kernlose Malagatrauben; 2 Eier; etwa 2 dl Milch; 6 g Salz.

Von dem Mehl, der Hefe, Salz und etwas lauwarmer Milch einen Vorteig bereiten. Nach und nach die Eier, den Zucker, die weiche Butter und notfalls noch etwas lauwarme Milch beifügen, um einen weichen Teig zu erzielen. Die Trauben untermengen und so lange schlagen, bis der Teig elastisch von der Hand fällt. In die mit Butter ausgestrichene Napfkuchenform nur zur guten Hälfte füllen und vor dem Backen das Volumen verdoppeln lassen.

MERINGUEMASSE MIT MANDELN — Pâte à meringue aux amandes

4 Personen. 5 Eiweiß; 200 g Puderzucker; 150 g sehr trockenes Mandelpuder; Vanille oder anderes Aroma.

Mandelpulver, Puderzucker und Vanille gründlich vermischen. Das Eiweiß zu sehr festem Schnee schlagen und die Mischung rasch und ganz locker unterziehen. Man kann die Mandeln durch leicht geröstete, pulverisierte Haselnüsse ersetzen oder auch halb und halb nehmen.

ITALIENISCHE MERINGUEMASSE — Pâte à meringue italienne

4 Personen. 4 Eiweiß; 250 g Vanillezucker.

Eiweiß und Zucker in einen Schneekessel geben und im Wasserbad bei mäßiger Hitze so lange schlagen, bis die Masse fest, spritzfähig und heiß ist, aber nicht mehr auseinanderläuft. Der Ausdruck heiß ist so zu verstehen, daß die Masse so warm ist, daß sie bindet, doch nicht so heiß, daß das Eiweiß kocht. Diese Masse dient zum Herstellen von Petits-Fours, imitierten Champignons u. a.

SCHWEIZER MERINGUEMASSE — Pâte à meringue suisse

4 Personen. 4 Eiweiß; 250 g feinen Streuzucker, Vanille.

Das Eiweiß zu festem Schnee schlagen. Den Zucker und die Vanille locker und schnell unterziehen und nicht mehr rühren, sonst wird sie zu weich. Sie dient zum Herstellen von Baisers, die mit Schlagsahne oder Eis gefüllt werden.

MÜRBE- ODER AUSLEGETEIG — Pâte à tartes, dite pâte brisée

4 Personen. 200 g Mehl; 100 g Butter; 1 Eßlöffel Zucker; 1 Prise Salz; ungefähr 1 dl Wasser.

Das Mehl auf den Tisch schütten, in der Mitte eine Grube machen und die restlichen Bestandteile hineingeben. Alles leicht mit den Fingern vermischen, nicht zu viel bearbeiten. Zu einer Kugel formen, in ein Tuch wickeln und vor dem Gebrauch wenigstens 2 Stunden kühl ruhen lassen. Je länger er ruhen kann, desto mehr verliert er an Elastizität, ruht er zu lange, wird er weich.

SAVARINTEIG — Pâte à savarin

4 Personen. 125 g Mehl; 50 g Butter; 7 g Hefe; 2 Eier; etwa 1 dl lauwarme Milch; 8 g Zucker; Salz.

Eine Schüssel leicht anwärmen und das Mehl hineinsieben. In der Mitte eine Grube machen, die Hefe und die lauwarme Milch hinzugeben, mit einer Prise Salz würzen und die Hefe auflösen. Diesen Vorteig kurz gehen lassen, die geschlagenen Eier beifügen und den etwas weich gehaltenen Teig so lange mit der Hand schlagen, bis er Blasen wirft. Zudecken und warm stellen, bis er sein Volumen verdoppelt hat. Die etwas weiche Butter und den Zucker hinzugeben, noch tüchtig durcharbeiten und den fertigen Teig je nach Rezept weiter verwenden.

Auf diese Weise hergestellt, kann man Savarins oder Babas innerhalb von 3 Stunden tischfertig servieren.

TEIG FÜR SAVOYER BISKUIT — Pâte à biscuit de Savoie

4 Personen. 125 g Zucker; 50 g Mehl; 50 g Kartoffelmehl; 3 Eier; Vanille.

Den Zucker mit dem Eigelb und der Vanille weiß und schaumig schlagen. Die Vanille herausnehmen und das zu festem Schnee geschlagene Eiweiß sowie das gesiebte Mehl und das Kartoffelmehl, alles gleichzeitig, locker unterziehen und nicht weiterrühren. Bei sehr mäßiger Hitze backen, da der Kuchen sonst zusammenfällt.

ZUCKERTEIG — Pâte sucrée

4 Personen. 200 g Mehl; 100 g Zucker; 100 g Butter; 3 Eigelb; geriebene Orangen- oder Zitronenschale; 1 Prise Salz.

Den Teig so wie Mürbeteig verarbeiten, Wasser jedoch nur hinzugeben, wenn der Teig brüchig wird. Zu einer Kugel zusammenrollen, in ein Tuch oder Zellophan wickeln und vor dem Gebrauch 2-3 Stunden ruhen lassen. Dieser Teig dient hauptsächlich für Obsttorten und Petits Fours.

DAS KOCHEN DES ZUCKERS

In vielen Rezepten ist die Rede von Läuterzucker, vom Kochen des Zuckers zum Ballen, zum Bruch usw. Im Nachstehenden soll daher das Kochen des Zuckers soweit erläutert werden, wie es für allgemeine Küchenzwecke notwendig ist.

Für Kompott, zum Tränken von Savarins und anderen Kuchen und für viele andere Zwecke muß der Zucker erst geläutert werden. Dazu wird Zucker bester Qualität mit Wasser angesetzt, gut durchgekocht und dabei ständig abgeschäumt. Um den genauen Gehalt an Zucker innerhalb eines solchen Sirups feststellen zu können, bedient man sich einer Zuckerwaage, das ist ein kleines Thermometer, das man in die heiße Zuckerlösung taucht um den genauen Grad ablesen zu können. Man kann es in allen besseren Geschäften für Kücheneinrichtungen kaufen.

Doch auch ohne Zuckerwaage kann man den Zuckergehalt ziemlich genau feststellen, wenn man Folgendes beachtet:

1 l Wasser mit 250 g Zucker geklärt ergibt Läuterzucker (Sirup) von 7 Grad
1 l Wasser mit 500 g Zucker geklärt ergibt Läuterzucker von 16 Grad
1 l Wasser mit 625 g Zucker geklärt ergibt Läuterzucker von 20 Grad
1 l Wasser mit 750 g Zucker geklärt ergibt Läuterzucker von 23 Grad
1 l Wasser mit 1 kg Zucker geklärt ergibt Läuterzucker von 27 Grad
1 l Wasser mit $1^{1}/_{4}$ kg Zucker geklärt ergibt Läuterzucker von 32 Grad.

Es sei noch erwähnt, daß der Läuterzucker nach völligem Abkühlen 1-2 Grad mehr beträgt.

Läuterzucker für Eis oder zum Tränken von Kuchen kann schon beim Kochen aromatisiert werden. Man gibt ein Stückchen Vanille, die dünn abgeschnittene Schale einer Zitrone oder Orange oder ein Stückchen Zimt hinzu. Zitronen- oder Orangenschale sollte nicht mitkochen, sondern nur in dem heißen Läuterzucker ausziehen.

Für Konfekt, manche Petits Fours und Konfitüren muß der Zucker weitergekocht werden. Hier ist große Sorgfalt am Platze. Zum Kochen benutzt man eine ausreichend große, sehr saubere Kasserolle mit dickem Boden, in der der Zucker nicht überkochen kann. Der sich auf der Oberfläche bildende Schaum ist abzunehmen und die Wandungen der Kasserolle sind mit einem kleinen, in kaltes Wasser getauchten Pinsel von dem sich ansetzenden Zucker frei zu halten, damit er nicht kristallisiert oder sich zu Karamel bildet und den Zucker verfärbt. Da hohe Grade nicht mehr mit dem gewöhnlichen Thermometer festgestellt werden können, verwendet man diese Methode:

Der schwache Faden ist erreicht, wenn man eine ganz geringe Menge des Läuterzuckers zwischen Daumen und Zeigefinger nimmt und sich beim Auseinanderziehen ein schwacher, dünner Faden bildet.

Der starke Faden ist erreicht, wenn der Faden stärker und länger wird.

Der schwache Flug ist erreicht, wenn man eine saubere Schaumkelle oder auch nur eine Gabel durch den kochenden Zucker führt, herausnimmt und beim Durchpusten der Zucker in Gestalt von kleinen Bläschen gleich wieder abspringt. Man nennt diesen Grad auch die kleine Blase.

Der Ballen ist erreicht, wenn man ein sauberes Holzstäbchen in den kochenden Zucker taucht, sofort in kaltes Wasser steckt und man davon kleine, noch weiche Kugeln bilden kann.

Zum Bruch ist der Zucker gekocht, wenn man wie oben verfährt und der Zucker, wenn man ihn zwischen die Zähne nimmt, kracht bzw. zerbricht. Klebt er noch an den Zähnen, so muß er noch einige Sekunden weitergekocht werden. Jetzt ist die größte Vorsicht am Platze, denn wenn man ihn nur einige Sekunden weiterkocht, wird er erst gelblich, dann leicht bräunlich, das heißt zu Karamel gekocht.

Sinnvoll ist es, wenn der gewünschte Grad erreicht ist, die Kasserolle sogleich in ein Gefäß mit kaltem Wasser zu stellen, damit der Zucker durch die eigene Hitze sich nicht weiter verdickt.

CREMES, GLASUREN UND LÄUTERZUCKER

BOURDALOUCREME — Crème Bourdalou

4 Personen. *125 g Zucker; 45 g Reismehl; 1 Ei; 1 Eigelb; $^1/_4$ l Milch; 25 g Butter; Vanille; 4 cl Kirschwasser. Kochzeit: 2-3 Minuten.*

Den Zucker mit dem Ei und dem Eigelb verrühren und das Reismehl daruntermengen. Die Vanille hinzugeben und die kochende Milch nach und nach hinzugießen. Auf dem Feuer unter ständigem Rühren 2-3 Minuten kochen und, abseits des Feuers, die Butter und das Kirschwasser beifügen. Diese Creme ersetzt für feineres Gebäck die Konditorcreme.

BUTTERCREME — Crème au beurre

4 Personen. *125 g Butter; 2 dl englische Creme ohne Geschmackzutaten.*

Die Butter weich und schaumig rühren. Die nicht zu kalte englische Creme nach und nach mit dem Schneebesen flott unterziehen und den gewünschten Geschmack beifügen.

MOKKABUTTERCREME — Crème au beurre au moka

So wie oben verfahren, der englischen Creme aber lösliches Kaffeepulver beifügen. Durch das Kaffeepulver kann man die Creme in jeder gewünschten Stärke bereiten.

KROKANTBUTTERCREME — Crème au beurre pralinée

Unter eine fertige Vanillebuttercreme 50-60 g gestoßenen, gesiebten Krokant und eventuell noch 2-3 cl Kirschwasser ziehen.

SCHOKOLADENBUTTERCREME — Crème au beurre au chocolat

Unter eine Vanillebuttercreme mischt man 40-50 g vorzügliche, etwas bitterliche Schokolade, die mit einigen Tropfen Wasser geschmolzen und ausgekühlt worden ist.

VANILLEBUTTERCREME — Crème au beurre à la vanille

Die Buttercreme wie im Grundrezept herstellen und dafür englische Creme mit starkem Vanillegeschmack verwenden.

Buttercremes dienen dazu, Torten, Kuchen, Petits Fours u. a. zu füllen. Anstelle der oben angegebenen Geschmacksnuancen, kann man sie auch mit einer angemessenen Menge Likör oder Alkoholika wie Rum, Cognac, Kirschwasser, Curaçao, Cointreau usw. aromatisieren.

ENGLISCHE CREME, Vanillecreme — Crème anglaise

4 Personen. *100 g Zucker; 3 Eigelb; 2 dl Milch; 1 knappen Teelöffel Stärkemehl (Maizena, Mondamin usw.); Vanille, fein abgeschnittene Orangen- oder Zitronenschale.*

Die Milch ansetzen und die Vanille oder die Zitronenschale darin ausziehen lassen. Das Eigelb mit dem Zucker und Stärkmehl gut durchrühren und die Milch langsam daruntermengen. Auf dem Feuer wie eine Creme abrühren, dabei aber nur so heiß werden lassen, daß die Masse den Spatel bedeckt, da die Creme sofort gerinnt, wenn sie kocht. Durch ein Spitzsieb gießen und kalt oder warm weiter verwenden. Sie dient als Sauce für kalte und warme Süßspeisen und für Buttercreme u. a.

FRANGIPANECREME — Crème frangipane

4 Personen. 125 g Zucker; 90 g Mehl; 2 Eier; $^1/_2$ l Milch; Vanille; 50 g Butter; 30 g grobgestoßene Makronen.

Die Vanille in der heißen Milch ausziehen lassen. Zucker, Mehl und Eier in einer Kasserolle gut verrühren, die heiße Milch, aus der man die Vanille entfernt hat, nach und nach daruntermengen. Auf dem Feuer unter ständigem Rühren zu einer glatten Creme abschlagen und höchstens 2 Minuten kochen lassen. Die Butter und die Makronen daruntermischen, mit etwas Butter die Oberfläche betupfen, um eine Hautbildung zu verhindern.

GANACHE, GANACHECREME — Ganache, crème ganache

4 Personen. 150 g feinste Schokolade; 1 dl süße Sahne; 50 g Butter.

Die Schokolade kleinschneiden. In die aufgekochte Sahne geben und mit dem Schneebesen gut vermischen. Solange sie noch lauwarm ist, die Butter unterrühren. Erkalten lassen und vor dem Gebrauch leicht und schaumig rühren. Ganache dient zum Füllen und Dekorieren von Petits Fours und Konfekt.

KONDITORCREME, FÜLLCREME — Crème pâtissière

4 Personen. 150 g Zucker; 75 g gesiebtes Mehl; 4 Eigelb; $^1/_2$ l Milch; Vanille.

Die Vanille in der heißen Milch ausziehen lassen und herausnehmen. Eigelb und Zucker schaumig rühren und das Mehl daruntermengen. Die Milch nach und nach unter ständigem Rühren unterziehen und auf dem Feuer zu einer dicklichen Masse abrühren. Unter weiterem Schlagen mit dem Schneebesen 2 Minuten kochen lassen. Durch den Zusatz des Mehles kann das Eigelb nicht gerinnen. Dient zum Füllen von verschiedenen Gebäcken.

SCHLAGSAHNE, SCHLAGRAHM — Crème fouettée

1. Formel: 4 dl Sahne von 28 % Fettgehalt (Schlagsahne) mehrere Stunden gut kühlen. Mit dem Schneebesen oder in der Maschine so lange schlagen, bis sie schaumig und fest ist. Auf ein Haarsieb zum Abtropfen kühl stellen. Nicht zu stark ausschlagen, um ein Verbuttern zu verhindern.
2. Formel: $^1/_4$ l Doppelrahm und $1^1/_2$ dl rohe Milch vermischen und wie oben verfahren.

VANILLIERTE SCHLAGSAHNE — Crème Chantilly

Der obigen Menge festgeschlagener Sahne je nach Geschmack 60-75 g Vanillezucker locker unterziehen.

WEINSCHAUM, SABAYON — Sabayon, crème sabayon

4 Eigelb; 125 g feinen Zucker; 2 dl naturreinen Weißwein.

Das Eigelb mit dem Zucker in einer Kasserolle schaumig rühren. Den Weißwein hinzufügen, die Kasserolle ins Wasserbad stellen und die Masse so lange schlagen, bis sie dick und schaumig ist. Sobald sie genügend Bindung hat und im Moment des ersten Aufkochens sofort vom Feuer nehmen, den gewünschten Geschmack beifügen und sogleich servieren. Wird der Weinschaum im voraus gemacht, so ist es zweckmäßig, dem Eigelb beim Abrühren einen halben Teelöffel Stärkemehl (Kartoffelmehl, Mondamin usw.) beizufügen, um das Zusammenfallen einige Zeit zu verhindern. Man kann den Weinschaum mit Cognac, Rum, Kirschwasser u. a. parfümieren. Anstelle des Weißweines können auch feine Süßweine, Sherry, Portwein, Madeira, Marsala (wie für den italienischen Zabaglione) oder Schaumwein genommen werden.
Sabayon ist eher eine Sauce als eine Creme. Man kann sie zwar warm oder kalt in Gläsern servieren, sie dient aber im wesentlichen als Sauce für warme und kalte Süßspeisen.

GEEISTER WEINSCHAUM — Sabayon glacé

Den Weinschaum wie oben, aber mit 6 Eigelb bereiten. Auf Eis bis zum völligen Auskühlen schlagen und im letzten Moment mit einem guten Schuß Maraschino, Kirschwasser, Curaçao u. a. aromatisieren. Im Sommer ist es zu empfehlen, der Masse beim Aufschlagen im Wasserbad 2 zuvor eingeweichte Blatt Gelatine beizufügen. Sie kann als kleine Süßspeise in Gläsern serviert werden. Man reicht dazu Löffelbiskuits.

WINDBEUTEL- UND ST.-HONORÉ-CREME — Creme pour Saint-Honoré et petits choux

Eine Konditoreicreme so wie oben zubereiten. Drei Eiweiß zu festem Schnee schlagen und die kochendheiße Creme unter ständigem Schlagen locker darunterziehen. Es ist ratsam, in den heißen Sommermonaten 1-1½ Blatt zuvor eingeweichte Gelatine unter die heiße Creme zu mengen.

LÄUTERZUCKER, GLASUREN

LÄUTERZUCKER — Sirop

Läuterzucker wird nicht nur zum Tränken von Kuchen, wie Savarins, Babas u. ä., sondern auch zum Garmachen von Obst für Süßspeisen und Kompott genommen. Man muß immer für eine angemessene Menge sorgen, da Gebäck ziemlich große Mengen aufnehmen kann.
500 g Streuzucker mit 4 dl Wasser ansetzen. Man kann ein Stückchen Vanille oder dünn abgeschnittene Zitronen- oder Orangenschale beifügen. 8-10 Minuten flott kochen lassen und dabei ständig abschäumen.
Mit der Zuckerwaage gemessen, soll er 24 Grad wiegen. Zum Aromatisieren gibt man ungefähr 1 dl Cognac, Rum, Kirschwasser, Cointreau oder andere Spirituosen auf 9 dl Läuterzucker. Savarins und Babas müssen mit dem heißen Läuterzucker völlig getränkt sein, einerlei ob man sie heiß oder kalt serviert. Nach dem Durchtränken gibt man noch einen kleinen Löffel des betreffenden Likörs über den Kuchen.
Die Zuckerwaage ist ein kleines Thermometer, auf dessen Skala man genau ablesen kann, wieviel Zucker die Flüssigkeit enthält. Sie wird einfach in die betreffende Flüssigkeit getaucht und zeigt bis zu 50 Grad. Man kann sie für sehr wenig Geld in einem Fachgeschäft kaufen.

EIWEISSGLASUR — Glace royale

Ein halbes Eiweiß mit so viel gesiebtem Puderzucker verrühren, bis die Masse schneeweiß, glatt und geschmeidig ist. Sie muß nach dem Abrühren sofort gebraucht werden, da sie sonst eine feste Haut bekommt. Sie dient zum Glacieren von Torten und Kuchen.

EIWEISSGLASUR ZUM DEKORIEREN — Glace royale pour décors

Wie oben bereiten, aber einige Tropfen Zitronensaft beifügen, glatt und geschmeidig rühren. Diese Glasur eignet sich besonders gut zum Spritzen von Namen und Dekors.

FONDANT ODER SCHMELZGLASUR — Fondant

Da Fondant im Haushalt schwierig herzustellen ist, kauft man ihn am besten fertig beim Konditor. Zum Gebrauch wird die notwendige Menge im Wasserbad ganz leicht erwärmt und dabei mit einem Holzlöffel gut durchgerührt. Er muß dick genug sein, damit er gut deckt, gleichzeitig aber auch flüssig genug, daß man ihn leicht aufstreichen kann. Ist er zu dick, so rührt man etwas Läuterzucker oder auch nur Wasser darunter. Vor allen Dingen darf er nicht zu stark erhitzt werden, sonst wird die Glasur nach dem Trocknen glanzlos. Ist der Fondant zu kalt, dann wird er zu dick und erschwert das Glacieren.

FONDANT MIT KIRSCHWASSER — Fondant au kirsch

Die gewünschte Menge Fondant in eine kleine Kasserolle geben und im Wasserbad leicht erwärmen. 1-2 Eßlöffel Kirschwasser und notfalls auch noch einige Tropfen Wasser hinzugeben und gut umrühren. Der Fondant soll kräftig nach Kirschwasser schmecken. Man kann natürlich auch Cognac, Rum, Whisky, Benedictiner, Grand-Marnier oder andere Spirituosen nehmen.

FONDANT MIT KAFFEE, SCHOKOLADE usw. — Fondant au café, chocolat, etc.

Kaffeefondant bereitet man am besten, indem man etwas lösliches Kaffeepulver mit ganz wenig Wasser anrührt und unter den angewärmten Fondant mischt. Für Schokoladenfondant, eignet sich bittere Schokolade am besten, damit er nicht zu süß wird. Die Schokolade wird erst bei schwacher Hitze erwärmt, die gewünschte Menge Fondant untergezogen, etwas Läuterzucker hinzugefügt und zur notwendigen Konsistenz gerührt.

WASSERGLASUR — Glace à l'eau

Puderzucker wird in einer kleinen Kasserolle tropfenweise mit Wasser verrührt, bis die Masse geschmeidig genug ist, um damit glacieren zu können. Beim Abrühren kann der gewünschte Geschmack hinzugegeben werden. Sehr leicht erwärmen und damit den Kuchen überziehen, den man am Eingang des mäßig geheizten Backofens stellt, damit die Glasur Glanz bekommt. Ist die Glasur nach dem Erwärmen zu dünn, gibt man noch etwas Puderzucker hinzu.

SÜSSPEISENSAUCEN

APRIKOSENSAUCE (für warme Süßspeisen) — Sauce à l'abricot (pour entremets chauds)

Aprikosenmarmelade mit etwas Wasser zur gewünschten Konsistenz kochen. Durch ein Sieb streichen und nach Belieben mit Cognac, Rum, Kirschwasser usw. abschmecken.

Man kann die Sauce auch aus frischen oder getrockneten, zuvor eingeweichten Aprikosen bereiten. Sie werden mit etwas Zucker, Vanille und nicht zu viel Wasser gekocht, durchgestrichen und nach Geschmack gesüßt. Man läßt diese Sauce aufkochen, bis sie den Löffel bedeckt, und aromatisiert sie nach Wunsch.

ENGLISCHE SAUCE — Sauce anglaise

Man bereitet eine englische Creme (siehe diese), hält sie aber etwas leichter. Sie kann mit Spirituosen aller Arten, aber auch mit Zitrone, Orange oder Vanille aromatisiert werden. Man kann sie heiß oder kalt verwenden.

ERDBEERSAUCE — Sauce aux fraises

4 Personen. *500 g recht reife Erdbeeren; ungefähr 2 dl Läuterzucker.*

Die sauber gewaschenen, gut abgetropften Früchte durch ein Haarsieb streichen. Das Püree mit soviel Läuterzucker vermengen, daß eine dickliche Sauce entsteht. Man kann das Püree auch einfach mit Puderzucker verrühren und mit etwas gutem Weißwein zur gewünschten Konsistenz bringen. Himbeersauce kann genau so bereitet werden.

HIMBEERSAUCE — Sauce aux framboises

4 Personen. *500 g Himbeeren; ungefähr 150 g Puderzucker; 1 dl süße Sahne.*

Die gut gewaschenen und abgetropften Himbeeren durch ein Haarsieb streichen. Das Püree mit Puderzucker verrühren, bis er völlig aufgelöst ist. Zuletzt die halbgeschlagene Sahne locker unterziehen.

JOHANNISBEERSAUCE — Sauce aux groseilles

Johannisbeergelee mit etwas Wasser verrühren, kurz aufkochen und durch ein Sieb streichen. Vor dem Gebrauch je $1/4$ l ein Eßlöffel Kirschwasser oder Cognac beifügen.

SCHOKOLADENSAUCE, HEISSE — Sauce au chocolat chaude

4 Personen. *150 g beste Schokolade; 1 dl Wasser; Stärkemehl; Butter.*

Die Schokolade mit dem Wasser langsam kochen, bis eine dickliche Sauce entsteht. Mit ganz wenig Stärkemehl, mit etwas Wasser aufgelöst, binden und aufkochen. Zuletzt nußgroß frische Butter unterziehen. Die Sauce muß so dick sein, daß sie z. B. Windbeutelchen mit Sahne gut deckt. Die Sauce wird feiner, wenn man Blockschokolade im Wasserbad schmelzen läßt und mit heißer, süßer Sahne zur notwendigen Konsistenz verrührt.

VANILLESAUCE — Sauce à la vanille

Diese Sauce ist weiter nichts als eine leichte englische Creme, die mit Vanille aromatisiert worden ist. Man kann sie warm oder kalt verwenden.

WARME SÜSSPEISEN

ÄPFEL ALICE — Pommes Alice

4 Personen. 4-5 größere Äpfel; 100 g Belegfrüchte; ¹/₂ l Konditorcreme; 30 g Mandelpulver. Koch- und Backzeit: 20-25 Minuten.

Die Äpfel schälen, halbieren, das Kerngehäuse aus- aber nicht ganz durchstechen. In Läuterzucker mit etwas Zitronensaft ganz langsam garziehen lassen, wobei die Früchte nicht zerfallen dürfen. Herausnehmen und umgekehrt auslaufen lassen. Eine Backplatte dünn mit Butter ausstreichen, die Äpfel mit der Öffnung nach oben einordnen und jede Hälfte mit einem Löffelchen gehackte Belegfrüchte füllen, die mit wenig Konditorcreme gebunden worden sind. Gänzlich mit der nicht zu dicken Konditorcreme bedecken und mit Mandelpulver bestreuen. Im heißen Ofen überbacken und heiß servieren. Hat man kein Mandelpulver zur Hand, mit Reibbrot und Zucker bestreuen.

APFELCHARLOTTE — Charlotte de pommes

4 Personen. Kastenbrot; ungefähr 500 g sehr dick eingekochtes Apfelmus; 80 g zerlassene Butter; 3 dl Aprikosensauce mit Rum. Backzeit: 45 Minuten.

Altbackenes Kastenbrot entrinden. Davon 1 cm dicke Dreiecke schneiden, durch zerlassene Butter ziehen und den Boden einer Charlotteform auslegen. Vom gleichen Brot 2-3 cm breite und 1 cm dicke Rechtecke in der Höhe der Form schneiden, in zerlassener Butter wenden und damit die Wandungen der Form, immer halb übereinandergelegt, ausfüttern. Mit dem sehr dick eingekochten, kalten Apfelmus bis zur Höhe füllen und im heißen Ofen backen. Vor dem Stürzen wenigstens 5 Minuten ruhen lassen. Mit etwas Aprikosensauce umgießen und den Rest der Sauce nebenbei servieren.
Diese klassische Art der Charlotte herzustellen, ist schwierig. Man kann sich die Arbeit vereinfachen, indem man sie in einer flachen, viereckigen Kuchenform bereitet, wobei man die Brotscheiben an den Wandungen nicht halb übereinander, sondern dicht aneinander legt. *(Siehe Bild auf Seite 243).*

ÄPFEL AUF HAUSFRAUENART — Pommes bonne-femme

4 Personen. 6-8 mittelgroße Reinetten; Streuzucker; Butter. Backzeit: 20 Minuten.

Das Kerngehäuse mit einem runden Ausstecher herausheben, die Äpfel, ohne sie zu schälen, rundherum einige Male einritzen. In eine Backplatte füllen und jede Öffnung mit etwas Streuzucker und nußgroß Butter füllen. 1-2 Eßlöffel Wasser auf den Boden der Platte gießen und im heißen Ofen backen. Heiß oder kalt servieren.

MERINGUIERTE ÄPFEL MIT REIS — Pommes au riz meringuées

4 Personen. 4 größere Äpfel; 100 g Reis; ¹/₂ l Milch; 2 Eier; 80 g Zucker; 20 g Butter; 120 g Puderzucker. Koch- und Backzeit: 25 Minuten.

Von dem Reis, der Milch, 2 Eigelb, 80 g Zucker und der Butter Condé-Reis (siehe diesen) bereiten. Die Äpfel schälen, halbieren, aushölen und in Läuterzucker garmachen, wobei sie nicht zerfallen dürfen. Gut abtropfen und mit dem Reis füllen. Auf ein Backblech setzen und jeden Apfel mit Meringuemasse (2 Eiweiß, 100 g Zucker) mit Hilfe von Spritzbeutel und Sterntülle dekorieren. Mit Puderzucker bestäuben und die Masse im heißen Ofen zu schöner Farbe abflämmen. Man kann in die Öffnung des Dekors ein Pünktchen Johannisbeergelee geben. *(Siehe Bild auf Seite 243.)*

ÄPFEL IM SCHLAFROCK — Pommes en robe de chambre

4 Personen. 4 mittelgroße Äpfel; 200 g Blätterteig; 4 Teelöffel beliebige Konfitüre; 1 Eigelb. Backzeit: 15-18 Minuten.

Die Äpfel schälen und das Kerngehäuse ausstechen. Den Blätterteig 5-6 mm dick ausrollen und davon große Vierecke schneiden. Jeden Apfel auf ein Viereck setzen und die Höhlung mit Konfitüre füllen. Die Teigenden leicht befeuchten, über den Apfel zusammenschlagen und andrücken. Obenauf ein rundes, ausgezacktes Stück Teig legen und das Ganze mit Eigelb, mit wenig Wasser verrührt, bestreichen. Im heißen Ofen backen.

▲ Weihnachtspudding, S. 247

Rhabarberpastete, S. 248 ▼

242 ▲ Bananenkrapfen, S. 245

Aprikosenkrusten, S. 246 ▼

▲ Meringuierte Äpfel mit Reis, S. 240

Apfelcharlotte, S. 240 ▼

243

244 ▲ Geeiste Birnen mit Schokolade, S. 250

Ananas Ninon, S. 248 ▼

AUFLAUF MIT KAFFEE — Soufflé au café
Die gleiche Zubereitung wie für Vanilleauflauf, doch anstelle der Vanille etwas lösliches Kaffeepulver in die Milch geben.

SCHOKOLADENAUFLAUF — Soufflé au chocolat
Die gleiche Zubereitung wie Vanilleauflauf, doch mit 25 g Zucker weniger und einem Zusatz von 75 g Schokolade, die in der Milch aufgelöst wird.

VANILLEAUFLAUF — Soufflé à la vanille
4 Personen. 2 dl Milch; 60 g Zucker; 30 g Mehl; 25 g Butter; 2 Eigelb; 3 Eiweiß; Vanille. Backzeit: ungefähr 20 Minuten.

Die Vanille in der Milch ausziehen lassen und wieder herausnehmen. Von dem Eigelb, Zucker und Mehl sowie der Milch eine dickliche Creme, ähnlich der Konditorcreme bereiten und, abseits des Feuers, erst die Butter und dann ganz locker das zu festem Schnee geschlagene Eiweiß darunterziehen. Die mit Butter dünn ausgestrichene und mit Zucker ausgestreute Auflaufschüssel zu zwei Drittel mit der Masse füllen und bei mittlerer Hitze backen.

FEINE EIERKUCHEN — Crêpes fines
4 Personen. 12 bis 16 Eierkuchen. Backzeit: 2-3 Minuten.

Eine oder mehrere kleine Stielpfannen heißwerden lassen, mit einem Pinsel dünn ausbuttern und eine hauchdünne Schicht Eierkuchenteig (siehe diesen) durch Bewegen der Pfanne auslaufen lassen. Sobald sie auf einer Seite leicht gebräunt sind, sofort wenden, um auch die andere Seite zu backen. Zusammenfalten, mit vanilliertem Puderzucker bestäuben und auf einer heißen Platte anrichten.

APFELEIERKUCHEN (Pfannkuchen) — Crêpes aux reinettes
4 Personen. 2 große Äpfel; Eierkuchenteig; 50 g Butter. Backzeit: 10 Minuten.

Die Äpfel schälen, vierteln, entkernen und in dünne Scheiben schneiden. Die Scheiben unter ständigem Schwenken in Butter braten, den Teig 5 mm dick darübergießen und die Pfannkuchen auf beiden Seiten hellbraun backen. Offen mit Zucker bestreut servieren, ein Stück für jede Person.

APFELKRAPFEN — Beignets de pommes
4 Personen. 4 große Äpfel; 75 g Zucker; 3 cl Rum oder Kirschwasser; Backteig (siehe diesen). Backzeit: 4-5 Minuten.

Die Äpfel schälen, in 1 cm dicke Scheiben schneiden und das Kerngehäuse rund ausstechen. Mit Zucker bestreuen, mit Rum oder Kirschwasser beträufeln und 1 Stunde mazerieren. Abtropfen, durch Backteig ziehen und schwimmend in heißem Fett backen. Während des Backens ein bis zwei Mal wenden. Auf Fließpapier entfetten, mit Puderzucker bestäuben und anrichten.

BANANENKRAPFEN — Beignets de bananes
4 Personen. 4 Bananen; 75 g Vanillezucker; 3 cl Rum; ungefähr 400 g Backteig. Backzeit: 4-5 Minuten.

Die Bananen schälen, halbieren, mit dem Zucker bestreuen, mit Rum beträufeln und 1 Stunde mazerieren lassen. Durch Backteig ziehen und schwimmend in heißem Fett backen. Gut entfetten und mit Puderzucker bestäubt anrichten. Dazu Himbeer- oder Schokoladensauce servieren. *(Siehe Bild auf Seite 242.)*

BROTKRAPFEN — Beignets de pain (pain perdu)
4 Personen. 8-12 Weißbrotscheiben; 3 dl englische Creme; 2 cl Rum; 1-2 Eier; Mehl. Backzeit: 3-4 Minuten.

Von entrindetem Kastenbrot Scheiben von 2 cm Dicke, 3 cm Breite und ungefähr 7 cm Länge schneiden und in der mit Rum aromatisierten englischen Creme einweichen. Abtropfen, erst durch Mehl und dann durch geschlagenes Ei ziehen. Im heißen Fettbad schwimmend backen, gut abfetten und mit Vanillezucker bestäubt anrichten. Man kann nebenbei Vanillesauce servieren.

APRIKOSENKRUSTEN — Croûtes aux abricots

4 Personen. 4-8 Krusten; 8 pochierte Aprikosen; 8 Belegkirschen; 80 g Butter; 2 dl heiße Aprikosensauce mit Kirschwasser oder Rum. Röstzeit: 4-5 Minuten.

Man kann die Krusten von einem altbackenen Savarin oder Baba, notfalls auch von Weißbrot gut 1 cm dick schneiden. Auch Zwieback eignet sich, der jedoch nur gewärmt, aber nicht geröstet wird. Die Scheiben auf beiden Seiten in Buttergoldgelb rösten. Auf jede Scheibe 2 halbe, warme Aprikosen setzen, mit der Öffnung nach oben und mit einer Belegkirsche füllen. Mit der heißen Sauce bedecken und sogleich servieren. *(Siehe Bild auf Seite 242.)*

MAULSCHELLEN — Casse-Museau

4 Personen. 4 zarte Äpfel; 150-200 g Mürbeteig; Streuzucker; 1 Eigelb; Butter; 2 dl dicke süße Sahne. Backzeit: 20 Minuten.

Die Äpfel schälen und das Kerngehäuse ausstechen. Den Teig 5 mm dick ausrollen und zu Vierecken schneiden. Einen Apfel auf jedes Viereck setzen und die Höhlung mit einem Teelöffel Zucker, mit nußgroß Butter vermengt, füllen. Die Äpfel in den Teig einhüllen und obenauf ein eingezacktes, rundes Teigblättchen setzen. Mit Eigelb bestreichen und im heißen Ofen backen. Die Sahne nebenbei servieren.

OMELETTE MIT KONFITÜRE — Omelette à la confiture

4 Personen. 7-8 Eier; 25 g Zucker; 2 Eßlöffel beliebige Konfitüre; 25 g Butter; Puderzucker. Backzeit: 3-4 Minuten.

Die Eier schlagen, mit dem Zucker und einer Prise Salz würzen und wie üblich bereiten. Vor dem Zusammenfalten mit der Konfitüre füllen. Mit Puderzucker bestäuben und, nach Möglichkeit, mit einem heißen Eisen gitterartig karamelisieren oder unter dem Salamander rasch glacieren.

■ MIT RUM — Omelette au rhum

4 Personen. 7-8 Eier; 25 g Zucker; 20 g Butter; 4 cl Rum; Puderzucker.

Eine sehr lockere Omelette bereiten, auf einer ovalen Backplatte anrichten und mit Puderzucker bestäuben. Beim Servieren mit angewärmtem Rum übergießen, anzünden und mit dem Rum mit einem Löffel andauernd übergießen, bis er ausgebrannt ist.

AUFLAUFOMELETTE MIT ORANGE ODER ZITRONE — Omelette soufflée au citron ou orange

Einige Stückchen Zucker auf der Schale von 2 Orangen oder Zitronen gut abreiben, zerdrücken und anstelle der Vanille nehmen. Sonst wie Auflaufomelette mit Vanille bereiten.

■ MIT VANILLE — Omelette soufflée à la vanille

4 Personen. 150 g vanillierten Puderzucker; 2 Eigelb; 4 Eiweiß. Backzeit: 8-10 Minuten.

Das Eigelb mit 125 g Puderzucker schaumig rühren. Das Eiweiß zu festem Schnee schlagen, locker unterziehen und auf eine ovale, dünn gebutterte und mit Puderzucker bestäubte Backplatte in Form einer ovalen Kuppel dressieren. Glattstreichen, mit einer leichten Höhlung in der Mitte. Mit etwas von der zurückgehaltenen Masse mit Hilfe von Spritzbeutel und Sterntülle dekorieren. Mit Puderzucker bestäuben und bei mäßiger Hitze backen. Sofort servieren.

KABINETT-, AUCH WARMER DIPLOMATENPUDDING GENANNT — Pudding cabinet, dit aussi diplomate chaud

4 Personen. 85 g Löffelbiskuits oder Sandkuchenreste; 50 g Zucker; 2 Eier; 40 g Rosinen; 30 g gewürfelte Belegfrüchte; Vanille; 20 g Butter; 3 dl Milch; $^1/_4$ l Vanillesauce. Backzeit: 25 Minuten.

Die Milch mit der Vanille erhitzen und über die mit dem Zucker verrührten Eier unter ständigem Schlagen passieren. Eine glatte Puddingform mit Butter ausstreichen und mit Zucker ausstreuen. Die Löffelbiskuits zerbröckeln und mit den Rosinen und Belegfrüchten vermischt in die Form füllen. Anstelle der Löffelbiskuits kann man auch gewürfelte Reste von Savarin, Genueser oder anderen Biskuit nehmen. Die Eiermilch nach und nach einfüllen, damit das Gebäck getränkt ist und nicht obenauf schwimmt. Sobald die Form voll ist, in ein Wasserbad stellen und im heißen Ofen garmachen. Vor dem Stürzen 4-5 Minuten ruhen lassen. Mit Vanillesauce oder Weinschaumsauce mit Rum leicht übergießen und den Rest nebenbei servieren.

KIRSCHENPUDDING AUF FRANZÖSISCHE ART — Pudding de cerises à la française

4-6 Personen. 400 g entsteinte Kirschen; 75 g Butter; 75 g altbackene Weißbrotkrume; 75 g Zucker; 3 Eigelb; 4 Eiweiß; 3 dl Aprikosensauce; 2 cl Kirschwasser; zum Pochieren der Kirschen: 1 dl Rotwein; 75 g Zucker. Backzeit: 35-40 Minuten.

Die entsteinten Kirschen in dem Rotwein mit dem Zucker garmachen und sehr gut abtropfen. Das Brot durch ein grobes Sieb passieren. Die weiche Butter mit dem Zucker und dem Eigelb gut verrühren, das Brot und die Kirschen daruntermengen. Das Eiweiß zu festem Schnee schlagen, locker unterziehen und die Masse in eine mit Butter ausgestrichene und mit Reibbrot ausgestreute Form füllen. Im Wasserbad im Ofen bei mittlerer Hitze backen und vor dem Stürzen einige Minuten stehen lassen. Den Kirschsaft stark einkochen, mit der Aprikosensauce vermischen und mit Kirschwasser aromatisieren. Den Pudding leicht mit Sauce umgießen und den Rest nebenbei servieren.

NUSSPUDDING — Pudding aux noisettes

4 Personen. 3 dl Milch; 60 g geröstete Haselnüsse; 70 g Zucker; 50 g Butter; 50 g Mehl; 3 Eier; 1/4 l Vanillesauce. Backzeit: 40 Minuten.

Die leicht gerösteten Haselnüsse fein mahlen und sieben. Die Milch mit dem Zucker und der Butter aufkochen, das gesiebte Mehl auf einmal hineinschütten und alles auf dem Feuer abrühren, bis sich die Masse von den Wandungen der Kasserolle ablöst. Nach kurzem Abkühlen abseits des Feuers erst das Eigelb und die Nüsse darunterrühren und dann das zu festem Schnee geschlagene Eiweiß locker unterziehen. In eine ausgebutterte und ausgemehlte Puddingform füllen und im Wasserbad im Ofen bei mittlerer Hitze backen. Vor dem Stürzen kurz ruhen lassen. Leicht mit Vanille- oder Karamelsauce übergießen und den Rest nebenbei servieren.

WEIHNACHTSPUDDING — Plum Pudding, Christmas Pudding

12 Personen. 250 g Rindernierenfett; 250 g geriebene Weißbrotkrume; 125 g Mehl; 150 g kernlose Rosinen; 75 g Korinthen; 75 g entkernte Malagatrauben; 75 g entsteinte Backpflaumen; je 75 g kleingewürfeltes Citronat und Orangeat; 125 g geschälte, entkernte, grobgehackte Äpfel; 125 g braunen Zucker; 3 Eier; Saft und abgeriebene Schale von je 1/2 Zitrone und Orange; 6 g gemischtes Gewürzpulver (Zimt, Nelken, Ingwer, Muskatnuß zu gleichen Teilen); 4-5 g Salz; 1 Flasche Stout; 1/4 l Cognac, Weinbrand, Sherry oder Madeira. Kochzeit: 6-8 Stunden.

Das Rindernierenfett enthäuten, hacken oder durch die grobe Scheibe des Fleischwolfs treiben. In eine große Schüssel geben, sämtliche Zutaten, zuletzt den Cognac, hinzugeben und sehr gut durcharbeiten. Stout (Porterbier) nur in der nötigen Menge hinzugeben, um einen dicken, etwas festen Teig zu erzielen, der nicht krümlig sein soll. Die Schüssel zudecken und 24-48 Stunden kühl stehen lassen. Pudding-Basins, das sind hohe, halbkugelförmige Steingutschüsseln mit Wulst, die es in verschiedenen Größen gibt, dünn einfetten, bis zum Rand mit der Masse füllen, eindrücken und mit einem runden, gebutterten Blatt Papier abdecken. Ein gefettetes und gemehltes Tuch über die Schüssel legen, am Wulst mit Bindfaden befestigen, die Enden nach oben zusammenschlagen und zusammenbinden. Notfalls kann man die Masse in eine oder mehrere gefettete und gemehlte Servietten füllen und einbinden, indem man ihr eine runde, an einer Seite etwas abgeflachte Form gibt. Den Pudding in eine große Kasserolle mit genügend siedendem Wasser geben, damit er reichlich Platz hat und langsam garkochen. Man kann ihn einige Monate zuvor bereiten, nur 6 Stunden kochen, in der Form oder dem Tuch aufbewahren und vor dem Gebrauch noch 2 Stunden kochen. Zum Service wird er gestürzt oder aus dem Tuch gewickelt, auf einer runden Platte angerichtet und obenauf werden einige Stückchen Zucker gelegt, mit angewärmtem Rum, Cognac oder Whisky begossen, angezündet und brennend serviert. Dazu reicht man englische Sauce mit Rum, Aprikosensauce mit Kirschwasser aromatisiert oder Brandy Butter.
Brandy-Butter: 250 g Butter mit 75 g Puderzucker schaumig rühren und langsam 5 cl Cognac oder Weinbrand darunterrühren.
Kühl aufbewahrt, hält sich der gekochte Pudding in der Schüssel jahrelang. *(Siehe Bild auf Seite 241.)*

REIS CONDÉ — Riz Condé

4 Personen. *120 g Reis; 80 g Vanillezucker; 6 dl Milch; 30 g Butter; 2 Eigelb. Kochzeit: 22-25 Minuten.*

Den Reis 3 Minuten lang blanchieren, abspülen, mit der Milch aufkochen, eine Prise Salz und den Zucker hinzufügen und, zugedeckt, im Ofen garmachen. Abseits des Feuers die Butter und das Eigelb locker unterziehen, damit die Reiskörner ganz bleiben. Diesen Reis verwendet man für kalte und warme Süßspeisen mit Früchten. Man kann ihn auch als Süßspeise für sich mit einer Fruchtsauce servieren. In diesem Falle benötigt man 50 g Reis für jede Person und auch die anderen Zutaten müssen proportional erhöht werden.

RHABARBERPASTETE — Rhubarb Pie

4 Personen. *700 g Rhabarber; 250 g Blätterteig; 150-175 g Zucker. Backzeit: 25-30 Minuten.*

Am besten ganz junge Stengel nehmen, die man nicht abzuziehen braucht, und in Stücke von ungefähr 3 cm Länge schneiden. Auf den Rand einer Pieschüssel oder einer ovalen Backplatte einen 4 mm dicken, schmalen Rand Blätterteig mit Wasser befestigen. Den Rhabarber hoch in die Schüssel füllen, mit dem Zucker bedecken und 2 Eßlöffel Wasser hinzugießen. Das Ganze mit 4 mm dick ausgerolltem Blätterteig abdecken, den Rand gut andrücken, glattschneiden, einkneifen und in der Mitte ein kleines Loch zum Dampfabzug machen. Man kann von Blätterteigresten einen kleinen Dekor anbringen und das Ganze mit Eigelb, mit wenig Wasser verrührt, bestreichen. Bei guter Hitze anbacken, dann die Hitze drosseln, den Teig mit einem gefetteten Papier bedecken, um eine zu starke Verfärbung zu verhindern, und fertigbacken. Man kann die Pastete heiß oder kalt servieren. Sie wird mit Vanillezucker bestäubt und dazu serviert man englische Creme oder flüssige Sahne. *(Siehe Bild auf Seite 241.)*

WINDBEUTELCHEN MIT SCHOKOLADENSAUCE — Profiteroles au chocolat

4 Personen. *150 g Brandteig; St.-Honoré-Creme oder vanillierte Schlagsahne; $^1/_4$ l heiße Schokoladensauce. Backzeit: 8 Minuten.*

Mit Hilfe eines Spritzbeutels und einfacher Lochtülle kleine Kugeln von 2,5-3 cm Durchmesser aufsetzen und knusprig backen. Seitlich leicht einschneiden und nach dem Auskühlen mit der Creme oder Schlagsahne füllen. Bergförmig anrichten, mit heißer Schokoladensauce bedecken und sogleich servieren.

KALTE SÜSSPEISEN

ANANAS NINON

6-8 Personen. *1 frische Ananas; 500 g Walderdbeeren; 4 Bananen; 8 Schiffchen aus Mürbeteig; $^1/_4$ l vanillierte Schlagsahne; 3 dl Himbeersauce; 3 cl Kirschwasser.*

Die Ananas oben abdeckeln. Mit einem langen, scharfen Messer das Fleisch von innen rundherum lösen, die Schale dabei knapp 1 cm dick intakt lassen. Am Boden der Frucht die Spitze eines scharfen Messers stecken und das ausgehöhlte Fruchtfleisch um das Messer drehen, ohne die Öffnung zu vergrößern. Man kann nun das Fleisch glatt herausheben, ohne die Schale zu beschädigen. Den Strunk ausstechen und das Fleisch in dünne Scheibchen schneiden. Die Bananen schälen, gleichfalls in Scheiben schneiden und Ananas, Bananen und Erdbeeren mit Zucker und Kirschwasser mazerieren und gut kühlen. Die Ananasschale auf eine runde Platte setzen und mit Bananenscheiben und Erdbeeren anfüllen. Darüber die Ananasscheiben halb übereinander dressieren, so daß die Enden etwas über die Fruchtschale hinausragen. Mit Schlagsahne mit Hilfe von Spritzbeutel und Sterntülle füllen und rundherum die Schiffchen setzen, die gleichfalls mit Schlagsahne und mit Ananasdreiecken und einer Erdbeere garniert worden sind. *(Siehe Bild auf Seite 244.)*

ANANAS MIT JOHANNISBEEREN CHANTILLY — Ananas et groseilles Chantilly

4 Personen. *6-8 Scheiben Ananas; 100 g entstielte Johannisbeeren; 60 g Zucker; $^1/_4$ l vanillierte Schlagsahne; dicken Läuterzucker.*

Die Ananasscheiben einzuckern und kurze Zeit gut durchkühlen. Auf einer runden Platte anrichten, die Mitte mit den Johannisbeeren füllen und kurz mit dickem Läuterzucker überziehen. Die Sahne nebenher reichen. Im Winter kann man die Ananas durch dicke, runde Apfelscheibe ohne Kerngehäuse ersetzen, die man in Läuterzucker garziehen läßt und deren Mitte mit entsteinten Kirschen oder halben Aprikosen gefüllt werden.

APFELSCHAUM IN BECHERN — Mousselines de pommes en coupes

4 Personen. *$1/4$ l englische Creme; 250 g dickes Apfelmus; $1/4$ l vanillierte Schlagsahne; 3 Blatt Gelatine; 4 rote Belegkirschen; Kirschwasser.*

Die Gelatine einweichen und mit ganz wenig Wasser schmelzen. Unter die nicht zu kalte englische Creme mischen, das Apfelmus daruntermengen, mit Kirschwasser aromatisieren und sogleich die Sahne locker unterziehen. Sobald die Masse angezogen hat, sogleich in Becher oder Sektschalen füllen und mit einer Belegkirsche verzieren.

BANANENSCHIFFCHEN — Barquettes de bananes

4 Personen. *4 schöne Bananen; 50 g entsteinte Kompottkirschen; 3 entsteinte Datteln; 2 Scheiben konservierte Ananas; 2 dl gesüßte, geschlagene Sahne; 2 Eßlöffel Maraschino; 30 g Puderzucker.*

Die Bananen an beiden Seiten mit der Spitze eines Messers so gleichmäßig einritzen, daß man die Haut ablösen kann, ohne sie zu beschädigen. Das Fleisch in Scheiben von 1 cm Dicke schneiden und mit dem Zucker und dem Maraschino kühl mazerieren. Datteln und Ananas in kleine Würfel schneiden und auf den Boden der Bananenschalen geben. Mit der Schlagsahne mittels Spritzbeutels und glatter Tülle füllen. Darauf die Bananenscheiben ordnen, mit Kirschen garnieren und wie Schiffchen anrichten.

BANANEN MIT SCHOKOLADENSAHNE — Bananes au chocolat

4 Personen. *6 Bananen; 50 g Puderzucker; 2 Eßlöffel Grand-Marnier; 2 dl vanillierte Schlagsahne; 50 g etwas bittere Schokolade; Belegkirschen.*

Die Bananen schälen, in Scheiben schneiden, mit dem Puderzucker und Grand-Marnier mazerieren, recht gut durchkühlen und in eine Glasschüssel füllen. Die Schokolade mit einigen Tropfen Wasser schmelzen und, sobald sie abgekühlt ist, locker unter die Sahne ziehen. Die Bananenscheiben mit der Schokoladensahne bedecken und mit einigen halben Belegkirschen verzieren.

BAYERISCHE CREME — Bavarois

4 Personen. *$1/4$ l englische Creme mit Vanille; 5 Blatt Gelatine (im Sommer 6); $1/4$ l geschlagene Sahne.*

Die englische Creme wie üblich herstellen und, solange sie noch heiß ist, die zuvor eingeweichte Gelatine beifügen und gut umrühren. Durch ein feines Sieb in eine Schüssel passieren und auskühlen. Sobald die Creme zu stocken beginnt, sogleich die Sahne locker unterziehen und in eine mit kaltem Wasser ausgespülte Zylinderform füllen und auf Eis oder in den Kühlschrank zum Festwerden stellen. Auf eine runde Platte stürzen und beliebig, auch mit Schlagsahne, dekorieren. Man kann diese Creme auch mit Schokolade, löslichem Kaffeepulver, gestoßenem, gesiebtem Krokant u. a. aromatisieren.

BAYERISCHE FRUCHTCREME — Bavarois aux fruits

4 Personen. *250 g Püree von frischen Früchten; 100 g Puderzucker; Saft $1/2$ Zitrone; 8 Blatt Gelatine; $1/4$ l geschlagene Sahne.*

Hierfür eignen sich am besten Pürees von aromatischen Früchten, wie Erdbeeren, Himbeeren, eventuell auch Kirschen oder Pfirsiche. Auch mit reinen Fruchtsäften kann eine gute Creme bereitet werden.
Die Gelatine einweichen und mit ganz wenig Wasser auflösen. Das Püree mit dem Zucker und dem Zitronensaft verrühren und die ausgekühlte Gelatine daruntermischen. Sobald die Masse anzuziehen beginnt, die Sahne locker unterziehen und wie oben weiterbehandeln.

BIRCHER MÜESLI

Je Person: *1 großen Apfel; 1 Eßlöffel gemahlene Hasel- oder Walnüsse; 1 Eßlöffel kondensierte, gesüßte Milch oder süße Sahne; 1 Eßlöffel Haferflocken; 3 Eßlöffel Wasser; Saft $1/2$ Zitrone; Früchte, wie Erdbeeren, Himbeeren, Johannisbeeren; Bananen, Orangen usw.*

Die Haferflocken mit dem Wasser anfeuchten, den Zitronensaft und die kondensierte Milch hinzugeben. Den entkernten, aber nicht geschälten, geriebenen Apfel daruntermengen, damit dieser nicht dunkel wird. Gewürfelte Früchte der Jahreszeit beifügen, vermischen und das Ganze mit den geriebenen Nüssen bestreuen.

BIRNEN AUF MAURISCHE ART — Poires à la mauresque

4 Personen. *4 schöne, saftige Birnen; 2 Bananen; $^1/_4$ l englische Creme; 40 g nicht zu süße Schokolade; 1 dl vanillierte Schlagsahne; 4 Belegkirschen; Stärkemehl.*

Die Birnen schälen, halbieren, das Kerngehäuse ausstechen und die halben Früchte in Läuterzucker garziehen lassen. Die Bananen schälen, halbieren und ebenfalls in Läuterzucker pochieren. Gut kühlen. Englische Creme bereiten, mit der geschmolzenen Schokolade vermischen, leicht mit Stärkemehl binden und auskühlen. Die Birnen anrichten, mit der Sauce bedecken und zwischen jeder halben Birne eine halbe Banane setzen. Mit der Schlagsahne und halben Belegkirschen verzieren.

GEEISTE BIRNEN MIT SCHOKOLADE — Poires glacées au chocolat

4 Personen. *2 schöne Birnen; 2 dl dicke, kalte Schokoladensauce; 4 Kugeln Vanilleeis; 1 dl vanillierte Schlagsahne; 4 Schokoladenzigaretten; 4 halbe Pistazien.*

Die Birnen schälen, halbieren, das Kerngehäuse ausstechen, in Läuterzucker pochieren und darin auskühlen. Sehr gut abtropfen, mit der Schokoladensauce überziehen und mit den Eiskugeln anrichten. Mit Rosetten von Schlagsahne garnieren, in jede eine halbe Pistazie und daneben eine Schokoladenzigarette stecken. Hierzu Petits Fours servieren. *(Siehe Bild auf Seite 244).*

RUSSISCHE CHARLOTTE — Charlotte russe

6 Personen. *12-15 Löffelbiskuits; vanillierte bayerische Creme von 3 Eigelb; 125 g Zucker; $^1/_4$ l Milch, Vanille, 6 Blatt Gelatine; 4 dl geschlagene Sahne.*

Den Boden einer Charlotteform mit trockenen, in Dreiecke geschnittenen Löffelbiskuits auslegen; die abgerundete Seite nach außen, die Spitzen müssen sich treffen. Die Wandungen der Form mit Löffelbiskuits ausfüttern, wobei die Seiten glattzuschneiden sind, damit sie dicht aneinanderpassen. Vanillierte bayerische Creme herstellen und, sobald sie ausgekühlt ist und anzieht, 2 dl geschlagene Sahne unterziehen. In die Form füllen und erstarren lassen. Vor dem Stürzen auf eine runde Platte den Oberteil der Löffelbiskuits egalisieren. Mit Schlagsahne garnieren und eventuell mit Belegfrüchten dekorieren. *(Kulinarische Technik in Bildern, Seite 27.)*

CLAFOUTIS LIMOUSIN

4 Personen. *600 g schwarze Kirschen; 100 g Zucker; 50 g Mehl; $^1/_4$ l Milch; 2 Eier; Vanillepulver oder -essenz; Puderzucker. Backzeit: 20-25 Minuten.*

Das Mehl mit dem Zucker, den geschlagenen Eiern, einer Prise Salz und etwas Vanille vermischen und die kalte Milch darunterrühren. Durch ein Spitzsieb passieren, um Krümel zu verhindern. Die Kirschen entsteinen und in eine runde Backplatte füllen. Die Eiermilch darübergießen, mit Puderzucker bestäuben und im heißen Ofen backen. Kalt oder lauwarm servieren. Man kann die Clafoutis auch in einem Tortenrand von Mürbeteig backen, das ist jedoch nicht ganz authentisch.

FRÜHLINGSCREME — Crème printemps

4 Personen. *$^1/_4$ l Püree von frischen Erdbeeren, am besten Walderdbeeren; 100 g Walderdbeeren; 4 dl vanillierte Schlagsahne; 30 g Puderzucker; 2 cl Kirschwasser.*

Wald- oder Monatserdbeeren mit Zucker und Kirschwasser mazerieren. Das Erdbeerpüree locker unter die Schlagsahne ziehen und in einer Glasschale oder in Bechern anrichten. Mit den Walderdbeeren umkränzen.

KARAMELCREME — Crème renversée au caramel

4 Personen. *4 dl Milch; 3 Eier; 75 g Zucker; Vanille; etwas Zucker für Karamel. Pochierzeit: ungefähr 25 Minuten.*

Die Milch mit der Vanille aufkochen. Die Eier mit dem Zucker verrühren und die Milch nach und nach hinzugießen. Einige Minuten stehen lassen, den Schaum abnehmen und die Eiermilch durch ein Spitzsieb gießen. In eine glattwandige Form gießen, die nicht mit Butter ausgestrichen, sondern nur am Boden mit einer Schicht hellbraunem Karamel bedeckt worden ist. In einem Wasserbad im Ofen garmachen, wobei das Wasser nicht kochen darf, weil die Creme sonst löcherig wird. Erst nach völligem Auskühlen stürzen.

NB. Alle gestürzten Cremes werden genau so gemacht. Für Kaffeecreme gibt man etwas lösliches Kaffeepulver zur Milch, für Schokoladencreme läßt man 50 g Schokolade in der Milch auflösen, nimmt 20 g Zucker weniger und 1 Eigelb hinzu.

KLEINE CREMETÖPFCHEN — Petits pots à la crème

Die gleiche Eiermilch wie für Karamelcreme bereiten, jedoch 1 Ei weniger nehmen, da sie nicht gestürzt wird. Man kann sie mit Kaffee, Schokolade, Krokant u. a. aromatisieren. In kleine Näpfchen aus feuerfestem Porzellan füllen und bei mäßiger Hitze in einem Wasserbad im Ofen garwerden lassen. Nach dem Auskühlen mit Puderzucker bestäuben oder mit einer Rosette von Schlagsahne verzieren.

ORANGENCREME — Crème à l'orange

4 Personen. *4 Eigelb; 80 g Zucker; $^3/_4$ l Milch; 2 Orangen; 2 Teelöffel Stärkemehl (Kartoffelmehl, Maizena oder Mondamin).*

Das Eigelb mit dem Zucker schaumig rühren und das Kartoffelmehl beifügen. Die fein abgeriebene Schale einer Orange in der heißen Milch ausziehen lassen, über die Eiermasse unter ständigem Rühren passieren. Auf dem Feuer bis zum Kochen bringen, dabei unentwegt mit dem Schneebesen rühren. Abseits des Feuers den Saft der beiden Orangen unterziehen und bis zum völligen Auskühlen wiederholt umrühren, damit sich auf der Creme keine Haut bildet. In einer Glasschale anrichten und mit Schlagsahne, Orangenspalten oder beliebig garnieren.

WIENER CREME — Crème renversée à la viennoise

Eine Grundcreme wie für Karamelcreme, aber nur mit 50 g Zucker herstellen. 30 g Zucker zu hellbraunem Karamel brennen und in der Milch auflösen, die für die Creme verwendet wird. Die Masse in eine sehr dünn ausgebutterte Form füllen und wie üblich im Wasserbad garmachen und auskühlen.

ERDBEEREN AUF KARDINALSART — Fraises à la cardinal

4 Personen. *400 g Erdbeeren; 125 g Himbeeren; 80 g Puderzucker; 1 Teelöffel Zitronensaft; 40 g frische, gehobelte Mandeln.*

Die Himbeeren durch ein Haarsieb streichen, den Puderzucker darunterrühren, bis er sich auflöst, den Zitronensaft beifügen und gut kühlen. Die gekühlten Erdbeeren in einer zuvor gekühlten Glasschale anrichten, mit dem Himbeerpüree überziehen und mit den Mandeln bestreuen.
Auf gleiche Weise kann man Pfirsiche und Birnen zubereiten. Sie müssen zuvor geschält, halbiert, entkernt, in Läuterzucker gargemacht und gut gekühlt sein.

ERDBEEREN MARGOT — Fraises Margot

4 Personen. *Bayerische Erdbeercreme von $^3/_4$ der Grundmasse; 250 g Erdbeeren; 1 dl vanillierte Schlagsahne; 30 g gestiftelte Pistazien.*

Die bayerische Erdbeercreme in eine Glasschale füllen und erstarren lassen. Obenauf schöne, große Erdbeeren setzen und zwischen die Erdbeeren mittels Spritzbeutels und Sterntülle kleine Schlagsahnerosetten spritzen und mit gestiftelten Pistazien bestreuen.

ERDBEERSCHAUM — Mousse aux fraises

4 Personen. *250 g Erdbeeren; 3 Eiweiß; 100 g Puderzucker; $^1/_4$ l vanillierte Schlagsahne.*

Die Erdbeeren durch ein Haarsieb treiben. Das Eiweiß zu festem Schnee schlagen, den Zucker und das Erdbeerpüree locker unterziehen und in eine gekühlte Glasschale füllen. Mit der Schlagsahne garnieren. Man kann auch den Zucker und das Püree unter die ungezuckerte Sahne und dann erst den Eierschnee unterziehen. In diesem Falle sollte mit einigen schönen Erdbeeren garniert werden. Erst kurz vor dem Gebrauch zubereiten und sogleich servieren.

TURBAN VON ERDBEEREN — Turban aux fraises

4-6 Personen. *1 mittelgroßen Savarin mit Kirschwasser-Läuterzucker getränkt; ungefähr 400 g kleine Erdbeeren; 2 dl gezuckertes Himbeerpüree; 2 dl vanillierte Schlagsahne.*

Den Savarin in einer großen Randform mit weiter Öffnung backen, mit dem Läuterzucker tränken und auskühlen. Die Erdbeeren in die Mitte füllen, davon einige zum Garnieren zurücklassen. Erdbeeren und Rand mit dem Himbeerpüree übergießen und die Erdbeeren domförmig mit Schlagsahne bedecken. Rund um den Savarin mit Spritzbeutel und Lochtülle Sahnetupfen spritzen und in jeden eine Erdbeere stecken.

FRUCTIDORBECHER — Coupes Fructidor

4 Personen. $^1/_4$ l Schlagsahne; $^1/_4$ l Konditorcreme; 150 g kleine Erdbeeren, Himbeeren, Ananaswürfel; Belegkirschen; 50 g Löffelbiskuits.

Eine nicht zu dicke Konditorcreme bereiten und auskühlen lassen. Die Schlagsahne locker unterziehen und mit dieser Masse Glasbecher oder Sektschalen zur Hälfte anfüllen. 4 halbe Löffelbiskuits in jeden Becher stecken und mit den Früchten garnieren. Eventuell mit Schlagsahne verzieren und stark gekühlt servieren.

MONTBLANC VON MARONEN — Montblanc aux marrons

6 Personen. 500 g Maronen; $^1/_2$ l Milch; 1 Stückchen Vanille; 100 g Zucker; 3 dl vanillierte Schlagsahne; Butter.

Die Maronen rundherum mit einem scharfen Messer einritzen, in einer Kasserolle mit kaltem Wasser ansetzen und beim ersten Kochen vom Feuer nehmen. Einzeln herausnehmen, die Schale und innere Haut entfernen und sogleich in heiße Milch werfen, in der man ein Stückchen Vanille ausziehen ließ. Die Maronen in der Milch garkochen und auf ein Sieb zum Ablaufen schütten. Die gut abgetropften Maronen durch ein Drahtsieb drücken. Den Zucker flott mit 5 cl Wasser kochen und zusammen mit nußgroß Butter unter das Maronenpüree mischen. Eine Savarinform dünn mit Butter ausstreichen und mit Zucker ausstreuen. Das Maronenpüree in einen Spritzbeutel mit einer ganz feinen Lochtülle füllen und hin- und her, durcheinander, in die Form spritzen, um ein Nest zu formen. Eine kalte Platte über die Form legen und vorsichtig umdrehen und die Form abheben. Die Mitte hoch mit der Schlagsahne füllen.

GEKÜHLTE, GEFÜLLTE MELONE — Melon rafraîchi en macédoine

Eine reife Melone von der Seite des Stielansatzes abdeckeln und mit einem Löffel Kerne und Fasern entfernen. Das Fleisch mit einem kleinen Löffel aushöhlen, ohne die Schale zu beschädigen und wieder einfüllen. Mit etwas Portwein übergießen, mit einigen Belegkirschen dekorieren und stark gekühlt servieren. Am besten eignen sich kleine Melonen, die man halbiert, wie oben vorbereitet und eine halbe Frucht für jede Person serviert.

GEKÜHLTER OBSTSALAT MIT KIRSCHWASSER — Fruits rafraîchis au kirsch

Während der Sommermonate Pfirsiche, Aprikosen, Erdbeeren, Himbeeren, Johannisbeeren nehmen, dabei die großen Früchte enthäuten und in Viertel oder Achtel schneiden. Läuterzucker bereiten und auskühlen. Das gemischte Obst in einen Behälter mit gestoßenem Eis setzen, mit dem Läuterzucker übergießen und mit Kirschwasser, Curaçao oder einem anderen Likör nach Geschmack aromatisieren. Will man den Obstsalat in Gelee servieren, so gibt man 6-7 zuvor eingeweichte Blätter Gelatine in den noch warmen Läuterzucker und gießt ihn nach völligem Auskühlen über die kalten Früchte.

ORANGEN STELLA — Oranges Stella

4 Personen. 5 große Orangen; 15 cl vanillierte Schlagsahne; 50 g Zucker; 3 cl Cointreau; 2 Belegkirschen.

Vier Orangen in zwei Drittel der Höhe abdeckeln, aushöhlen, ohne die Schalen zu beschädigen, das Fleisch von Bindehäuten und etwaigen Kernen befreien und würfeln. Die fünfte Orange schälen, die Filets aus den Bindehäuten lösen, würfeln und zu den anderen geben. Zuckern, mit dem Cointreau aromatisieren und gut kühlen. Die Schalen innen säubern und den oberen Rand mit einer Schere einzacken. Die Würfelchen in die Schalen füllen, jede Orange mit einer großen Rosette Schlagsahne verzieren und oben eine halbe Belegkirsche oder ein Stückchen kandiertes Veilchen stecken.

PFIRSICHE IN ROTWEIN — Pêches au vin rouge

Saftige Pfirsiche schälen, halbieren, den Kern entfernen und die Hälften in eine Glasschale legen. Leicht zuckern, mit gutem Rotwein völlig bedecken und vor dem Gebrauch 1 Stunde kühlen.

REIS AUF KAISERINART — Riz à l'impératrice

6 Personen. 100 g Karolinareis; 100 g Zucker; $^1/_2$ l Milch; 3 Eigelb; $^1/_4$ l geschlagene Sahne; 100 g gewürfelte Belegfrüchte (Konfitfrüchte); 1 Stückchen Vanille; 5 Blatt Gelatine; 250 g Johannisbeergelee; 4 cl Kirschwasser.

Den Reis 5 Minuten blanchieren, abspülen, abgießen und mit 3 dl Milch und einem Stückchen Vanilleschote garkochen. Von der restlichen Milch, Eigelb und Zucker eine englische Creme bereiten, mit der eingeweichten Gelatine vermischen und durch ein Sieb gießen. Die Belegfrüchte mit der Hälfte des Kirschwassers mazerieren. Sobald der Reis gar ist, abseits des Feuers die englische Creme sorgfältig daruntermengen. Sobald der Reis völlig ausgekühlt ist, zuerst die gewürfelten Früchte mit dem Kirschwasser und dann die geschlagene Sahne locker unterziehen. Sogleich in eine mit kaltem Wasser ausgespülte Charlotteform füllen und zum Festwerden in den Kühlschrank stellen. Auf eine runde Platte stürzen, leicht mit passiertem Johannisbeergelee, mit Kirschwasser abgeschmeckt, umgießen und den Rest nebenbei servieren. Man kann diese vorzügliche Süßspeise auch mit Schlagsahne garnieren und die ganze Sauce extra reichen.

SCHNEE-EIER — Œufs à la neige

4 Personen. 3 Eiweiß; 120 g Zucker; 3 dl englische Creme; 1 Stückchen Vanille; 4 dl Milch. Pochierzeit: 5-6 Minuten.

Das Eiweiß zu festem Schnee schlagen und den Zucker locker unterziehen. Die Milch mit der Vanille in ein flaches, breites Geschirr zum Aufkochen bringen. Das Eiweiß mit einem Eßlöffel gleichmäßig ausstechen und in der heißen Milch garziehen, ohne sie kochen zu lassen. Nach 2 Minuten die Eier sorgfältig wenden und, sobald sie fest genug sind, auf ein Tuch zum Abtropfen legen. Die englische Creme mit der vanillierten Milch bereiten und auskühlen. Diese Creme in eine Glasschüssel füllen, darauf die Eier anrichten und recht kalt servieren. Man kann sie auch mit der Creme bedecken.

SCHWIMMENDE INSEL — Ile flottante

4 Personen. 3 große Eiweiß; 60 g geröstete, gestoßene, gesiebte, Mandeln; 70 g Zucker; 10 g Vanillezucker; 3 dl englische Creme; Butter. Pochierzeit: 20 Minuten.

Das Eiweiß zu festem Schnee schlagen und den Zucker, Vanillezucker und die Mandeln behutsam unterziehen. In eine ausgebutterte und mit Zucker ausgestreute runde Form füllen und im Wasserbad im Ofen bei gelinder Hitze garziehen lassen. Leicht auskühlen lassen und in eine Glasschüssel stürzen, die mit der sehr kalten Creme gefüllt worden ist. Man kann die Insel mit Korinthen oder grobgehackten Pistazien bestreuen.

EIS UND EISSPEISEN

Früher mußte man sich mit einer kleinen, umständlichen Kurbelmaschine, Roheis und Viehsalz abplagen, wollte man im Haushalt ein einfaches Gefrorenes selbst herstellen. Heute kann man sich jede Art von Eis beim Konditor für wenig Geld besorgen. Dennoch wird manche Hausfrau den Wunsch haben, nicht nur die feinen und leichten Eisarten, sondern auch einfaches Eis selbst zu bereiten. Das ist gar nicht so schwierig, wenn man sich dafür des Frosterfaches des Kühlschranks bedient. Wir bringen daher vereinfachte Rezepte sowohl für die feinen, zarten Eisarten als auch für einfaches Eis.

VANILLEEIS (Grundrezept) — Glace à la vanille

4 Personen. 4 Eigelb; 125 g Zucker; $^1/_2$ l Milch; $^1/_2$ Stange Vanille.

Die Vanille in der heißen Milch ausziehen lassen. Das Eigelb mit dem Zucker schaumig rühren, die Milch nach und nach daruntermengen und auf dem Feuer wie eine englische Creme aufschlagen, wobei die Mischung nicht kochen darf. Sobald sie den Löffel bedeckt, sogleich durch ein Sieb in eine Schüssel gießen und auskühlen.
Die vorbereitete Masse in eine geeignete Schale füllen und in das Frosterfach des Kühlschranks stellen. Hat man nur ein einfaches Gefrierfach, in die Gefrierschale des Verdampfers stellen —

wenn zwei vorhanden sind, in die unterste —, zuvor aber auf tiefste Temperatur schalten. Sobald sich am Rand der Schale Eiskristalle absetzen, sogleich abschaben und mit der übrigen Masse mit einem Schneebesen vermischen. Soweiter verfahren, bis das Eis völlig durchgefroren und geschmeidig ist. 1-2 Eßlöffel Schlagsahne daruntergezogen, lockern das Eis noch mehr auf und machen es noch feiner. Es ist nun fertig zum Essen. Läßt man es noch länger im Gefrierfach, so wird es hart und muß gestürzt und mit einem in heißes Wasser getauchten Messer geschnitten werden. Bei sofortigem Gebrauch kann man es mit einem Löffel oder Portionierer ausstechen und in Schalen oder Gläsern anrichten.

KAFFEE-EIS — Glace au café

4 Personen. *4 Eigelb; 125 g Zucker; $^1/_2$ l Milch; 1 gehäuften Teelöffel lösliches Kaffeepulver.*

Das Kaffeepulver in der Milch auflösen, sonst aber so verfahren wie bei Vanilleeis.
Das Gefrieren im Verdampfer dauert ungefähr 2 Stunden.

SCHOKOLADENEIS — Glace au chocolat

4 Personen. *4 Eigelb; 100 g Zucker; 75 g etwas bittere Schokolade; $^1/_2$ l Milch; $^1/_2$ Stange Vanille.*

Die Vanille in der Milch ausziehen lassen und die Schokolade darin auflösen. Weiterhin verfahren wie für Vanilleeis.
Da die Schokolade schon etwas bindet, kann man ein Eigelb weniger nehmen.

FRUCHTEIS — Glace aux fruits

Fruchteis kann man im Kühlschrank genau so wie Cremeeis bereiten. Der Zuckeranteil muß ziemlich hoch sein, weil alle Früchte an sich schon wässerig sind und die Gefahr besteht, daß das Eis sonst zu hart wird. Wir empfehlen daher, anstelle von Streuzucker Läuterzucker zu nehmen.

APRIKOSENEIS — Glace aux abricots

4 Personen. *450-500 g vollreife Aprikosen; 3 dl Läuterzucker von 32 Grad; $^1/_2$ Zitrone.*

Die Aprikosen waschen, gut abtropfen, entkernen und durch ein feines Sieb streichen. Mit dem kalten Läuterzucker und dem Saft der Zitrone sehr gut vermischen und so frieren, wie es angegeben worden ist. In vorgekühlten Glas- oder Sektschalen servieren.

ERDBEER- ODER HIMBEEREIS — Glace aux fraises ou aux framboises

4 Personen. *400-450 g Erdbeeren oder Himbeeren; 3 dl Läuterzucker von 32 Grad; $^1/_2$ Zitrone.*

Die Erdbeeren oder Himbeeren entstielen und entblättern, ganz kurz waschen, gut trocknen und durch ein Haarsieb streichen, damit die Kerne zurückbleiben. 300 g Püree mit 3 dl kaltem Läuterzucker und dem Saft der Zitrone vermischen und wie üblich frieren.
Eis von roten Früchten gewinnt an Geschmack, wenn man kurz vor dem Fertigwerden ungefähr 10 % der Menge nicht zu fest geschlagene Sahne unterzieht.

PLOMBIÈREEIS — Glace Plombières

4 Personen. *$^1/_2$ l Vanilleeis; 100 g kandierte Früchte (Ananas, Aprikosen, Kirschen); 100 g Aprikosenmarmelade; 2 cl Kirschwasser.*

Die kandierten Früchte in kleine Würfel schneiden und 1 Stunde mit dem Kirschwasser mazerieren. Das Vanilleeis mit den Früchten vermischen und schichtweise in eine Kuppelform füllen und in das Frosterfach des Kühlschrankes zum leichten Nachfrieren stellen. Zum Anrichten auf eine runde Platte stürzen.

ZARTE EISARTEN

Zarte Eisarten kann man ohne weiteres in jedem Kühlschrank bereiten, einerlei ob man einen solchen mit einem Großfrosterraum hat oder nur ein kleineres Gefrierfach für Eiswürfel. Der Großfrosterraum ist natürlich bequemer und bietet auch genügend Raum, um Parfaits oder andere zarte Eisarten für eine größere Personenzahl herzustellen. Nachstehend findet man einige vereinfachte Rezepte.

VANILLEPARFAIT — Parfait à la vanille

4 Personen. *3 Eigelb; 1 dl Vanilleläuterzucker von 28 Grad; 2 dl Schlagsahne. Gefrierzeit: 2-3 Stunden.*

Das Eigelb in einer geeigneten Kasserolle, am besten in einem Schneekessel, mit dem kalten Läuterzucker vermischen. Im Wasserbad mit dem Schneebesen dick und schaumig, wie eine englische Creme, aufschlagen, wobei die Masse nicht zu heiß werden darf. Auf Eis oder in einer Schüssel mit kaltem Wasser und Eisstücken kalt schlagen und die geschlagene Sahne locker unterziehen. In eine halbrunde Form oder in zwei Eisschalen des Gefrierfaches füllen und im Frosterfach frieren. Diese Masse bleibt nach dem Gefrieren zart und geschmeidig. Wird sie in Eisschalen gefroren, so kann man die Schalen einen Moment in kaltes Wasser tauchen, stürzen und mit einem, in heißes Wasser getauchten Messer in Streifen von ungefähr 4 cm Breite schneiden. Das Parfait auf eine vorgekühlte Platte anrichten. Man kann es mit Schlagsahne garnieren, doch ist das nicht authentisch.

KAFFEEPARFAIT — Parfait au café

4 Personen. *3 Eigelb; 1 dl Läuterzucker von 28 Grad; 1 guten Teelöffel lösliches Kaffeepulver; 2 dl Schlagsahne. Gefrierzeit: 2-3 Stunden.*

Das Kaffeepulver in dem kalten Läuterzucker auflösen und wie oben verfahren.

KIRSCHWASSERPARFAIT — Parfait au kirsch

4 Personen. *3 Eigelb; 1 dl Läuterzucker von 28 Grad; 2 cl Kirschwasser; 2 dl Schlagsahne. Gefrierzeit: 2-3 Stunden.*

Wie für Vanilleparfait verfahren. Das Kirschwasser unter die kaltgeschlagene Masse mischen, ehe man die Sahne unterzieht.

SCHOKOLADENPARFAIT — Parfait au chocolat

4 Personen. *3 Eigelb; 1 dl Vanilleläuterzucker von 28 Grad; 50 g bittere Schokolade; 2 dl Schlagsahne. Gefrierzeit: 2-3 Stunden.*

Die Schokolade gerieben oder aufgeweicht dem Läuterzucker beifügen und weiter wie für Vanilleparfait verfahren.

VANILLESCHAUMEIS — Mousse glacée à la vanille

4 Personen. *100 g Zucker; 2 Eigelb; 1 großes Eiweiß; 2 dl Schlagsahne; 10 g Vanillezucker. Gefrierzeit: 2-3 Stunden.*

Das Eigelb mit dem Zucker und dem Vanillezucker gut verrühren und im Wasserbad wie Biskuit aufschlagen. Sobald die Masse dick und schaumig ist, kalt schlagen. Zuerst das zu festem Schnee geschlagene Eiweiß und dann erst die geschlagene Sahne locker unterziehen. In eine nicht zu hohe Becherform oder eine Auflaufschale füllen und im Frosterfach frieren. Nach dem Gefrieren, die Form einen Moment in lauwarmes Wasser tauchen und den Inhalt auf eine vorgekühlte, runde Platte stürzen. Das Schaumeis wird nicht garniert.

FRUCHTSCHAUMEIS — Mousse glacée aux fruits

4 Personen. *1 dl sehr dickes Püree von frischen Früchten; 1 dl Läuterzucker von 35 Grad; 2 dl Schlagsahne. Gefrierzeit: 2-3 Stunden.*

Das Püree mit dem sehr dicken Läuterzucker gut vermischen und die ganz fest geschlagene Sahne locker unterziehen. In die Form füllen und wie oben einfrieren.

Zu Fruchtschaumeis eignen sich am besten Pürees von vollreifen Aprikosen, Bananen, Erdbeeren, Himbeeren oder anderen nicht wäßrigen Früchten.

KLEINE EISAUFLÄUFE — Petits soufflés glacés

4 Personen. *Parfaitmasse oder Fruchtschaummasse nach Rezept.*

4-6 Porzellanförmchen (Ragout- oder Eiernäpfchen) mit einem Streifen weißen Papiers umbinden, das den oberen Rand um ungefähr 1½ cm überragen soll. Die Parfaitmasse bis zum oberen Rand einfüllen, glattstreichen und im Frosterfach frieren. Gefrierzeit: ungefähr 2 Stunden. Vor dem Servieren stäubt man erst etwas Kakaopulver und dann wenig Puderzucker obenauf, um einen gebackenen Auflauf vorzutäuschen, und löst das Papier sorgfältig ab.

Leicht herzustellen und beliebt sind: kleine Eisaufläufe von Aprikosen, Erdbeeren und Himbeeren, kleine Vanille-, Kaffee- oder Schokoladeneisaufläufe.

VERSCHIEDENE EISSPEISEN

APRIKOSEN NEGUS — Abricots Négus

4 Personen. *6 große, reife Aprikosen; ½ l Schokoladeneis; 1 dl kalte Aprikosensauce; 1 dl Schlagsahne.*

Die Aprikosen halbieren, entkernen, in Läuterzucker garmachen und darin erkalten lassen. Das Schokoladeneis in eine Glasschüssel füllen und darauf die gut abgetropften Aprikosenhälften anrichten. Mit der Aprikosensauce bedecken und mittels Spritzbeutel und Sterntülle mit der Schlagsahne dekorieren.

BIRNEN HELENE — Poires Hélène

4 Personen. *4 mittelgroße oder 2 sehr große Birnen; ½ l Vanilleeis; 1,5-2,2 dl heiße Schokoladensauce.*

Mittelgroße Birnen schälen, ganz lassen, aber das Kerngehäuse mit einem Ausstecher aushöhlen, große Birnen halbieren, schälen und das Kerngehäuse mit einem Gemüseausstecher entfernen. In Läuterzucker garziehen lassen und darin erkalten. Das Vanilleeis in eine Glasschüssel füllen und die gut abgetropften Birnen mit der Spitze nach innen darauf anrichten. Die heiße Schokoladensauce nebenbei servieren. Gute große konservierte Birnenhälften eignen sich sehr vorteilhaft.

PFIRSICHE MELBA — Pêches Melba

4 Personen. *4 schöne, mittelgroße Pfirsiche; ½ l Vanilleeis; 1 dl frisches, leicht gesüßtes Himbeerpüree.*

Die Pfirsiche in Vanilleläuterzucker pochieren und im Läuterzucker erkalten lassen. Kurz vor dem Gebrauch die Pfirsiche abtropfen, enthäuten und den Kern entfernen. Das Eis in eine Glasschüssel füllen, die Pfirsiche darauf anrichten und mit dem gut gekühlten Himbeerpüree überziehen. *Nicht mit Schlagsahne garnieren.*

ERDBEEREN BOLIVAR — Fraises Bolivar

4 Personen. *400 g große Erdbeeren; 1 Apfelsine; 2 cl Curaçao; ½ l Vanilleeis; 1 gehäuften Eßlöffel gehobelte Mandeln; Puderzucker.*

Die Erdbeeren rasch waschen, abtropfen und mit Puderzucker, dem Saft der Apfelsine und dem Curaçao 2 Stunden lang mazerieren. Das Eis in eine Glasschüssel füllen, die Erdbeeren daraufdressieren, mit dem Saft übergießen und mit den Mandeln bestreuen.

EISBAISERS MIT SCHLAGSAHNE — Meringue glacée Chantilly

4 Personen. *8 Baiserschalen; 3 dl Vanilleeis; 15 cl vanillierte Schlagsahne.*

Je 2 Baiserschalen mit einem großen Löffel Vanilleeis zusammensetzen und aufrecht gestellt anrichten. Mit vanillierter Schlagsahne, mit Hilfe von Spritzbeutel und Sterntülle, obenauf einen hübschen Dekor anbringen.

EISBECHER

Eisbecher sind ein besonders beliebtes Dessert. Man richtet sie am besten in großen Sektschalen an, wobei man darauf achten sollte, daß sie nicht zu hoch gefüllt werden, damit der Inhalt beim Essen nicht an den Seiten überläuft.

EISBECHER FROU-FROU — Coupe Frou-Frou

4 Personen. *4 Kugeln Vanilleeis; 3 Pfirsiche; 2 cl Curaçao; 1 dl Schlagsahne; Puderzucker; 4 Belegkirschen.*

Die Pfirsiche enthäuten, entkernen, in Würfelchen schneiden und mit dem Curaçao und etwas Puderzucker 1 Stunde lang kalt mazerieren. Je eine Eiskugel in die vorgekühlten Schalen geben und mit den Pfirsichwürfeln mitsamt dem Saft bedecken. Mit Schlagsahne dekorieren und eine Kirsche in die Mitte setzen.

JUBILÄUMS-EISBECHER — Coupe Jubilé

4 Personen. *4 Kugeln Vanilleeis; 300 g Schwarzkirschen; 1 dl Schlagsahne; gehackte Pistazien; 2 cl Kirschwasser.*

Die entsteinten Kirschen wie für Kompott dünsten, sehr gut abtropfen, grob hacken und mit Puderzucker und Kirschwasser wenigstens 1 Stunde kalt mazerieren. Die Becher halbvoll Kirschen füllen, obenauf eine Kugel Vanilleeis setzen, mit Schlagsahne verzieren und in die Mitte eine Spitze gehackte Pistazien streuen.

PARISER EISBECHER — Coupe parisienne

4 Personen. *4 Kugeln Vanilleeis; 2 dl vanillierte Schlagsahne; 24 sehr kleine Erdbeeren; 2 cl Maraschino.*

Die Erdbeeren mit dem Maraschino mazerieren. In jede Schale eine Kugel Eis setzen, mit der Schlagsahne bedecken und mit den Erdbeeren dekorieren.

EISBECHER ROBERTA — Coupe Roberta

4 Personen. *4 Kugeln Schokoladeneis; 2 große Bananen; 2 cl Rum; 2 dl kalte Aprikosensauce; 1 Eßlöffel gehobelte Mandeln.*

Die Bananen schälen, in dünne Scheiben schneiden und mit dem Rum und wenig Puderzucker mazerieren. In jede Schale eine Kugel Schokoladeneis geben, etwas flachdrücken und mit einem großen Löffel Bananenscheiben bedecken. Mit Aprikosensauce überziehen und mit gehobelten Mandeln bestreuen.

WIENER EISBECHER — Coupe à la viennoise

4 Personen. *4 dl Kaffee-Eis; 2 dl vanillierte Schlagsahne.*

Die Schalen zu zwei Dritteln mit Kaffee-Eis füllen, mit der Schlagsahne bedecken und dekorieren.

OBSTTORTEN UND FLADEN

Torten und Fladen sind einfachste Gebäckarten, die von der Hausfrau stets gerne gemacht werden. Man kann Obsttorten während des ganzen Jahres mit frischen oder konservierten Früchten bereiten. Mit Ausnahme von Erdbeertorte wird das Obst stets gleich in dem Tortenrand gebacken, selbst wenn konserviertes verwendet wird.

Torten und Fladen sollten stets in Ringen und nicht in Formen gebacken werden, da sie oft zu dünn sind, sich in der Hitze biegen und es außerdem schwierig ist, die Torte herauszunehmen, ohne sie zu beschädigen. Beim Ausfüttern des Ringes ist folgendermaßen zu verfahren: Den Ring auf ein Backblech setzen, das sich nicht verbiegen kann. Mürbe- oder Zuckerteig 3-4 mm dick ausrollen und ungefähr rund formen. Den Teig um das Rollholz wickeln, über den eingefetteten Ring auswickeln und an den Wandungen des Ringes gut andrücken. Mit dem Rollholz über den Rand des Ringes fahren, um den überflüssigen Teig abzuschneiden. Diesen Teig zusammenwirken, zu einem dünnen Polster formen, mit etwas Wasser auf dem Rand der ausgefütterten Form befestigen und mit dem Teigkneifer oder einer Messerspitze einkneifen, bzw. einkerben. Den Boden des Teiges einige Male mit der Messerspitze einstechen, damit er sich nicht wirft. Soll der Rand, wie für Erdbeertorte, blind, d. h. ohne Füllung gebacken werden, dann legt man ihn erst mit einem runden Blatt Papier bis zur Höhe aus und füllt ihn mit gelben Erbsen oder Reis. Nach dem Backen kann man das Papier mit den Erbsen usw. herausheben, die immer wieder verwendet werden können.

Man kann den Teig auch freihändig formen. Er wird dann zu einem Viereck oder rund ausgestochen und der Rand, aber höher, wie oben beschrieben, aufgesetzt.

Obsttorten und Fladen sollten nie abends zuvor gebacken werden, da der Teig sonst aufweicht.

(Kulinarische Technik in Bildern, Seiten 28-30.)

APFELTORTE, ENGLISCHE — Tarte aux pommes à l'anglaise

4 Personen. *250 g Mürbeteig; 250 g dickes Apfelmus; 2 rohe Äpfel; ungefähr 75 g Aprikosenmarmelade. Backzeit: 25-30 Minuten.*

Den Tortenring mit Mürbeteig ausfüttern und zur guten Hälfte mit sehr dickem, gezuckertem und vanilliertem Apfelmus füllen. Völlig mit dünnen, halbmondförmigen Apfelscheiben, halb übereinandergelegt bedecken und im heißen Ofen backen. Nach dem Herausnehmen, erst mit Puderzucker bestäuben und dann ganz dünn mit Hilfe eines Pinsels mit eingekochter, passierter Aprikosenmarmelade bestreichen.

■ GEBÄNDERTE — Tarte aux pommes grillagée

4 Personen. *300 g Mürbeteig; 300 g dick eingekochtes Apfelmus; 1 Eigelb; 100 g Johannisbeergelee. Backzeit: 25 Minuten.*

Den Tortenring wie oben ausfüttern und mit dem gezuckerten, kalten Apfelmus füllen. Von einem Teigrest nudelbreite Bänder schneiden, in einem Abstand von 1-2 cm anbringen und am Tortenrand mit dem Daumen andrücken. Eine zweite Reihe in umgekehrter Richtung darübergeben, mit Eigelb bestreichen und im heißen Ofen backen. Nach dem Herausnehmen die Torte sogleich mittels eines Pinsels mit heißgemachtem, passiertem Johannisbeergelee oder Aprikosenmarmelade leicht überglänzen.   *(Siehe Bild auf Seite 261.)*

ANANASTORTE — Tarte à l'ananas

4 Personen. *250 g Mürbeteig; 3 Scheiben Ananas; 40 g Butter; 60 g Zucker; 30 g Mehl; 2 Eier; 2 cl Kirschwasser; Puderzucker. Backzeit: 25 Minuten.*

Den Tortenring wie üblich mit Mürbeteig ausfüttern. Die Ananasscheiben im eigenen Saft nur mit etwas Zucker garmachen, auskühlen, in Würfelchen schneiden und abtropfen; man kann auch konservierte Ananas nehmen. Die Butter mit dem Zucker und 2 Eigelb schaumig rühren, erst mit dem Mehl, dann mit den Ananaswürfeln und dem Kirschwasser vermischen. Den festgeschlagenen Schnee der zwei Eiweiß locker unterziehen und die Masse in den Tortenboden füllen. Glattstreichen und bei mäßiger Hitze backen. Nach dem Herausnehmen aus dem Ofen mit Puderzucker bestäuben.

APRIKOSENTORTE — Tarte aux abricots

4 Personen. *250 g Zuckerteig; 500 g Aprikosen; ungefähr 100 g Aprikosenmarmelade; Kuchen- oder Zwiebackkrümel. Backzeit: ungefähr 25 Minuten.*

Den Tortenring mit dem Teig ausfüttern, den Boden einstechen und, nach Möglichkeit, mit feinen Kuchenkrümeln (Biskuit, Mürbeteig usw.) oder Zwiebackkrümeln bestreuen; sie saugen beim Backen den Fruchtsaft auf und verhindern das Feuchtwerden des Bodens. Mit halben, leicht angedrückten und etwas übereinandergelegten Aprikosen füllen und bei guter Mittelhitze backen. Nach dem Herausnehmen aus dem Ofen sogleich mit dick eingekochter, passierter Aprikosenmarmelade leicht überglänzen.

ERDBEERTORTE — Tarte aux fraises

4 Personen. *250 g Zuckerteig; 500 g Erdbeeren; 100 g Johannisbeergelee. Backzeit: 15 bis 18 Minuten.*

Den Boden, so wie es in der Einleitung beschrieben worden ist, blind backen und auskühlen lassen. Schöne, gleichmäßige Erdbeeren symmetrisch einfüllen und leicht mit durchgestrichenem Johannisbeergelee überglänzen. Auch hier erweist sich ein Bestreuen des Bodens mit Kuchenkrümeln nützlich, um die Feuchtigkeit der Frucht aufzusaugen.

KIRSCHENTORTE — Tarte aux cerises

4 Personen. *250 g Zuckerteig; 500 g entsteinte Kirschen; Puderzucker; 100 g Johannisbeergelee; Kuchenkrümel. Backzeit: 20 Minuten.*

Den Tortenring mit dem Teig ausfüttern, einstechen und den Boden mit Kuchenkrümeln bestreuen. Die gut abgetropften Kirschen dicht nebeneinander, mit der Öffnung nach unten, einfüllen, leicht mit Puderzucker bestäuben, im heißen Ofen anbacken und danach die Hitze drosseln. Noch heiß mit dem passierten Johannisbeergelee überglänzen. Anstelle des Johannisbeergelees kann man den Kirschsaft etwas einkochen und mit Stärkemehl binden. Man kann die Torte auch mit konservierten Kirschen bereiten.

LOTHRINGISCHE KIRSCHENTORTE — Tarte aux cerises à la lorraine

4 Personen. *250 g Mürbeteig; 400 g entsteinte Kirschen; 2 Eigelb; 60 g Zucker; 2 dl Milch. Backzeit: 20 Minuten.*

Die Kirschen in Läuterzucker kochen und sehr gut abtropfen. Den Tortenring wie üblich ausfüttern und mit den Kirschen belegen, jedoch nicht so dicht wie für einfache Kirschentorte. Das Eigelb mit dem Zucker verrühren, mit der kalten Milch vermischen, durch ein Sieb passieren und über die Kirschen gießen. Bei guter Mittelhitze backen und nach dem Auskühlen mit Puderzucker bestäuben.

LINZER TORTE — Tarte de Linz

6 Personen. *150 g Mehl; 150 g Butter; 150 g ungeschälte, geriebene Mandeln; 3 hartgekochte, gesiebte Eigelb; Saft und abgeriebene Schale $^1/_2$ Zitrone; 3 g Zimtpulver; 1 g Nelkenpulver; 1 Prise Salz; 2 Eigelb; 250 g Himbeermarmelade. Backzeit: 20-25 Minuten.*

Das Mehl zu einer Grube auf den Tisch schütten. Die Mandeln, das hartgekochte Eigelb, ein rohes Eigelb, die Butter, Zitronensaft und Schale, Gewürze und Salz hineingeben und, ohne zu viel zu bearbeiten, zu Mürbeteig kneten. Zu einer Kugel formen und 2 Stunden ruhen lassen. Einen Tortenring mit dem Teig ausfüttern, wobei der Teig den Boden leicht überragen soll. Den Boden einstechen und mit recht kalter Himbeermarmelade füllen. Von dem restlichen Teig gleichmäßige Streifen von 1 cm Breite schneiden. Erst 5-6 Streifen in einer Richtung anbringen, dann ebensoviel in der entgegengesetzten Richtung und an dem Rand gut andrücken, damit sie ein Gitter bilden. Die Streifen mit Eigelb bestreichen und die Torte bei mäßiger Hitze backen. Die Torte erst nach völligem Erkalten aus dem Ring nehmen, da sie sehr zart ist.

ORANGEN- UND BANANENTORTE — Tarte aux oranges et bananes

4 Personen. *250 g Zuckerteig; 4 kernlose Orangen; 4 Bananen; 2 dl Milch; 2 Eigelb; 75 g Zucker; 35 g Mehl. Backzeit: 15-18 Minuten.*

Den Tortenring mit dem Teig ausfüttern und blind backen. Die Schale von 2 Orangen an Zuckerstückchen abreiben. Von der Milch, dem Eigelb, Zucker, Mehl und der abgeriebenen Orangenschale Konditorcreme bereiten und unter mehrmaligem Umrühren auskühlen lassen. Die Orangen mit einem scharfen Messer bis auf das Fleisch schälen und in dünne Scheiben schneiden und mit Puderzucker und einigen Tropfen Kirschwasser, den geschälten, in Scheiben geschnittenen Bananen und mit Puderzucker und wenig Rum mazerieren. Den Tortenboden mit der kalten Konditorcreme füllen und in geschickter Anordnung mit den Orangen- und Bananenscheiben garnieren. Mit Puderzucker reichlich bestäuben.

RHABARBERTORTE — Tarte à la rhubarbe

4 Personen. *250 g Zuckerteig; 500 g Rhabarber; 150 g Puderzucker; 100 g Aprikosenmarmelade. Backzeit: 20 Minuten.*

Den Rhabarber schälen, in Stücke von 2 cm Länge schneiden und 1 Stunde lang mit dem Puderzucker bestäubt stehen lassen. Den Tortenring wie üblich mit Teig ausfüttern. Den Rhabarber sehr gut abtropfen und die Stückchen dicht nebeneinander einfüllen. Im heißen Ofen backen und noch heiß mit der dick eingekochten, passierten Marmelade überglänzen.

STACHELBEERTORTE — Tarte aux groseilles à maquereau

4 Personen. *250 g Mürbeteig; 500 g geputzte grüne Stachelbeeren. Backzeit: 15-18 Minuten.*

Den Tortenring ausfüttern und blind backen. Die Stachelbeeren in vanilliertem Läuterzucker sorgfältig garziehen lassen, damit sie nicht platzen. Im Läuterzucker auskühlen und sehr gut abtropfen. Den Läuterzucker dick einkochen. Die Stachelbeeren dicht nebeneinander auf dem Tortenboden ordnen und leicht mit dem Läuterzucker überglänzen. Mit grobem Streuzucker bestreuen und gut gekühlt servieren.

ZWETSCHENTORTE ZWETSCHGENTORTE — Tarte aux quetsches

4 Personen. *250 g Mürbeteig; 500 g Zwetschen; 100 g Puderzucker; 100 g Johannisbeergelee. Backzeit: 20 Minuten.*

Den Tortenring mit dem Mürbeteig ausfüttern. Mit halben, entsteinten und leicht zusammengedrückten, dabei halb übereinandergelegten Zwetschen füllen, mit Puderzucker bestäuben und im heißen Ofen backen. Nach dem Herausnehmen mit passiertem Johannisbeergelee überglänzen.

ANDALUSISCHER FLADEN — Flan à l'andalouse

4 Personen. *250 g Mürbeteig; 4 dl Konditorcreme mit Orangengeschmack; ungefähr 100 g Orangenfondant; kandierte Orangenschale. Backzeit: ungefähr 25 Minuten.*

Den Tortenring mit dem Mürbeteig ausfüttern und mit der Konditorcreme füllen. Im heißen Ofen backen, aus dem Ring erst nach dem Auskühlen herausnehmen. Dünn mit dem Orangenfondant überziehen und mit kleinen Stückchen kandierter Orangenschale dekorieren.

BOURDALOUFLADEN — Flan Bourdalou

4 Personen. *250 g Mürbeteig; 4 dl Bourdaloucreme; 2 cl Kirschwasser. Backzeit: 20 Minuten.*

Den Ring mit Mürbeteig ausfüttern, aber keinen Wulst anbringen. Mit der Creme füllen und zackig geschnittene Teigbänder anbringen, wie bei der gebänderten Apfeltorte. Im heißen Ofen backen. Nach dem Erkalten mit gezuckertem Kirschwasser betropfen.

EINFACHER FLADEN — Flan commun

4 Personen. *150 g Mehl; 100 g Zucker; 3 Eier; 3 dl kalte Milch. Backzeit: ungefähr 20 Minuten.*

Mehl, Zucker und Eier vermischen und mit der Milch so glatt rühren, daß es keine Klumpen gibt. Mit Orangenblütenwasser aromatisieren und, auf Wunsch, einige kernlose Rosinen beifügen. In eine flache Backschüssel füllen und im heißen Ofen backen. Dieser Fladen erhält keinen Mürbeteigrand.

FRANGIPANEFLADEN — Flan à la frangipane

4 Personen. *250 g Mürbeteig; 4 dl Frangipanecreme; 50 g Mandelpulver. Backzeit: 20 Minuten.*

Die Frangipanecreme mit dem Mandelpulver vermischen und den Fladen genau so wie Bourdaloufladen bereiten.

MILCHFLADEN — Flan au lait

4 Personen. *250 g Mürbeteig; 2 Eier; 75 g Vanillezucker; 30 g Mehl; 2 dl Milch. Backzeit: 20-25 Minuten.*

Den Ring mit Mürbeteig ausfüttern. Die Eier gut schlagen, mit dem Zucker und dem Mehl verrühren und mit der Milch glattrühren. Durch ein Sieb gießen und den Rand damit nicht ganz voll füllen. Bei guter Oberhitze backen, auskühlen lassen und mit Puderzucker bestäuben.

▲ Gebänderte Apfeltorte, S. 258

Glacierte Genuesertorte, S. 267 ▼

261

262 ▲ Windbeutelchen mit Sahne, S. 275, Salambos, S. 274, Blitzkuchen mit Schokolade und Kaffee, S. 272

Mokkatorte, S. 269 ▼

▲ Blätterteigtorte mit Konfitüre, S. 266

Biskuitroulade, S. 266 ▼

▲ Babas mit Rum, S. 271 und Kleine Savarins mit Rum Chantilly, S. 274

Plum Cake, S. 269 ▼

FEINES BACKWERK

GROSSE KUCHEN UND TORTEN

AMANDATORTE — Gâteau Amanda

4 Personen. 4 Eier; 125 g Zucker; 50 g Mehl; 50 g Kartoffelmehl; 100 g Mandelpulver. Füllung: 100 g Butter; 50 g Zucker; 100 g gestoßenen, gesiebten Krokant; gestoßene, geröstete Mandeln oder Haselnüsse. Backzeit: 30 Minuten.

Von den Eiern, Zucker, Mehl, Kartoffelmehl und Mandelpulver eine Masse wie für Savoyer Biskuit (siehe dieses) bereiten. In eine gebutterte und gemehlte Tortenform füllen und bei mäßier Hitze backen. Die Butter mit dem Zucker schaumig rühren und den Krokant daruntermischen. Sobald das Biskuit völlig ausgekühlt ist, waagrecht durchschneiden und mit Krokantcreme füllen. Oben und an den Seiten dünn mit der gleichen Creme bestreichen und die gestoßenen, gesiebten Mandeln anstreuen. Mit Puderzucker reichlich bestäuben und eventuell mit einigen gerösteten Mandeln oder Haselnüssen dekorieren.

APFELSTRUDEL — Stroudel aux pommes

6-8 Personen. 350 g gesiebtes Mehl; 1 Ei; 20 g Butter oder Schweineschmalz; 3 g Salz; 1 Eßlöffel Zitronensaft; 750 g geschälte, entkernte, in dünne Scheiben geschnittene Äpfel; 100 g geröstete Weißbrotwürfel; 100 g Zimtzucker; 100 g Rosinen; 50 g gestiftelte Mandeln; 90 g Butter; Wasser. Backzeit: 30-35 Minuten.

Das Mehl mit dem Ei, Butter oder Schmalz, Salz und so viel Wasser vermischen, daß ein elastischer Teig von mittlerer Konsistenz entsteht. Gut durcharbeiten, bis er sich glatt von der Hand ablöst. Zu einer Kugel formen und zugedeckt 45 Minuten ruhen lassen. Ein Tischtuch auf einen großen Tisch legen mit Mehl bestäuben und den Teig zu einem langen, breiten Streifen ausrollen. Mit ölbestrichenen Fingern unter den Teig fassen, mit beiden Händen und von der Mitte aus sorgfältig nach außen ziehen, stets fortlaufend ringsherum, bis der Tischrand erreicht ist. Der Teig muß nun hauchdünn, glatt und ohne Löcher sein; die dicken Enden mit einer Schere abschneiden. Die Apfelscheibchen auf die ausgezogene Fläche verteilen, die Rosinen, Mandeln, Brotbrösel und den Zimtzucker darüberstreuen und mit zerlassener Butter beträufeln. Nach der Füllung durch Anheben des Tischtuches das Ganze zu einem Strudel zusammenrollen und auf ein leicht gefettetes Backblech legen; ist der Strudel zu lang, zu einem Hufeisen formen. Mit zerlassener Butter bestreichen und bei mäßiger Hitze goldgelb backen. Während des Backens mehrmals mit Butter bestreichen und nach dem Herausnehmen aus dem Ofen stark mit Puderzucker bestäuben. In Stücke von 4-5 cm Breite schneiden und warm oder kalt servieren.

APOSTELBROT — Pain brioché

4 Personen. 250 g Mehl; 75 g Butter; 1 Ei; ungefähr 5 cl Wasser; 3 g Salz; 10 g Zucker; 8 g Hefe. Backzeit: 20 Minuten.

Einen Briocheteig am Abend zuvor bereiten und etwas weich halten. In eine ausgebutterte, verschließbare Zylinderform füllen, gären lassen und im heißen Ofen backen.

APOSTELKUCHEN MIT KÖPFCHEN — Brioche à tête

4 Personen. 200 g Briocheteig; 1 Eigelb. Backzeit: 25-30 Minuten.

Ein Stück Teig von der Größe einer Mandarine zurückhalten. Den Rest zu einer Kugel formen und in eine mit Butter ausgestrichene Briocheform füllen. Das reservierte Teigstück zu einer Birne formen, die man so tief wie nur möglich in die Mitte der Kugel in eine Vertiefung drückt. An einer warmen Stelle gären lassen, bis der Teig sein Volumen verdoppelt hat, mit Eigelb, mit etwas Wasser verrührt, bestreichen und den Teig an 3-4 Stellen mit der Messerspitze einreißen, ohne den Kopf zu berühren. Im heißen Ofen backen und, wenn der Kuchen zu braun wird, mit einem gefetteten Blatt Papier bedecken.

APOSTELKUCHENKRANZ — Brioche en couronne

4 Personen. 200 g Briocheteig; 1 Eigelb. Backzeit: 15 Minuten.

Den Teig zu einer Kugel formen. Mit dem gemehlten Finger in der Mitte ein Loch machen und immer weiter vergrößern, bis man die ganze Hand hineinstecken kann. Dabei den Teig zwischen Hand und Finger drehen, um ihm eine runde, gleichmäßige Form zu geben. Auf ein Backblech setzen, 15 Minuten an einem warmen Ort gären lassen und mit Eigelb bestreichen. Mit einer angefeuchteten Schere rundherum und in der Mitte des Teiges zahnförmige Einschnitte machen und den Kranz im heißen Ofen backen.

APOSTELKUCHEN, SCHAUMIGER — Brioche mousseline

4 Personen. 200 g Briocheteig; 1 Eigelb. Backzeit: ungefähr 25 Minuten.

Den Teig auf dem gemehlten Tisch zu einer Kugel formen. In eine ausgebutterte Charlotteform, notfalls eine schmale, hohe Kasserolle füllen. Zum Gären an einen warmen Ort stellen. Sobald sich das Volumen verdoppelt hat, die Oberfläche mit Eigelb bestreichen und rund um die Form ein gefettetes Blatt weißes Papier binden, das sie um ungefähr 5 cm überragt. Im heißen Ofen backen. Sollte sich die Oberfläche zu stark bräunen, mit einem gefetteten Papier abdecken. Durch das stärkere Gären ist diese Brioche besonders leicht.
Um festzustellen, ob sie gar ist, steckt man eine Spick- oder andere Nadel hinein. Kommt sie heiß und trocken heraus, ist der Kuchen gar. Das gilt für alle Kuchen.

BAUMSTAMM, WEIHNACHTSSTAMM — Bûche de Noël

6 Personen. 75 g Puderzucker; 75 g Mehl; 3 Eier; 1 Eigelb. Kaffeebuttercreme von 125 g Butter, $1/2$ dl englischer Creme und löslichem Kaffeepulver; Schokoladenbuttercreme von 125 g Butter, $1^1/_2$ dl englischer Creme mit Schokolade; Pistazien; Puderzucker. Backzeit: 8-10 Minuten.

4 Eigelb mit dem Puderzucker weiß und schaumig rühren. Das festgeschlagene Eiweiß und zugleich das gesiebte Mehl locker unterziehen. Die Masse dünn und gleichmäßig auf ein gefettetes und gemehltes Blatt Papier streichen, auf ein Backblech legen und im heißen Ofen rasch saftig backen. Das Biskuit mit der Papierseite nach oben auf eine Marmorplatte oder auf ein gemehltes Tuch stürzen, das Papier sogleich abziehen und den Kuchen auskühlen. Mit der Kaffeebuttercreme bestreichen, zusammenrollen, die Enden mit einem scharfen Messer schräg abschneiden und die Rolle vorerst in den Kühlschrank zum Anziehen stellen. Mit Hilfe des Spritzbeutels und Sterntülle der Länge nach mit Schokoladenbuttercreme bespritzen, um die Borke darzustellen. Man kann hier und da auch einige Biskuitstückchen einstecken, mit Buttercreme bespritzen, um die Äste zu imitieren. Einige sehr fein gehackte Pistazien, mit Puderzucker bestäubt und hier und da hingestreut, sollen Moos und Schnee nachahmen. Die Rolle im Kühlschrank festwerden lassen und, eventuell, auf einen gebackenen Boden von Zuckerteig setzen.

BISKUITROULADE — Biscuit roulé

4 Personen. 75 g Puderzucker; 75 g Mehl; 3 Eier; 1 Eigelb; Konfitüre; Bourdaloucreme oder Buttercreme. Backzeit: 8-10 Minuten.

Biskuit genau so wie für Baumstamm bereiten. Nach dem Auskühlen mit beliebiger Konfitüre, Bourdaloucreme oder einer Buttercreme bestreichen und zusammenrollen. Dicht mit Puderzucker bestreuen. Man kann die Roulade auch ganz dünn mit durchgestrichener Aprikosenmarmelade bestreichen und mit Kristallzucker bestreuen oder auch mit Fondant überziehen. *(Siehe Bild auf Seite 263. Kulinarische Technik, Seiten 30-31.)*

BLÄTTERTEIGTORTE MIT KONFITÜRE — Gâteau feuilleté à la confiture

4 Personen. 250 g Blätterteig; Aprikosenmarmelade; Konditorcreme. Backzeit: 20 Minuten.

Den Blätterteig zu drei runden, gleichmäßigen Böden von 4 mm Dicke ausrollen, mehrmals mit einer Gabel einstechen und im heißen Ofen backen. Auskühlen lassen. Den ersten Boden dünn mit Konditorcreme, mit Kirschwasser aromatisiert, bestreichen, mit einem zweiten Boden belegen, den man mit Aprikosenmarmelade bestreicht. Mit dem dritten Boden bedecken, mit Puderzucker dicht bestäuben und mit der Messerspitze gleichmäßig überkreuz einritzen. *(Siehe Bild auf Seite 263.)*

DREIKÖNIGSKUCHEN — Galette des Rois

4 Personen. 200 g Mehl; 125 g Butter; ca. 1 dl Wasser; 1 Prise Salz. Backzeit: 15-20 Minuten.

Dreikönigskuchenteig (siehe diesen) bereiten oder Blätterteigreste nehmen und zusammenwirken. 1 1/2 cm dick rund ausrollen, einen Einschnitt machen und eine Bohne oder eine kleine Figur hineinstecken. Mit Eigelb bestreichen, mit der Messerspitze überkreuz einritzen, den Teig mehrmals einstechen und bei guter Hitze backen.

GEBURTSTAGTORTE — Gâteau d'anniversaire

6 Personen. Biskuitteig: 4 Eier; 125 g Zucker; 100 g Mehl; 75 g Butter. Buttercreme: 125 g Butter; 1 1/2 dl englische Creme; 40 g Schokolade; 100 g Aprikosenmarmelade; gehackte, geröstete Mandeln; Fondant; Eiweißglasur. Backzeit: 30 Minuten.

Genueser Biskuitteig bereiten und in einer runden oder viereckigen Form backen. Auf einem Kuchengitter auskühlen lassen. Waagrecht in drei gleichmäßige Teile schneiden und mit Schokoladenbuttercreme zusammensetzen. Rundherum mit passierter Aprikosenmarmelade bestreichen und mit gehackten, gerösteten Mandeln anstreuen. Die Oberseite mit Kirschwasserfondant, leicht rosa gefärbt, glacieren und den Namen oder einen Gruß sowie einen leichten Dekor mit Eiweißglasur spritzen. Zuletzt kleine Kerzen in den Kuchen stecken.

GENUESER BROT — Pain de Gênes

5-6 Personen. 150 g Zucker; 125 g Butter; 100 g Mandelpulver; 40 g Mehl oder Kartoffelmehl; 3 Eier; 2 cl Kirschwasser; 1 Prise Salz. Backzeit: 40 Minuten.

Die Mandeln mit der Hälfte des Zuckers vermischen. Mit der anderen Hälfte die Butter schaumig rühren, die Mandelmischung und die Eier, eins nach dem anderen, unter tüchtigem Rühren hinzugeben. Zuletzt das Mehl, das Salz und das Kirschwasser hinzufügen. In eine ausgebutterte, mit einem Blatt Papier ausgelegte flache, rechteckige Spezialform füllen und bei mäßiger Hitze backen.

GENUESER TORTE, GLACIERTE — Génoise glacée

4 Personen. 125 g Zucker; 4 Eier; 100 g Mehl; 75 g Butter. Buttercreme: 125 g Butter; 1 1/2 dl vanillierte englische Creme; 200 g Fondant; 2 cl Rum; Belegfrüchte oder Mandeln. Backzeit: ungefähr 30 Minuten.

Genueser Teig in einer runden, ausgebutterten und gemehlten Form bei mäßiger Hitze backen. Nach dem Auskühlen zweimal waagrecht durchschneiden und mit Vanillebuttercreme oder Konfitüre bestreichen und wieder zusammensetzen. Den Fondant leicht anwärmen, mit Rum aromatisieren, über die Torte gießen und die Oberfläche und die Seiten glattstreichen. Mit Belegfrüchten, Mandeln oder Buttercreme dekorieren. *(Siehe Bild auf Seite 261.)*

GUGELHUPF — Gâteau Kugelhof

4 Personen. Teig wie im Grundrezept; Butter; Puderzucker. Backzeit: ungefähr 40 Minuten.

Eine Spezialgugelhupfform (Napfkuchenform) mit Butter ausstreichen und mit Mehl ausstreuen. Zur Hälfte mit dem Teig füllen und an einem warmen Ort gären lassen, bis die Form voll ist. Im heißen Ofen backen, aus der Form nehmen und mit Puderzucker bestäuben.

BORDELAISER KÖNIGSKUCHEN — Gâteau des Rois de Bordeaux

6-8 Personen. 250 g Mehl; 125 g Butter; 100 g Zucker; 4 Eier; 10 g Hefe; 4 g Salz; Zitronat; Orangenblütenwasser; Kristallzucker. Backzeit: 25 Minuten.

Einen Hefeteig wie für Brioche herstellen, jedoch etwas fester. Zu einer Kugel auf dem bemehlten Tisch formen und mit dem gemehlten Finger in der Mitte eine Öffnung machen. Das Loch immer mehr erweitern, bis ein Kranz mit großer Öffnung entsteht. Auf ein Backblech legen und gären lassen, bis sich das Volumen verdoppelt hat. Mittels eines Pinsels mit stark gezuckertem Orangenblütenwasser bestreichen, rundherum kleine, dünne Scheibchen Zitronat andrücken und die Oberseite mit Kristallzucker bestreuen. Im heißen Ofen backen.

MARMORTORTE — Gâteau marbré

4 Personen. Genueser Teig: 125 g Zucker; 4 Eier; 100 g Mehl; 75 g Butter; 50 g Schokolade; 100 g Vanillebuttercreme; 100 g Schokoladenbuttercreme; 100 g weißen Fondant; 100 g Schokoladenfondant. Backzeit: ungefähr 30 Minuten.

Genueser Teig bereiten, die grobgeriebene Schokolade ganz flüchtig daruntermengen, und in einer ausgebutterten und ausgemehlten Tortenform backen. Nach völligem Erkalten zweimal waagrecht durchschneiden und mit der nur oberflächlich vermischten Vanille- und Schokoladenbuttercreme füllen. Mit dem weißen und dem Schokoladenfondant, knapp vermischt, glacieren, um eine Marmorierung der Oberfläche der Torte zu imitieren.

MANDELTORTE PITHIVIERS — Gâteau d'amandes dit Pithiviers

4 Personen. 300 g Blätterteig; 125 g Mandelcreme; 1 Eigelb; Puderzucker. Backzeit: 20-25 Minuten.

Von dem Blätterteig zwei runde Böden ausrollen, der eine soll 3 mm, der andere 5 mm dick sein. Den dünnen Boden auf ein leicht mit Wasser besprengtes Backblech legen, die Mitte mit Mandelcreme füllen, dabei ungefähr 1 cm vom Rand freihalten. Den Rand mit Wasser bestreichen, den zweiten Boden darüberlegen und Rand fest andrücken. Den Rand mit dem Rücken eines Messers in regelmäßigen Abständen einkerben und die Oberfläche mit der Messerspitze von außen nach innen rosettenartig einritzen, ohne durchzustechen. Mit Eigelb bestreichen und im heißen Ofen backen. 5 Minuten vor dem Garwerden mit Puderzucker bestäuben, um die Oberfläche zu karamelisieren. Damit die Torte nicht zu braun wird, kann man sie während des Backens nach einiger Zeit mit einem gefetteten Papier bedecken.

MANDELCREME — Crème d'amandes

100 g Mandelpulver; 100 g Puderzucker; 100 g Butter; 3 Eigelb; 5 cl Rum.

Die Butter mit dem Zucker schaumig rühren, das Eigelb hinzufügen und nach und nach das Mandelpulver. Zuletzt den Rum unterziehen und alles tüchtig vermischen. Ausreichend für 2 Mandeltorten für je 4 Personen.

MARONENTORTE — Gâteau aux marrons

4 Personen. 500 g Maronen; 100 g Butter; 100 g geriebene Schokolade; 100 g Vanillezucker.

Die geschälten, gekochten Maronen gut abtropfen und durch ein feines Sieb streichen. Das Püree, solange es noch warm ist, mit der Butter, dem Zucker und der Schokolade innig vermischen. In eine viereckige, mit Butter ausgestrichene und mit Papier ausgelegte Form füllen und einige Male auf den Tisch stoßen, damit die Masse glatt ist und sich keine Löcher bilden. Mehrere Stunden in den Kühlschrank stellen, stürzen, das Papier abziehen und die Torte mit einem Messer, in heißes Wasser getaucht, teilen. Sie wird nicht gebacken.

MASKOTT-TORTE — Gâteau Mascotte

4-6 Personen. Genueser Teig: 125 g Zucker; 100 g Mehl; 4 Eier; 75 g Butter. Krokantbuttercreme: 125 g Butter; 1¹/₂ dl vanillierte englische Creme; 50 g gestoßenen, gesiebten Krokant. Zum Anstreuen: 125 g gehobelte, geröstete Mandeln.

Den Teig wie üblich in einer runden Form backen und auskühlen lassen. Zweimal waagrecht durchschneiden, die Scheiben mit der Krokantbuttercreme bestreichen und wieder zusammensetzen, auch oben und an den Seiten dünn mit der Creme bestreichen. Gänzlich mit den gehobelten Mandeln anstreuen und oben leicht mit Puderzucker bestäuben.

MODANER BROT — Pain de Modane

4 Personen. Briocheteig von 250 g Mehl; 75 g Zucker; 80 g Butter; 10 g Hefe; 2 Eier; 1 Prise Salz; 150 g Belegfrüchte; 100 g Rosinen; 60 g Puderzucker; 60 g Mandelpulver; ¹/₂ Eiweiß. Backzeit: 35-40 Minuten.

Den Briocheteig wie üblich herstellen und gären lassen. Zusammenschlagen, die gewürfelten Belegfrüchte und die Rosinen darunterarbeiten und über Nacht kalt stellen. Von dem Teig ein ovales Brot formen und erneut gären lassen. Den Zucker, das Mandelpulver und das Eiweiß gut vermengen und den Laib damit bestreichen. Der Länge nach leicht einkerben und bei mäßiger Hitze backen.

MOKKATORTE — Gâteau moka

4 Personen. Genueser Teig: 125 g Zucker; 100 g Mehl; 4 Eier; 75 g Butter. Buttercreme: 125 g Butter; 1 1/2 dl englische Creme, kräftig mit löslichem Kaffeepulver vermischt; 125 g gehackte, geröstete Mandeln oder Kristallzucker. Backzeit: ungefähr 30 Minuten.

Den Teig wie üblich in einer runden Form backen. Nach dem Auskühlen zweimal waagrecht durchschneiden, die Scheiben mit Buttercreme bestreichen und wieder zusammensetzen. Den Rand und die Oberseite dünn mit Buttercreme bestreichen. Rundherum Mandeln oder Kristallzucker anstreuen und die Oberfläche mit Hilfe von Spritzbeutel und Sterntülle hübsch mit Buttercreme verzieren. *(Siehe Bild auf Seite 262.)*
Diese Torte ist typisch für alle mit Buttercreme gefüllte Torten. Man kann die Buttercreme abändern und auch die Torte mit Fondant glacieren, man kann sie verschiedenartig dekorieren und dadurch viele verschiedenartige Torten herstellen. Wenn man sich zuerst mit einem bescheidenen Muster begnügt, lernt man sehr rasch Torten mit Hilfe von Spritzsack und Tülle zu dekorieren.

PARIS-BREST

4 Personen. 300 g Brandteig; 1 Eigelb; 200 g Konditorcreme; 50 g gestoßenen, gesiebten Krokant; 40 g Butter; 50 g gehobelte Mandeln. Backzeit: 20-25 Minuten.

Von dem Brandteig auf ein ungefettetes Backblech einen Kranz von ungefähr 4 cm Breite spritzen. Mit Eigelb bestreichen, mit gehobelten Mandeln bestreuen, leicht mit Puderzucker bestäuben und im heißen Ofen anbacken. Nach 10 Minuten die Hitze drosseln, um den Kuchen recht trocken auszubacken. Die Konditorcreme mit der Butter und dem Krokant verrühren und auskühlen. Sobald der Kuchen kalt ist, waagrecht durchschneiden, mit der Krokantcreme füllen und mit Puderzucker bestäuben.

PLUM CAKE

8-10 Personen. 75 g Orangeat; 75 g Zitronat; 125 g Korinthen; 125 g kernlose Rosinen; 125 g Butter; 125 g Zucker; 300 g Mehl; 25 g geriebene Mandeln; 3 Eier; 5 g Backpulver; 2 cl Rum; 3 g Zimtpulver; 2 g Mazispulver; 1 g Nelkenpulver; die abgeriebene Schale von je 1/2 Zitrone und Orange. Backzeit: 1 Stunde 15-1 Stunde 30 Minuten.

Orangeat und Zitronat kleinwürfeln, blanchieren und abtropfen, Rosinen und Korinthen in heißem Wasser zum Aufquellen stellen und abgießen. Alle Früchte zusammen mit den Gewürzen wenigstens 2 Stunden, zugedeckt, mit dem Rum mazerieren. Die Butter mit dem Zucker schaumig rühren, nach und nach das Eigelb, das Abgeriebene der Zitrone und Orange, die Hälfte des Mehles und die geriebenen Mandeln darunterrühren. Das zu festem Schnee geschlagene Eiweiß, das restliche Mehl, mit dem Backpulver gesiebt, und die Früchte mitsamt dem Saft locker unterziehen. Eine rechteckige Backform ausbuttern, mit gebuttertem und gemehltem Papier, das die Form 2-3 cm überragt, auslegen und die Masse einfüllen. Den Kuchen im heißen Ofen anbacken, nach 10 Minuten die Kruste oben kreuzweise einritzen und die Hitze drosseln. Bei mäßiger Hitze fertigbacken und in der Form auskühlen. Völlig erkaltet in eine Aluminiumfolie eingewickelt, hält er sich wochen- ja selbst monatelang frisch. Er kann auch in einer runden Form gebacken werden. *(Siehe Bild auf Seite 264.)*

SANS-FAÇON

4 Personen. 150 g Streuzucker; 2 Eier; 200 g Mehl; Saft und Abgeriebenes einer Zitrone oder Orange; 5 g Backpulver. Backzeit: 30 Minuten.

Den Zucker mit den Eiern schaumig rühren und mit dem Saft und dem Abgeriebenen der Zitrone vermengen. Das Backpulver mit dem Mehl sieben und daruntermengen; ist die Mischung zu fest, einige Tropfen Milch hinzugeben. In eine ausgebutterte und ausgemehlte, rechteckige Form füllen und bei mäßiger Hitze backen. Erst am nächsten Tage verwenden. Ein einfacher Kuchen, der schnell herzustellen ist.

SAVARIN CHANTILLY

4 Personen. *125 g Mehl; 50 g Butter; 8 g Zucker; 2 Eier; 7 g Hefe; 1 dl lauwarme Milch; 2 g Salz; 2 dl vanillierte Schlagsahne; Kirschwasser-Läuterzucker. Backzeit: 15-20 Minuten.*

Den Savarinteig so wie im Grundrezept beschrieben herstellen. Eine Savarinform mit Butter ausstreichen, zur Hälfte mit dem Teig füllen und gären lassen, bis die Form voll ist. Im heißen Ofen backen. Noch warm mit dem heißen Läuterzucker tränken, bis sich der Kuchen vollgesaugt hat. Auskühlen, auf einer runden Platte anrichten und die Öffnung hoch mit der Schlagsahne füllen. Während der Saison kann man der Sahne einige Wald- oder Monatserdbeeren untermengen.

SAVARIN MIT FRÜCHTEN — Savarin aux fruits

4 Personen. *1 Savarin; Kirschwasser-Läuterzucker; 300 g Obstsalat; 1 dl vanillierte Schlagsahne.*

Den Savarin wie oben herstellen und mit dem Läuterzucker tränken. Den Obstsalat aus kleingewürfelten Früchten bereiten, den Saft einkochen und leicht mit Stärkemehl binden. Den Savarin auf einer runden Platte anrichten, den kalten Obstsalat in die Öffnung füllen und mit der Schlagsahne dekorieren.

SAVARIN MIT RUM — Savarin au rhum

4 Personen. *1 Savarin; Rum-Läuterzucker; 3 cl Rum.*

Den Savarin noch heiß mit dem Läuterzucker tränken. Auskühlen, anrichten und mit dem puren Rum noch übergießen.

SCHOKOLADENTORTE — Gâteau chocolatine

Die Zubereitung ist die gleiche wie für Mokkatorte, nur daß anstelle der Kaffeebuttercreme Schokoladenbuttercreme genommen wird.

ST.-HONORATIUS-TORTE — Gâteau Saint-Honoré

4 Personen. *125 g Mürbeteig; 300 g Brandteig; 1 Eigelb; $^1/_4$ l St.-Honoré-Creme. Backzeit: 25 Minuten.*

Von dem Mürbeteig einen Boden von 4 mm Dicke in der Größe eines Mittellers ausstechen, mehrmals einstechen und auf ein Backblech legen. Mit Hilfe von Spritzbeutel und runder Tülle am Rand des Bodens entlang einen Ring von Brandteig in Kleinfingerbreite spritzen und mit Ei bestreichen. Außerdem ungefähr 12 kleine Kugeln in der Größe einer kleinen Walnuß auf das Blech spritzen und ebenfalls mit Ei bestreichen, braun backen und auskühlen. Läuterzucker zum Bruch kochen, die Brandteigkugeln auf eine Gabel nehmen, eintauchen und mit der runden Seite nach oben auf den Rand der Torte setzen. Die Mitte hoch mit der Creme füllen und nach Belieben auch mit Schlagsahne und Belegkirschen dekorieren. *(Kulinarische Technik in Bildern, Seiten 31-32.)*

TRAUNKIRCHNER TORTE

4-6 Personen. *240 g Butter; 280 g Mehl; 90 g Vanillezucker. Füllung: 3 Eiweiß; 70 g Zucker; 125 g dicke, passierte Aprikosenmarmelade; 1 dl vanillierte Schlagsahne; geschälte, hellgelb geröstete Mandeln. Backzeit: 10-12 Minuten.*

Von dem Mehl, der Butter und dem Vanillezucker einen geschmeidigen Teig kneten und gut kühlen. Daraus vier runde, gleichmäßige Blätter von 4-5 mm Dicke formen, hellgelb backen und abkühlen. Vorsichtig vom Blech nehmen. Den Zucker mit dem Eiweiß schaumig rühren und die Marmelade unterziehen. Drei Blätter mit der Mischung bestreichen, das vierte darüberlegen und mit Puderzucker bestäuben. Die Torte schmeckt am besten, wenn sie 4-6 Tage zuvor zubereitet wird. Sie kann mit Schlagsahne und Mandeln dekoriert werden.

VIERVIERTELKUCHEN — Gâteau quatre-quarts

4 Personen. *2 große Eier; das gleiche Gewicht an Butter, Zucker und Mehl; 5 g Backpulver; Vanille; Puderzucker. Backzeit: 30-35 Minuten.*

Die Butter mit dem Zucker und etwas Vanillemark recht schaumig rühren. Nach und nach die Eier hinzugeben und zuletzt das Mehl, das mit dem Backpulver gesiebt worden ist. Die Masse in eine ausgebutterte und gemehlte Form füllen und bei mäßiger Hitze backen.

KLEINES GEBÄCK

Für kleine Törtchen und Schiffchen gibt es besondere kleine Förmchen. Die Zubereitung ist die gleiche wie bei den großen Torten, nur daß der Teig dünner ausgerollt werden muß. Es gibt für die verschiedenartigen Gebäcke Ausstecher in allen Formen und Größen.

APFELTÄSCHCHEN — Petits chaussons aux pommes

4 Personen. *150 g Blätterteig; 2 Äpfel; 50 g Rosinen; 20 g Butter; 1 Ei. Backzeit: 15 Minuten.*

Die Äpfel schälen, entkernen, blätterig schneiden, in Butter mit wenig Zucker dünsten und auskühlen. Den Blätterteig 3 mm dick ausrollen und davon Plätzchen von 8 cm Durchmesser ausstechen. Den Rand mit Wasser bestreichen, in die Mitte einen Löffel Apfelscheiben geben und die eine Teighälfte über die andere schlagen. Den Rand leicht andrücken, einige Male einstechen, mit geschlagenem Ei bestreichen und im heißen Ofen backen.

APOSTELKUCHEN MIT KOPF, KLEINE — Petites brioches à tête

4 Personen. *200 g Briocheteig; 1 Eigelb; Butter. Backzeit: 8-10 Minuten.*

Den Teig in Stückchen von 25 g teilen, davon 5 g für den Kopf. Genau so verfahren wie für große Apostelkuchen, in kleine, mit Butter ausgestrichene Förmchen füllen und gären lassen. Danach mit Ei bestreichen und im heißen Ofen backen.

BABAS MIT RUM — Babas au rhum

4 Personen. *200 g Savarinteig; 40 g Korinthen; Läuterzucker; Rum; Butter. Backzeit: 10 Minuten.*

Den Teig mit den Korinthen vermengen und damit kleine Becherformen zur Hälfte füllen. Gären lassen, bis die Förmchen voll sind und noch warm in heißem Läuterzucker mit Rum tränken. Beim Anrichten jeden Baba noch mit einigen Tropfen reinem Rum beträufeln. *(Siehe Bild auf Seite 264.)*

BAISERS MIT SCHLAGSAHNE — Meringues Chantilly

4 Personen. *200 g Schweizer Meringuemasse; $^1/_4$ l vanillierte Schlagsahne. Backzeit: ungefähr 40 Minuten.*

Die Meringuemasse mit Hilfe von Spritzbeutel und grober Lochtülle in der Größe von halben Eiern auf ein gefettetes und gemehltes Blech, am besten erst auf gefettetes und gemehltes Papier, setzen, um später die Baisers besser ablösen zu können. Stark mit Puderzucker bestäuben, nach 1 Minute umdrehen, um den überflüssigen Zucker abzuschütten. Bei ganz gelinder Hitze und bei offener Tür 15 Minuten im Ofen anbacken, dann ablösen und das weiche Innere mit einem Löffel aushöhlen. Die Schalen in den Wärmschrank oder bei ganz gelinder Hitze in den Ofen stellen, bis sie ganz trocken sind, wobei sie sich nicht oder nur sehr wenig verfärben dürfen. Wenn sie kalt sind, je zwei Stück mit Schlagsahne zusammensetzen, aufrecht anrichten und mit einer Rosette von Schlagsahne dekorieren.

BLÄTTERTEIGPLÄTZCHEN — Petites galettes feuilletées

4 Personen. *200 g Blätterteig; Puderzucker. Backzeit: 8-10 Minuten.*

Blätterteigreste zusammenwirken, in Stückchen teilen, zu sehr kleinen Kugeln formen und abflachen. Mit Puderzucker bestäuben, im heißen Ofen backen und glacieren.

BLÄTTERTEIGSTÄBCHEN — Allumettes glacées

4 Personen. *200 g Blätterteig; Eiweißglasur. Backzeit: 12 Minuten.*

Den Blätterteig zu einem 8 cm breiten Rechteck von 3-4 mm Dicke ausrollen und dünn mit Eiweißglasur bestreichen. Mit einem in heißes Wasser oder in Mehl getauchten Messer in Streifen von 3 cm Breite schneiden. Die Glasur erst antrocknen lassen, dann bei guter Unter- und mäßiger Oberhitze backen.

CONDÉS

4 Personen. 175 g Blätterteig; Eiweißglasur; 40 g feingehackte Mandeln. Backzeit: 10-12 Minuten.

Genau so verfahren wie für die Blätterteigstäbchen, aber der Eiweißglasur gehackte Mandeln beifügen. Im Ofen mit guter Unterhitze und nicht zu starker Oberhitze backen.

BLÄTTERTEIGSTANGEN — Sacristains

4 Personen. 175 g Blätterteig; 1 Ei; 75 g gehackte Mandeln; Puderzucker. Backzeit: 5-8 Minuten.

Blätterteig oder Blätterteigabfälle zu einem Stück von 3 mm Dicke, 8-10 cm Breite und beliebiger Länge ausrollen. Mit geschlagenem Ei bestreichen und mit feingehackten Mandeln bestreuen. Hiervon Streifen von knapp 2 cm Breite schneiden, an den beiden Enden anfassen und jeden Streifen wie einen Korkenzieher um die eigene Achse drehen. Auf ein Backblech setzen und im heißen Ofen backen.

BLÄTTERTEIGTÄSCHCHEN — Petits chaussons

4 Personen. 150 g Blätterteig; Konfitüre oder Konditorcreme; 1 Ei. Backzeit: 10-12 Minuten.

Genau so wie Apfeltäschchen (siehe diese) bereiten, jedoch mit Konfitüre oder Konditorcreme füllen. Mit geschlagenem Ei bestreichen und im heißen Ofen backen.

BLITZKUCHEN MIT KAFFEE ODER SCHOKOLADE — Eclairs au café ou au chocolat

4 Personen. 200 g Brandteig; Konditorcreme oder Schlagsahne; Fondant mit Kaffee oder Schokolade. Backzeit: ungefähr 15 Minuten.

Den Teig aus einem Spritzbeutel mit Lochtülle in Stangen von 2 cm Breite und 8 cm Länge auf ein schwach gefettetes Blech setzen, mit geschlagenem Ei bestreichen und bei mittlerer Hitze trocken ausbacken. Nach dem Erkalten mit einer Schere an einer Seite einschneiden und mit Spritzbeutel mit Lochtülle entweder mit Schlagsahne oder mit Konditorcreme füllen, die man mit löslichem Kaffeepulver oder eingeweichter Schokolade vermischt hat. Die Oberseite je nach der Füllung in Kaffee- oder Schokoladenfondant tauchen. *(Siehe Bild auf Seite 262.)*

DAMENSCHENKEL — Cuisses-dame

6-8 Personen. 60 g Butter; 125 g Zucker; 2-3 Eier; 250 g Mehl; das Abgeriebene einer Zitronenschale; 1 Eßlöffel Kirschwasser; 1 Messerspitze Natron; Zimtzucker. Backzeit: 5-6 Minuten.

Die Butter mit dem Zucker vermischen, die Eier, die Zitronenschale und das Kirschwasser hinzugeben und schaumig rühren. Nach und nach das Mehl und zuletzt das Natron daruntermengen; das Ganze soll einen etwas festen Teig ergeben. Den Teig auf dem gemehlten Brett zu einer daumendicken Rolle formen, in Stücke 5-6 cm Länge schneiden und auf der Oberseite 3-4mal einkerben. Auf ein gemehltes Brett legen, mit einem Tuch bedecken und 1 Stunde ruhen lassen. In heißem Fett schwimmend zu schöner Farbe backen, gut abtropfen und in Zimtzucker wälzen.

KONVERSATIONEN — Conversations

4 Personen. 175 g Mürbeteig; Konditorcreme; Eiweißglasur. Backzeit: 12 Minuten.

Den Teig 3 mm dick ausrollen und damit kleine Tartelettförmchen ausfüttern. Voll mit kalter Konditorcreme füllen, alle auf einmal mit dünn ausgerolltem Mürbeteig bedecken und mit dem Rollholz darüberfahren, um den Teig am Rand glatt abzuschneiden. Ganz dünn mit Eiweißglasur bestreichen und obenauf 4 kleine Streifchen Mürbeteig überkreuz legen. Im Ofen mit guter Unterhitze und nicht zu starker Oberhitze backen und noch warm sorgfältig aus den Formen nehmen.

LIEBESGRÜBCHEN — Puits d'amour

4 Personen. 175 g Blätterteig; 75 g Johannisbeergelee; Puderzucker; 1 Ei. Backzeit: 8 Minuten.

Blätterteig 4 mm dick ausrollen und zu runden Plätzchen von 4 cm Durchmesser ausstechen. Die Hälfte so belassen, von der anderen Hälfte die Mitte in etwa 2 cm Durchmesser ausstechen. Die Ringe auf einer Seite leicht anfeuchten und mit dieser auf die Böden setzen. Mit Ei bestreichen, das nicht an den Seiten ablaufen darf, weil es das Aufgehen verhindert, und im heißen Ofen backen. Noch heiß die Mitte mit Johannisbeergelee füllen und den Rand mit Puderzucker bestäuben.

FLÄMISCHE STÄBCHEN — Baguettes flamandes
18 Stück. 125 g Zucker; 125 g Mehl; 1 Ei; 1 Eigelb; 60 g gehackte Mandeln; Vanille. Backzeit: 8 Minuten.

Den Zucker mit dem Eigelb, Ei und Vanille schaumig rühren. Das Mehl hinzufügen, hiervon mit Spritzbeutel und Lochtülle Stäbchen von 2 cm Breite und 8 cm Länge auf ein gefettetes und gemahltes Backblech setzen. Die Stäbchen mit gehackten Mandeln bestreuen und bei mäßiger Hitze backen.

MADELEINES VON COMMERCY — Madeleines de Commercy
12 Stück. 60 g Zucker; 60 g Butter; 60 g Mehl; 2 Eier; Vanille. Backzeit: 10-15 Minuten.

Die Eier mit dem Zucker schaumig schlagen, wobei man ein Stückchen Vanille beifügt. Die Vanille herausnehmen, das gesiebte Mehl und zuletzt die zerlassene, knapp lauwarme Butter locker unterziehen. In mit Butter ausgestrichene und ausgemehlte Madeleineförmchen füllen und im heißen Ofen backen.

MAKRONEN, NANZIGER — Macarons de Nancy
4 Personen. 100 g Mandelpulver; 200 g Zucker; Vanille; 2 Eiweiß; Puderzucker. Backzeit: 12-15 Minuten.

Die Mandeln mit dem Zucker vermischen und nach und nach das Eiweiß daruntermengen, um einen weichen Teig zu erzielen, der aber nicht laufen darf. Mit Hilfe von Spritzbeutel und Lochtülle mittelgroße Plätzchen auf weißes Papier spritzen. Ganz leicht mit Wasser bespritzen, mit Puderzucker bestäuben und bei mäßiger Hitze backen. Um die Makronen vom Papier ablösen zu können, mit dem Papier einige Minuten auf ein angefeuchtetes Blech legen.

MANDELHIPPEN — Tuiles aux amandes
4 Personen. 2 Eiweiß; 100 g Zucker; 50 g Mehl; 50 g zerlassene Butter; 40 g Mandelsplitter; Puderzucker. Backzeit: 4-5 Minuten.

Das Eiweiß mit dem Zucker 3 Minuten schlagen, das Mehl, die knapp lauwarme Butter und die Mandeln daruntermengen. Mit einem Löffel weit auseinander auf ein Backblech setzen, mit der Gabel etwas ausbreiten und mit Puderzucker bestäuben. Im heißen Ofen backen, sogleich vom Blech ablösen und mit der Hand über ein Rollholz drücken, um den Hippen eine leicht gewölbte Form zu geben.

MIRLITONS VON ROUEN — Mirlitons de Rouen
4 Personen. 150 g Mürbe- oder Blätterteig; 2 Eier; 100 g Puderzucker; 4 Makronen; 10 g Vanillezucker; Aprikosenmarmelade; geschälte Mandeln. Backzeit: 15 Minuten.

Tiefe Tartelettförmchen mit dünn ausgerolltem Mürbeteig ausfüttern. Auf den Boden einen Tupfen Aprikosenmarmelade geben und mit folgender Mischung füllen: Die Eier mit 90 g Puderzucker und 10 g Vanillezucker schaumig rühren und die trockenen, zerdrückten Makronen daruntermengen. Drei halbe Mandeln kleeblattförmig obenauflegen, stark mit Puderzucker bestäuben und im Ofen bei guter Oberhitze backen.

NAPOLITANER — Petits gâteaux napolitains
4 Personen. 175 g Zuckerteig; Aprikosenmarmelade; Bourdaloucreme; Kristallzucker. Backzeit: 10 Minuten.

Den Teig 3 mm dick ausrollen und davon runde Plätzchen von 6 cm Durchmesser ausstechen. Die Hälfte davon mit einem runden Ausstecher von 3 cm zu Ringen formen und alle im heißen Ofen backen. Die Ringe auf die Böden mit eingekochter, passierter Aprikosenmarmelade befestigen und auch den Oberteil dünn mit der Marmelade bestreichen und in Kristallzucker drücken. Den Hohlraum mit Bourdaloucreme, Maronencreme oder Konfitüre usw. füllen.

OBSTTÖRTCHEN — Tartelettes aux fruits

4 Personen. *175 g Mürbeteig; Obst; Aprikosenmarmelade oder Johannisbeergelee. Backzeit: 8-10 Minuten.*

Tartelettförmchen mit 3-4 mm dick ausgerolltem Mürbeteig ausfüttern, den oberen Rand glatt abschneiden, blind backen und auskühlen. Mit einer pochierten, großen, halben Aprikose oder einem halben Pfirsich füllen und mit eingekochter, passierter Aprikosenmarmelade abdecken. Rohe oder pochierte rote Früchte deckt man mit Johannisbeergelee ab, rohe Erdbeeren oder Himbeeren werden meistens nur mit Puderzucker bestäubt.

OCHSENZUNGEN ODER SCHUHSOHLEN — Coques ou langues de bœuf

4 Personen. *175 g Blätterteig; Streuzucker. Backzeit: 7-8 Minuten.*

Den Blätterteig 5 mm dick ausrollen und mit einem gezackten Ausstecher ungefähr 4 cm rund ausstechen. Etwas Streuzucker auf das Backbrett streuen und mit einer Tour des Rollholzes den Plätzchen eine länglich-ovale Form geben. Mit der gezuckerten Seite nach oben auf ein Backblech legen und bei mittlerer Hitze backen.

SALAMBOS

4 Personen. *200 g Brandteig; Konditorcreme; Kirschwasser; 1 Eigelb; Wasserglasur. Backzeit: 8-10 Minuten.*

Den Brandteig mittels Spritzbeutels und runder Lochtülle zu kleinen Halbkugeln von ungefähr 4 cm Durchmesser auf ein schwach gefettetes Backblech spritzen, mit Ei bestreichen und bei mittlerer Hitze trocken und knusprig backen. Noch heiß mit Wasserglasur bepinseln und trocknen lassen. Nach dem Abkühlen seitlich einschneiden und mit Spritzbeutel und Lochtülle mit Konditorcreme, mit Kirschwasser aromatisiert, füllen. *(Siehe Bild auf Seite 262.)*

SAVARINS MIT RUM, KLEINE — Petits savarins au rhum

4 Personen. *200 g Savarinteig; Läuterzucker; Rum. Backzeit: 8-10 Minuten.*

8 kleine Randförmchen (Savarinförmchen) ausbuttern und mit dem Teig halb voll füllen. Gären lassen, bis sie voll sind und im heißen Ofen backen. Noch warm in Rumläuterzucker tränken, abtropfen und beim Anrichten noch mit einigen Tropfen reinem Rum beträufeln. Man kann die Mitte mit vanillierter Schlagsahne oder St.-Honoratius-Creme füllen. *(Siehe Bild auf Seite 264.)*

SCHWEINSOHREN — Palmiers

4 Personen. *175 g Blätterteig; Streuzucker. Backzeit: 10-12 Minuten.*

Blätterteig oder Blätterteigreste ausrollen und zwei Touren geben, wobei man ihn jedes Mal mit feinem Streuzucker bestreut. Zu einem Rechteck auswalzen, zweimal zur Mitte zu zusammenklappen und leicht mit dem Rollholz andrücken. Mit einem scharfen Messer Stücke von 1 cm Dicke schneiden und mit der Schnittfläche weitläufig auf ein Backblech legen. In einem ziemlich heißen Ofen backen, dabei nach einigen Minuten wenden, damit sich die untere Seite nicht karamelisiert.

KLEINE TAUSENDBLÄTTERKUCHEN — Petits mille-feuilles

4 Personen. *175 g Blätterteig; Bourdaloucreme mit Mandelpulver; Puderzucker. Backzeit: 6-8 Minuten.*

Den Blätterteig zu einem langen Band von 3 mm Dicke und 8-10 cm Breite ausrollen, einstechen und im heißen Ofen trocken backen. Drei Bänder übereinanderlegen, mit der Creme füllen und etwas andrücken. Die Oberfläche stark mit Puderzucker bestäuben und das Band mit dem Sägemesser in Streifen von 3-4 cm schneiden.

TROUVILLER SANDKUCHEN — Sablés de Trouville

18 Stück. *125 g Mehl; 100 g Butter; 50 g Mandelpulver; 70 g Zucker; 2 Eigelb; das Abgeriebene 1 Zitrone; 1 Prise Salz. Backzeit: 7-8 Minuten.*

Das Mehl zu einer Grube aufschütten, Butter, Mandelpulver, Zucker, Eigelb, abgeriebene Zitrone und Salz hineingeben und rasch zu einem Teig auswirken. Zu einer Kugel zusammenrollen und 2 Stunden kühl ruhen lassen. Den Teig 4 mm dick ausrollen, mit einem runden Ausstecher von 8 cm Durchmesser ausstechen und jedes Stück in vier gleichmäßige Stücke teilen. Mit Ei bestreichen, mit der Messerspitze quadratisch einritzen und im heißen Ofen backen.

VENDEER SANDKUCHEN — Sablés vendéens

4 Personen. 125 g Mehl; 90 g Butter; 60 g Zucker; 2 hartgekochte, gesiebte Eigelb; das Abgeriebene 1 Zitrone; 1 Prise Salz. Backzeit: 7-8 Minuten.

Den Teig wie für Trouviller Sandkuchen, aber mit hartgekochtem Eigelb bereiten. Genau so zu abgerundeten Dreiecken ausstechen und jedes Dreieck mit einem Korken eindrücken, in dem man zuvor mit einem scharfen Messer Quadrate eingeschnitten hat. Die Dreiecke, ohne sie mit Ei zu bestreichen, im heißen Ofen backen.

WINDBEUTELCHEN MIT SAHNE — Choux à la crème

4 Personen. 200 g Brandteig; ungefähr 2 dl vanillierte Schlagsahne oder Konditorcreme; 1 Ei; Puderzucker. Backzeit: 8-10 Minuten.

Die Windbeutelchen genau so wie Salambos bereiten, aber nicht glacieren. Nach dem Auskühlen seitlich einschneiden und mit Schlagsahne oder Konditorcreme füllen und mit Puderzucker bestäuben. *(Siehe Bild auf Seite 262.)*

PETITS FOURS

MANDELMASSE — Pâte d'amandes fondante

250 g Mandelpulver; 250 g Fondant; Vanille.

Das trockene Mandelpulver mit dem Fondant und etwas Vanille mit der Hand zu einem feinen, festen, aber geschmeidigen Teig wirken. Man kann ihn mit Schokoladenpulver, löslichem Kaffeepulver oder feingeriebenen Pistazien vermischen, verschiedenartig färben und formen. Kleine, beliebig geformte Stücke, in Kirschwasser- oder Schokoladenfondant getaucht, ergeben sehr schmackhafte Petits Fours. Diese Masse dient auch zum Füllen von Datteln, Walnüssen, Kurpflaumen u.a.m.
Fertige Marzipanrohmasse kann man im Handel erstehen.

DAMENGAUMEN — Palais de dame

4 Personen. 60 g Butter; 60 g Zucker; 75 g Mehl; 1 Ei; 40 g Korinthen; 1 Eßlöffel Rum. Backzeit: 6 Minuten.

Die Butter mit dem Zucker tüchtig verrühren. Das Ei hinzugeben, weiterhin ordentlich durcharbeiten und zuletzt das Mehl und die Korinthen beifügen, die man zuvor mit dem Rum übergossen hatte. Die Masse wie sehr kleine Makronen auf ein gefettetes und gemehltes Backblech setzen und im heißen Ofen backen.

DATTELFOURS — Petits fours aux dattes

4 Personen. 150 g Zuckerteig; Datteln; 1 Eigelb. Backzeit: 8 Minuten.

Zuckerteig 3 mm dick ausrollen und mit einem runden Ausstecher von ungefähr 6 cm ausstechen. Die Datteln entsteinen und jede in einem Stück Zuckerteig derart einwickeln, daß die beiden Enden sichtbar bleiben. Mit der Nahtseite nach unten auf ein Backblech legen, mit Eigelb bestreichen und bei mittlerer Hitze backen.

GLACIERTE GENUESER FOURS — Petits fours en génoise glacés

Genueser Biskuit; Fondant; Konfitüre oder Buttercreme; Belegfrüchte usw.

Einen Boden aus Genueser Teig tags zuvor in einer Kapsel in Höhe von $2^1/_2$-3 cm backen. Waagrecht durchschneiden und mit beliebiger Konfitüre oder einer gut abgeschmeckten Buttercreme füllen. In sehr kleine Vierecke oder Dreiecke schneiden oder mit einem Ausstecher rund, oval oder halbmondförmig ausstechen. Fondant leicht anwärmen, die Fours damit gleichmäßig überziehen oder mit einer Seite hineintauchen und mit einem Stückchen Belegkirsche, einer halben Pistazie, einem kleinen, runden Stück kandierter Ananas, einer Schokoladen-Kaffeebohne u.a. dekorieren. Man kann z.B. die Fours mit Kaffeebuttercreme füllen und mit Rumfondant glacieren, mit Vanillebuttercreme füllen und mit Schokoladenfondant glacieren und mit einem Stückchen Pistazie dekorieren. Der Phantasie sind hier keine Grenzen gesetzt.

KAROLINES MIT KAFFEE ODER MIT SCHOKOLADE — Carolines au café et au chocolat

4 Personen. *150 g Brandteig; Schlagsahne oder Konditorcreme; Schokoladen- oder Kaffeefondant. Backzeit: 8 Minuten.*

Es handelt sich hier um sehr kleine Blitzkuchen von der knappen Größe und Breite eines kleinen Fingers, die genau so wie die großen gefüllt und glaciert werden.

KATZENZUNGEN — Langues de chat

4 Personen. *60 g Butter; 60 g Vanillezucker; 60 g Mehl; 2 Eiweiß. Backzeit: 4-5 Minuten.*

Die Butter mit dem Zucker schaumig rühren und das Eiweiß nach und nach in kleinen Mengen hinzufügen. Gut durchmischen und das Mehl locker unterziehen. Mittels Spritzbeutels und Lochtülle Stangen von ungefähr 7 cm Länge und knapp 2 cm Breite weitläufig auf ein gefettetes und gemehltes Backblech spritzen und im heißen Ofen backen. Noch heiß vom Blech lösen.

MANDELFELSEN — Rochers aux amandes

4 Personen. *2 Eiweiß; 125 g Puderzucker; 60 g Mandelsplitter. Backzeit: 8-10 Minuten.*

Das Eiweiß mit dem Zucker im Wasserbad so wie italienische Meringuemasse (siehe diese) aufschlagen. Sobald die Masse so fest ist, daß sie an den Drähten des Schneebesens sitzen bleibt, die Mandelsplitter untermengen. Mit einem Suppenlöffel kleine Häufchen auf ein gefettetes und gemehltes Backblech setzen und bei ganz gelinder Hitze im Ofen backen. Die Felsen sollen von außen krustig und von innen weich sein. Man kann die Masse mit Vanille, Kaffeepulver, Schokoladenpulver u. a. aromatisieren.

TROCKENE MANDELFOURS — Petits fours secs à la pâte d'amandes

6 Personen. *200 g geschälte Mandeln; 200 g Zucker; 1-2 Eiweiß; Belegkirschen usw. Backzeit: 8-10 Minuten.*

Die feingeriebenen Mandeln mit dem Zucker vermengen und nach und nach in kleinen Mengen so viel Eiweiß hinzufügen, daß es eine geschmeidige, spritzfähige Masse ergibt. Mit Hilfe von Spritzbeutel und Sterntülle auf Papiere sehr kleine Fours in der Form eines Kringels, Rosette oder eines S usw. spritzen und jedes Stück mit einem Pistazienviertel, einem Stückchen Mandel, Belegkirsche, Ananas usw. dekorieren. Kurz antrocknen lassen und dann im heißen Ofen backen. Man kann sie nach dem Herausnehmen aus dem Ofen leicht mit Wasserglasur bepinseln.

MERINGUE-FOURS — Petits fours en meringue

4 Personen. *150 g italienische Meringuemasse. Backzeit: 8-10 Minuten.*

Man kann die italienische Meringuemasse mit Vanille, Kaffee oder Schokolade abschmecken und ihr mit Hilfe von Spritzbeutel und Loch- oder Sterntülle die verschiedensten Formen geben.

PRALINIERTE WINDBEUTELCHEN — Choux pralinés

4 Personen. *150 g Brandteig; 1 dl Vanillebuttercreme mit Krokant; 30 g gehackte Mandeln; 1 Ei; Puderzucker. Backzeit: 8 Minuten.*

Den Brandteig zu Halbkugeln von 2½ cm Durchmesser auf ein Backblech setzen, mit Eigelb bestreichen, mit gehackten Mandeln bestreuen und trocken ausbacken. Nach dem Erkalten, von unten ein kleines Loch machen, mit sehr kleiner Lochtülle mit der Buttercreme füllen und die Oberseite mit Puderzucker bestäuben. Vor dem Gebrauch gut kühlen.

SALAMBOS

Als Petits Fours macht man sie in halber Größe der Original-Salambos.

PETITS FOURS AUS ZUCKERTEIG — Petits fours en pâte sucrée

4 Personen. *150 g Zuckerteig; Mandeln, Belegfrüchte, Pistazien u. a.; 1 Ei; Backzeit: 5-6 Minuten.*

Den Zuckerteig mit Vanille, abgeriebener Zitronen- oder Orangenschale aromatisieren und 5 mm dick ausrollen. Hiervon sehr kleine Herzen, Rechtecke oder Ovale ausstechen oder den Teig in Vierecke oder Rechtecke usw. schneiden. Mit geschlagenem Ei bestreichen, mit einer halben Mandel oder Pistazie, einem Viertel einer Belegkirsche u. a. dekorieren und im heißen Ofen backen.

KONFEKT

Die nachstehenden Rezepte beweisen, daß man vielerlei Arten von Konfekt auch im Haushalt leicht herstellen kann.

BRASILIANER — Brésiliennes

4 Personen. *100 g feingeriebene Mandeln; 125 g Puderzucker; 125 g geriebene Schokolade: 1 knappen Teelöffel lösliches Kaffeepulver; 1 Eßlöffel Rum; 1-2 Eßlöffel Milch; Schokoladenstreusel.*

Die Mandeln mit dem Zucker, der geriebenen Schokolade, dem Kaffeepulver und dem Rum vermischen und mit so viel Milch verarbeiten, daß es eine feste, aber geschmeidige Masse ergibt, die man zu kleinen Kugeln mit der Hand formen kann. Die Kugeln sogleich in Schokoladenstreusel wälzen und vor dem Gebrauch einige Stunden gut kühlen.

GEFÜLLTE DATTELN ODER KURPFLAUMEN — Dattes ou pruneaux fourrés

4 Personen. *200 g Datteln oder Kurpflaumen; 125 g Mandelmasse oder Marzipan.*

Die Datteln oder ganz zarte, rohe Kurpflaumen an einer Seite öffnen und den Kern entfernen, den man durch ein etwas größeres Stück Mandelmasse ersetzt. Es wird leicht gewölbt eingesetzt, damit es sichtbar bleibt. In zum Bruch gekochten Zucker tauchen, ablaufen lassen und auf ein leicht geöltes Blech zum Trocknen setzen.

VERHÜLLTE KIRSCHEN — Cerises marquises ou déguisées

Weinbrandkirschen gut abtropfen lassen, in angewärmten weißen Fondant, mit Kirschwasser abgeschmeckt, tauchen. Auf einem mit Puderzucker bestreuten Blech trocknen lassen.

MARQUISETTES

4 Personen. *125 g feingeriebene Mandeln; 125 g Puderzucker; 125 g geriebene Schokolade; 1 Eßlöffel Butter; 2 Eigelb.*

Die Mandeln mit dem Zucker und der geriebenen Schokolade vermischen und mit der Butter und dem Eigelb gut durcharbeiten. Hiervon Kugeln in der Größe einer ansehnlichen Haselnuß formen, in geriebener Schokolade wälzen und wenigstens 2 Stunden gut kühlen.

SCHOKOLADENTRÜFFEL I — Truffes au chocolat

4 Personen. *60 g Fondant; 75 g Mandelpulver; 40 g Butter; 40 g geriebene Schokolade; Schokoladenstreusel.*

Den Fondant mit dem Handballen mit dem Mandelpulver, der Butter und der Schokolade zu einer geschmeidigen Masse verarbeiten. Zu kleinen Kugeln formen, in Schokoladenstreusel wälzen und vor dem Gebrauch einige Stunden kühlen.

SCHOKOLADENTRÜFFEL II — Truffes au chocolat

4 Personen. *250 g Schokolade; 50 g Butter; 1 Eßlöffel Kakaopulver; 1-2 Eßlöffel süße Sahne; 1 Teelöffel Kirschwasser oder Rum.*

Die Schokolade reiben, sieben und den groben Rest aufbewahren. Die Butter pomadig rühren, mit der gesiebten Schokolade, dem Kakaopulver und dem Kirschwasser vermengen und so viel Sahne hinzugeben, daß es eine feste, geschmeidige Masse ergibt. Davon Kugeln in der Größe einer kleinen Trüffel formen und in der reservierten, geriebenen Schokolade wälzen. Zum Wälzen kann man auch Schokoladenstreusel nehmen. Vor dem Gebrauch einige Stunden kühlen.

GEFÜLLTE WALNUSSKERNE — Noix farcies

Je zwei Walnußkerne mit einer kleinen Kugel Fondant zusammensetzen und in Bruchzucker tauchen.

KONSERVEN

Gute Konserven erleichtern der Hausfrau die Arbeit in der Küche. Gemüse, das zum Konservieren bestimmt ist, muß frisch und von bester Qualität, Obst reif, aber nicht überreif sein. Am besten sind natürlich die Erzeugnisse des eigenen Gartens.

Sehr große Fortschritte hat man in der Herstellung von Geräten gemacht, die für das Konservieren nötig sind. Im Handel findet man Gläser und Dosen mit praktischen, einfach zu handhabenden Verschlüssen.

Das Prinzip der Konservierung in Dosen und Gläsern besteht darin, einen luftleeren Raum zu schaffen, in dem Mikroorganismen nicht leben können. Das erreicht man durch die völlige Sterilisation.

OBST

APRIKOSEN FÜR SÜSSPEISEN UND KOMPOTT — Abricots au sirop pour entremets ou compotes

Reife, aber nicht vollreife Aprikosen halbieren, entkernen und mit der Schnittfläche nach unten fest in die Gläser füllen; Sorten mit sehr fester Schale müssen zuvor gebrüht und abgezogen werden. In jedes Glas 5-6 abgezogene Kerne dazwischenlegen. Mit kaltem Läuterzucker von 16-18 Grad übergießen und verschließen. Kilodosen oder -gläser 25 Minuten und $^1/_2$-kg-Gläser oder -Dosen 20 Minuten bei 90° C sterilisieren.

APRIKOSEN IN LEICHTER ZUCKERLÖSUNG FÜR OBSTTORTEN — Conserve d'abricots pour tartes

Die Aprikosen halbieren und entsteinen. Genau wie oben in Gläser oder Dosen füllen. Nur zur Hälfte mit einem Läuterzucker von 50 g Zucker auf 1 l Wasser füllen, verschließen und so wie oben sterilisieren.

ERDBEEREN IN SCHWEREM LÄUTERZUCKER FÜR KOMPOTT — Fraises au sirop pour compotes

Kleinere Früchte von ausgeprägt roter Farbe und geringem Wassergehalt nehmen. Die Stiele nicht abzupfen, sondern herausdrehen. Auf ein Sieb abbrausen, bis sie sandfrei sind, und gut abtropfen. Recht dicht in Gläser oder Dosen füllen und mit kaltem Läuterzucker von 20 Grad aufgießen. Um die Farbe zu bewahren, kann man dem Läuterzucker etwas Saft von schwarzen Kirschen beifügen. $^1/_2$-kg-Dosen oder -Gläser 25 Minuten und 1-kg-Dosen oder -Gläser 30 Minuten bei 80° C sterilisieren.

ERDBEERPÜREE FÜR EIS UND SÜSSPEISEN — Purée de fraises pour entremets et glaces

Reife, völlig gesunde und duftreiche Erdbeeren entstielen, gründlich abbrausen und sehr gut abtropfen. Durch ein Haarsieb streichen, in Gläser oder Flaschen von $^1/_4$ l Inhalt füllen und 25 Minuten kochen. Die Korken der Flaschen nach dem Sterilisieren versiegeln, um einen hermetischen Verschluß zu erzielen.

HERZKIRSCHEN FÜR KOMPOTT — Bigarreaux pour compotes

Die Kirschen sorgfältig entkernen und dabei auf eventuelle Maden achten. In Gläser oder Dosen fest packen und bis zum nächsten Tag, zugedeckt, stehen lassen; sie fallen sehr zusammen und man kann aus einem anderen Glas nachfüllen. Mit kaltem Läuterzucker von 25 Grad aufgießen und verschließen. $^1/_2$-kg-Gläser oder -Dosen 20 Minuten und 1-kg-Gläser oder -Dosen 25 Minuten bei 90° C sterilisieren.
Diese Kirschen eignen sich auch gut für Kuchen und Torten.

SAUERKIRSCHEN FÜR KOMPOTT — Guignes pour compotes

Weichselkirschen und Morellen eignen sich am besten. Sehr feste, einwandfreie, sauber gewaschene und entstielte, auf Wunsch auch entkernte Früchte nehmen und fest in Gläser oder Dosen stopfen. Mit kaltem Läuterzucker von 25 Grad aufgießen, verschließen, und $^1/_2$-kg-Gläser oder -Dosen 20 Minuten und 1-kg-Gläser oder -Dosen 30 Minuten bei 80° C sterilisieren.

PFIRSICHE IN SCHWEREM LÄUTERZUCKER — Pêches au sirop

Nur sehr edle und vollreife Pfirsiche ergeben ein gutes Ergebnis. Sie dürfen weder Druckstellen noch Beschädigungen aufweisen, da sie später braune Flecke haben. Kleine Früchte mit wolliger Haut können ganz und ungeschält bleiben, größere werden geschält, entkernt, enthäutet und mit der Schnittfläche nach unten in Gläser oder Dosen eingelegt. Sie werden mit Läuterzucker von 24 Grad aufgegossen, $^1/_2$-kg-Dosen oder -Gläser 25 Minuten und 1-kg-Dosen oder -Gläser 30 Minuten bei 90° C sterilisiert.

GEMÜSE, PILZE UND DIVERSES

JUNGE GRÜNE BOHNEN — Haricots verts

Zarte, kleinfingerlange Bohnen notfalls entfädeln, sonst nur an beiden Enden gerade schneiden. In kochendes Salzwasser werfen und je nach Größe 2-5 Minuten mit einer Prise Natron blanchieren. Sofort abgießen, mit kaltem Wasser abkühlen und gut abtropfen. In möglichst breite Gläser füllen und mit abgekochtem, sehr leicht gesalzenem Wasser aufgießen. 1-kg-Gläser 60 Minuten und 1-kg-Dosen 90 Minuten bei 100° C sterilisieren.

GRÜNE ERBSEN — Petits pois au naturel

Die enthülsten Erbsen je nach Größe sortieren. Die kleinsten Erbsen 2, die mittleren 4 und die großen 6 Minuten blanchieren, sofort auskühlen und abtropfen. In Gläser oder Dosen füllen und mit ausgekühltem Wasser aufgießen, dem man je Liter 8 g Salz und 15 g Zucker zugesetzt hat. Die Erbsen gut eindrücken und gänzlich mit Flüssigkeit bedecken. 1-kg-Gläser 60 Minuten und 1-kg-Dosen 90 Minuten bei 100° C sterilisieren.

ERBSEN AUF FRANZÖSISCHE ART — Petits pois à la française

Die Erbsen auf französische Art (siehe Gemüse) bereiten und völlig auskühlen. In Gläser von 1 kg Inhalt füllen und darauf achten, daß kein Zwischenraum entsteht. Da die Flüssigkeit nicht ausreicht, mit abgekochten, leicht gesalzenem Wasser soweit aufgießen, daß die Erbsen gerade bedeckt sind. Die Gläser verschließen und bei 100° C 90 Minuten sterilisieren.

JUNGE KAROTTEN — Carottes au naturel

Junge, gleichgroße runde Karotten waschen, sauber abschaben und sogleich in kaltes Wasser legen, bis alle fertig sind. Mit nur soviel Wasser kochen, daß sie gerade bedeckt sind, bis man sie mit einer Nadel durchstechen kann. Das Wasser mit nicht mehr als 5 g Salz je Liter würzen, nach dem Blanchieren auffangen und auf 1 Liter 5 g Zucker hinzufügen. Die Karotten in Gläser oder Dosen füllen und mit der ausgekühlten Flüssigkeit aufgießen. Litergläser oder 1-kg-Dosen 60 Minuten bei 100° C sterilisieren.

HALBE TOMATEN ZUM FÜLLEN — Demi-tomates à farcir

Gleichmäßige rote, reife, aber noch feste Tomaten halbieren und die Kerne sauber entfernen. In Gläser dicht mit der Schnittseite nach unten füllen und mit abgekochtem, leicht gesalzenem Wasser aufgießen. Litergäser 45 Minuten bei 80º C sterilisieren.

TOMATENPÜREE — Purée de tomates au naturel

Recht rote, reife aber noch feste Tomaten waschen, abtropfen, in Stücke schneiden und ohne Wasserzusatz rasch zu Brei verkochen. Dabei wiederholt umrühren und darauf achten, daß sie nicht anbrennen. Durch ein feines Drahtsieb streichen, damit die Kerne zurückbleiben, und nach dem Auskühlen in Gläser füllen. $1/4$-l-Gläser 30 Minuten, $1/2$-l-Gläser 45 und 1-l-Gläser 60 Minuten bei 100º C sterilisieren. Vorzugsweise kleine Gläser nehmen, die man auf einmal verwenden kann.

PFEFFERGURKEN — Conserve de cornichons

Feste, möglich gerade gewachsene, knapp kleinfingerlange Gürkchen waschen, abbürsten und 4-5 Stunden lang in Salzwasser liegen lassen. Einzeln mit einem sauberen Tuch abwischen und schichtweise mit dazwischengestreuten Perlzwiebeln, Schalotten, Pfefferkörnern und einigen Zweigen Estragon in breite Gläser oder einen Steintopf füllen. Weinessig je Liter mit 20 g Salz aufkochen — wenn er zu scharf ist mit 20 % der Menge Wasser vermischen — auskühlen, über die Gurken gießen und zubinden. Jeweils am 2. und 3. Tag den Essig abgießen, aufkochen und kalt über die Gurken gießen und mit Zellophan fest zubinden. Damit die Gurken im Glas nicht hochsteigen, zwei saubere Holzstäbchen waagrecht in die Gläser oder in den Topf klemmen. In 3-4 Wochen sind die Gurken gebrauchsfähig.

ESTRAGON — Conserve d'estragon

Die Blätter von ganz frischen Estragonzweigen einzeln ablösen, in kochendes Wasser werfen und nur aufkochen lassen. Mit kaltem Wasser abspülen, ausdrücken und fest in möglichst kleine Gläser füllen. Mit kaltem, leicht gesalzenem Wasser aufgießen, hermetisch verschließen und 15 Minuten bei 100º C sterilisieren.

CHAMPIGNONS — Conserve de champignons

Kleine, ganz frische, festgeschlossene Zuchtchampignons gut waschen, das Stielende glattschneiden, die Haut abziehen und sofort in Wasser blanchieren, der man je Liter 8 g Salz und 1-2 g Zitronensäure zufügt, um die Farbe zu erhalten. Nur 2 Minuten blanchieren und darauf achten, daß die Pilze unter Wasser gehalten werden, damit sie nicht mit der Luft in Berührung kommen. Vorgekochtes, ausgekühltes Wasser bereithalten, dem man je Liter 10 g Salz und den Saft einer Zitrone beigefügt hat. Nach dem Blanchieren, die Champignons mit der Schaumkelle herausnehmen, sofort in kaltes Wasser legen und völlig abkühlen. Abtropfen, sogleich in Gläser oder Dosen füllen und mit der vorbereiteten Lösung aufgießen. $1/2$-kg-Gläser oder -Dosen 90 Minuten bei 100º C sterilisieren.

KONFITÜREN

Die Konfitüren spielen in unserer Ernährung eine bedeutsame Rolle. Sie sind gesund, werden stets gerne gegessen und ihre Herstellung ist weder kostspielig noch schwierig. Bei richtiger Zubereitung halten sie sich fast unbegrenzte Zeit.

APRIKOSENKONFITÜRE — Confiture d'abricots

Reife, doch nicht überreife Aprikosen abwischen, halbieren und den Stein entfernen. Die Früchte abwiegen, in eine Schüssel geben, mit drei Viertel des Gewichtes Zucker bestreuen, durchmischen, zudecken und bis zum nächsten Tag stehen lassen. Den Sirup, der sich inzwischen gebildet hat, zusammen mit den Aprikosen in eine Kasserolle mit dickem Boden geben und unter ständigem Rühren einkochen. Sobald man einen Löffel der Konfitüre auf einen trockenen Teller fallen läßt und sie nicht mehr auseinander läuft, ist sie fertig. Sofort vom Feuer nehmen und in vorgewärmte Gläser oder Töpfchen füllen, die man auf ein dickes Tuch gestellt hat. Einige ausgebrochene und geschälte Aprikosenkerne, unter die Konfitüre gemischt, erhöhen den Geschmack.
Konfitüren stets bis zum Rand füllen, weil sie beim Kaltwerden etwas zusammenfallen. Die gefüllten Gläser mit einem Tuch bedecken und bis zum nächsten Tag stehen lassen. Erst mit einem runden Blatt Pergamentpapier, in Rum oder Cognac getaucht, bedecken, dann mit Zellophan zubinden und kühl, aber trocken aufbewahren. Das gilt für alle Konfitüren, Marmeladen und Gelees.

ENGLISCHE ERDBEERKONFITÜRE — Strawberry jam

Mittelgroße, aromatische Erdbeeren entstielen, rasch waschen, abtropfen und auf einem Tuch trocknen. In eine Schüssel mit dem gleichen Gewicht an Zucker füllen, mit einem Tuch bedecken und bis zum nächsten Tag stehen lassen. Mitsamt dem gezogenen Saft in eine Kasserolle geben und so wie Aprikosenkonfitüre kochen. Sehr sorgfältig umrühren, damit sie nicht anbrennt. Sogleich in vorgewärmte Gläser oder Töpfchen füllen und erst am nächsten Tag zubinden. Bei dieser Herstellungsart bleiben die Früchte zum größten Teil ganz und auch die Farbe wird weitgehend bewahrt.

HIMBEERKONFITÜRE — Confiture de framboises

Genau so verfahren wie für englische Erdbeerkonfitüre, aber nur mit drei Viertel des Gewichtes an Zucker. Langsam unter ständigem Rühren kochen, um das Anbrennen zu verhindern. Da die Früchte leicht verkochen, handelt es sich mehr um eine Marmelade als um eine Konfitüre.

HOLUNDERKONFITÜRE — Confiture de sureau

Holunderbeeren ergeben eine gute und gesunde Marmelade für den Alltag. Recht schwarze, reife Beeren entstielen, mit drei Viertel der Menge Zucker in eine Kasserolle geben und langsam zum Kochen bringen. Unter ständigem Umrühren bis zur Geleeprobe einkochen. Es handelt sich eher um eine Marmelade als eine Konfitüre.

KONFITÜRE VON SCHWARZEN JOHANNISBEEREN — Confiture de cassis

Auch hier handelt es sich eher um eine Marmelade als eine Konfitüre. Für 1 kg entstielte schwarze Johannisbeeren 750 g Zucker zum Ballen kochen. Die Johannisbeeren hineinwerfen und 5-6 Minuten abseits des Herdes stellen, bis sie platzen. Auf ein sehr feines Sieb abtropfen lassen und die Beeren durch das gleiche Sieb passieren. Püree und Sirup in eine Kasserolle geben und bis zur Geleeprobe kochen. Besonders gut umrühren, da das Püree leicht anbrennt.

KIRSCHENKONFITÜRE — Confiture de cerises

Hierfür nimmt man am besten Sauerkirschen. Da alle Kirschen wasserreich und pektinarm sind, muß man sie besonders behandeln. Auf 1 kg entsteinte Kirschen 750 g Zucker zum Ballen kochen. Die Kirschen hineinwerfen, aber nicht kochen lassen, sondern nur 15 Minuten auf Siedehitze halten, wodurch sie ihren Saft abgeben. Auf ein Haarsieb — niemals ein Drahtsieb — schütten, restlos abtropfen lassen und den Saft auffangen. Den Saft abermals bis zum Ballen kochen, die Kirschen wieder hineingeben und so lange unter fleißigem Rühren kochen, bis die Masse dick vom Löffel fließt. Diese Konfitüre wird zwar dick, doch nie geleeartig. Man läßt sie in einer Schüssel auskühlen, damit die Kirschen nicht oben in den Gläsern schwimmen. Am nächsten Tag gut durchrühren, in die Gläser füllen, obenauf ein mit Rum getränktes Papier legen und mit Zellophan zubinden.

MIRABELLENKONFITÜRE — Confiture de mirabelles

Recht reife, gelbe Mirabellen entkernen. Auf 1 kg Mirabellen 750 g Zucker mit einem Stückchen Vanille zum starken Faden kochen und die Vanille herausnehmen. Die Mirabellen hineinwerfen und so lange kochen, bis sie gelieren, was bis zu 40 Minuten dauern kann. Dabei ständig umrühren, um das Anbrennen zu verhindern. Sogleich in angewärmte Gläser oder Töpfchen füllen und erst am nächsten Tag zubinden.

VIERFRUCHTKONFITÜRE — Confiture de quatre fruits

Gleiche Mengen von reifen Pfirsichen, Aprikosen, Reineklauden und Mirabellen nehmen und entsteinen. Mit Ausnahme der Mirabellen sollte man die anderen Früchte kurz überbrühen, um die Haut abziehen zu können. Sofort in eine Schüssel geben, auf 1 kg Früchte 750 g Streuzucker nehmen, durchmischen, zudecken und 12 Stunden zum Ziehen stehen lassen. Am nächsten Tag so wie Aprikosenkonfitüre bereiten.

WEINBEERENKONFITÜRE — Confiture de raisins

Reife, aber noch feste Weinbeeren entstielen. Auf 1 kg Weinbeeren 1 kg Zucker mit etwas Wasser und einem Stückchen Vanille zum Ballen kochen. Die gut gewaschenen und abgetropften Beeren hineingeben und langsam kochen lassen, bis sie weich und glasig sind. Aufsteigende Kerne mit dem Schaumlöffel entfernen. Sobald der Sirup anfängt zu gelieren, die Beeren mit dem Schaumlöffel herausnehmen und in vorgewärmte Gläser oder Töpfchen füllen. Den Sirup noch etwas einkochen, die Vanille herausnehmen, und über die Beerern gießen. Die Gläser erst nach völligem Erkalten verschließen. Diese Konfitüre ist nicht sehr lange haltbar.

ZWETSCHENKONFITÜRE, ZWETSCHGENKONFITÜRE — Confiture de quetches

Reife Zwetschen brühen, enthäuten und halbieren. Auf 1 kg Zwetschen 1 kg Zucker nehmen, damit bestreuen und zugedeckt 12 Stunden stehen lassen. Weiterhin wie Aprikosenkonfitüre behandeln.

GELÉES

APFELGELEE — Gelée de pommes

Nicht zu reife, leicht säuerliche Äpfel waschen, von Stiel und Blütenansatz befreien und ungeschält vierteln. Mit Wasser bedeckt ansetzen und auf 1 kg Äpfel den Saft 1 Zitrone geben. Bei mäßiger Hitze langsam kochen lassen, ohne umzurühren, bis sie zerfallen. Den Saft durch ein Tuch auffangen, das in kaltem Wasser ausgewrungen worden ist. Auf 1 l Saft 750 g Zucker geben und unter wiederholtem Abschäumen bis zur Geleeprobe kochen, d. h. bis der Saft breit vom Löffel fließt. Sogleich in vorgewärmte Gläser füllen und erst nach völligem Erkalten verschließen.

GELEE VON HIMBEEREN ODER SCHWARZEN JOHANNISBEEREN — Gelée de framboises ou de cassis

Beide Gelees genau so wie Johannisbeergelee bereiten, zu den Himbeeren jedoch halb so viel rote Johannisbeeren und zu den schwarzen ein Drittel soviel rote Johannisbeeren geben.

JOHANNISBEERGELEE — Gelée de groseilles

Die Johannisbeeren abbeeren, leicht zerdrücken und auf 2 kg mit $^1/_4$ l Wasser aufkochen, wobei man sie des öfteren umrührt. Auf ein Tuch zum Abtropfen schütten, am besten über Nacht, wobei sie nicht gedrückt werden dürfen. Den abgetropften Saft messen und auf 1 l Saft mit 375 g Zucker zur Geleeprobe kochen. Sofort in vorgewärmte Gläser füllen und erst nach 2-3 Tagen zubinden.

QUITTENGELEE — Gelée de coings

Nicht zu reife, nicht ganz gelbe Quitten schälen, vierteln und entkernen. Die Stücke reichlich mit Wasser weichkochen, ohne sie umzurühren, die Schalen mit etwas Wasser allein, da sie am pektinreichsten sind. Jeden Teil für sich durch ein Tuch gießen und vermischen. Auf 1 kg Saft 1 kg Zucker nehmen und bei lebhafter Hitze und unter ständigem Abschäumen zur Geleeprobe kochen. Das heiße Gelee in vorgewärmte Gläser füllen und erst nach völligem Erkalten zubinden.
Diese Methode hat den Vorzug, daß man das Quittenfleisch noch zu Marmelade verkochen kann.

MARMELADEN

APFELMARMELADE — Marmelade de pommes

Leicht säuerliche Äpfel waschen, vierteln, aber nicht schälen. Knapp mit Wasser bedeckt weich kochen und durch ein Sieb streichen. Mitsamt dem Saft in eine Kasserolle geben und mit der gleichen oder auch nur der halben Menge Zucker kochen, bis die Marmelade dick vom Löffel fällt. Noch heiß in Gläser füllen und erst nach völligem Erkalten zubinden.

BROMBEERMARMELADE — Marmelade de mûres

Hierfür eignen sich nur vollreife Beeren. Die Beeren von Blättern und Stielansätzen befreien und weiter genau wie Holunderkonfitüre bereiten. *(Siehe Seite 283).*

ORANGENMARMELADE I — Orange marmelade

Orangen sehr sorgfältig schälen, die Schale in feine Streifen schneiden und über Nacht wässern. Am nächsten Tag im Wasser 5 Minuten kochen und das Wasser fortschütten. Die Orangen selbst restlos von der pelzigen Haut befreien und das Fleisch nach dem Entfernen etwaiger Kerne durch die grobe Scheibe der Fleischmaschine treiben. Auf 1 kg Fruchtfleisch und Saft die in Streifen geschnittenen Schalen und 1 kg Zucker geben und unter ständigem Rühren und Abschäumen bis zur Geleeprobe kochen. Heiß in Gläser füllen und erst nach dem Erkalten zubinden.

ORANGENMARMELADE II — Scotch orange marmelade

4 sehr große, kernlose Apfelsinen und 1 Zitrone der Länge nach durchschneiden, noch etwaige Kerne entfernen und die Früchte mit einem sehr scharfen Messer in hauchdünne Scheiben schneiden. In eine Porzellanschüssel geben, den Saft 2 weiterer, großer Orangen und $1^1/_4$ l Wasser hinzufügen, zudecken und bis zum nächsten Tag kalt stellen. Alles langsam 2 Stunden kochen, wieder in eine Schüssel füllen und kalt stellen. Am 3. Tag 1 kg Zucker hinzugeben und die Marmelade so lange kochen, bis die Schalen weich und glasig sind und die Flüssigkeit geliert. Sofort heiß in vorgewärmte Töpfchen füllen und 6 Tage lang, zugedeckt, stehen lassen, ehe man sie zubindet. Diese Marmelade kennt man auch unter dem Namen Dundee Marmelade.

QUITTENMARMELADE — Marmelade de coings

Man kann von Quitten, nachdem davon Gelee gekocht worden ist, noch Marmelade bereiten. Die Frucht durch ein Sieb streichen, mit der gleichen Menge Zucker einkochen und dabei ständig rühren, bis das Püree dick vom Löffel fällt. Sogleich in warme Gläser füllen und erst nach dem Erkalten zubinden. Da sie sich nicht lange hält, muß die Marmelade bald verbraucht werden.

RHABARBERMARMELADE — Marmelade de rhubarbe

Junge zarte Stengel nehmen, schälen und, falls sie zu dick sind, der Länge nach spalten. In 2cm lange Stücke schneiden, mit kochendem Wasser übergießen, um ihnen den herben Geschmack zu nehmen, und abtropfen. Auf 1 kg Rhabarber 1 kg Zucker nehmen, zum starken Faden kochen, den Rhabarber hineinschütten und nicht zu schnell 30 Minuten kochen lassen, dabei den Schaum ständig entfernen. Sobald der Rhabarber weich und glasig ist und geliert, ist die Marmelade fertig. In vorgewärmte Gläser füllen und erst nach völligem Erkalten zubinden.

FRÜCHTE IN BRANNTWEIN

APRIKOSEN IN BRANNTWEIN — Abricots à l'eau-de-vie

Mittelgroße, reife, aber noch feste Früchte brühen und die Haut abziehen. Jede Frucht mit einer Nadel mehrmals einstechen. Für 1 kg Aprikosen Läuterzucker von 500 g Zucker und 0,35 l Wasser bereiten und gut abschäumen. Die Früchte in eine saubere Schüssel geben, mit dem heißen Läuterzucker übergießen, zudecken, und 24 Stunden stehen lassen. Den Saft abgießen, auf drei Viertel der Menge einkochen, wieder über die Früchte gießen, 15 Minuten lang zugedeckt ziehen lassen, dann auskühlen. Wiederum 24 Stunden zugedeckt stehen lassen, die Aprikosen herausnehmen, abtropfen und in Gläser füllen. Der Saft der sich für jedes Kilo Früchte ergeben hat, mit 2 dl Weinbrand vermischen, über die Aprikosen gießen und die Gläser mit Zellophan verschließen. Vor dem Verbrauch 4-6 Wochen kühl, trocken und dunkel aufbewahren.

ERDBEEREN IN WEINBRAND — Fraises à l'eau-de-vie

Kleine, dunkelfarbige, reife, gesunde, aber noch feste Erdbeeren von Blättern und Stielansatz durch Herausdrehen befreien. Gut mit Wasser abbrausen und abtropfen. Auf 1 kg Frucht 450 g Streuzucker mit 50 g Vanillezucker vermengen. Die Erdbeeren auf ein Tuch abtrocknen, schichtweise mit dem Zucker in Gläser füllen und mit so viel Weinbrand aufgießen, daß sie bedeckt sind. Mit Zellophan gut verschließen und 4-6 Wochen dunkel aufbewahren, da sie sonst die Farbe verlieren und blaß werden.

COGNACKIRSCHEN — Cerises à l'eau-de-vie

Große, hartfleischige Knorpelkirschen, auch Herz- und Sauerkirschen können verwendet werden. Die Kirschen sauber abwischen, die Stiele kürzen und so, wie sie sind, mit einige Stückchen Vanille dazwischen, einschichten. Für 1 kg Kirschen 4 dl Wasser mit 1 kg Zucker zum Faden kochen, gut abschäumen und auskühlen. Den kalten Läuterzucker mit 7 dl Cognac gut vermischen, über die Kirschen gießen und mit Zellophan zubinden. 4-6 Wochen vor dem Verbrauch kühl, trocken und dunkel aufbewahren.
Man kann die Kirschen auch wie Erdbeeren bereiten, doch nimmt man nur die Hälfte des Zuckers.

MIRABELLEN IN BRANNTWEIN — Mirabelles à l'eau-de-vie

Genau so wie Aprikosen bereiten.

REINEKLAUDEN IN BRANNTWEIN — Reines-claudes à l'eau-de-vie

Für 500 g Reineklauden 375 g Zucker mit 2 dl Wasser zu Läuterzucker kochen und gut abschäumen. Die Reineklauden nur mit einem Tuch abwischen, in dem Läuterzucker drei bis vier Mal nur kurz aufkochen, herausnehmen, in eine Schüssel geben und den Läuterzucker darübergießen. Zudecken und 3 Tage lang an einem kühlen Ort stehen lassen. Herausnehmen, auf einen Durchschlag zum völligen Abtropfen legen und den Saft auffangen. In weithalsige Gläser füllen. Den Saft zum Faden einkochen, nach dem Erkalten mit der gleichen Menge Weinbrand vermischen, über die Früchte gießen und mit Pergament oder Zellophan gut verschließen.

MUSKATTRAUBEN IN WEINBRAND — Raisin muscat à l'eau-de-vie

Schöne große und feste Trauben entbeeren, gut abwischen und in Gläser füllen, ohne sie zu sehr zu drücken. Mit Weinbrand übergießen, provisorisch zubinden und 3 Wochen lang mazerieren. 500 g Zucker mit 3 dl Wasser läutern, gut abschäumen und auskühlen. Mit der gleichen Menge des Weinbrands der Mazeration vermengen, über die Früchte gießen, mit Zellophan zubinden und kühl und trocken aufbewahren.

FRUCHTPASTEN

Man kann Fruchtpasten von fast allen Früchten bereiten, besonders aber von Äpfeln, Aprikosen und Quitten. Man bereitet dafür ein Püree, das man mit einem etwas höheren Gewicht an Zucker dick einkocht. Die nachstehende Methode ist einfach, aber nur für den alsbaldigen Gebrauch gedacht.

APFELPASTE — Pâte de pommes
Die Äpfel wie für Marmelade kochen und durch ein Sieb streichen. Auf 1 kg Püree 1 kg 250 g Zucker und ein Stück Vanille oder fein abgeschnittene Zitronenschale geben und unter ständigem Rühren mit einem Holzlöffel einkochen. Wenn sich das Püree glatt von den Wandungen der Kasserolle löst, vom Feuer nehmen und auf eine Marmorplatte oder ein sauberes Blech gießen, das dicht mit Puderzucker bestäubt worden ist. Zu einem etwa $1^{1}/_{2}$ cm dicken Viereck formen und erkalten lassen. Erst dann mit einem scharfen Messer in Stücke schneiden, in Zucker wälzen und an der Luft trocknen. Man kann die Masse auch auf weißes Papier gießen, das mit Puderzucker bestäubt worden ist. Zieht sich danach das Papier schwer ab, muß es leicht angefeuchtet werden.

QUITTENPASTE — Pâte de coings
Die Quitten ungeschält vierteln und die Kerne entfernen. Mit wenig Flüssigkeit kochen, durch ein Sieb streichen und wie Apfelpaste weiter behandeln. Auf 500 g Quittenpüree 750 g Zucker nehmen. Die Pasten halten sich weitaus länger, wenn man sie in flache, mit dünnem Pergamentpapier ausgelegte Kapseln füllt, glattstreicht und im Gas- oder Elektroherd bei höchstens 65 Grad trocknet.

GESALZENES

SALZMANDELN — Amandes salées
Obwohl diese Mandeln nicht in diesen Abschnitt gehören, möchten wir Sie ihrer Beliebtheit wegen hier erwähnen.
Mandeln brühen, enthäuten und auf einem Tuch trocknen. Eiweiß ganz leicht mit der Gabel schlagen, nur daß es nicht mehr zusammenhängt, und die Mandeln damit anfeuchten. Mit nur so viel Salz bestreuen, daß es leicht an beiden Seiten anhaftet, auseinander auf ein Backblech schütten und in einen mäßig heißen Ofen stellen. Sobald sie trocken und hellgelb sind, herausnehmen; sie dürfen höchstens sehr leicht gebräunt sein. Auf die gleiche Art können Erdnüsse, halbe Walnüsse und Haselnüsse bereitet werden. Haselnüsse zuvor leicht anrösten, um die Haut entfernen zu können.

GETRÄNKE, SIRUPS, LIKÖRE, COCKTAILS, LONG DRINKS

GETRÄNKE

WARME GETRÄNKE

LAIT DE POULE

2 dl heiße, gesüßte Milch mit Rum oder Weinbrand nach Geschmack aromatisieren und abseits des Feuers. im Geschirr selbst, ein Eigelb hinzufügen und mit einem kleinen Schneebesen recht schaumig rühren.

ORANGENPUNSCH — Punch à l'orange

15 Gläser. $^3/_4$ l leichten Teeaufguß; 6 Orangen; 1 Zitrone; $^1/_4$ l Rum; 1 dl Curaçao; 15 Orangenscheiben; 300 g Zucker.

Den heißen Teeaufguß mit dem Saft der Orangen und der Zitrone nur erhitzen, mit dem Zucker verrühren, den Rum und den Curaçao beifügen und flambieren. In Punschgläser füllen und in jedes eine Orangenscheibe geben.

RUMPUNSCH — Punch au rhum

15 Gläser. $^3/_4$ l starken Teeaufguß; 350 g Zucker; $^1/_2$ Flasche Rum; 15 Zitronenscheiben.

Den heißen Tee mit dem Zucker süßen, den Rum beifügen und flambieren. In Punschgläser füllen, in jedes Glas eine Zitronenscheibe geben und sofort servieren.

WEISSWEINPUNSCH — Punch au vin blanc

6-7 Gläser. 1 Flasche guten Weißwein; 250 g Zucker; 2 dl Cognac; 1 Stück Zimt; 1 Gewürznelke; dünne Schale $^1/_2$ Zitrone; 6-7 Zitronenscheiben.

Die Zitronenschale, den Zimt und die Gewürznelke in dem heißen Weißwein ziehen lassen, süßen, jedoch nicht kochen. Passieren, den Cognac hinzugeben, flambieren, und in Punschgläsern mit einer Scheibe Zitrone füllen.

HEISSER WEINPUNSCH — Vin chaud réconfortant

10-12 Portionen. 2 Flaschen roten Bordeaux; 1 dl Madeira; 4 Gewürznelken; 6 Eigelb; 1 Tasse Wasser; 150 g Honig.

Den Bordeaux, Honig, Madeira und die Gewürznelken in einer Kasserolle erhitzen, gut umrühren, aber nicht kochen lassen. Das Eigelb mit dem Wasser schlagen, die Mischung darübergießen, unter fortwährendem Schlagen erhitzen, doch nicht kochen lassen. Sogleich in Becher servieren.

KALTE GETRÄNKE

LIMONADE
Die abgeriebene Schale einer Zitrone in $1/2$ l Läuterzucker von 25 Grad heiß ausziehen lassen, mit dem Saft von 5 Zitronen vermischen und passieren. Nach völligem Auskühlen kurz vor dem Gebrauch mit 1 l kohlensäurehaltigem Mineralwasser vermischen.

MARQUISE
12-14 Gläser. *250 g Walderdbeeren; 250 g Himbeeren; 300 g Streuzucker; 1 Flasche Schaumwein; 1 große Flasche Sodawasser; 1 große Zitrone.*

Die Walderdbeeren (notfalls Monatserdbeeren) und die Himbeeren mit dem Zucker bestreuen, kurz durchziehen lassen, den Schaumwein und das Sodawasser hinzugießen, zudecken und 1 Stunde lang recht kalt ziehen lassen. Den Zitronensaft hinzufügen, in Spitzkelche füllen, dabei die Früchte gleichmäßig verteilen, und in jeden Kelch ein kleines Stückchen Eis geben.

ORANGEADE
12 Portionen. *5 Stückchen Zucker; 200 g Zucker; 5 Orangen; 1 Zitrone; $1/2$ Flasche Weißwein; 12 Scheiben Orange.*

Den Stückenzucker auf der Schale von 2 Orangen abreiben, den Streuzucker hinzugeben und mit dem Saft der Orangen und der Zitrone schmelzen lassen. Sobald der Zucker restlos aufgelöst ist, den kalten Weißwein hinzufügen, umrühren und auf die Gläser verteilen. Mit Sodawasser auffüllen und in jedes Glas 1 Orangenscheibe geben.

ZITRONADE — Citronnade
12 Portionen. *5 Stückchen Zucker; 200 g Streuzucker; 5 Zitronen; $1/2$ l Wasser; 12 Scheiben Zitrone.*

Den Würfelzucker auf den Schalen von 2-3 Zitronen abreiben, den Streuzucker, den Saft der 5 Zitronen und das Wasser hinzugeben. Umrühren und kalt stellen. Wenn der Zucker restlos aufgelöst ist, in die Gläser füllen, mit Sodawasser aufgießen und in jedes Glas eine Zitronenscheibe geben.

SIRUPS

JOHANNISBEERSIRUP — Sirop de groseilles
2 kg Johannisbeeren entbeeren, zerdrücken, durch ein Tuch oder den Entsafter treiben und zugedeckt 24 Stunden an einen kühlen Ort stellen. Abwiegen, die doppelte Menge Zucker hinzugeben, aufkochen, nur 4-5mal aufstoßen lassen, auskühlen, in Flaschen füllen und hermetisch verschließen. Nicht zu lange kochen, sonst erhält man ein Gelee anstelle des Sirups.

SIRUP VON SCHWARZEN JOHANNISBEEREN — Sirop de cassis
1 kg Zucker mit $1/2$ l Wasser 5 Minuten kochen. $3/4$ kg von den Stielen befreite schwarze Johannisbeeren hinzugeben und weitere 10 Minuten kochen lassen. Den Saft durch ein Tuch gießen, dabei gut ausdrücken, noch einmal aufkochen, abschäumen und nach dem Erkalten in die Flaschen füllen.

HIMBEERSIRUP — Sirop de framboises
Gleiche Mengen Himbeeren und Zucker nehmen. Die Himbeeren zerdrücken, mit dem Zucker vermischen und 24 Stunden kühl und zugedeckt aufbewahren. Durch ein Sieb streichen, 15 Minuten ganz langsam kochen, filtrieren, auskühlen und in Flaschen füllen.
Erdbeersirup wird genau so gemacht.

ORGEAT
250 g süße und 25 g bittere Mandeln ganz fein reiben und dabei nach und nach mit $3/4$ l kaltem Wasser anfeuchten. Ganz fest durch ein Tuch drücken und der Mandelmilch 1 kg Zucker hinzufügen. Langsam bis zum Siedepunkt bringen, um den Zucker restlos aufzulösen, und auskühlen. Mit 6 Eßlöffeln Orangenblütenwasser vermischen und in Flaschen füllen.

LIKÖRE FÜR DEN HAUSHALT

BROMBEERLIKÖR — Liqueur de mûres

1 kg vollreife Brombeeren und je 200 g Himbeeren und rote Johannisbeeren zerdrücken, mit 750 g Zucker bestreuen und 2 Tage lang, zugedeckt, an einen kühlen Ort zum Saftziehen stellen. Auf ein aufgespanntes Tuch zum Ablaufen geben. Den Saft mit 750 g Zucker vermischen und, wenn er aufgelöst ist, $1^1/_2$ l Weingeist hinzugeben. Den Ansatz verschlossen 4 Wochen an einen warmen Ort stellen, filtrieren und in Flaschen füllen.

CURAÇAO — Curaçao pour parfumer crèmes et gâteaux

6-8 abgeschälte Apfelsinenschalen abseits des warmen Herdes so lange trocknen, bis sie brechen. Die Schalen nicht zu dünn schälen, ein wenig weiße Haut daran haften lassen. In eine Ansatzflasche geben, mit 1 l Weingeist auffüllen und 4 Wochen an einen warmen Ort stellen. Filtrieren. 750 g Zucker mit 9 dl Wasser 5 Minuten lang kochen, abschäumen, auskühlen, mit dem Ansatz vermischen, filtrieren und in Flaschen füllen.

LIKÖR VON SCHWARZEN JOHANNISBEEREN — Liqueur de cassis

2 kg schwarze, entstielte Johannisbeeren leicht zerdrücken, mit 1 l Weingeist übergießen, verschließen und 2 Monate lang an einem warmen Ort aufbewahren. Den Ansatz auf ein aufgespanntes Tuch zum Ablaufen schütten und mit kaltem Läuterzucker von 1 kg Zucker und $^1/_2$ l Wasser vermischen. Filtrieren und in Flaschen füllen.

QUITTENLIKÖR — Liqueur de coings

Vollreife Quitten sauber abreiben, raspeln und den Brei zugedeckt 24 Stunden kalt stellen. Den Brei auf ein aufgespanntes Tuch schütten und den Saft ohne Druck ablaufen lassen. Auf 1 l Quittensaft 1 l Weingeist und kalten Läuterzucker von 500 g Zucker und $^1/_2$ l Wasser geben, in eine Ansatzflasche füllen und verschließen. 6 Wochen lang an einem warmen Ort stellen, danach filtrieren und in Flaschen füllen.

BELIEBTE COCKTAILS

AMERICANO

In einen Tumbler:
ein Stückchen Eis
etwas Sodawasser
Darüber etwas Zitronenschale ausdrücken
$^1/_3$ Campari
$^2/_3$ italienischen Wermut

BARNARD

In ein Mischglas
Saft von $^1/_2$ Orange
1 Gläschen (= 10 ccm) Cognac
$^1/_2$ Glas Champagner
Garnitur: eine an einem Cocktailspießchen aufgesteckte Cocktailkirsche und Orangenscheibe.

BLOODY MARY

In einen kleinen Tumbler*:
einige Stückchen Eis
einen Schuß Zitronensaft
zwei Schuß Worcestershire-Sauce
ein Gläschen Wodka
Mit Tomatensaft vollfüllen.

* Kleiner Tumbler 10 cl, normaler Tumbler 20 cl.

EDEN ROCK

Man gebe in einen Champagnerkelch:
10 % Kirsch
3 Tropfen Himbeersirup
90 % Champagner oder Sekt, trocken
Dekoration: 1 Scheibe Orange.

LUISITO SPECIAL

In ein Mischglas:
60 % Wodka
35 % Wermuth dry
5 % Kakao-Likör
Dekoration: Spirale aus Orangenschale.

MARTINI DRY

In das Mischglas:
$1/5$ trockenen Wermut
$4/5$ Gin
Im Cocktailglas servieren.

LONG DRINKS

EXOTIC

Man gebe in ein hohes Becherglas:
bis zur halben Höhe kleine Eiswürfel
40 % Sherry, süß
50 % Gin
Mit guter Limonade auffüllen.
Dekoration: $1/2$ Scheibe Orange
              $1/2$ Scheibe Zitrone
              1 Würfel Ananas
              1 Scheibe Banane
              1 Zweig Pfefferminz
              2 bunte Strohhalme

GALANTE

Man gebe in ein hohes Becherglas:
bis zur halben Höhe kleine Eiswürfel
20 % Pfirsichgeist — Peach Brandy
50 % Weißen Rum
30 % Sherry, trocken
Mit guter Limonade auffüllen.
Dekoration: 1 Scheibe Orange
              1 Scheibe Zitrone
              1 Cocktailkirsche
              2 bunte Strohhalme

GIN FIZZ

In den Schüttelbecher:
1 Kaffeelöffel Streuzucker
Saft einer halben Zitrone
1 Gläschen Gin
Gut schütteln, in einen Tumbler gießen und mit Sodawasser auffüllen.

SUMMERTIME

25 % Orangenlikör
25 % Gin
50 % Orangensaft
Dekoration: Cocktailkirsche.

FACHAUSDRÜCKE

Genau so wie jeder andere Beruf, so hat auch die Küche ihre eigene Sprache und ihre besonderen Ausdrücke. Sie sind im Laufe der Zeit entstanden und entsprechen nicht immer der Umgangssprache. Wir haben daher die gebräuchlichsten dieser Ausdrücke mit einer Erklärung versehen, die ihren Sinn wiedergibt.

Aprikotieren:	Gebäck oder eine Süßspeise mit passierter, eingekochter Aprikosenmarmelade bestreichen oder überziehen.
Aromaten:	Gemüse, Kräuter oder Gewürze, die man zum Würzen von Speisen nimmt.
Arrow-root:	Pfeilwurzelmehl. Stärke, die aus einigen Wurzeln und Knollen tropischer Gewächse gewonnen wird.
Aspic, Aspik:	Bezeichnung für ein Gericht, das in klarem Gelee eingesetzt ist.
Ausfüttern:	Das Auslegen einer Form oder Förmchen mit dünn ausgerolltem Teig, aber auch mit dünnen Scheiben Speck u. a. m.
Bain-Marie:	Wasserbad zum Warmhalten von Saucen, Speisen u. a., aber auch ein Gefäß mit Wasser zum Pochieren von Süßspeisen u. a. im Ofen.
Baiser:	Meringel, Spanischer Wind: Schale aus Meringuemasse zum Füllen mit Schlagsahne oder Eis.
Bardieren:	Mit dünnen Scheiben fettem Speck umbinden.
Blanchieren:	Abbrühen, abwellen, bei grünen Gemüse auch das Abkochen.
Bridieren:	Form geben, z. B. bei Geflügel durch Binden.
Braisieren:	Schmoren, braundünsten, bei Gemüsen auch dünsten.
Canapé:	Kleine, meist geröstete Weißbrotscheibe von beliebiger Form mit verschiedenen Substanzen belegt.
Chemisieren:	Eine Form mit Gelee ausgießen, mit Farce oder Eis ausstreichen, auch ausfüttern.
Colorieren:	Verfärben lassen, bräunen.
Cocotte:	Kokotte, feuerfestes Geschirr aus Porzellan oder Glas, Steingutkasserolle, Ragout- oder Eiernäpfchen, Brater.
Corail:	Koralle. Das grüne Mark von Hummern und anderen Schaltieren, das beim Kochen rot wird.
Court-bouillon:	Gewürzter Sud zum Ansetzen von Fischen und Schaltieren.
Croquant:	Krustig, knusprig, knackend.
Dekantieren:	Eine Flüssigkeit sorgfältig abgießen, damit der Satz zurückbleibt.
Dressieren:	Anrichten, alles richtig an seinen Platz geben.
Duxelles:	Gehackte Pilze mit gehackten Schalotten in Butter gedünstet.
Entbarten, abbarten:	Austern, Muscheln und andere Schaltiere von dem sogenannten Bart befreien.
Escalopieren:	Zu Schnitzeln schneiden.

Etamine:	Leinentuch zum Passieren von Suppen, Saucen u. a.
Farcieren:	Füllen.
Flambieren:	Mit Spirituosen übergießen und abbrennen, aber auch Absengen von Geflügel u. a.
Fleurons:	Kleine gebackene Halbmonde oder Dreiecke aus Blätterteig, die als Garnitur dienen.
Foncieren:	Mit Teig auslegen oder ausfüttern.
Fond:	Grundbrühe für Saucen und Suppen, Flüssigkeit, die beim Kochen, Dünsten und Braten entsteht.
Fritüre:	Fett- oder Ölbad zum Backen von Lebensmitteln.
Garnieren:	Das Umlegen eines Gerichtes, das Auslegen des Geschirrs zum Dünsten, Braten oder Schmoren.
Garnitur:	Umlage, Beilage, bei Suppen und Saucen die Einlage.
Glacieren:	Mit Fleischglace bestreichen; mit Gelee überglänzen; stark gebutterte Fischsauce bei stärkster Hitze unter dem Salamander kolorieren; mit Zuckerguß überziehen; ein geschmortes Gericht an der Öffnung des Ofens ständig mit dem Fett des Gerichtes übergießen, bis auf der Oberfläche eine glänzende Schicht entsteht.
Gratinieren:	Bei starker Hitze überkrusten lassen.
Haschee:	Gehäck, Gehacktes.
Julienne:	Gemüse u. a. in kurze, dünne Streifen schneiden.
Jus, Jüs:	Bratensaft, Fleischsaft, brauner Fond.
Karkasse, Carcasse:	Gerippe, Rumpf.
Lardieren:	Ein Fleischstück mit dicken Streifen von fettem Speck durchziehen (nicht spicken).
Legieren:	Binden, verdicken, Suppen, Saucen u. a. mit Eigelb und Sahne oder anderem abrühren.
Liaison:	Das zum Legieren bestimmte Bindemittel.
Marinade:	Beize. Zum Beizen bestimmte Flüssigkeit, aber auch einfache Salatsauce.
Marinieren:	Beizen. Das Einlegen in eine aromatisierte Flüssigkeit, um den Geschmack zu erhöhen oder einige Zeit vom Verderb zu bewahren oder um Fleisch oder Wild zarter zu machen.
Maskieren:	Mit Sauce, Creme o. a. verhüllen.
Mazerieren:	Mit einer aromatischen Flüssigkeit durchziehen lassen, z. B. Früchte mit feinem Likör u. a.
Mirepoix:	Röstgemüse. Mehr oder weniger groß geschnittene Mohrrüben, Zwiebeln, Schalotten, Sellerie, Speck u. a., in Butter angedünstet.
Montieren:	Aufschlagen. Eiweiß zu Schnee schlagen; eine Sauce mit Butter verrühren.
Nappieren:	Überziehen, bedecken, saucieren.
Pain:	Brot, aber auch eine Art Pastete, die ohne Teigkruste in einer Form gargemacht wird.
Panieren:	Durch geschlagenes Ei oder zerlassene Butter ziehen und dann in geriebener Weißbrotkrume wälzen. Englisch panieren: Mehlen, durch geschlagenes Ei ziehen und in geriebener Weißbrotkrume oder Semmelbrösel wälzen.
Parieren:	Beschneiden, zurechtschneiden, von Fett, Sehnen und überflüssigen Anhängseln befreien.
Parüren:	Abgänge, die durch das Parieren entstehen.
Passieren:	Durchstreichen, durch ein Tuch seihen, durch den Fleischwolf treiben.
Plat à sauter:	Flaches Geschirr zum Sautieren.
Rafraichieren:	Unter kaltem Wasser abkühlen lassen.
Pochieren:	Bei Siedehitze garziehen, ohne kochen zu lassen.

Roux:	Mehlschwitze.
Salamander:	Mit Elektrizität oder Gas beheiztes Gerät mit starker Oberhitze zum Überkrusten von Gerichten.
Salpicon:	Kleinwürflig geschnittenes Fleisch, Geflügel, Pilze, Gemüse, Obst u. a.
Saucieren:	Mit Sauce bedecken.
Sauteuse, Sautoir:	Flache, teils abgerundete Kasserollen, zum Sautieren, Saucen aufschlagen u. a. m.
Sautieren:	Bei lebhafter Hitze kleine Stücke Fleisch u. a. braten, auch unter mehrfachem Schwingen.
Spatel:	Holz- oder Metallkelle mit breitem, dünnem Ende.
Suprême:	Das Höchste, Beste, z. B. Bezeichnung für Hühnerbrüstchen, zuweilen auch für Seezungenfilets u. a.
Tomatieren:	Mit Tomatenpüree oder Tomatensauce vermischen.
Tournieren:	Einkerben, einriefen, abdrehen, formen.
Überglänzen:	Kalte Gerichte ganz dünn mit Gelee überziehen; Gebäck mit Aprikosenmarmelade bestreichen oder dünn mit Zuckerguß bedecken.
Ziselieren:	Bei Forellen und anderen kleinen Fischen leichte Einschnitte machen, damit die Hitze schneller durchdringen kann, aber auch feinschneiden.

SACHREGISTER

Vorwort 5
Mitarbeiter 7
Nützliche Anweisungen zum Gebrauch des
 Werkes 8
Aufbau des Werkes 9
Nachschlagebeispiel 10

DAS MENÜ

Das Menü 11
Menüs für den täglichen Tisch 12
Einige festliche Menüs 12

DER WEIN

Allgemeine Regeln 13
Welcher Wein paßt zu welcher Speise 14

KULINARISCHE TECHNIK IN BILDERN .. 15

Wichtige Handgriffe 16

GRUNDSÄTZE
UND GRUNDZUBEREITUNGEN

DIE VERSCHIEDENEN GARMACHUNGSARTEN 33
Backen, Das 37
Backen oder Ausbacken in schwimmendem Fett 37
Braten, Das 35
Dämpfen, Das 33
Dünsten, Das 34
Gratinieren, Das 38
Kochen, Das 33
Pochieren (Garziehen), Das 37
Schmoren (Braisieren), Das 36

MASSE

Bequemlichkeitsmasse 38
Flüssigkeitsmasse 38

PRAKTISCHE WINKE

Praktische Winke 39

TEIGE, FARCEN UND MARINADEN

Teige

Apostelkuchen- oder Briocheteig 41
Backteig 42
Blätterteig 41
Brand- oder Brühteig 41
— für Auflaufkrapfen 41
Pastetenteig 42
Pizzateig 42

Farcen

Farcen für Klößchen, Pasteten und Galantinen . 42
Gratinfarce 43
Klößchenfarce 42
Schweinefleischfarce für Pasteten und Galan-
 tinen 43

Marinaden

Marinade, Rohe 43
— Gekochte 43

GEWÜRZE UND GEWÜRZKRÄUTER

Gewürze und Gewürzkräuter 44
Gewürzmischungen 46

DIE SAUCEN

Mehlschwitze (Einbrenne) ... 47

BRAUNE SAUCEN

Binden von Saucen mit Stärkemehl 47

Braune Grundsauce
Demi-Glace auf Hausfrauenart, Braune Grundsauce .. 47

ZUSAMMENGESETZTE
BRAUNE SAUCEN

Bercysauce 48

Bordelaiser Sauce 48
Colbert- Sauce 48
Currysauce 48
Estragonsauce 48
Gratiniersauce 49
Italienische Sauce 49
Jägersauce 49

297

Lyoner Sauce	49
Pfeffersauce für Haarwild	49
Pikante Sauce	49
Rehsauce	49
Robert-Sauce	50
Teufelsauce	50
Trüffelsauce	50

WEISSE SAUCEN

Fischfond	50
Binden von weißen Saucen, Das	50

WEISSE GRUNDSAUCEN

Béchamelsauce	50
Hausfrauen- oder Bastardsauce, Weiße	51
Samtsauce	51

ZUSAMMENGESETZTE WEISSE SAUCEN

Bercysauce, Weiße	51
Buttersauce, Weiße	52
Eiersauce	51
Estragonsauce	51
Garnelen- oder Joinvillesauce	51
Geflügelrahmsauce	51
Kapernsauce	52
Morgenrotsauce	52
Mornay-Sauce	52
Poulettesauce	52
Rahmsauce	52
Senfsauce	52
Weißweinsauce	52
Zwiebelsauce	52

FEINE BUTTERSAUCEN

Béarner Sauce, Béarnaisesauce	53
Choronsauce	53
Holländische Sauce	53
Schaum- oder schaumige Sauce	53

DIE TOMATENSAUCEN UND IHRE ABARTEN

Bolognaiser Sauce	54
Provenzalische Sauce	54
Sauce von frischen Tomaten auf italienische Art	53
Tomatensauce	53

KALTE SAUCEN

Coktailsauce	54
Grüne Sauce	55
Mayonnaisensauce	54
Ravigotesauce	55
Remouladensauce	55
Tatarensauce	55
Tiroler Sauce	55
Vinaigrettesauce	55

BUTTERMISCHUNGEN

Bercybutter	55
Estragonbutter	55
Garnelenbutter	55
Knoblauchbutter	56
Kräuterbutter, Haushofmeierbutter	56
Kressebutter	56
Meerrettichbutter	56
Rotweinbutter	56
Sardellenbutter	56
Sardinenbutter	56
Senfbutter	56

DIE SUPPEN

KLARE SUPPEN

Kraftbrühe	57
— mit Eierstich	58
— mit Gemüsestreifen	58
— mit Gemüsewürfelchen	58
— Nizzaer	58
— mit Tapioka	58
— mit italienischer Teigware	58
— Xavier	59
Suppentopf	57

MEHL- UND RAHMSUPPEN

Clamartsuppe	59
Dubarry-Rahmsuppe	59
Graupensuppe	59
Hafermehlsuppe	59
Kopfsalatsuppe	59
Reissuppe	60
Selleriesuppe	60
Spargelsuppe	60
Tomatensuppe, Portugiesische	60

SUPPEN MIT GEMÜSE GEBUNDEN

Crécysuppe mit Reis	60
Parmentiersuppe, Kartoffelsuppe	60
Saint-Germain-Suppe, grüne Erbsensuppe	61
Soissoner oder weiße Bohnensuppe	61

BÜRGERLICHE UND REGIONALE SUPPEN

Brotsuppe	61
Gemüsesuppe, Mailänder	62
Kohlsuppe	61
Kürbissuppe	61
Savoyer Suppe	62
Zwiebelsuppe mit Käse oder überkrustet	62

DIE KALTEN VORSPEISEN

Artischocken, Gefüllte	63
— auf griechische Art	63
Austern	63
Bücklinge, Filets von	64
Canapés, siehe Schnittchen	72
Cervelaswurst-Vinaigrette	63
Champignons oder Steinpilze, mariniert	63
Cocktail von Hummer oder Garnelen	63
Dänische Schälchen	64
Eier, Kalte	64
Fenchel auf griechische Art	64
Fisch in Muscheln oder Schälchen	64
Heringe, Marinierte	64
Heringsfilets auf russische Art	64
Hummerkrabben	64
Melone	69
Nizzaer Teller	69
Porree-Vinaigrette	69
Räucheraal	69
Räucherlachs, Rouladen von	69
Rettiche	69
Sardellen	71
— Mireille	71
Sardinen in Öl	71
— in Tomatensauce	71
Schinkenrouladen Primavera	71
— Lucullus	71
Schinkenschaumbrot oder -schaumbrötchen	71
Thunfischcreme	73
— Mirabeau	73
Thunfischschiffchen	73
Tomaten auf andalusische Art	73
— Argenteuil	73
— Beaulieu	73
— Dubarry	73
— auf russische Art	73
— Sévigné	73

Salate

Argenteuilsalat	69
Geflügelsalat	70
Gurkensalat	70
Kartoffelsalat	70
Rindfleischsalat	70
Rotkohlsalat	70
Salat von roten Rüben	70
— von Knollensellerie in Remouladen	70
— von Staudensellerie	71
Weißkohlsalat	70

Schnittchen, Canapés

Admiralschnitten	72
Bagrationsschnittchen	72
Canner Schnittchen	72
Gänseleberschnittchen	72
Frühlingsschnittchen	72
Haushaltsschnittchen	72
Joinvilleschnittchen	72
Nizzaer Schnittchen	72
Räucheraalschnittchen	72
Schnittchen mit Rahmkäse	72

KLEINE ZWISCHENGERICHTE ODER WARME VORSPEISEN

Blätterteighohlpastete auf Hausfrauenart	75
Croque-Monsieur	75
Eiertäschchen	75
Fischauflauf	75
Fischkrapfen	76
Geflügelkroketten	76
Krusten oder Krüstchen mit Champignons	76
Maisschnitten auf Tessiner Art	76
Mundbissen Joinville	77
— auf Königinart	76
Pastetchen, Kleine, warme	77
Pissaladière oder Nizzaer Torte	77
Risottobecher	77
Rissolen	77
Sardellenstäbchen	77
Spaghetti all'Amatriciana	78
— alla Bolognese	78
— auf Hausmacherart	219
— alla Napoletana	78
— alla Nizzarda	78
Zwiebeltorte	78

KÄSESPEISEN

Auflaufomeletten mit Käse	79
Käseauflauf	79
Käsefondue	79
Käsegougère	79
Käsekrapfen	80
Käsekroketten	80
Käsekrüstchen	80
Käsenocken	80
— Römische	80
Käsetorte	81
— Lothringer	81
Krustaden mit Nocken	80
Pizza	81
Ramequins	81
Schweizer Törtchen	81
Überraschungskrapfen	81

EIERSPEISEN

Eier im Näpfchen	83
— in der Schale	83
Gebackene Eier	83
Kalte Eier	84
Omelettes	84
Rühreier	83
Setzeier, Spiegeleier	84
Verlorene oder pochierte Eier	84
Wachsweiche Eier	83

WARME EIERSPEISEN

Bauernomelette	91
Eier im Näpfchen auf Florentiner Art	89
— im Näpfchen mit Rahm	89
— im Näpfchen auf Schäferart	89
Hartgekochte Eier Mornay	89
Kräuteromelette	92
Lyoner Omelette	92
Mehlomelette	92
Morgenroteier	89
Omelette mit Champignons	92
— mit Garnelen	92
— mit Käse	92
— mit Nieren	92
— Parmentier	92
— mit Sauerampfer	92
— mit Schinken oder Speck	93
Rühreier mit Brotkrüstchen	84
— mit Champignons	84
— mit Garnelenschwänzchen	89
— mit Käse	89
— auf katalonische Art	89
Schaumige Omelette	93
Setzeier Bercy	90
— mit dunkler Butter	90
— mit Champignons	90
— mit Parmesan	90
— mit Speck	90
Verlorene Eier Aurora	90
— mit Estragon	90
— auf Florentiner Art	90
— Joinville	91
— auf Kardinalsart	91
— in Krustaden auf Königinart	91
— auf Matrosenart	91
— auf portugiesische Art	91
— mit Schinken oder Speck	91
— Sigurd	91

KALTE EIERSPEISEN

Hartgekochte Eier mit Mayonnaise	93
— auf Mentoner Art	93
— Mistral	94
— auf schwedische Art	94
— Vinaigrette	94

Verlorene Eier auf russische Art	94
— mit Schinken	94
— im Näpfchen mit Estragon	93
— mit Gänseleber	93
Wachsweiche Eier Virginia Club	94

DIE FISCHE

ALLGEMEINES

Backen der Fische in tiefem Fett	96
Braisieren der Fische, Das	96
Braten von Fischen auf Müllerinart, Das	97
Einkauf der Fische, Vom	95
Fischsud, Vom	95
Grillieren und Braten vom Fisch im Ofen, Das	96
Pochieren der Fische, Das	97
Putzen der Fische, Vom	95

DIE SEEFISCHE

Warme Gerichte

Alse, Maifisch, grilliert	97
— mit Sauerampfer	97
Backfische	97
Butt, Glattbutt, Rautenscholle	98
Fischbitoks	98
Goldbrassen Bercy	98
— grilliert	98
— gebraten	98
Hering	98
Heringe vom Rost mit Senfsauce	98
— auf Pförtnerart	98
Kabeljau und Schellfisch	99
Kabeljau, gebacken, mit Tatarensauce	99
— auf Lyoner Art	99
— Mistral	99
— oder Seehecht auf portugiesische Art	99
Katzenhai auf provenzalische Art	99
Makrele	100
Makrelen, Große, gekocht, mit Petersiliensauce	100
Makrelen, Kleine, grilliert, mit Kräuterbutter	100
Makrelenfilets Mireille	100
— oder Makrelen auf Müllerinart	100
Meeraal und Muräne	100
Meeraal auf Burgunder Art	100
— Gedünsteter	105
— mit Petersiliensauce	105

299

Rochen mit dunkler Butter . 105
— gebacken 105
Rotbarben Monte-Carlo 105
— auf Nizzaer Art 106
— auf provenzalische Art ... 106
— vom Rost 106
Roter Knurrhahn 106
Schellfisch 106
— geräuchert, Haddock 106
— geräuchert, mit Butter ... 106
— geräuchert, mit Rahm-
  sauce 106
Scholle, Flunder und Rot-
  zunge 107
— überkrustet 107
Seehecht auf englische Art .. 107
— mit Eiersauce 107
— gebacken 107
Seehechtfilets Bercy 107
— auf Florentiner Art 107
— paniert 108
— auf provenzalische Art .. 108
Seeteufel 108
Seeteufelfilets Dugléré 108
Seezungen 108
— gebacken 109
— grilliert 109
— auf Müllerinart 109
Seezungenfilets auf Burgunder
  Art 109
— auf Diepper Art 110
— auf Florentiner Art 110
— mit Champignons 109
— mit Garnelen 110
— Krustade von 111
— Mornay 110
— Murat 110
— Orly 110
— in Weißwein 111
Seezungenröllchen, überkrustet 111
Steinbutt 111
— grilliert 111
Steinbuttfilets 111
Stockfisch 112
— auf Hausfrauenart 112
— in Rahmsauce 112
— mit Tomaten 112
Thunfisch auf Bordelaiser Art 112
— grilliert 112
— auf Hausfrauenart 113
Weißling, Wittling 113
Weißlinge, gebacken........ 113
— paniert, mit Kräuterbutter 113
— überbacken 113
Wolfsbarsch, Meerbarbe, Seewolf 113
Wolfsbarsch oder Meerbarbe,
  gebraten 113

Kalte Gerichte

Makrelen-Vinaigrette 114
Rotbarbe auf Nizzaer Art .. 114

Seehecht, Kalter, auf russische
  Art 114
Vorspeisen von Meeresfischen 114
Wolfsbarsch auf griechische
  Art 114

DIE SÜSSWASSERFISCHE

Warme Gerichte

Aal, grün 115
— auf Burgunder Art, Matro-
  sengericht 115
Barbe, Flußbarbe 115
Barsch 115
Brasse, Brachse 115
Flußfische, Gebackene 115
Forellen, blau 116
— auf Müllerinart 116
— in Rahmsauce, überbacken 116
Grashechte, blau 116
Hecht, Blanquette von 116
— Frikassee von 116
— in Fischsud 116
— mit weißer Buttersauce ... 121
Karpfen auf Burgunder Art . 121
Karpfen auf Matrosenart ... 121
Lachs in Fischsud 121
— grilliert 121
Lachsforelle in Fischsud ... 121
Matrosengericht der Mosel .. 121

Kalte Gerichte

Forelle in Gelee 122
Lachsforelle Bellevue, Schei-
  ben von 122
— Kalte 122

KRUSTEN- SCHAL- UND
WEICHTIERE

Krustentiere 123
Garnelen 123
— Pilaw von 123
Hummer Fra Diavolo 124
Kaisergranat 124
Krebse auf Bordelaiser Art .. 123
— Schwimmende 123
Scampispießchen mit Curry . 124
Taschenkrebs Mornay 124

SCHALTIERE UND WEICHTIERE

Austern................... 124
Herzmuscheln 124
Jakobs- oder Pilgermuscheln. 125
— auf Herzoginart 125
— auf Pariser Art 125
— auf Teufelsart 125

Kalmare auf baskische Art . 125
Klaffmuscheln, Clams 124
Meerschnecken, Strandmond-
  schnecken 125
Muscheln, Miesmuscheln,
  Pfahlmuscheln 126
Muscheln auf Kreolenart ... 126
— auf italienische Art 126
— auf Matrosenart......... 126
— auf orientalische Art, Pilaw
  von.................... 126
— Poulette 126
Ohrschnecken 127
Schnecken auf Burgunder Art 127
— auf Dijoner Art 127
— auf Küchenmeisterart ... 128
Seeigel 127
Tintenfischlein, gebacken.... 127
Venusmuscheln 127
Weinbergschnecken 127

FROSCHKEULEN

Froschkeulen, gebacken 128
— mit feinen Kräutern 128
— in Weingelee 128

*Kalte Gerichte von Krusten-
und Schaltieren*

Hummern oder Langusten
  mit Mayonnaise 128
— auf russische Art 129
Languste Bellevue 129
Muscheln mit Mayonnaise .. 129
Muschelsalat auf griechische
  Art 129
Scampi Schloß Bouscaut ... 129
Taschenkrebs auf russische
  Art 130

SCHLACHTFLEISCH

RINDFLEISCH

Beefsteak 131
— gehackt 131
Chateaubriand............. 132
Filetspitzen in Rahmsauce .. 132
Fondue bourguignonne 132
Gulasch, Ungarisches....... 132
Kutteln auf Caënner Art ... 132
— auf Lyoner Art 137
Lendenschnitten 137
— auf Béarner Art 137
— Clamart 137
— mit Estragon 137
— auf Jägerart 137
— Marie-Louise 138
— auf portugiesische Art ... 138
— Schloß Figeac........... 138

Miroton 142	Kalbskoteletts, grilliert...... 146	Lammkeule auf Bäckerart .. 156
Mixed Grill 142	— auf Hausfrauenart 146	Lammkoteletts Champvallon 156
Ochsenschwanz, Hochepot von 138	— auf Haushälterinart 146	— grilliert 156
Pot-au-feu 138	— mit feinen Kräutern 146	— mit Reis und Peperonatasauce 156
Rinderbraten 138	— Pojarski 146	
Rinderbuletten in pikanter Sauce 139	— im Topf, mit Sahne...... 147	**SCHWEINEFLEISCH**
Rinderfilet, gebraten........ 140	Kalbsleber auf englische Art 147	Bauerntopf 161
— in Madeirasauce 140	Kalbsmedaillons Veronese .. 147	Blutwürste mit Reinetten... 161
Rinderkarbonaden in Bier... 140	Kalbsmilch auf Gärtnerinart 147	Blut- und Kaldaunerwürstchen, grilliert 161
Rindernieren in Madeira mit Champignons 140	Kalbsmilchschnitzel in Rahmsauce 148	Schweinebraten 161
Rinderrouladen auf orientalische Art 141	Kalbsnieren auf englische Art 148	Schweinefilet, gebraten und garniert 161
Rinderzunge mit Madeirasauce 141	— sautiert 148	Schweinsfüße mit Madeirasauce 161
Rindfleisch auf Burgunder Art 139	Kalbsnierenbraten 148	— Sainte Ménéhould 162
— gedünstetes 139	Kalbsnuß auf Großmutterart 148	Schweinekarree 162
— grilliert, mit Tatarensauce 139	— Judic 149	Schweineragout 162
— auf modische Art 139	Kalbsragout mit Gemüsen .. 149	Schweinekoteletts mit Apfelscheiben 162
— sautiert, auf Lyoner Art . 140	— Marengo 149	— glaciert 162
Rippenstück auf Nizzaer Art 141	Kalbsrippen oder -schwanzstück im Topf 149	Schweinsmedaillons auf ungarische Art 162
Roastbeef auf englische Art 141	Kalbsröllchen, geschmort ... 149	Schweinsrouladen Parmentier 162
— auf Holzhauerart 142	— auf griechische Art 150	Schinken, Kochen eines 163
Tafelspitze auf englische Art 142	Kalbsrolle 150	— braisiert 163
— geschmort 142	Kalbsschnitzel Cordon bleu . 150	Würstchen mit Weißkraut .. 163
— geschmort, auf bürgerliche Art 143	— auf Jägerart 150	
Zwischenrippenstück und Beefsteak, grilliert 143	— paniert, auf englische Art . 150	*Kalte Spezialitäten von Schweinefleisch*
Zwischenrippenstück auf Béarner Art 143	— auf Wiener Art 151	Schweinefleischtöpfchen..... 164
— auf Bordelaiser Art 143	Kalbszunge auf Herzoginart 151	Schweinsleberpastete auf Metzgerart 163
— auf Haushofmeistersart .. 143	Vogelnester 151	
— auf Lyoner Art 143	Weißgericht von Kalbfleisch 151	
— Mirabeau 143		**GEFLÜGEL**
— auf Weinhändlerart 143	*Kalte Gerichte von Kalbfleisch*	
	Kalbfleisch auf schwedische Art 152	HÜHNER UND MASTHÜHNER
Kalte Gerichte von Rindfleisch	Kalbskopf-Vinaigrette 152	Brathuhn 166
Rindfleisch auf modische Art, in Gelee................ 144	Kalbskoteletts auf Frühlingsart, in Gelee 152	Geschwungenes Huhn Bercy. 167
— auf Nizzaer Art 144		— auf Jägerart 167
Rindfleischsalat 144	HAMMEL- UND LAMMFLEISCH	— Parmentier 167
Turban von Rindfleisch in Gelee 144	*Hammelfleisch*	— auf portugiesische Art ... 167
	Cassoulet auf Haushälterinart 153	Hahn in Wein, auf Dijoner Art 165
	Hammelbrust auf Tatarenart 153	Hähnchen Marengo 166
KALBFLEISCH	Hammelfleisch, gedünstet, auf provenzalische Art 154	Hähnchen im Topf auf Bauernart 165
Kalbfleischknorpel auf Bauernart 147	Hammelfüße in weißer Sauce 154	— auf Hausfrauenart 165
Kalbsbrust, Gefüllte 144	Hammelkeule auf Bretagner Art 154	Huhn in weißer Sauce 168
Kalbsfrikandeau mit Sauerampfer 145	— auf englische Art 154	Hühner-Curry 166
Kalbsfüße-Vinaigrette 145	— gebraten 155	Hühnerfrikassee 166
Kalbsgeschnetzeltes auf piemontesische Art 145	Hammelnieren Turbigo 155	Pilaw von Huhn auf orientalische Art 167
— in Sahnesauce........... 145	— Spiesschen von 155	Suppenhuhn mit Reis....... 168
Kalbshachse oder Osso Buco 145	Hammelragout mit weißen Bohnen 155	
Kalbsherz 146	Hammelzungen Veronese ... 155	ENTEN, TRUTHÄHNE UND GÄNSE
Kalbshirn mit dunkler Butter 146	Mutton Chops............. 153	Ente, gebraten 168
		— mit grünen Erbsen....... 168
	Lammfleisch	— mit Oliven............. 168
	Lammbrieschen 155	
	Lammfleisch, Navarin von.. 156	

Ente mit Orangen 173
— Salmis von 173
Gans, Gebratene 173
— mit Maronen gefüllt 173
— mit Sauerkraut 173
Pute, Gebratene 174
— mit Maronen gefüllt 174

TAUBEN UND PERLHÜHNER

Perlhuhn.................. 174
Tauben 174
— auf englische Art gefüllt 174

Kaltes Geflügel

In Fett eingelegte Gans 175
Kaltes Huhn in Gelee 175

WILD

HAARWILD

Hase 178
Hasenpfeffer 178
Hasenrücken mit Champignons 178
— sauer-süß............... 178
Kaninchen 178
— Gibelotte von 179
— auf Hausfrauenart, Junges 178
Kaninchenragout auf Jägerart 179
Rehkeule Maria Stuart 177
Rehkoteletts............... 177
Rehrücken 177
Rehwild 177
Wildkaninchen Jeanneton ... 179

FEDERWILD

Fasan, gebraten............ 179
— Salmis von 180
Krammetsvögel auf Hausfrauenart 180
Lerchen nach der Art der Mutter Moinet 180
Rebhuhn, gebraten 180
— mit Kohl 180
— auf Winzerinart 181
Wachteln auf türkische Art .. 181

PASTETEN UND TERRINEN

PASTETEN

Kalbfleischpastete in der Kruste 183
Kaninchenpastete 183
Pantinpastete 184

TERRINEN

Kalbfleischterrine 185
Schweinsleberterrine 184

GEMÜSE

ARTISCHOCKEN

Artischocken Barigoule, Gefüllte 188
— Mireille 188
— mit weißer oder Vinaigrettesauce 188
Artischockenböden 188
— Clamart 188
— überbacken 189
Artischockenviertel mit Lyoner oder italienischer Sauce 188
Auberginen (Eierfrüchte), gebacken................ 189
— gefüllt 189
— gefüllt auf Bostoner Art.. 189
— auf Müllerinart 189
— auf provenzalische Art .. 189
Blattspinat auf englische Art . 206
Blumenkohl 193
— überbacken 194
— auf polnische Art....... 194
Bohnen, Grüne 189
— auf Haushofmeisterart .. 190
— auf portugiesische Art ... 190
— mit Rahm 190
Bohnen, Rote, in Rotwein . 190
Bohnen, Dicke, Saubohnen 190
Bohnen, Weiße, auf bretonische Art 190
Bohnenkerne, Grüne 190
Chicorée, gedünstet 191
— auf flämische Art 191
— mit Schinken, überkrustet 191
Endivie, Krause, gekocht ... 191
— mit Rahm 191
Erbsen auf englische Art ... 191
— auf französische Art 192
— mit grüner Pfefferminze .. 192
— auf Hausfrauenart 192
Fenchel auf provenzalische Art 192
Fenchelknollen 192
Gurken, gedünstet 193
Karotten Chantilly 193
— Glacierte 193
— mit Kartoffeln 193
— in Rahm 193
— Vichy 193
Knollensellerie auf Hausfrauenart 205
— gebacken 205
— überbacken 205
Kohlarten, Die 193
Kohlköpfchen oder Dolmas, Kleine, gefüllte 195
Kohlrabi und Kohlrüben ... 194

Kohlrouladen 194
Kopfsalat, geschmort 196
Kürbischen, Courgettes 196
— Gebackene 196
— auf Müllerinart 196
— mit Rahm 201
— auf orientalische Art 201
Linsen auf Lothringer Art ... 201
Mairüben, Gefüllte 201
— Glacierte 201
— in Rahmsauce 201
Mangold, Gratinierter 202
Maronen, Gedünstete 202
Maronenpurée 202
Palmensprossen 202
— überkrustet 202
Paprikaschoten, mit Fleisch gefüllt 202
— mit Reis gefüllt 203
Porree (Lauch), gedünstet ... 203
Porreestauden 203
Ratatouille niçoise 203
Rosenkohl, Geschwungener . 194
Rotkohl auf flämische Art .. 194
— mit Rotwein 194
Sauerampfer als Gemüse oder Garnitur 203
Sauerkraut, Garniertes 195
Schwarzwurzeln 204
— Gebackene 204
— Geschwungene 204
— in Samtsauce 204
Sellerie 204
Spargel auf flämische Art ... 205
— mit holländischer Sauce .. 205
— auf Mailänder Art 206
— mit Vinaigrettesauce 206
Spargelspitzen in Rahmsauce, Grüne 206
Spinat mit Eiern 206
— mit Sahne 206
Staudensellerie mit Jus...... 204
— auf Mailänder Art 205
Tomaten auf Avignoner Art . 206
— Gebratene 207
— mit Kartoffeln, Überkrustete 207
— auf Piemonteser Art 207
— auf provenzalische Art ... 207
Topinamburs 207
Trockenerbsen, Püree von .. 192
Weißkohl, Gefüllter 195
Wirsingkohl auf englische Art 196
— Geschmorter 196
— Gratinierter 196
Zwiebeln, Gebackene 207
— Gefüllte................ 207
Zwiebelpüree oder Soubise .. 208

KARTOFFELN

Bäckerkartoffeln 209
Chipskartoffeln 209
Dampfkartoffeln 209

Dauphinékartoffeln 209
Haushofmeisterkartoffeln ... 210
Herzoginkartoffeln 210
Freiburger Kartoffeln...... 210
Kartoffelfladen 210
Kartoffeln auf Dauphiner Art,
   Überbackene 213
— auf Lyoner Art 211
— auf normannische Art ... 211
— Im Ofen gebackene 210
Kartoffelkroketts 210
— mit Korinthen 211
Kartoffelnockerln 213
Käseknöpfle 213
Petersilienkartoffeln 211
Rahmkartoffeln 211
Rösti 211
Savoyer Kartoffeln 212
Schaumiges Kartoffelpüree .. 212
Schloßkartoffeln 212
Speckkartoffeln 212
Stäbchen oder Pont-Neuf-
   Kartoffeln 212
Strohkartoffeln 212
Waffelkartoffeln 213

PILZE

Champignons in Rahm 215
Morcheln mit feinen Kräutern 215
Pfifferlinge in Butter gebraten 216
— mit feinen Kräutern 215
— in Rahm 216
— Ragout von 216
Steinpilze auf Bordelaiser Art 216
— auf provenzalische Art .. 216
Zuchtchampignons 215

TEIGWAREN UND ZEREALIEN

TEIGWAREN

Cannelloni, Gefüllte........ 217
Makkaroni mit Käse 217
— überbacken 217
Nudeln auf Berner Art 218
— auf Bologneser Art 218
Nudelteig 218
Ravioli auf italienische Art .. 218
— Farce für 218
Spaghetti all'Amatriciana ... 78
— alla Bolognese 78
— auf Hausmacherart 219
— alla Napoletana 78
— alla Nizzarda 78
Spätzle 219

ZEREALIEN
Reisgerichte

Kochen von Reis, Das 219
Fetter Reis 219
Reis auf indische Art 219

Reis auf Kreolenart 219
Risotto auf Mailänder Art .. 220
— auf Piemonteser Art 220
— mit Steinpilzen 220
Pilawreis 220

Weizen- und Maisgrieß

Grieß, Überbackener 220
Nocken, Römische 220
Polenta 220
— Gebratene 220

SALATE

Angemacht mit Ei 221
— mit Mayonnaise 221
— mit Öl 221
— mit Sahne 221
— mit Speck 221
Artischockensalat auf grie-
   chische Art 221
Gemüsesalat 222
Italienischer Salat 222
Nizzaer Salat 222
Orlowsalat 222
Rachelsalat 223
Reissalat Derby 223
— Manuela 223
Russischer Salat 223
Salat mit Ei, Gemischter ... 222
— mit hartgekochtem Ei ... 222
— Margerite 222
Tomaten mit Sellerie oder
   Fenchel gefüllt 223
Vorspeisensalate 69-70
Waldorfsalat 223

RESTEVERWERTUNG

Fischgerichte

Kalter Fisch mit Mayonnaise 225

Rindfleisch

Frikadellen oder Buletten ... 225
Haschee Parmentier 225
Pökelzunge auf Tatarenart,
   Scheiben von 226
Roastbeefröllchen mit Meer-
   rettichsahne 226

Kalbfleisch

Kalbfleisch in Muscheln Mornay 226

Kalbskroketts 226
Näpfchen Susanna 226

Hammel- und Lammfleisch

Haschee von Hammelfleisch . 227
Scheibenfleisch von Hammel
   oder Lamm mit Steinpilzen 227

Geflügel

Aspik von Huhn 227
Hühnernäpfchen Joconda ... 227

Wild

St.-Hubertus-Schnittchen ... 227
Rehrücken 227

SANDWICHES

Sandwiches mit Ei 229
— mit Geflügelleber 229
— mit Huhn 229
— mit Hummer oder Lan-
   guste 229
— mit Sardellen 229
— mit Sardinen 229
— mit Schinken 229
— mit Schweizer oder Ches-
   terkäse 230
— mit Tomaten 230
— mit Wurstwaren 230

KOMPOTTE

Apfelkompott 231
Aprikosenkompott 231
Backpflaumenkompott 232
Bananenkompott 231
Birnenkompott 231
Kirschenkompott 231
Pfirsichkompott........... 232
Pflaumenkompott 232
Rhabarberkompott 232

SÜSSPEISEN UND BACKWAREN

GRUNDZUBEREITUNGEN
Teige

Babateig 233
Eierkuchenteig, Einfacher ... 233
Gugelhupfteig 234

Meringuemasse, Italienische . 234
— mit Mandeln 234
— Schweizer 234
Mürbe- oder Auslegeteig ... 234
Savarinteig 234
Teig für Dreikönigskuchen .. 233
— für Genueser Biskuit 233
— für Savoyer Biskuit 234
Zuckerteig 235

Das Kochen des Zuckers 235

Cremes, Glasuren und Läuterzucker

Bourdaloucreme 236
Buttercreme 236
Englische Creme 236
Frangipane-Creme 237
Ganache, Ganachecreme ... 237
Konditorcreme, Füllcreme .. 237
Krokantbuttercreme 236
Mokkabuttercreme 236
Schlagsahne, Schlagrahm ... 237
Schlagsahne, Vanillierte 237
Schokoladenbuttercreme 236
Vanillebuttercreme 236
Weinschaum, Sabayon 237
— Geeister 237
Windbeutel- und St.-Honoré-
 Creme 238

Läuterzucker und Glasuren

Läuterzucker 238
Eiweißglasur 238
Eiweißglasur zum Dekorieren 238
Fondant oder Schmelzglasur . 238
Fondant mit Kirschwasser .. 238
Fondant mit Kaffee, Schoko-
 lade usw. 238
Wasserglasur 239

Süßspeisensaucen

Aprikosensauce 239
Englische Sauce........... 239
Erdbeersauce 239
Himbeersauce 239
Johannisbeersauce 239
Schokoladensauce, Heiße ... 239
Vanillesauce 239

WARME SÜSSPEISEN

Äpfel Alice................ 240
— auf Hausfrauenart 240
— mit Reis, Meringuierte ... 240
— im Schlafrock 240
Apfelcharlotte 240
Apfeleierkuchen 245
Apfelkrapfen 245
Aprikosenkrusten 246
Auflauf mit Kaffee 245
Auflaufomelette mit Orange
 oder Zitrone 246

Auflaufomelette mit Vanille . 246
Bananenkrapfen 245
Brotkrapfen 245
Eierkuchen, Feine 245
Kabinett- auch warmer Diplo-
 matenpudding genannt .. 246
Kirschenpudding auf franzö-
 sische Art 247
Maulschellen 246
Nußpudding 247
Omelette mit Konfitüre 246
— mit Rum 246
Reis Condé 248
Rhabarberpastete 248
Schokoladenauflauf 245
Vanilleauflauf 245
Windbeutelchen mit Schoko-
 ladensauce 248

KALTE SÜSSPEISEN

Ananas mit Johannisbeeren
 Chantilly 248
Ananas Ninon 248
Apfelschaum in Bechern ... 249
Bananen mit Schokoladen-
 sahne 249
Bananenschiffchen 249
Bayerische Creme 249
Bayerische Fruchtcreme.... 249
Bircher-Müsli 249
Birnen auf Maurische Art .. 250
— mit Schokolade, Geeiste .. 250
Charlotte, Russische....... 250
Clafoutis limousin 250
Erdbeeren auf Kardinalsart . 251
— Margot 251
— Turban von 251
Erdbeerschaum 251
Fructidorbecher 252
Frühlingscreme 250
Karamelcreme 250
Kleine Cremetöpfchen 251
Melone, Gekühlte, gefüllte .. 252
Montblanc von Maronen ... 252
Obstsalat mit Kirschwasser,
 Gekühlter 252
Orangen Stella............ 252
Orangencreme 251
Pfirsiche in Rotwein 252
Reis auf Kaiserinart 253
Schnee-Eier 253
Schwimmende Insel 253
Wiener Creme 251

EIS UND EISSPEISEN

Eis

Aprikoseneis 254
Erdbeer- oder Himbeereis .. 254
Fruchteis 254
Kaffee-Eis 254
Plombièreeis 254
Schokoladeneis 254
Vanilleeis 253

Zarte Eisarten - Parfaits

Eisaufläufe, Kleine 256
Fruchtschaumeis 255
Kaffeeparfait 255
Kirschwasserparfait 255
Schokoladenparfait........ 255
Vanilleparfait............ 255
Vanilleschaumeis......... 255

Verschiedene Eisspeisen

Aprikosen Negus 256
Birnen Helene 256
Eisbaisers mit Schlagsahne .. 256
Eisbecher 256
— Frou-Frou 257
— Roberta 257
Erdbeeren Bolivar......... 256
Jubiläumseisbecher 257
Pariser Eisbecher 257
Pfirsiche Melba 256
Wiener Eisbecher 257

OBSTTORTEN UND FLADEN

Ananastorte 258
Apfeltorte, Englische 258
— Gebänderte 258
Aprikosentorte 258
Erdbeertorte 258
Kirschentorte........... 259
— Lothringische 259
Linzer Torte 259
Orangen- und Bananentorte . 259
Rhabarbertorte 259
Stachelbeertorte 260
Zwetschen- (Zwetschgen)-
 Torte 260

Andalusischer Fladen...... 260
Bourdaloufladen 260
Einfacher Fladen 260
Frangipanefladen 260
Milchfladen 260

FEINES BACKWERK

GROSSE KUCHEN UND TORTEN

Amanda-Torte........... 265
Apfelstrudel 265
Apostelbrot 265
Apostelkuchen mit Köpfchen 265
Apostelkuchenkranz 266
Apostelkuchen, Schaumiger . 266
Baumstamm, Weihnachts-
 stamm 266
Biskuitroulade 266
Blätterteigtorte mit Konfitüre 266
Dreikönigskuchen 267
Geburtstagstorte 267
Genueser Brot 267
Genueser Torte, Glacierte .. 267
Gugelhupf 267
Königskuchen, Bordelaiser .. 267
Mandelcreme........... 268

Mandeltorte Pithiviers 268
Marmortorte 268
Maronentorte 268
Maskott-Torte 268
Modaner Brot 268
Mokkatorte 269
Paris-Brest 269
Plum Cake 269
Sans-Façon 269
Savarin Chantilly 270
Savarin mit Früchten 270
— mit Rum 270
Schokoladentorte 270
St.-Honoratius-Torte 270
Traunkirchner Torte 270
Vierviertelkuchen 270

KLEINES GEBÄCK

Apfeltäschchen 271
Apostelkuchen mit Kopf, Kleine 271
Babas mit Rum 271
Baisers mit Schlagsahne... 271
Blätterteigplätzchen 271
Blätterteigstäbchen 271
Blätterteigstangen 272
Blätterteigtäschchen 272
Blitzkuchen mit Kaffee oder Schokolade 272
Condés 272
Damenschenkel 272
Konversationen 272
Liebesgrübchen 272
Madeleines von Commercy.. 273
Makronen, Nanziger 273
Mandelhippen 273
Mirlitons von Rouen 273
Napolitaner 273
Obsttörtchen 274
Ochsenzungen oder Schuhsohlen 274
Salambos 274
Savarins mit Rum, Kleine . 274
Schweinsohren 274
Stäbchen, Flämische 273
Tausendblätterkuchen, Kleine 274
Trouviller Sandkuchen..... 274
Vendeer Sandkuchen 275
Windbeutelchen mit Sahne . 275

PETITS FOURS

Damengaumen 275
Dattelfours 275
Genueser Fours, Glacierte . 275
Karolines mit Kaffee oder Schokolade 276
Katzenzungen 276
Mandelfelsen 276
Mandelfours, Trockene 276
Mandelmasse 275
Meringuefours 276
Petits Fours aus Zuckerteig . 276
Salambos 276
Windbeutelchen, Pralinierte . 276

KONFEKT

Brasilianer 277
Datteln oder Kurpflaumen, Gefüllte 277
Kirschen, Verhüllte 277
Marquisettes 277
Schokoladentrüffel I 277
Schokoladentrüffel II 278
Walnußkerne, Gefüllte..... 278

KONSERVEN

OBST

Aprikosen für Süßspeisen und Kompott 279
Aprikosen in leichter Zuckerlösung 279
Erdbeeren in schwerem Läuterzucker für Kompott .. 279
Erdbeerpüree für Eis und Süßspeisen 279
Herzkirschen für Kompott . 280
Pfirsiche in schwerem Läuterzucker 280
Sauerkirschen für Kompott . 280

GEMÜSE, PILZE UND DIVERSES

Bohnen, Junge, grüne 280
Erbsen, Grüne 280
Erbsen auf französische Art . 280
Estragon 281
Karotten, Junge 280
Pfeffergurken 281
Tomaten zum Füllen, Halbe . 281
Tomatenpüree 281
Champignons 281

KONFITÜREN UND GELEES

KONFITÜREN

Aprikosenkonfitüre........ 283
Erdbeerkonfitüre, englische . 283
Himbeerkonfitüre 283
Holunderkonfitüre 283
Kirschenkonfitüre 284
Konfitüre von schwarzen Johannisbeeren 283
Mirabellenkonfitüre 284
Vierfruchtkonfitüre 284
Weinbeerenkonfitüre 284
Zwetschenkonfitüre (Zwetschgenkonfitüre) ... 284

GELEES

Apfelgelee 284
Gelee von Himbeeren oder schwarzen Johannisbeeren 284
Johannisbeergelee 285
Quittengelee 285

MARMELADEN

Apfelmarmelade 285
Brombeermarmelade 285
Orangenmarmelade I 285
Orangenmarmelade II 285
Quittenmarmelade 285
Rhabarbermarmelade........ 286

FRÜCHTE IN BRANNTWEIN

Aprikosen in Branntwein ... 286
Cognackirschen 286
Erdbeeren in Weinbrand ... 286
Mirabellen in Branntwein ... 286
Muskattrauben in Weinbrand 286
Reineclauden in Branntwein 286

FRUCHTPASTEN

Apfelpaste 287
Quittenpaste 287

GESALZENES

Salzmandeln 287

GETRÄNKE, SIRUPS, LIKÖRE, COCKTAILS LONG DRINKS

GETRÄNKE

Warme Getränke

Lait de poule 289
Orangenpunsch 289
Rumpunsch 289
Weinpunsch, Heißer 289
Weißweinpunsch 289

Kalte Getränke

Limonade 290
Marquise 290
Orangeade 290
Zitronade 290

SIRUPS

Erdbeersirup 290
Himbeersirup.............. 290
Johannisbeersirup 290
Orgeat 290
Sirup von schwarzen Johannisbeeren 290

LIKÖRE FÜR DEN HAUSHALT

Brombeerlikör 291
Curaçao 291
Likör von schwarzen Johannisbeeren 291
Quittenlikör 291

BELIEBTE COCKTAILS

Americano 291
Barnard 291
Bloody Mary 291
Eden Rock 291
Luisito Special 291
Martini Dry 291

LONG DRINKS

Exotic 292
Galante 292
Gin Fizz 292
Summertime 292

FACHAUSDRÜCKE 293

ALPHABETISCHES REGISTER

A

Aal, grün 115
— auf Burgunder Art, Matrosengericht 115
Abziehen von Mandeln, Haselnüssen und Pistazien 39
Admiralschnitten 72
Alse, Maifisch, grilliert 97
— mit Sauerampfer 97
Amandatorte 265
Americano, Cocktail 291
Ananas mit Johannisbeeren, Chantilly 248
— Ninon 248
Ananastorte 258
Anis, Körner 44
Andalusischer Fladen....... 260
Angesetzte Speisen 40
Anweisungen zum Gebrauch des Werkes, Nützliche ... 8
Äpfel Alice............... 240
— auf Hausfrauenart 240
— mit Reis, meringuierte ... 240
Apfel im Schlafrock 240
Apfelcharlotte 240
Apfeleierkuchen 245
Apfelgelee 284
Apfelkompott 231
Apfelkrapfen 245
Apfelmarmelade 285
Apfelpaste 287
Apfelschaum in Bechern ... 249
Apfelstrudel 265
Apfeltäschchen 271
Apfeltorte, englische....... 258
— gebänderte 258
Apostelbrot 265
Apostelkuchen- oder Briocheteig 41
Apostelkuchen mit Kopf, Kleine 271
— mit Köpfchen 265
— schaumiger 266
Apostelkuchenkranz 265

Aprikosen in Branntwein ... 286
— in leichter Zuckerlösung für Obsttorten 279
— für Süßspeisen und Kompott 279
— Negus 256
Aprikoseneis 254
Aprikosenkompott 231
Aprikosenkonfitüre........ 283
Aprikosenkrusten 246
Aprikosensauce 239
Aprikosentorte 258
Argenteuilsalat 69
Artischocken 187
— Barigoule, Gefüllte 188
— gefüllte 63
— auf griechische Art 63
— Mireille 188
— mit weißer oder Vinaigrettesauce 188
Artischockenböden 188
Artischockenböden Clamart . 188
— überbacken 189
Artischockensalat auf griechische Art 221
Artischockenviertel mit Lyoner oder italienischer Sauce 188
Auberginen (Eierfrüchte), gebacken 189
— gefüllt 189
— gefüllt, auf Bostoner Art 189
— auf Müllerinart 189
— auf provenzalische Art ... 189
Aufbau des Werkes 9
Auflauf mit Kaffee 245
Aufläufe 39
Auflauf Krapfen, Teig 41
Auflaufomelette mit Käse ... 79
— mit Orange oder Zitrone . 246
— mit Vanille 246
Auslege- oder Mürbteig ... 234
Austern............... 63, 124

B

Babas mit Rum 271

Babateig 233
Backen 37
Backen, Das 37
Backen oder Ausbacken in schwimmendem Fett ... 37
Bäckerkartoffeln 209
Backfische 97
Backpflaumenkompott 232
Backteig 42
Backwaren und Süßspeisen . 233
Backwerk, Feines 265
Bagrationsschnittchen 72
Baisers mit Schlagsahne..... 271
Bananen mit Schokoladesahne 249
Bananenkompott 231
Bananenkrapfen 245
Bananenschiffchen 249
Barbe, Flußbarbe 115
Barsch................. 115
Barnard, Cocktail 291
Basilikum, Gewürzkraut 44
Bastard- oder weiße Hausfrauensauce............ 51
Bauernomelette 91
Bauerntopf 161
Baumstamm, Weihnachtsstamm 266
Bayerische Creme 249
Bayerische Fruchtcreme..... 249
Béarner Sauce 53
Béchamelsauce 50
Beefsteak 131
— gehackt 131
— und Zwischenrippenstück grilliert 143
Beifuß (Blätter, meistens getrocknet) 44
Bequemlichkeitsmasse 38
Bercybutter 55
Bercysauce 48
— weiße 51
Bibernelle, auch Pimpinelle (Blätter)............... 44
Binden von Saucen mit Stärkemehl................ 47

Binden von weissen Saucen . 50
Bircher Müesli............. 249
Birnen Helene 256
— auf maurische Art 250
— mit Schokolade, Geeiste.. 250
Birnenkompott 231
Biskuitroulade 266
Blätterteig 41
Blätterteighohlpastete auf Hausfrauenart 75
Blätterteigplätzchen 271
Blätterteigstäbchen 271
— Condé 272
Blätterteigstangen 272
Blätterteigtäschchen 272
Blätterteigtorte mit Konfitüre 266
Blattspinat auf englische Art. 206
Blitzkuchen mit Kaffee oder Schokolade 272
Bloody Mary, Cocktail 291
Blumenkohl 193
— überbacken 194
— auf polnische Art........ 194
Blut- und Kaldaunenwürstchen grilliert 161
Blutwürstchen mit Reinetten 161
Bohnen, Dicke, Saubohnen . 190
— Grüne 189
— auf Haushofmeisterart, Grüne 190
— auf portugiesische Art, Grüne 190
— mit Rahm, Grüne 190
— Junge, Grüne (Kons.) ... 280
— in Rotwein, Rote 190
— Weiße, auf bretonische Art 190
Bohnenkerne, Grüne 190
Bohnenkraut 44
Bohnensuppe, Weiße oder Soissoner.............. 61
Bolognaiser Sauce.......... 54
Bordelaiser Sauce 48
Borretsch, Blätter und Blüten 44
Bourdalourcreme 236
Bourdaloufladen 260
Brachse, Brasse 115
Brand- oder Brühteig 41
— für Auflaufkrapfen 41
Brandy-Butter 247
Brasilianer 277
Brasse, Brachse 115
Braten, Das 35
Braten in der Ofenröhre, Das 35
— im offenen Geschirr (Sautieren) 36
— auf dem Rost, Das 35
— am Spieß, Das 35
Brathuhn 166
Braune Saucen, Zusammengesetzte 48
Brioche- oder Apostelkuchenteig 41
Brombeerlikör 291
Brombeermarmelade 285
Brotkrapfen 245

Brotsuppe................. 61
Brühteig 41
Bücklinge, Filets von 64
Buletten oder Frikadellen ... 225
Bürgerliche oder regionale Suppen 61
Butt, Glattbutt, Rautenscholle 98
Buttercreme 236
Buttermischungen 55
Buttersauce, Feine.......... 53
— Weiße 52

C

Canapés, Schnittchen ... 17, 72
Cannelloni, gefüllte 217
Canner Schnittchen 72
Cassoulet auf Haushälterinart 153
Cervelatwurst Vinaigrette ... 63
Champignons (Konserv.)... 281
— in Rahm 215
— oder Steinpilze mariniert . 63
Chateaubriand 132
Chicorée, gedünstet 191
— auf flämische Art 191
— mit Schinken überkrustet . 191
Chipskartoffeln 209
Choronsauce 53
Clafoutis Limousin 250
Clamartsuppe 59
Cocktail von Hummern und Garnelen 63
Cocktails, Alkoholische 291
Cocktailsauce 54
Cognackirschen 286
Colbertsauce 48
Condés 272
Crécysuppe mit Reis 60
Cremes, Glasuren und Läuterzucker 236
Cremetöpfchen, Kleine 251
Croque-Monsieur 75
Curaçao 291
Currysauce 48

D

Damengaumen 275
Damenschenkel 272
Dämpfen, Das 33
Dampfkartoffeln 209
Dänische Schälchen 64
Datteln oder Kurpflaumen, Gefüllte 277
Dattelfours 275
Dauphinekartoffeln 209
Demi-Glace auf Hausfrauenart, braune Grundsauce .. 47
Dill (Doldengewächs)...... 44
Dreikönigskuchen 267
Drinks 292
Dubarry-Rahmsuppe 59
Dünsten, Das 34

E

Eden Rock, Cocktail 291
Eier, Frische 39
— Gebackene 83
— Kalte 64, 84
— mit Mayonnaise, Hartgekochte 93
— auf Mentoner Art, Hartgekochte 94
— Mistral, Hartgekochte ... 94
— Mornay, Hartgekochte .. 89
— in Näpfchen 83
— in Näpfchen auf Florentiner Art 89
— in Näpfchen mit Rahm .. 89
— in Näpfchen auf Schäferart 89
— Pochierte oder verlorene . 84
— in der Schale 83
— auf schwedische Art, Hartgekochte 94
— Verlorene oder pochierte . 84
— Vinaigrette, Hartgekochte 94
— Virginia Club, Wachsweiche 94
— Wachsweiche 84
Eierkuchen, Feine 245
Eierkuchenteig, Einfacher .. 233
Eiersauce 51
Eierspeisen 83
— Warme 84
— Kalte 93
Eiertäschchen 75
Eis und Eisspeisen 253
Eisarten, Zarte 255
Eisaufläufe, Kleine 256
Eisbaisers mit Schlagsahne .. 256
Eisbecher 256
— Frou-Frou 257
— Pariser 257
— Roberta 257
— Wiener................ 257
Eisspeisen, Verschiedene 256
Eiweiß, Schlagen von 39
Eiweißglasur 238
— zum Dekorieren 238
Englische Creme 236
— Sauce 239
Enten, Truthähne und Gänse 168
Ente, gebraten 168
— mit grünen Erbsen...... 168
— mit Oliven............. 168
— mit Orangen 173
— Salmis von 173
Erbsen auf englische Art ... 191
— auf französische Art 192, 280
— Grüne (Kons.) 280
— auf Hausfrauenart 192
— mit grüner Pfefferminze .. 192
Erbsensuppe, Grüne, SaintGermain-Suppe 61
Erdbeeren Bolivar.......... 256
— auf Kardinalsart 251
Erdbeeren in schwerem Läuterzucker für Kompott .. 279
— Margot 251

Erdbeeren, Turban von 251	Forellen, blau 116	Gewürzmischungen 46
— in Weinbrand 286	— im Gelee 122	— zum Würzen von Braten 46
Erdbeer- oder Himbeereis ... 254	— auf Müllerinart 116	— zum Würzen von Pasteten 46
Erdbeerkonfitüre, Englische . 283	— in Rahmsauce, überbacken 116	Gin Fizz 291
Erdbeerpüree für Eis und Süß-speisen 279	Formen, Ausstreichen 39	Glasuren, Läuterzucker 238
	Frangipanecreme 237	Glasierte Genueser Fours ... 275
Erdbeersauce 239	Frangipanefladen 260	Glattbutt, Rautenscholle, Butt 98
Erdbeerschaum 251	Frikadellen oder Buletten .. 225	Goldbrassen Bercy 98
Erdbeersirup 290	Froschkeulen 128	— gebraten 98
Erdbeertorte 258	— mit feinen Kräutern 128	— grilliert 98
Estragon 281	— gebacken 128	Grashechte, blau 116
— Blätter 44	— in Weingelee 128	Gratinieren, Das 38
Estragonbutter 55	Früchte in Branntwein 286	Gratinfarce 43
Estragonsauce 48	Fruchteis 254	Gratiniersauce 49
— Weiße 51	Fruchtpasten 287	Graupensuppe 59
Exotic, Long drink 292	Fruchtschaumeis 255	Grieß, überbackener 220
	Fructidorbecher 252	Große Kuchen und Torten . 265
F	Frühlingscreme 250	Grundsätze und Grundzube-reitungen 33
	Frühlingsschnittchen 72	
Fachausdrücke 293		Grüne Sauce 55
Farcen, Teige und Marinaden 41	**G**	Gugelhupf 267
Farcen für Klößchen, Pasteten und Galantinen .. 42, 43		Gugelhupfteig 234
	Galante, Long drink 292	Gulasch, Ungarisches 132
Fasan, gebraten 179	Ganache, Ganachecreme ... 237	Gurken, Gedünstete 193
— Salmis von 180	Gans in Fett eingelegt 175	Gurkensalat 70
Federwild 179	— gebratene 173	
Fenchel, Körner 44	— mit Maronen gefüllt 173	**H**
— auf griechische Art 64	— mit Sauerkraut 173	
— auf provenzalische Art .. 192	Gänseleberschnitten 72	Haarwild 177
Fenchelknollen 192	Garmachungsarten, Die ver-schiedenen 33	Hafermehlsuppe 59
Filetspitzen in Rahmsauce . 132		Hahn in Wein auf Dijoner Art 165
Fische, Die 95	Garnelen 123	Hähnchen Marengo 166
— Abschuppen 39	— Pilaw von 123	— im Topf auf Bauernart .. 165
— Das Braisieren von 95	Garnelenbutter 55	— im Topf auf Hausfrauenart 165
— Vom Einkaufen der 95	Garnelen- oder Joinvillesauce 51	Hammel oder Lamm mit Steinpilzen, Scheibenfleisch von 227
— im tiefen Fett, Das Backen der 96	Garpunkt des Geflügels 39	
	Gebäck, Kleines 271	
— Frische 39	Gebackene Eier 183	Hammelbrust auf Tatarenart 153
— mit Mayonnaise, Kalte .. 225	Geburtstagstorte 267	Hammelfleisch 153
— auf Müllerinart, Das Bra-ten von 97	Geflügel 165, 227	Hammel- und Lamm-fleisch 153, 227
	— Garpunkt des 39	
— in Muscheln oder Schäl-chen 64	— Kaltes 175	Hammelfleisch gedünstet auf provenzalische Art 154
	Geflügelkroketten 76	
— im Ofen, Das Grillieren und Braten von 96	Geflügelrahmsauce 51	Hammelfüsse in weißer Sauce 154
	Geflügelsalat 70	Hammelkeule auf Bretagner Art 154
— Das Pochieren der 97	Gelbwurz (Kurkuma) 44	
— Vom Putzen der 95	Gelées 284	— auf englische Art 154
Fischauflauf 75	Gemüse 187	— gebraten 155
Fischbitoks 98	— Pilze und Diverses (Kon-serven) 280	Hammelnieren Turbigo 155
Fischfond 50		— Spießchen von 155
Fleischkrapfen 76	Gemüsesalat 222	Hammelragout mit weißen Bohnen 155
Fischsud, Vom 95	Gemüsesuppe, Mailänder ... 62	
Fladen und Obsttorten 257	Genueser Brot 267	Hammelzungen 155
Fladen, Andalusischer 260	Genueser Fours, glacierte ... 275	Hartgekochte Eier, mit Mayonnaise 93
— Einfacher 260	Genueser Torte, glacierte ... 267	
Flämische Stäbchen 273	Gesalzenes 287	— auf Mentoner Art 93
Flunder, Rotzunge und Scholle 107	Geschwungenes Huhn Bercy 167	— Mistral 94
	— auf Jägerart 167	— Mornay 89
Flußfische, gebackene 115	— Parmentier 167	— auf schwedische Art 94
Flüssigkeitsmasse 38	— auf portugiesische Art .. 167	— Vinaigrette 94
Fondant oder Schmelzglasur 238	Getränke 289	Hasche von Hammelfleisch 227
Fondant mit Kirschwasser .. 238	Getränke, Sirups und Liköre 289	— Parmentier 225
— mit Kaffee, Schokolade usw. 238	Getränke, Kalte 289	Hase 178
	— Warme 290	Hasenpfeffer 178
Fondue bourguignonne 132	Gewürze und Gewürzkräuter 44	

309

Hasenrücken mit Champignons 178
— sauer-süß 178
Haushaltsschnittchen 72
Haushofmeisterbutter, Kräuterbutter 56
Haushofmeisterkartoffeln ... 210
Hecht, Blanquette von 116
— im Fischsud 116
— Frikassee von 116
— mit weißer Buttersauce .. 121
Hering 98
— Marinierter 64
— auf Pförtnerart 98
— vom Rost mit Senfsauce.. 98
Heringsfilets auf russische Art 64
Herzkirschen für Kompott .. 280
Herzmuscheln 124
Herzoginkartoffeln 210
Himbeeren oder schwarze Johannisbeeren, Gelee von 284
Himbeerkonfitüre 283
Himbeersauce 239
Himbeersirup.............. 290
Holländische Sauce 53
— Geronnene 39
Holunderkonfitüre 283
Huhn, Aspik von 227
— Bercy, Geschwungenes ... 167
— auf Jägerart, Geschwungenes 167
— Parmentier, Geschwungenes 167
Huhn auf portugiesische Art, Geschwungenes 167
— in Gelee, Kaltes 175
— auf orientalische Art, Pilaw von................ 167
— in weißer Sauce 168
Hühner und Masthühner ... 165
Hühner Curry 166
Hühnerfrikassee 166
Hühnernäpfchen Joconda .. 227
Hummer Fra Diavolo 124
— oder Languste in Mayonnaise 128
— auf russische Art 129
Hummerkrabben........... 64

I

Im Ofen gebackene Kartoffeln.................. 210
Ingwer, Wurzeln 44
Italienische Sauce 49

J

Jägersauce 49
Jakobs- oder Pilgermuscheln 125
— auf Herzoginart 125
— auf Pariser Art 125
— auf Teufelsart 125

Johannisbeeren, Gelee von Himbeeren oder schwarzen 284
— Konfitüre von schwarzen . 283
— Likör von schwarzen 291
— Sirup von schwarzen 290
Johannisbeergelee 285
Johannisbeersauce 239
Johannisbeersirup.......... 290
Joinville- oder Garnelensauce 51
Joinvilleschnittchen 72
Jubiläums-Eisbecher 257

K

Kabeljau und Schellfisch ... 99
Kabeljau gebacken mit Tatarensauce 99
— auf Lyoner Art 99
— Mistral 99
— oder Seehecht auf portusische Art 99
Kabinett-, auch warmer Diplomatenpudding genannt 246
Kaffee-Eis 254
Kaffeeparfait.............. 255
Kaisergranat 124
Kalbfleisch 144, 226
— Kalte Gerichte von 152
— in Muscheln Mornay ... 226
— auf schwedische Art ... 152
— Weißgericht von 151
Kalbfleischknorpel auf Bauernart.................. 147
Kalbfleischpastete in der Kruste 183
Kalbfleischterrine 185
Kalbsbrust, Gefüllte 144
Kalbsfrikandeau mit Sauerampfer 145
Kalbsfüsse Vinaigrette 145
Kalbsgeschnetzeltes in Sahnesauce 145
— auf piemontesische Art .. 145
Kalbshachse oder Osso Buco 145
Kalbsherz 146
Kalbshirn mit dunkler Butter 146
Kalbskopf Vinaigrette 152
Kalbskotteletts mit feinen Kräutern 146
— in Gelee auf Frühlingsart . 152
— grilliert 146
— auf Hausfrauenart 146
— auf Haushälterinart 146
— Pojarski 146
— im Topf mit Sahne 147
Kalbskroketts 226
Kalbsleber auf englische Art 147
Kalbsmedaillon Veronese .. 149
Kalbsmilch auf Gärtnerinart . 147
Kalbsmilchschnitzel in Rahmsauce 148

Kalbsnieren auf englische Art 148
— sautiert 148
Kalbsnierenbraten 148
Kalbsnuß auf Großmutterart 148
— Judic 149
Kalbsragout mit Gemüsen .. 149
— Marengo 149
Kalbsrippen oder Schwanzstück im Topf 149
Kalbsröllchen geschmort ... 149
— auf griechische Art 150
Kalbsrolle 150
Kalbsschnitzel, paniert auf englische Art 150
— Cordon bleu 150
— auf Jägerart 150
— auf Wiener Art 151
Kalbszunge auf Herzoginart . 151
Kaldaunen- und Blutwürstchen grilliert 161
Kalmare auf baskische Art . 125
Kalte Süßspeisen 248
Kaltes Huhn in Gelee 175
Kaltes Geflügel 175
Kalte Spezialitäten von Schweinefleisch 163
Kaninchen 178
— Gibelotte von 179
— auf Hausfrauenart, Junges 178
Kaninchenpastete 183
Kaninchenragout auf Jägerart 179
Kapernsauce 52
Karamelcreme 250
Kardamon, Samen 44
Karoliner mit Kaffee oder Schokolade 276
Karotten, Junge (Kons.).... 280
Karotten Chantilly 193
— Glacierte 193
— mit Kartoffeln 193
— in Rahm 193
— Vichy 193
Karpfen auf Burgunder Art . 121
— auf Matrosenart........ 121
Kartoffeln 209
— auf Dauphiner Art, Überbackene 213
— Freiburger............ 210
— auf Lyoner Art 211
— auf Normannische Art .. 211
— im Ofen gebackene 210
Kartoffelfladen 210
Kartoffelkroketts 210
— mit Korinthen 211
Kartoffelnockerln 213
Kartoffelpurée, schaumiges . 212
Kartoffelsalat............. 70
Kartoffelsuppe, Parmentiersuppe 60
Käseauflauf 79
Käsefondue 79
Käsegougère 79
Käseknöpfle 213
Käsekrapfen 80
Käsekroketts 80
Käsekrüstchen 80

Käsenocken 80
— Römische 80
Käsespeisen 79
Käsetorte 81
— Lothringer 81
Kastanien (Maronen) schälen 39
Katzenhai auf provenzalische Art 99
Katzenzungen 276
Kerbel, Blätter 44
Kirschen, Verhüllte 277
Kirschenkompott 231
Kirschenkonfitüre 284
Kirschenpudding auf französische Art 247
Kirschentorte 259
Kirschentorte, Lothringische 259
Kirschwasserparfait 255
Klaffmuscheln 124
Klären von trüber Bouillon . 40
— von Gelee 40
Kleine Cremetöpfchen 251
Klößchenfarce 42
Knoblauch 44
Knoblauchbutter 56
Knollensellerie, gebacken .. 205
— auf Hausfrauenart 205
— überbacken 205
Kochen, Das 33
— eines Schinkens 163
— des Zuckers, Das 234
Kohlarten, Die 193
Kohlköpfchen oder Dolmas, Kleine gefüllte 195
Kohlrabi und Kohlrüben ... 194
Kohlrouladen 194
Kohlsuppe 61
Kompotte 231
Konditorcreme, Füllcreme . 237
Konfekt 277
Konfitüren 283
Königskuchen, Bordelaiser . 267
Konserven 279
Konversationen 272
Kopfsalat, Geschmorter ... 196
Kopfsalatsuppe 59
Kraftbrühe 57
— mit Eierstich 58
— mit Gemüsestreifen ... 58
— mit Gemüsewürfelchen .. 58
— Nizzaer 58
— mit Tapioka 58
— mit italienischer Teigware 58
— Xavier 59
Krammetsvögel auf Hausfrauenart 180
Krause Endivie, gekocht 191
— mit Rahm 191
Kräuterbutter, Haushofmeisterbutter 56
Kräuteromelette 92
Krebse auf Bordelaiser Art . 123
— Schwimmende 123
Kressebutter 56
Krokantbuttercreme 236
Krustaden mit Nocken 80

Krusten oder Krüstchen mit Champignons 76
Krustentiere 123
Krusten- oder Schaltiere, Kalte Gerichte 128
Krusten-, Schal- und Weichtiere 123
Kulinarische Technik in Bildern 15-32
Kümmel, Frucht 123
Kürbischen, Courgettes ... 196
Kürbischen, Gebackene 196
— auf Müllerinart 196
— mit Rahm 201
— auf orientalische Art 201
Kürbissuppe 61
Kurpflaumen oder Datteln, Gefüllte 277
Kutteln auf Caëner Art..... 132
— auf Lyoner Art 137

L

Lachs im Fischsud 121
— grilliert 121
Lachsforelle Bellevue, Scheiben von 122
— im Fischsud 121
— Kalte 122
Lait de Poule 289
Lammbrieschen 155
Lammfleisch 155
Lamm- und Hammelfleisch 153, 227
Lammfleisch, Navarin von . 156
Lammkeule auf Bäckerart .. 156
Lammkotteletts Champvallon 156
— grilliert 156
— mit Reis und Peperonatasauce 156
Languste Bellevue 129
— oder Hummer mit Mayonnaise 128
Lauch 69, 203
Läuterzucker 238
— Glasuren 238
Leerbacken, Blindbacken ... 40
Lendenschnitten 137
— auf Béarner Art 137
— Clamart 137
— mit Estragon 137
— auf Jägerart 137
— Marie-Louise 138
— auf portugiesische Art ... 138
— Schloß Figeac......... 138
Lerchen nach Art der Mutter Moinet 180
Liebesgrübchen 272
Liebstöckl, Blätter 45
Liköre für den Haushalt 291
Limonade 290
Linsen auf Lothringer Art... 201
Linzer Torte 259
Long drinks 292
Lorbeerblätter, Getrocknete. 45

Lucullus, Schinkenrouladen . 71
Luisito Special, Cocktail ... 291
Lyoner Omelette 92
Lyoner Sauce............. 49

M

Madeleines von Commercy .. 273
Maifisch, Alse grilliert 97
— mit Sauerampfer 97
Mailänder Gemüsesuppe ... 62
Mairüben, Gefüllte 201
— Glacierte 201
— in Rahmsauce 201
Maisschnitten auf Tessiner Art 76
Majoran, Gewürzkraut, meist getrocknet 45
Makkaroni mit Käse 217
— überbacken 217
Makrele 100
Makrelen, gekocht mit Petersiliensauce, Große 100
— grilliert mit Kräuterbutter, Kleine 100
— oder Makrelenfilets auf Müllerinart 100
— Vinaigrette 114
Makrelenfilets Mireille 100
Makronen, Nanziger 273
Mandelcreme 268
Mandelfelsen 276
Mandelfours, Trockene 276
Mandelhippen 273
Mandelmasse 275
Mandeln, Haselnüssen oder Pistazien, Abziehen von . 21
Mandeltorte Pithiviers 268
Mangold, gratiniert 202
Marinaden 43
— Farcen und Teige 41
— Gekochte 43
— Rohe 43
Marmeladen 285
Marmortorte 268
Maronen, Gedünstete 202
Maronenpurée 202
Maronentorte 268
Marquise 290
Marquisettes 277
Martini dry, Cocktail....... 291
Maskott-Torte 268
Masse 38
— Bequemlichkeits- 38
— Flüssigkeits- 38
Masthühner und Hühner .. 165
Matrosengericht der Mosel.. 121
Maulschellen 246
Mayonnaise, Geronnene ... 40
Mayonnaisensauce 54
Mazerieren 40
Meeraal und Muräne 100
Meeraal auf Burgunder Art . 100
— Gedünsteter 105
— mit Petersiliensauce 105

311

Meerbarbe oder Wolfsbarsch gebraten 113
Meerbarbe, Wolfsbarsch, Seewolf 113
Meerfische, Vorspeisen von.. 114
Meerrettich, Wurzeln 45
Meerrettichbutter 56
Meerschnecken, Strandmondschnecken 125
Mehlomelette............... 92
Mehlpanade 25
Mehl- und Rahmsuppen 59
Mehlschwitze, Einbrenne.... 47
Melone 69
— Gekühlte, gefüllte 252
Menü, Das 11
Menü, Einige festliche 12
Menü für den täglichen Tisch 12
Meringue-Fours 276
Meringuemasse, Italienische . 234
— mit Mandeln 234
— Schweizer 234
Miesmuscheln, Muscheln, Pfahlmuscheln 126
Milchfladen 260
Mirabellenkonfitüre 284
Mirabellen in Branntwein ... 286
Mirlitons von Rouen 273
Miroton 142
Mixed Grill 142
Modaner Brot 268
Mohn, Samenkörner 45
Mokkabuttercreme 236
Mokkatorte 269
Montblanc von Maronen ... 252
Morcheln mit feinen Kräutern 215
Morgenroteier 89
Morgenrotsauce 52
Mornay-Sauce 52
Mundbissen, Joinville 77
— auf Königinart 76
Muräne oder Meeraal 100
Mürbe- oder Auslegeteig ... 234
Muscheln, Miesmuscheln, Pfahlmuscheln 126
Muscheln auf italienische Art 126
— auf Kreolen Art 126
— auf Matrosenart........ 126
— auf orientalische Art, Pilaw von................... 126
— Poulette 126
— in Mayonnaise 129
Muschelsalat auf griechische Art 129
Muskatblüte, Macis (getrocknete Blütenknospen) 45
Muskatnüsse, getrocknete Samenkörner 45
Muskattrauben in Weinbrand 286
Mutton Chops............. 153

N

Nachschlagebeispiel 10
Näpfchen Susanna 226

Napolitaner 273
Navarin von Lammfleisch .. 156
Nelken, Gewürznelken (getrocknete Blütenknospen) 45
Nizzaer Kraftbrühe 58
— Salat 222
— Schnittchen 72
— Teller 69
Nocken, Römische 220
Nudeln auf Berner Art 218
— auf Bologneser Art 218
Nudelteig 218
Nußpudding 247

O

Obstsalat mit Kirschwasser, Gekühlter 252
Obsttörtchen 274
Obsttorten und Fladen 257
Ochsenschwanz, Hochepot von................... 138
Ochsenzungen oder Schuhsohlen 274
Ohrschnecken 127
Omelettes 84
— mit Champignons 92
— mit Garnelen 92
— mit Käse 92
— mit Konfitüre 246
— mit Nieren 92
— Parmentier 92
— mit Rum 246
— mit Sauerampfen 92
— Schaumige 93
— mit Schinken oder Speck . 93
Orangen Stella............ 252
— und Bananentorte 259
Orangencreme 251
Orangeade 290
Orangenmarmelade I 285
Orangenmarmelade II 285
Orangenpunsch 289
Oregano, Blätter 45
Orgeat................... 290
Orlowsalat 222
Osso Buco oder Kalbshaxe . 145

P

Palmensprossen 202
— überkrustet 202
Pantinpastete 184
Paprika, Fruchtkapseln 45
Paprikaschoten, mit Fleisch gefüllt 202
— mit Reis gefüllt 203
Paris-Brest 269
Parmentiersuppe, Kartoffelsuppe 60
Pastetchen, Kleine, warme .. 77
Pasteten 183
— und Terrinen 183

Pastetenteig 42
Perlhuhn................. 174
Perlhühner und Tauben 174
Petersilie auffrischen........ 40
— Zweige und Blätter 45
Petersilienkartoffeln 211
Petits Fours 275
— aus Zuckerteig 276
Pfahlmuscheln, Miesmuscheln, Muscheln 126
Pfeffer, Fruchtkörner 45
Pfeffergurken 281
Pfefferminze, Minze 45
Pfeffersauce für Haarwild ... 49
Pfifferlinge in Butter gebraten 216
— mit feinen Kräutern 215
— Ragout von 216
— in Rahm 216
Pfirsiche in schwerem Läuterzucker 280
— Melba 256
— in Rotwein 252
Pfirsichkompott........... 232
Pflaumenkompott 232
Pikante Sauce 49
Pilaw von Huhn auf orientalische Art 167
Pilawreis 220
Pilger- oder Jakobsmuscheln. 125
Pilze 215
Pilze, Gemüse und Diverses (Kons.) 280
Piment, Neugewürz, Jamaikapfeffer, Fruchtkugeln .. 45
Pissaladière oder Nizzaer Torte 77
Pizza 81
Pizzateig 42
Plombièreeis 254
Plumcake 269
Pochieren, Garziehen, Das .. 37
Pochierte oder verlorene Eier 84
Pökelzunge auf Tatarenart, Scheiben von 226
Polenta 220
— Gebratene 220
Porree (Lauch) gedünstet ... 203
Porree Vinaigrette.......... 69
Porreestauden 203
Portugiesische Tomatensuppe 60
Pot-au-feu 138
Poulettesauce 52
Praktische Winke 39
Provenzalische Sauce 54
Purée von Trockenerbsen ... 192
Pute, Gebratene 174
— mit Maronen gefüllt 174

Q

Quittengelee 285
Quittenlikör 291
Quittenmarmelade 285
Quittenpaste 287

R

Rachel-Salat 223
Rahmkartoffeln 211
Rahm- und Mehlsuppen 59
Rahmsauce 52
Ramequins 81
Ratatouille niçoise 203
Räucheraal............... 69
Räucherlachs, Rouladen aus. 69
Räucherlachsschnitten 72
Raute, Weinraute, Blätter .. 45
Rautenscholle, Butt, Goldbutt 98
Ravigotesauce 55
Ravioli auf italienische Art . 218
— Farce für 218
Rebhuhn, gebraten 180
— mit Kohl 180
— auf Winzerinart 181
Regionale oder bürgerliche
  Suppen 61
Rehkeule Maria Stuart 177
Rehkoteletts 177
Rehrücken 177, 227
Rehsauce 49
Rehwild 177
Reineclauden in Branntwein . 286
Reis Condé 248
— Fetter 219
— auf indische Art........ 219
— auf Kaiserinart......... 253
— Das Kochen von 219
— auf Kreolenart 219
Reisgerichte 219
Reissalat Derby 223
— Manuela 223
Reissuppe 60
Remouladensauce 55
Resteverwendung 223
Rettiche 69
Rhabarberkompott 232
Rhabarbermarmelade 286
Rhabarberpastete 248
Rhabarbertorte 259
Rinderbraten 138
Rinderbouletten in pikanter
  Sauce 139
Rinderfilet, gebraten 140
— in Madeirasauce 140
Rinderkarbonaden in Bier... 140
Rindernieren in Madeira mit
  Champignons 140
Rinderrouladen auf orienta-
  lische Art 141
Rinderzunge mit Madeira-
  sauce 141
Rindfleisch 131, 225
— auf Burgunder Art 139
— Gedünstetes 139
— in Gelee, Turban von ... 144
— grilliert mit Tatarensauce 139
— Kalte Gerichte 144
— auf modische Art........ 139
— auf modische Art in Gelee 144
— auf Nizzaer Art 144
— sautiert, auf Lyoner Art .. 140

Rindfleischsalat 70, 144
Rippenstück auf Nizzaer Art 141
Risotto auf Mailänder Art .. 220
— auf Piemonteser Art 220
— mit Steinpilzen 220
Risottobecher 77
Rissolen 77
Roastbeef auf englische Art . 141
— auf Holzhauerart 142
Roastbeefröllchen mit Meer-
  rettichsahne 226
Robertsauce 50
Rochen mit dunkler Butter . 105
— gebacken 105
Rosenkohl, Geschwungener . 194
Rosmarin, Blätter 28
Rösti 211
Rotbarben Monte Carlo 105
— auf Nizzaer Art 106, 114
— auf provenzalische Art . 106
— vom Rost 106
Roter Knurrhahn 106
Rotkohl auf flämische Art . 194
— mit Rotwein 194
Rotkohlsalat 70
Rotweinbutter 56
Rotzunge, Scholle, Flunder.. 107
Rouladen aus Räucherlachs . 69
Rührei 83
— mit Brotkrüstchen 84
— mit Champignons 84
— mit Garnelenschwänzchen 89
— mit Käse 89
— auf katalonische Art 89
Rumpunsch 289
Russische Charlotte 250
Russischer Salat 223

S

Sabayon 237
Safran, getrocknete Blüten-
  narben 45
Saint-Germain-Suppe, Grüne
  Erbsensuppe 61
Salambos 274, 276
Salate 89, 221
— angemacht mit Ei 221
— — mit Mayonnaise 221
— — mit Öl 221
— — mit Sahne 221
— — mit Speck 221
Salat mit Ei, Gemischter 222
— mit hartgekochtem Ei ... 222
— Italienischer 222
— Margerite 222
— Nizzaer 222
— in Remoulade, von Knol-
  lensellerie 70
— von roten Rüben 70
— Staudensellerie 71
Salbei, Blätter 45
Salmis von Ente 173
— von Fasan 180
Salzmandeln 287

Samtsauce 51
Sandkuchen, Trouviller 271
— Vandeer 275
Sandwiches 229
— mit Ei 229
— mit Geflügelleber 229
— mit Huhn 229
— mit Hummer oder Lan-
  guste 229
— mit Sardellen 229
— mit Sardinen 229
— mit Schinken 229
— mit Schweizer oder Ches-
  terkäse 230
— mit Tomaten 230
— mit Wurstwaren 230
Sankt-Honoratius-Torte 270
Sankt-Hubertus-Schnittchen . 227
Sans-Façon 269
Sardellen 71
— Mireille 71
Sardellenbutter 56
Sardellenstäbchen 77
Sardinen in Öl 71
— in Tomatensauce 71
Sardinenbutter.......... 56
Saubohnen, Dicke Bohnen . 190
Saucen, Die 47
— Braune 47
— Braune, Grundsauce ... 47
— Braune zusammengesetzte 48
— Buttersaucen, Feine..... 53
— Kalte 54
— Schaum- oder schaumige. 53
— mit Stärkemehl, das Bin-
  den von 47
— Tomatensaucen 53
— Weiße 50
— — Binden von 50
Sauerampfer als Gemüse oder
  Garnitur 203
Sauerkirschen für Kompott . 280
Sauerkraut, Garniertes..... 195
Savarin Chantilly 270
— mit Früchten 270
— mit Rum 270
Savarins mit Rum, Kleine . 274
Savarinteig 234
Savoyer Kartoffeln 212
— Suppe 62
Scampi Schloß Bouscaut ... 129
Scampispießchen mit Curry . 124
Schal- und Krustentiere, Kalte
  Gerichte 128
Schal-, Krusten- und Weich-
  tiere 123
Schal- und Weichtiere 124
Schalotten, Zwiebelart 45
Schaum- oder schaumige
  Sauce 53
Schellfisch 106
Schellfisch und Kabeljau .. 99
Schellfisch, geräuchert, mit
  Butter 106
— geräuchert, Haddock 106
— geräuchert, in Rahmsauce 106

313

Schinken, Kochen eines 163
— braisiert 163
Schinkenrouladen Lucullus . 71
— Primavera 71
Schinkenschaumbrot oder -schaumbrötchen 71
Schlachtfleisch 131
Schlagsahne, Schlagrahm ... 237
Schlagsahne, Vanillierte 237
Schloßkartoffeln 212
Schmelzglasur oder Fondant. 238
Schmoren, Braisieren, Das .. 36
Schnee-Eier 253
Schnecken auf Burgunder Art 127
— auf Dijoner Art 127
— auf Küchenmeisterart ... 128
Schnittchen, Canapés 72
— mit Rahmkäse 72
Schnittlauch, Lauchgewächs . 46
Scholle, Flunder und Rotzunge 107
Scholle, überkrustet 107
Schokoladenauflauf 245
Schokoladenbuttercreme ... 236
Schokoladeneis 254
Schokoladenparfait......... 255
Schokoladensauce, Heiße ... 239
Schokoladentorte 270
Schokoladentrüffel I 277
Schokoladentrüffel II 278
Schwarzwurzeln 204
— Gebackene 204
— Geschwungene 204
— in Samtsauce 204
Schuhsohlen oder Ochsenzungen 274
Schweinebraten 161
Schweinefilet, gebraten und garniert 161
Schweinefleisch 161
— Kalte Spezialitäten von .. 163
Schweinefleischfarce für Pasteten und Galantinen ... 43
Schweinefleischtöpfchen..... 164
Schweinekarree 162
Schweinekoteletts, glaciert .. 162
— mit Apfelscheiben 162
Schweinsfüße mit Madeirasauce 161
— Sainte Ménéhould 162
Schweinsleberpastete auf Metzgerart 163
Schweinsleberterrine 184
Schweinsmedaillons auf ungarische Art 162
Schweinsohren............. 274
Schweinsragout 162
Schweinsrouladen Parmentier 162
Schweizer Törtchen 81
Schwimmende Insel 253
Schwitzen des Teiges 40
Seefische, Die 97
— Kalte Gerichte von 114
Seehecht mit Eiersauce 107
— auf englische Art 107
— gebacken 107

Seehecht auf russische Art, Kalter 114
Seehechtfilet Bercy 107
— auf Florentiner Art 107
— paniert 108
— auf provenzalische Art ... 108
Seeigel................... 127
Seeteufel 108
Seeteufelfilet Dugléré 108
Seewolf, Wolfsbarsch, Meerbarbe 108
Seezungen 108
— gebacken 109
— grilliert 109
— auf Müllerinart 109
Seezungenfilets auf Burgunder Art 109
— mit Champignons 109
— auf Diepper Art 110
— mit Garnelen 110
— auf Florentiner Art 110
— Krustade von 111
— Mornay 110
— Murat 110
— Orly 110
— in Weißwein 111
Seezungenröllchen, überkrustet 9, 111
Sellerie................... 204
Selleriesuppe 60
Senf, Samenkörner 46
Senfbutter 56
Senfsauce 52
Setzeier, Spiegeleier 84
Setzeier Bercy 90
— mit dunkler Butter 90
— mit Champignons 90
— mit Parmesan 90
— mit Speck 90
Sirups 290
Soissoner oder Weiße Bohnensuppe 61
Spaghetti all'Amatriciana ... 78
— alla Bolognese 78
— auf Hausmacherart 219
— alla Napoletana 78
— alla Nizzarda 78
Spargel auf flämische Art ... 205
— mit holländischer Sauce . 205
— auf Mailänder Art 206
— mit Vinaigrettesauce 206
Spargelspitzen, Grüne, in Rahmsauce 206
Spargelsuppe 60
Spätzle 218
Speckkartoffeln 212
Speisen, Angesetzte oder verbrannte 40
Spiegeleier, Setzeier 84
Spinat mit Eiern 206
— mit Sahne 206
Stäbchen- oder Pont-NeufKartoffeln 212
Stachelbeertorte 260
Staudensellerie mit Jus...... 204
— auf Mailänder Art 205

Steinbutt.................. 111
— grilliert 111
Steinbuttfilets.............. 111
Steinpilze auf Bordelaiser Art 216
— oder Champignons, mariniert 63
— auf provenzalische Art ... 216
Stockfisch 112
— auf Hausfrauenart 112
— in Rahmsauce 112
— mit Tomaten 112
Strandmondschnecken, Meerschnecken 125
Strohkartoffeln 212
Stürzen von kalten Cremes, Gelees usw. 40
Summertime, Long drink ... 292
Suppen, Die 57
— mit Gemüsen gebunden .. 60
— Klare 57
Suppenhuhn mit Reis....... 168
Suppentopf 57
Süßspeisen und Backwaren . 233
Süßspeisen, Kalte 248
— Warme 240
Süßspeisensaucen 239
Süßwasserfische, Die 115
— Kalte Gerichte von 122

T

Tafelspitze auf englische Art 142
— geschmort 142
— geschmort, auf bürgerliche Art 143
Taschenkrebs Mornay 124
— auf russische Art 130
Tatarensauce 55
Tauben 174
— auf englische Art, gefüllt . 174
Tauben und Perlhühner 174
Tausendblätterkuchen, Kleine 274
Teig für Dreikönigskuchen .. 233
— für Genueser Biskuit 233
— für Savoyer Biskuit 234
Teige 41, 233
Teige, Farcen und Marinaden 41
Teigwaren 217
Teigwaren und Zerealien ... 217
Terrinen 184
Terrinen und Pasteten 183
Teufelssauce 50
Thunfisch auf Bordelaiser Art 112
— grilliert 112
— auf Hausfrauenart 113
Thunfischcreme 73
— Mirabeau 73
Thunfischschiffchen 73
Thymian, Gewürzkraut 46
Tintenfischlein, gebacken.... 127
Tiroler Sauce 55
Tomaten, Abziehen 40
— auf andalusische Art 73
— Argenteuil 73
— auf Avignoner Art....... 206

Tomaten
— Beaulieu 73
— Dubarry 73
— zum Füllen, Halbe 281
— Gebratene 207
— mit Kartoffeln, Überkrustete 207
— auf Piemonteser Art 207
— auf provenzalische Art ... 207
— auf russische Art 73
— mit Sellerie oder Fenchel gefüllt 223
— Sévigné 73
Tomatenpüree 281
Tomatensauce 53
— und ihre Abarten, Die ... 53
— suppe, Portugiesische 60
Topinambours 207
Torten und große Kuchen... 265
Tournedos 137
Traunkirchner Torte 270
Trockenerbsen, Püree von .. 192
Trouviller Sandkuchen..... 274
Trüffelsauce 50
Turban von Erdbeeren..... 251

U

Überraschungskrapfen 81

V

Vanille, Fruchtschoten 46
Vanilleauflauf 245
Vanillebuttercreme 236
Vanilleeis (Grundrezept) 253
Vanilleparfait............. 255
Vanillesauce 239
Vanilleschaumeis.......... 255
Vendeer Sandkuchen 275
Venusmuscheln 127
Verbrannte bzw. angesetzte Speisen 40
Verlorene oder pochierte Eier 84
Verlorene Eier Aurora 90
— mit Estragon 90
— auf Florentiner Art 90
— mit Gänseleber......... 93
— Joinville 91
— Kardinalsart 91
— in Krustaden auf Königinart 91
— auf Matrosenart....... 91

— in Näpfchen mit Estragon 93
— auf portugiesische Art ... 91
— auf russische Art 94
— mit Schinken 94
— mit Schinken oder Speck . 91
— Sigurd 91
Vierfruchtkonfitüre 284
Vierviertelkuchen 270
Vinaigrettesauce 55
Vogelnester 151
Vorspeisen, Kalte 63
— von Meerfischen 114
Vorspeisensalate 69-70

W

Wacholderbeeren, getrocknete Beeren 46
Wachsweiche Eier 83
— Virginia Club 94
Wachteln auf türkische Art . 181
Waffelkartoffeln 213
Waldorfsalat 223
Walnußkerne, Gefüllte 278
Warme Süßspeisen 240
Warme Vorspeisen oder kleine Zwischengerichte 73
Wasserglasur 239
Weich-, Krusten- und Schalentiere 123
Weich- und Schalentiere 124
Weihnachtspudding 247
Weihnachtsstamm, Baumstamm 266
Wein, Zum guten Essen gehört ein guter 13
— in Speisen 14
Weinbeerenkonfitüre 284
Weinbergschnecken 127
Weinpunsch, Heißer 289
Weinschaum, Sabayon 237
— Geeister 237
Weiße Bohnensuppe oder Soissoner 61
Weiße Buttersauce 52
Weiße Grundsauce 50
Weiße Hausfrauen- oder Bastardsauce 51
Weiße Saucen 50
— Das Binden von 50
— Zusammengesetzte 51
Weißgericht von Kalbfleisch 151
Weißkohl, Gefüllter 195
Weißkohlsalat 70
Weißling, Wittling........ 113
Weißlinge, gebacken 113

— paniert mit Kräuterbutter 113
— überbacken 113
Weißweinpunsch 289
Weißweinsauce 52
Weizen- und Maisgrieß 220
Wiener Creme 251
Wild 177, 227
Wildkaninchen Jeanneton .. 179
Windbeutel- und St.-Honoré-Creme 238
Windbeutelchen, Pralinierte . 276
— mit Sahne 275
— mit Schokoladensauce ... 248
Wirsingkohl auf englische Art 196
— Geschmorter 196
— Gratinierter 196
Wolfsbarsch, Meerbarbe, Seewolf 113
Wolfsbarsch auf griechische Art 114
— oder Meerbarbe, gebraten 113
Würstchen mit Weißkraut .. 163

Z

Zerealien 217
Zimt, getrocknete Rinde 46
Zitronade 290
Zitronenmelisse, Gewürzkraut 46
Zuchtchampignons 215
Zucker, Das Kochen von .. 234
Zuckerteig 235
Zwetschgenkonfitüre (Zwetschenkonfitüre) 284
Zwetschentorte (Zwetschgentorte) 260
Zwiebeln 40
— Gebackene 207
— Gefüllte 207
Zwiebelpüree oder Soubise .. 208
Zwiebelsauce 52
Zwiebelsuppe mit Käse oder überkrustet 62
Zwiebeltorte............. 78
Zwischengerichte, Kleine oder warme Vorspeisen 73
Zwischenrippenstück und Beefsteak, grilliert 143
Zwischenrippenstück auf Béarner Art 143
— auf Bordelaiser Art 143
— auf Haushofmeisterart ... 143
— auf Lyoner Art 143
— Mirabeau 143
— auf Weinhändlerart 143

REGISTER DER FARBTAFELN

KALTE VORSPEISEN

Argenteuilsalat	68
Artischocken, Gefüllte	66
Eier mit Mayonnaise	65
Eier Mistral, Hartgekochte	65
Makrelen, mariniert	65
Margeritensalat	66
Meeresfische, Vorspeisen von	67
Melonenperlen	65
Nizzaer Teller	66
Orlow-Salat	66
Reissalat Derby	65
Rindfleischsalat	65
Schinkenschaumbrötchen	67
Steinpilze, Marinierte	65
Tomaten auf andalusische Art	68
Tomaten mit Sellerie oder Fenchel gefüllt	197

WARME VORSPEISEN, GERICHTE VON TEIGWAREN UND ZEREALIEN

Cannelloni, Gefüllte	85
Lothringer Käsekuchen	87
Mundbissen Joinville	87
Nudeln auf Berner Art	88
Nudeln auf Bologneser Art	86
Pizza	87
Ramequins	87
Risottobecher	85
Risotto mit Steinpilzen	88
Rissolen	87
Rühreier auf katalonische Art	89

EIERSPEISEN

Eier mit Mayonnaise	65
Eier Mistral, Hartgekochte	65
Rühreier auf katalonische Art	86

SEEFISCHE

Bitoks von Fisch	101
Kabeljauschnittchen, gekochte	104
Schellfischschnittchen, gekochte	104
Seehecht auf englische Art	103
Seehechtfilets auf provenzalische Art	102
Seezunge, grilliert	101
Seezungenfilets in Krustade	104
Seezungenröllchen, überkrustet	102
Wolfsbarsch auf griechische Art	103

SÜSSWASSERFISCHE

Aal, grün	118
Flußfisch, gebacken	117
Forelle auf Müllerinart	118
Matrosengericht der Mosel	117

KRUSTENTIERE

Garnelen, Pilaw von	120
Hummer auf russische Art	119
Scampi Schloß Bouscaut	120
Scampispießchen mit Curry	119

RINDFLEISCH

Lendenschnitten Schloß Figeac	134
Rindfleisch auf Nizzaer Art	133
Turban von Rindfleisch in Gelee	133

KALBFLEISCH

Kalbshachse oder Osso Buco	136
Kalbsmedaillons Veronese	136
Kalbsleber auf englische Art	135
Kalbsmilch auf Gärtnerinart	134
Kalbsrippen oder Schwanzstück	135
Osso Buco oder Kalbshachse	136

HAMMEL UND LAMM

Lammkeule auf Bäckerart	158
Lammkoteletts mit Reis und Peperonatasauce	157
Mutton chops	157

SCHWEINEFLEISCH

Sauerkrautplatte, garniert 160
Schinken, braisiert 159
Schweinskotelett, glaciert 160
Schweinskotelett mit Apfelscheiben 158
Schweinsmedaillons auf ungarische Art 159

GEFLÜGEL

Ente mit Orangen 169
Hähnchen im Topf auf Hausfrauenart 169
Suppenhuhn mit Reis 170

WILD

Fasan oder Rebhuhn mit Kohl 172
Hasenrücken mit Champignons 170
Rebhuhn oder Fasan mit Kohl 172
Rebhuhn auf Winzerinart 171
Rehrücken 172

PASTETEN

Kalbfleischpastete in der Kruste 171

GEMÜSE UND KARTOFFELN

Artischockenböden, überbacken 199
Gemüseplatte, Gemischte 198
Kartoffelarten, Verschiedene, in Fett gebacken . 198
Kohlrouladen 197
Kopfsalatherzen 200
Kürbischen (Zucchini) auf orientalische Art ... 199

Sauerkrautplatte, garniert 160
Tomaten auf Piemonteser Art 200
Tomaten mit Sellerie oder Fenchel gefüllt 197

SALATE

Argenteuilsalat 68
Kopfsalatherzen 200
Margeritensalat 66
Orlow-Salat 66
Reissalat Derby 65

SÜSSPEISEN

Ananas Ninon 244
Apfelcharlotte 243
Apfeltorte (Apfelkuchen), Gebänderte 261
Äpfel, Meringuierte, mit Reis 243
Aprikosenkrusten 242
Bananenkrapfen 242
Birnen, Geeiste, mit Schokolade 244
Rhabarberpastete 241
Weihnachtspudding 241

GEBÄCK UND TORTEN

Apfeltorte (Apfelkuchen), Gebänderte 261
Babas mit Rum 264
Biskuitroulade 263
Blätterteigtorte mit Konfitüre 263
Blitzkuchen mit Schokolade oder Kaffee 262
Genueser Torte, Glacierte 261
Mokkatorte 262
Plum Cake 264
Salambos 262
Savarins, Kleine, mit Rum Chantilly 264
Windbeutel mit Sahne 262

REGISTER DER SCHWARZWEISSBILDER

Apfeltorte (Apfelkuchen) 28-30
Biskuitroulade 30-31
Canapés 17
Charlotte, Russische 27
Eier, Gefüllte 20
Gurken, Gefüllte 26
Kalbsrolle, Gefüllte 21-22

Kleine Fische, Das Vorbereiten 18
Pâté Pantin 23-25
Rindfleischrouladen 20-21
St.-Honoratius-Torte 31-32
Seezungenröllchen, Das Füllen von 19
Spargel 17

AN DIESER STELLE
MÖCHTEN WIR UNSEREN DANK ABSTATTEN:

DEM HOTEL CARLTON SENATO IN MAILAND (HERRN LUIGI MORANDI, KÜCHENCHEF)
DEM HOTEL GRITTI-PALACE IN VENEDIG (HERRN CÄSAR GOSI, KÜCHENCHEF)
DEM CAFÉ KRANZLER IN FRANKFURT AM MAIN (HERRN KARL GOETZ, KONDITORMEISTER)
DEM HAUSE MANUEL IN LAUSANNE (HERRN CHARLES VAUCHER, KÜCHENCHEF;
HERRN CLAUDE DESARZENS, KONDITORMEISTER)
DEM RESTAURANT LA BONNE ÉTAPE IN CHATEAU-ARNOUX (B.-A.) (HERRN PIERRE GLEIZE, KÜCHENCHEF)
DEM RESTAURANT MÖWENPICK IN ZÜRICH (HERRN DAGOBERT FEHLMANN, KÜCHENCHEF)
DEM PARKHOTEL IN FRANKFURT AM MAIN
(HERRN OTTO BRUST, KÜCHENCHEF HERRN PAUL HEINZ, PÂTISSIER)

Sie alle haben bei der Herstellung der Platten mitgeholfen.

BÉARD AG IN MONTREUX · CHRISTOFLE IN PARIS, LONDON UND NEW YORK
MAPPIN AND WEBB IN PARIS UND LONDON · STEIGER & CIE IN LAUSANNE UND BERN

die uns freundlicherweise das notwendige Silber zur Verfügung gestellt haben.

STEIGER & CIE IN LAUSANNE · RICHARD GINORI IN PARIS, VENEDIG UND NEW YORK
LES GRANDS MAGASINS DU PRINTEMPS IN PARIS

denen wir Porzellan, Fayencen und Glaswaren zu verdanken haben.

UND DEN FOTOGRAFEN: HERRN JEAN FRÖHLICH IN LA CHAUX-DE-FONDS
HERRN MARIO ANSALDI IN LURS · HERRN ERICH MÜLLER-GRÜNITZ IN ASCHAFFENBURG
HERRN WELLER IN FRANKFURT AM MAIN

Das kulinarische Geschenkbuch.

Zweitausend Jahre Küchenmeisterschaft, von den Griechen über die Hofköche der Fürsten bis zu den großen Restaurant-Chefs um 1900, werden in diesem ersten umfassenden Standardwerk der Koch-Literatur geradezu spannend dargestellt.
Alle berühmten Kochbücher sind in Faksimiles und Auszügen wiedergegeben. Über 200 Originalrezepte aus den interessantesten von ihnen – zum Nachkochen – schenken Feinschmeckern ungeahnte Entdeckerfreuden. Viele Illustrationen würzen den Text und vervollständigen das Werk zum reizvollen Geschenk für alle, die gerne gut essen, trinken, kochen.
Die beigegebene erste große Kochbuch-Bibliografie bis 1900 – Handschriften eingeschlossen – macht es schließlich zum unentbehrlichen Handbuch für alle Liebhaber alter Kochbücher.

**Dr. Traudl Seifert/ Ute Sametschek
Die Kochkunst in zwei Jahrtausenden**
Das große Buch der Kochbücher und Meisterköche. Mit Originalrezepten von der Antike bis 1900.
224 Seiten mit über 200 meist zweifarbigen Faksimile-Illustrationen und 8 Farbtafeln. Großformat 21,5 x 28,5 cm. Kunststoffeinband **in farbigem Luxus-Geschenkschuber.**

Gräfe und Unzer